本书得到中国敦煌石窟保护研究基金会的资助

长安内外

唐代京城书写文化的东西流行

Chang'an and Beyond
The East-West Circulation of Writing Culture in the Tang Capital

田卫卫 著

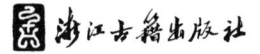

新时代敦煌学研究丛书
荣新江 主编

浙江古籍出版社

图书在版编目（CIP）数据

长安内外：唐代京城书写文化的东西流行 / 田卫卫著 . -- 杭州：浙江古籍出版社，2025. 8. --（新时代敦煌学研究丛书 / 荣新江主编）. -- ISBN 978-7-5540-3054-7

Ⅰ. K242.03

中国国家版本馆CIP数据核字第2024E7S254号

新时代敦煌学研究丛书　荣新江主编
长安内外：唐代京城书写文化的东西流行
田卫卫　著

出版发行	浙江古籍出版社
	（杭州市环城北路177号　邮编：310006）
网　　址	https://zjgj.zjcbcm.com
责任编辑	吴宇琦
责任校对	叶静超
封面设计	时代艺术
责任印务	楼浩凯
照　　排	大千时代（杭州）文化传媒有限公司
印　　刷	浙江海虹彩色印务有限公司
开　　本	710mm×1000mm　1/16
印　　张	20.25　插　页　2
字　　数	380千字
版　　次	2025年8月第1版
印　　次	2025年8月第1次印刷
书　　号	ISBN 978-7-5540-3054-7
定　　价	128.00元

如发现印装质量问题，影响阅读，请与本社市场营销部联系调换。

"新时代敦煌学研究丛书"编纂委员会

（按姓氏音序排列）

主　　　编：荣新江
编　　　委：郝春文　刘安志　刘进宝　刘　屹
　　　　　　游自勇　于志勇　张小艳　张涌泉
　　　　　　张元林　赵声良　郑炳林
编委会助理：冯　婧　沈晓萍
编 纂 单 位：中国敦煌吐鲁番学会

总　序

如果把1900年敦煌藏经洞的发现作为敦煌学研究的起点，敦煌学已经走过了120多年的历程。郝春文教授等所著《当代中国敦煌学研究》把中国的敦煌学研究分成1909—1949年、1949—1978年、1978—2000年、2000—2019年四个阶段。我们在此基础上，把2020年作为"新时代敦煌学研究"的开始。

为了展现新时代敦煌学的研究成果，我们计划编纂"新时代敦煌学研究丛书"。这套丛书由中国敦煌吐鲁番学会主持编纂，会长担任主编，以学会副会长及学术带头人组成编委会，负责质量把关。丛书由浙江古籍出版社出版，由敦煌学出版中心具体运作。大致每5本一辑，持续推出。

这套丛书主要收录新的学术研究论著，以成系统的专著和论集为主。内容上以敦煌学研究为主，兼收吐鲁番、于阗、龟兹以及石窟寺等方面的研究著作，是一套开放的敦煌学研究丛书。

我们希望集合老中青学者的力量，形成学术"合力"，推进敦煌学研究进步，展现新时代敦煌学的研究实力。希望本丛书吸纳近年来敦煌学者的最新研究成果，成为当今敦煌学研究最高水准的代表，共同构筑新时代敦煌学的雄伟大厦。

浙江与敦煌，一在东之南，一在西之北，相距六千余里，却有着深厚的学术渊源与文化联系。1900年后，浙江与敦煌学就紧密联系在一起，浙江籍里研究敦煌文献的，稍早一点有叶昌炽、罗振玉、王国维等。此后代有其人，敦煌研究院两任院长常书鸿、樊锦诗均为杭州人。浙江出版联合集团多年来也是敦煌学著作的出版阵地，早年姜亮夫先生的《瀛涯敦煌韵书卷子考释》等，近期赵声良主编的《藏经洞敦煌艺术精品》，都是由浙江古籍出版社出版，获得不少好评。

当下，敦煌学界和出版界都在为敦煌学的发展而努力，浙江出版联合集团支持浙江古籍出版社成立"敦煌学出版中心"，为"新时代敦煌学研究丛书"的实施提供了大力的支持，相信未来会有更多更优秀的敦煌学相关著作由此产生。

丛书编委会
2025年5月11日

序

田卫卫君所著《长安内外：唐代京城书写文化的东西流行》一书即将付梓，她将全书的校样寄给了我，希望我能在前面写几句话。作者曾于2018年7月至2021年7月在首都师范大学中国史博士后流动站从事学术研究，她告诉我这部书稿全书完成于博士后期间。我作为田卫卫博士后期间的合作导师，曾陆续看过本书稿的大部分内容。据我所知，本书的上编完成于作者在北京大学攻读研究生学位期间；下编则主要完成于博士后期间。所以，这部书稿其实是她用了多年时间辛勤耕耘的结果。由于过去所看的都是一篇篇独立的论文，现在作者把这些论文整合在一起，感觉境界得到了提升。给我感受最深的是以下两点。

一是视角新颖。做研究需要新视角，这似乎是老生常谈，但对初学者而言，又不是一件容易的事情。以《秦妇吟》的研究为例，一百多年来，几代学人已经对这首长篇叙事诗进行了深入细致的研究，王国维、罗振玉、翟理斯、陈寅恪、俞平伯、王重民、潘重规、蒋礼鸿等硕学鸿儒都对这一问题倾注过心血和精力。通观敦煌文献的研究史，还没有任何一个文本像此件一样得到这么多高手的关注。以往的研究涉及文字释录、本事考证、讳因辨析、思想和艺术价值的解析等各个方面。如果延续过去的研究路径，这首长诗已经是题无剩义了。面对这样一种山穷水尽的局面，田卫卫找到了"文化传播"这样一个新的视角，尝试以《秦妇吟》为个案，探讨以长安为代表的中原文化在敦煌的流传情况，包括传播方式、传播路径、传播对象、传播范围，以及其影响等相关问题。这样一些问题，大多是前贤所未措意者。可谓柳暗花明又一村。

作者在考察《秦妇吟》写本的物质形态时，将其分为卷子本、册子本和残片三类，而且更加关注与《秦妇吟》抄写在一起的题记、杂写等其他内容，这些都属于写本学的视角。涉及写本群、写本的整体性等方面，亦属前贤未及措意的新视角。

二是视野开阔。本书作者处理敦煌写本，并未局限于对所涉及文本的文献学整理，也未局限于敦煌地区，而是将敦煌文献放到敦煌与京城长安的文化交流的广阔背景下。这样的学术视野，不仅将敦煌出土文献与以长安为代表的中原文化勾连在一起，也同时实现了对敦煌写本从文献学整理到历史学解释的跨越。

作者对长安书写文化在日本传播情况的考察，以及对正仓院文书中汉籍书写学习资料的研究，是其学术视野开阔的另一个体现。如所周知，唐代时日本属于汉文化圈，又由于古代日本战火较少，大量的古代汉文写本保存至今。这些以写经为主体的日本古代汉文写本有很多和敦煌文献的时代是重合的。田卫卫曾游学日本多年，对日本的古写本及日本学界的研究状况都很熟悉，所以能将日本保存的古代写本与敦煌文献结合起来，探讨唐代长安文化的东西流布。可以预期，这是一个具有很大潜力的课题。

我们都知道，就敦煌文献的整理和研究而言，现在的情况和40年前大不相同。40年前，在我们这一代学人起步的时候，敦煌文献整理和研究的空白点很多，每个初学者找到自己的研究课题并不是一件很困难的事情。而今，经过40多年的耕耘，敦煌文献的分类录校已经基本完成。大部分初学者都需要在以往研究的基础上进行再整理和再研究。与以上变化相关，40年前，很多类别的敦煌文献都没有全面系统的整理文本。所以，那时仅就某一类别的敦煌文献做文献学的整理和研究，也能完成具有重要影响的著作。而今，如果仅仅停留于对敦煌写本做文献学整理，也已经很难推出具有重要影响的著作了。所以，现在的初学者在敦煌文献领域选择题目的难度，比40年前大大增加了。

因为初学者在资料的占有和熟悉程度方面没有办法和我们这一代相比，如果沿着过去的研究路径进行再研究，充其量就是在以往的基础上修修补补，很难取得大的突破。只有找到与以往研究路径完全不同的新视角，才有可能取得别开生面的研究成果。换言之，现在所有研究生和青年学者其实都面临如何选择一个好的研究视角的问题。而好的学术视角的选择，又往往和作者的学术视野和站位密切相关。就这个意义而言，田卫卫的书对其他初学者具有示范作用。

应该看到，田卫卫的书稿只是开了一个好头，还需要进一步深化和拓展，希望她能沿着这条路走下去，开辟出一片属于自己的学术园地。

郝春文

2024 年 12 月 22 日于云南腾冲玛御谷山中

目 录

总　序　*i*
序（郝春文）　*iii*

上编　从长安到敦煌——韦庄《秦妇吟》的传播与书写　*001*

绪　论　*003*

第一节　源　起　*003*

第二节　研究现状　*006*

第一章　物质性：《秦妇吟》敦煌写本的概观与分析　*017*

第一节　卷子本：P.3381、羽 57r+S.692、P.2700+S.5834、P.3780、P.3953　*017*

第二节　册子本：P.3910、S.5477、S.5476、Дх.6176　*026*

第三节　残　片：Дх.4568、Дх.10740 (6-11)+Дх.4758　*033*

第二章　文本性：《秦妇吟》中原传播的本事及兴衰　*039*

第一节　《秦妇吟》本事　*039*

第二节　韦庄献诗与当世盛传　*052*

第三节　韦庄自禁与千年失载　*056*

第三章　社会性：《秦妇吟》西游流动之中原到敦煌　*063*

第一节　传播背景——沙州归义军与唐朝的关系　*063*

第二节　传播群体——学仕郎　*074*

第三节　传播范围及作用——学校与诗学教育　*079*

结　语　*090*

下 编　长安及其文化两翼敦煌、奈良的书写个案　093

第一章　寺额书写与名实对照——唐长安开元寺考　095

　　第一节　唐长安开元寺有无之辩　095

　　第二节　昭宗东迁之前的长安开元寺　098

　　第三节　昭宗东迁与长安开元寺寺址的变迁　109

　　第四节　小　结　115

第二章　敦煌写本北宋《重修开元寺行廊功德碑并序》习书考　117

　　第一节　引言及文献简介　117

　　第二节　宋初之碑拓西传与敦煌习书——文献缀合及书写状况分析　120

　　第三节　敦煌写卷之整体与片段——Дх.10740 写本的正、背文献　130

　　第四节　小　结　133

第三章　日本正仓院文书所见汉籍书写学习资料考述　136

　　第一节　光明皇后宫职时期（729—741）的抄书与习书　138

　　第二节　从金光明寺到东大寺时期（742—776）的抄书与习书　145

　　第三节　正仓院文书所见奈良朝中国传统文献的抄写和学习　160

第四章　唐长安书写文化的日本流布——以王羲之书迹为中心　163

　　第一节　天下第一正书《乐毅论》——奈良朝野学右军书的个案　165

　　第二节　王羲之书的摹拓本——奈良朝书写右军书法规模之一瞥　170

　　第三节　试字与抄书——奈良朝书写群体及其空间　180

　　第四节　小　结　186

第五章　朝臣备：《李训墓志》所见遣唐使名字的书写问题　187

　　第一节　《李训墓志》的发表及其反响　187

　　第二节　吉备真备自名朝臣备的可能性及其时代背景　191

　　第三节　吉备真备为《李训墓志》书丹的原因　198

　　第四节　小　结　200

第六章　法律文书书写的再发现——旅顺博物馆藏唐户令残片考　201

　　第一节　残片录文及阙文推补　202

第二节　旅博残令文的年代　*209*
第三节　旅博唐令写本的性质　*217*
第四节　小　结　*218*

附　录　唐长安、洛阳坊里辑补——以大唐西市博物馆藏墓志为中心　*220*
参考文献　*263*
图版目录　*303*

Contents

General Preface *i*

Preface (Hao Chunwen) *iii*

Part One: From Chang'an to Dunhuang: The Transmission and Writing of Wei Zhuang's "Lament of the Lady of Qin" *001*

Introduction *003*

    1.1 Origins *003*

    1.2 Current State of Research *006*

Chapter 1 Materiality: An Overview and Analysis of the Dunhuang Manuscripts of "Lament of the Lady of Qin" *017*

    1.1 Scrolls: P.3381, Hane 57r + S.692, P.2700 + S.5834, P.3780, P.3953 *017*

    1.2 Booklets: P.3910, S.5477, S.5476, Дх.6176 *026*

    1.3 Fragments: Дх.4568, Дх.10740 (6-11) + Дх.4758 *033*

Chapter 2 Textuality: The Historical Context and Rise and Fall of "Lament of the Lady of Qin" in its Transmission in the Central Plains *039*

    2.1 The Historical Context of "Lament of the Lady of Qin" *039*

    2.2 Wei Zhuang's Dedication of the Poem and Its Widespread Fame *052*

    2.3 Wei Zhuang's Self-Censorship and Its Millennia-Long Disappearance *056*

Chapter 3 Sociality: The Journey of "Lament of the Lady of Qin" from the Central Plains to Dunhuang *063*

    3.1 Transmission Background: The Relationship Between the Guiyijun of Shazhou and the Tang Dynasty *063*

    3.2 Transmission Agents: Students (*xueshilang*) *074*

    3.3 Transmission Scope and Function: Schools and Poetic Education *079*

Conclusion *090*

Part Two: Case Studies of Writing in Chang'an and Its Cultural Wings: Dunhuang and Nara *093*

Chapter 1 Temple Title and Name-Reality Comparisons: A Study of the Kaiyuan Temple in Tang Dynasty Chang'an *095*

    1.1 Did the Kaiyuan Temple Ever Exist in Chang'an? *095*

    1.2 The Kaiyuan Temple before Emperor Zhaozong's Eastern Relocation *098*

    1.3 Emperor Zhaozong's Eastern Relocation and the Relocation of the Kaiyuan Temple *109*

    1.4 Conclusion *115*

Chapter 2 A Study of Writing Exercises in the Dunhuang Manuscript "Inscription on the Renovation of the Kaiyuan Temple's Corridor" of the Northern Song *117*

    2.1 Introduction and Material Overview *117*

    2.2 The Western Transmission of Rubbings in the Early Song Dynasty and Dunhuang Writing Exercises: Manuscripts Reconstruction and Writing Analysis *120*

    2.3 The Whole and Fragments of Dunhuang Manuscripts: The Recto and Verso of Дх.10740 *130*

    2.4 Conclusion *133*

Chapter 3 A Study of Chinese Literary Writing and Learning Materials in the Shōsōin Manuscripts of Japan   *136*

    3.1 Copying and Calligraphy Practices during Empress Kōmyō's Palace Service Period (729-741)   *138*

    3.2 Copying and Calligraphy Practices from the Konkōmyō Temple Period to the Tōdaiji Period (742-776)   *145*

    3.3 The Copying and Learning of Traditional Chinese Texts in the Nara Period as Seen in Shōsōin Manuscripts   *160*

Chapter 4 The Spread of Writing Culture from Tang Chang'an to Japan: Focusing on Wang Xizhi's Calligraphy   *163*

    4.1 The "Yue Yi's Theory", The World's Finest Regular Script: A Case Study of Wang Xizhi's Calligraphy in the Nara Period   *165*

    4.2 Rubbings of Wang Xizhi's Calligraphy: A Glimpse at the Widespread of Wang Xizhi's Calligraphy in the Nara Period   *170*

    4.3 Test Characters and Copying: The Writing Community and Space in the Nara Period   *180*

    4.4 Conclusion   *186*

Chapter 5 *Asomi no bi*: Names of Japanese Envoys to Tang in the *Epitaph of Li Xun*   *187*

    5.1 The Publication of the *Epitaph of Li Xun* and Responses   *187*

    5.2 The Possibility of Kibi no Makibi Naming Himself "*Asomi no bi*" and Its Historical Context   *191*

    5.3 Why Kibi no Makibi Calligraphed the *Epitaph of Li Xun*   *198*

    5.4 Conclusion   *200*

Chapter 6 Rediscovering the Writing of Legal Documents: A Study of the Tang Dynasty Household Ordinance Fragments in the Lüshun Museum Collection   *201*

    6.1 Transcription and Reconstruction of the Fragments   *202*

6.2 Dating the Fragments *209*

6.3 The Nature of the Ordinance Manuscripts at the Lüshun Museum *217*

6.4 Conclusion *218*

Appendix Supplement to the Neighborhoods of Chang'an and Luoyang in the Tang Dynasty: Based on Epitaphs in the Collection of the Great Tang West Market Museum *220*

Bibliography *263*

List of Figures *303*

上编 从长安到敦煌

——韦庄《秦妇吟》的传播与书写

绪 论

作为唐代篇幅最长的叙事诗，《秦妇吟》失传已有千年之久。其身影于敦煌藏经洞中再现之后，迅速引起王国维、罗振玉、陈寅恪等学者高度关注，百年来论者不绝，而且还得到了继"杜甫'三吏三别'、白居易《长恨歌》之后，为唐代叙事诗树起了第三座丰碑"[①]的美誉。本文即尝试以敦煌写本《秦妇吟》为中心，探讨文化的空间传播与时间传承等问题。

第一节 源 起

业师荣新江教授常常言及敦煌文化深受唐长安文化的影响，这一观点令笔者深受其惠。从文化的空间传播和时间传承上来看，敦煌文化的果实中包含着大量长安文化的养分，甚至可以说，中世时期的敦煌文化就是敦煌地区对长安文化学习、效仿、再创造的结果。包括敦煌文献在内的西域写本文献，位于沙漠绿洲之中，是唐长安文化传播四方的硕果。写本作为一种物质表现形式的文化载体，有其独特的时代特色和历史气息。如果能究明以敦煌写本为中心的西域写本文献的因果流变，探索其传播方式以及传播路径等相关问题，从而进一步探讨中国中世唐代写本文献在整体上的对外传播状况，无疑是很有意义的。

本着这样的目标，在自己感兴趣的文献范围内，笔者有意关注并阅读学习了一些前辈学者对写本文献传播、传承问题的研究。实际上，敦煌单篇文献的研究成果极为丰富。自1909年伯希和（Paul Pelliot）赴京展示了其随身携带的敦煌卷子后，

---

① 周啸天主编《唐诗鉴赏辞典补编》，成都：四川文艺出版社，1990年，第681页。

罗振玉、蒋黼、王仁俊等人先后前往伯氏寓所抄录了《尚书顾命》《慧超往五天竺国传》《沙州图经》等诸多经、史、子部要籍和宗教文献，以及关于晚唐、五代、宋初的归义军官文书、碑铭赞之类的写本，后经恽毓鼎正式提出影印要求，罗振玉负责具体实施，端方给予经费资助，得到了伯希和所得文献中一些精要之本的影印件，并由罗振玉和刘师培进行了考释。诸位硕学在录文之余以及整理之暇，多有论述，撰写了大量敦煌写本跋语和校勘记，其中部分涉及写本的中西交流、传播衍变等问题，或可以看作近现代学者们对这些文献传播叙述的萌芽。笔者在学习过程中，本着"以小见大"的原则，选取《秦妇吟》为研究对象，并通过研究敦煌同类写卷的传播，来探讨以长安为代表的中原文化在敦煌的流传问题。

《秦妇吟》，七言叙事乐府诗，唐末诗人韦庄（约836—910）所作。全诗238句，1666言，假借一位逃难妇人——秦妇之口，以回忆式的口吻，描述了唐末黄巢军进入长安前后韦庄亲见亲闻的种种离乱情形。《秦妇吟》在宋代即已失传，直到清末敦煌藏经洞文献问世之后才再次为世人所见。最初为中国学者所见者仅仅是一件缺失首尾内容的残文，王国维慧眼识宝，断定其为《秦妇吟》诗[①]。王氏做出判断的依据，是残文中"内库烧为锦绣灰，天街踏尽公卿骨"之句符合孙光宪所著《北梦琐言》中的记载：

> 蜀相韦庄应举时，遇黄寇犯阙，著《秦妇吟》一篇，内一联云："内库烧为锦绣灰，天街踏尽公卿骨。"尔后公卿亦多垂讶，庄乃讳之。时人号"秦妇吟秀才"。他日撰家戒，内不许垂《秦妇吟》幛子，以此止谤，亦无及也。[②]

据此记载可知，《秦妇吟》为韦庄的成名作。如同白居易曾因《长恨歌》得美誉"长恨歌主"一般，韦庄亦曾得赠美称"秦妇吟秀才"。诗歌问世后曾风行一时，出现了广制为幛、悬于厅室的盛况。虽然因为公卿"垂讶"，韦庄进行了自我禁毁，然而根据孙光宪"亦无及也"之言可知，至少《北梦琐言》写作之时，《秦妇吟》仍在中原有所传存[③]。但也正是从《北梦琐言》开始，直至清末，其间的文献记载中

[①] 见王国维《唐写本韦庄〈秦妇吟〉残诗跋》，收入氏著《观堂集林》卷二一，北京：中华书局，1959年，第1019页。近年来有学者考证，王国维此发现或受沈曾植启发。参赵大旺《王国维发现敦煌写本〈秦妇吟〉受沈曾植启发》，《丝路文明》2023年第1期，第108页。

[②] 孙光宪撰，贾二强校点《北梦琐言》卷六，北京：中华书局，2002年，第134页。

[③] 孙光宪（901—968），唐末宋初陵州贵平（今四川仁寿县东北）人，与韦庄存在时空交集，其言可信度高。

绪 论

都仅能见到"内库烧为锦绣灰，天街踏尽公卿骨"这一名句，《秦妇吟》全诗却在不知不觉间湮没于历史的洪流之中。

相比之下，韦庄所作的其他三百二十余篇作品却以《浣花集》等结集的方式，经宋、元、明、清代代相传，一直保存到了今天。如果《浣花集》收录《秦妇吟》，则《秦妇吟》必然传诵千载。之所以《浣花集》未曾收录《秦妇吟》，想是作者韦庄"讳之"的结果。明明借《秦妇吟》而声名鹊起，天下皆闻，后来却百般"讳之"，甚至到了要撰家戒明文规定禁止自己的成名作流传的严苛地步，难道真的仅仅是因为公卿"垂讶""内库烧为锦绣灰，天街踏尽公卿骨"？亦或另有隐情？

实际上，究竟韦庄为何自禁成名之作——《秦妇吟》，这一问题，前辈学者已多有关注[①]。就目前的研究成果来分析，韦庄自禁《秦妇吟》一事可以分起因、经过、结果三个阶段。目前已有的讨论主要集中在诗人自禁此诗的原因这一个阶段，笔者希望在此基础上，尝试观察诗人自禁此诗的过程，即韦庄从"咏此长歌献相公"到"讳之"，再从"讳之"到"他日撰家戒，内不许垂《秦妇吟》幛子"，以及他本人的态度转变与《秦妇吟》全文失传这一结果之间的关系。也就是说，在思考韦庄为何自禁成名作《秦妇吟》的同时，进一步探讨《秦妇吟》在中原的失传与其遭遇作者自禁之间的因果关系。

由于《秦妇吟》发现于藏经洞，而且目前已经发现了十一件写本，根据《秦妇吟》本身内容的记载，以及目前所掌握的韦庄生平事迹来看，《秦妇吟》约创作于唐僖宗中和三年（883）韦庄逃出长安后经洛阳转往江南之际[②]。又，韦庄一生中不曾去过敦煌，所以《秦妇吟》应当是由来往于中原、敦煌之间的某些人传入敦煌，而且在敦煌受到了人们的关注，产生了一定的影响，才会有学仕郎等各色人等的抄写。从敦煌文献中发现的《秦妇吟》写本题记可知，《秦妇吟》传入敦煌的时间极早，证据之一就是早在唐天复五年（905）就有敦煌金光明寺学仕郎张龟的写本[③]。由于

---

① 从最先发现、最先对此诗作进行讨论的王国维、翟林奈（Lionel Giles）等学者开始，韦庄讳言《秦妇吟》的原因即广受关注。对此笔者将会在后文中具体介绍。
② 诗歌首句"中和癸卯春三月，洛阳城外花如雪"，点明时间为僖宗中和三年癸卯岁；结尾处有"适闻有客金陵至，见说江南风景异""愿君举棹东复东，咏此长歌献相公"，王国维推断此诗为韦庄献给周宝的干谒之作（见氏著《韦庄〈秦妇吟〉又跋》，《观堂集林》卷二一，第1019页）；且诗歌中涉及之黄巢攻入长安、唐军与黄巢军反复争夺长安、官军屯于洛阳城外等史事均发生于880—883年之间，再联系韦庄生平（夏承焘《韦端己年谱》，《唐宋词人年谱》，上海：上海古籍出版社，1979年），可知此诗歌确为883年南下干谒周宝而作。
③ 此时韦庄已仕王建，身份日渐尊贵，或已有自禁之举，未为可知。

史载韦庄是在前蜀武成三年（910）宰相（吏部侍郎同平章事）任上卒于花林坊[①]，故而可知，韦庄在世时《秦妇吟》即已传入敦煌，并在敦煌的学校之中成为学仕郎们学习的教材。就在韦庄生前极力"讳之"，"撰家戒，内不许垂《秦妇吟》幛子"，不选《秦妇吟》入《浣花集》之时[②]，《秦妇吟》已然在敦煌扎根，深入到了寺院、私塾等学校教育体系，被学郎们手写口诵，甚至制成小册子随身携带学习。可见，即使刚经历过兵荒马乱、生灵涂炭，以《秦妇吟》为代表的中原流行文化仍然能在较短的时间内，迅速传播至遥远的西北边疆，还成为学习的教材而广为流布传承。可以说，从研究传播情况的角度来看，《秦妇吟》是一个非常好的文化传播的实例，是作为唐长安文化快速西传并影响敦煌文化氛围的一个极其有力的证据[③]。

如今的典籍文献研究已经不单纯是静态的、个体的研究，而是将一系列个体一一放到社会大环境下的各个对应位置，进行动态的、立体的研究。选择《秦妇吟》作为个案进行考察，是笔者尝试探讨文化传播的动态表现所迈出的第一步。

第二节 研究现状

自韦庄《秦妇吟》随敦煌藏经洞的发现再次问世伊始，即引起了近代学人的瞩目。近百年来关于《秦妇吟》的研究，可以说取得了非常丰富的成果。张学松《〈秦妇吟〉研究述略》曾经从重新发现、词语笺校、本事考证、讳因考辨、思想研究、艺术研究六个方面，对《秦妇吟》的相关研究做过详细的梳理，并加以总结与评述[④]。李新《近八十年来韦庄研究综述》在分三个阶段（20世纪20年代至40年代、50年代至60年代初、70年代末至今）评述韦庄研究的成就与不足时，每阶段均分出一定篇幅

[①] 吴任臣《十国春秋》卷四〇《前蜀六》，北京：中华书局，1983年，第593页。
[②] 据韦庄之弟韦蔼书于《浣花集》前之序言可知，该集编撰于癸亥年，即903年。见韦蔼《浣花集·序》，向迪琮校订《韦庄集》，北京：人民文学出版社，1958年，第101页。
[③] 长安文献的外传可以说是十分迅速的，不仅西传敦煌如此，东传日本也是如此。据日本文德天皇实录记载，早在日本承和五年（838），太宰少贰藤原岳守就曾向仁明天皇（833—850在位）呈献过唐商人舶来品之一的《元白诗笔》（事见伴信友校订《文德实录》卷三，佚存书房影印版，东京图书馆藏，7叶a），而此时白居易（772—846）是健在的。《白氏文集》尚有白居易自记题词，云："集有五本……其日本、新罗诸国及两京人家传写者，不在此记。"（见白居易著，谢思炜校注《白居易文集校注》，北京：中华书局，2011年，第2039页）由此可知，白氏本人也知道自己的文集在日本、新罗诸国有所流传。相关问题已有不少学者做过研究，此不赘述。
[④] 张学松《〈秦妇吟〉研究述略》，《天中学刊》第15卷第1期，2000年，第62—65页。

对《秦妇吟》研究的发展动向进行了介绍[1]。颜廷亮、赵以武辑《〈秦妇吟〉研究汇录》，则直接把国内有关《秦妇吟》六十余年的研究成果编辑成书，将相关收获结集呈现于学人面前[2]。这些综述式的论著均记录了有关《秦妇吟》的丰硕研究成果。

早在1908年，伯希和在敦煌莫高窟给法国中亚协会总部所写的报告中，曾一笔带过地提及了一篇描写战乱惨祸的"秦人吟 Ts'in jen yin"[3]。1909年，罗振玉在《敦煌石室书目及发见之原始》一文中列出了《秦人吟》这一条目。在这篇文章起首的自叙中，罗振玉解说了书目的来源："将所见及（伯希和）已寄回（法国）之书目略记如左。"[4] 随后，为了解说《敦煌石室书目及发见之原始》中的书目，又发表了《莫高石室秘录》一文，在这篇文章中更进一步在《秦人吟》篇题下注以"未见"二字[5]。由此可知，罗振玉关于《秦人吟》的这篇书目当抄自伯希和处，他本人当时并未见到这篇所谓的《秦人吟》的原卷。由于迄今为止，文献中也并没有发现名为《秦人吟》之描写乱离的诗歌，所以目前学界基本认为此处所写的《秦人吟》实为《秦妇吟》之误[6]。伯希和的这个错误，使得《秦妇吟》在此后十年间仍然不曾为学人了解和研究。

1912年，日本学者狩野直喜游历欧洲，于英国图书馆抄录了多种敦煌写本并携以东归。这些资料后来为王国维所见，博学的王国维在看到一篇载有"内库烧为锦绣灰，天街踏尽公卿骨"的诗文残卷时，根据《北梦琐言》的记载，立即断定狩野氏所抄录的这篇尚余九百余字的文献残文为失传已久的韦庄《秦妇吟》。在1919年写题跋的同时，他又提示了伯希和《巴黎国民图书馆敦煌书目》中还存有附带前题，

---

[1] 李新《近八十年来韦庄研究综述》，《文教资料》1998年第1期，第96—106页。
[2] 颜廷亮、赵以武辑《〈秦妇吟〉研究汇录》，上海：上海古籍出版社，1990年。
[3] Paul Pelliot, "Une bibliothèque médiévale retrouvée au Kan-sou", *Bulletin de l'Ecole Française d'Extrême-Orient*, 1908, p. 43. 这篇登载在《法兰西远东学院学报》的长文，先后有两个中译本，陆翔译本名《敦煌石室访书记》，载《国立北平图书馆馆刊》第9卷第5号，1935年，第3—26页；耿昇译本名《敦煌藏经洞访书记》，载《伯希和敦煌石窟笔记》，兰州：甘肃人民出版社，2007年，第409—438页。其中前者将该文献题名翻译为《秦妇吟》（第21页），显然是20世纪30年代据王国维等人的研究改正的结果；后者则照抄为《秦人吟》（第434页）。至于伯希和记错的原因，笔者以为，或许有这样两个可能：第一，是他不能像王国维那样根据"内库烧为锦绣灰，天街踏尽公卿骨"就可以判定是《秦妇吟》长诗，甚至他根本就不知道《秦妇吟》；第二，可能因为伯希和的收集品里面除了《秦妇吟》之外还有《秦将赋》等类似的题名，《秦将赋》也是描写战争惨象，是以战国时期秦将白起坑杀四十万赵国降卒这一史事为对象所写的赋。所以题名与内容的相近引起了对题名记忆的混淆，最终使得对这些文学作品并不熟悉的伯希和将之错记了下来。
[4] 罗振玉《敦煌石室书目及发见之原始》，《东方杂志》第6卷第10期，1909年，第42—43页。
[5] 罗振玉《莫高石室秘录》，《东方杂志》第6卷第11期，1909年，第65页。
[6] 例如刘修业《〈秦妇吟〉校勘续记》即持此观点，见《学原》第1卷第7期，收入王重民《敦煌遗书论文集》，北京：中华书局，1984年。类似观点又见《〈秦妇吟〉研究汇录》前言，第2—3页。

007

或许比自己所见狩野录文更完整的文本（参《唐写本韦庄〈秦妇吟〉残诗跋》），并于同年 10 月 6 日致信伯希和，表达了希望伯希和寄给自己《秦妇吟》写卷照片的请求[①]。1920 年，王国维在《敦煌发现唐朝之通俗诗及通俗小说》一文中，首次发表了狩野抄录本的《秦妇吟》残卷录文[②]，我国学界至此始得眼见《秦妇吟》部分诗句[③]。到 1923 年，虽然并非王国维所希望的写卷照片，但伯希和终于向罗振玉、王国维录寄了《秦妇吟》写本全文的录文[④]。王国维将伯希和寄来的两个本子与得自狩野直喜的抄本进行对校，其成果于次年发表为《韦庄的〈秦妇吟〉》一文[⑤]。罗振玉也将所得的本子进行了校、跋，亦于 1924 年写成《〈秦妇吟〉校本及跋》一文，将《秦妇吟》全文刊布于《敦煌零拾》。至此，《秦妇吟》全文方才为国内学者所得见，由此拉开了学界关注《秦妇吟》的序幕。

先是，翟林奈（Lionel Giles）1926 年发表了《〈秦妇吟〉之考证与校释》，翌年《燕京学报》第一期上刊登了该文的中译本。这篇论文在校录释明文字内容之余，还开黄巢起事、韦庄生平等史事考证之先河，对《秦妇吟》的分析研究具有非常重要的意义。此后，国内学界一系列研究成果喷薄而出。郝立权于 1931 年发表了《韦庄〈秦妇吟〉笺》，以两《唐书》为主，大量诗词为辅，逐句逐段地释读了诗歌全文[⑥]。黄仲琴于 1933 年发表了《〈秦妇吟〉补注》，解释"吟"之一字的含义，并补注了诗歌中的不少史实[⑦]。周云青于 1934 年发表《〈秦妇吟〉笺注》，简单介绍了《秦妇吟》的发现经过，并以证验时事为笺，征引典故为注，极为详细地笺注了全诗[⑧]。陈寅恪

[①] 见 1919 年 10 月 6 日王国维致罗振玉信，《王国维全集·书信》，北京：中华书局，1984 年，第 297 页。
[②] 王国维《敦煌发现唐朝之通俗诗及通俗小说》，《东方杂志》第 17 卷第 8 期，1920 年，第 95—100 页。
[③] 据录文来看，此录本当为今日编号之 S.5476。
[④] 参考王国维《韦庄的〈秦妇吟〉》以及罗振玉《〈秦妇吟〉校本及跋》可知，此处所言之两件写卷，当为 S.692 与 P.3381，即天复五年（905）张龟写本当为今日编号之 P.3381 者，贞明五年（919）安友盛写本当为今日编号之 S.692 者。至于 P.3381 号写本，其详细消息见于翟林奈《〈秦妇吟〉之考证与校释》（L. Giles, "The Lament of the Lady of Ch'in", *T'oung Pao*, 24, 1926, pp. 305-380；中译本见张荫麟译《〈秦妇吟〉之考证与校释》，《燕京学报》第 1 期，1927 年）。翟氏 1923 年在英国皇家亚洲学会百周年庆祝会上宣读其关于《秦妇吟》的一篇文章，当时伯希和亦曾与会，告知了翟林奈《秦妇吟》尚有两种写本存于巴黎国立图书馆。此两种写本，即 P.2700 与 P.3381。因此可以推测，伯希和之所以于 1923 年寄给王国维、罗振玉《秦妇吟》录文，或许与此次会议上遇到翟林奈宣读《秦妇吟》文章有关，如此似乎也略可对柴剑虹《王国维对敦煌写本的早期研究》（《敦煌研究》2006 年第 6 期，第 130—135 页）中何以伯希和时过四年才寄送《秦妇吟》手录文本给王国维的疑问略答一二。
[⑤] 王国维《韦庄的〈秦妇吟〉》，《国学季刊》第 1 卷第 4 号，1924 年，第 5—7 页。
[⑥] 郝立权《韦庄〈秦妇吟〉笺》，《齐大月刊》第 2 卷第 3 期，1931 年，第 225—241 页。
[⑦] 黄仲琴《〈秦妇吟〉补注》，《国立中山大学文史学研究所月刊》第 1 卷第 5 期，1933 年，第 75—79 页。
[⑧] 周云青《〈秦妇吟〉笺注》，北京：商务印书馆，1934 年。此据《〈秦妇吟〉研究汇录》，第 59—77 页。

1936 年发表《读〈秦妇吟〉》，诗、史互证，在释明"汴路"等词语含义详细所指、秦妇自长安至于洛阳一路情况的同时，分析得出韦庄晚年讳言此诗之缘由或在于触及新朝宫闱隐情①。冯友兰于 1941 年发表《读〈秦妇吟校笺〉》，提出韦庄自禁此诗的另一种解释，认为诗歌中所指斥的军阀有适为杨复光军之嫌疑，而韦庄后来所事新朝以及共事新朝部分同僚又为原杨复光军中之要人，所以韦庄自禁《秦妇吟》，不但是志希免祸，也是自己"不好意思"的人情之常②。徐嘉瑞于 1944 年发表《〈秦妇吟〉本事》，不仅研究诗歌所反映的黄巢事，而且对韦庄的生平也都做了不少有益的考证③。日本学者铃木虎雄的《禹域战乱诗解》则单节列篇，对《秦妇吟》的战乱描写方面进行了分析④。另外，还有许世瑛《论〈秦妇吟〉用韵》对用韵方面的分析⑤；简恩定《试论韦庄〈秦妇吟〉中的写作特色》对写作技巧的讨论⑥；廖素卿《试探韦庄〈秦妇吟〉之思想内涵与写作艺术》则综合思想与写作两方面进行了研究⑦，而菊韵《"秦妇吟秀才"韦庄》⑧、潘重规《敦煌写本〈秦妇吟〉新书》⑨、徐兆镛《秦妇吟：翻译介绍》⑩、魏仲佑《读韦庄〈秦妇吟〉》⑪、林珍莹《再探〈秦妇吟〉的被删原因》⑫等等，分别在考证论述方面对《秦妇吟》进行了说明阐发。

---

① 陈寅恪《读〈秦妇吟〉》，《清华学报》第 11 卷第 4 期，1936 年。关于《秦妇吟》，陈寅恪曾发表过三篇文章。第二篇《〈秦妇吟〉校笺》见 1940 年 4 月之昆明自印单行本（《〈秦妇吟〉研究汇录》载昆明自印本为 1936 年，此据俞平伯《读陈寅恪〈秦妇吟校笺〉》之说）。此后，陈氏又于 1950 年在《岭南学报》第 10 卷第 2 期发表对旧稿的增订《〈秦妇吟〉校笺旧稿补正》，并最终在再次增补订正后收入 1980 年上海古籍出版社出版的《寒柳堂集》中。关于"公卿讶之"的原因，陈寅恪认为，当黄巢战乱、杨复光屯军武功，或汇兵华渭等兵荒马乱之时，怀疑不能不有世家高门女子为避乱而失身他人之事。所以本来描述故国离乱惨状的《秦妇吟》，适触新朝宫闱之隐情，所以韦庄深讳言之、志希免祸，以至于垂戒子孙，禁止生平杰作的传播。详见氏著《韦庄〈秦妇吟〉校笺》。
② 冯友兰《读〈秦妇吟校笺〉》，《国文月刊》第 1 卷第 8 期，1941 年，第 2 页。
③ 徐嘉瑞《〈秦妇吟〉本事》，《国文月刊》第 1 卷第 27 期，1944 年，第 15—23 页。
④ 铃木虎雄《禹域战乱诗解》，东京：弘文堂，1945 年；后改名《中国战乱诗》重印，东京：筑摩书房，1968 年。
⑤ 许世瑛《论〈秦妇吟〉用韵》，《幼狮学志》第 7 卷第 1 期，1968 年，第（3）1—（3）27 页。
⑥ 简恩定《试论韦庄〈秦妇吟〉中的写作特色》，《中华文化复兴月刊》等 19 卷第 11 期，1986 年，第 56—58 页。
⑦ 廖素卿《试探韦庄〈秦妇吟〉之思想内涵与写作艺术》，《台中商专学报》第 21 号，1989 年，第 129—183 页。
⑧ 菊韵《"秦妇吟秀才"韦庄》，《今日中国》第 29 号，1973 年，第 136—148 页。
⑨ 潘重规《敦煌写本〈秦妇吟〉新书》，《敦煌学》第 8 期，1983 年，第 1—73 页。
⑩ "The Ballad of the Lady of Ch'in [秦妇吟]: Translated with an Introduction", *Asian Culture Quarterly*, 11:3, 1983, pp. 33-52.
⑪ 魏仲佑《读韦庄〈秦妇吟〉》，《中国文化月刊》第 107 号，1988 年，第 115—127 页。
⑫ 林珍莹《再探〈秦妇吟〉的被删原因》，《古今艺文》第 27 号第 1 期，2000 年，第 41—47 页。

虽然到这一时期为止的研究文章很多都是对《秦妇吟》校勘、考证方面的研究，之后这些方面的研究也仍有所进展，但是无疑在1949年以后的一段时期，国内学界对《秦妇吟》思想意义的讨论逐渐占据了一时之重①。20世纪70年代末80年代初开始对于《秦妇吟》思想的讨论逐渐降温，原有的其他各方面研究渐次复苏。写毕于1948年、刊发于1983年之刘修业撰、王重民校《〈秦妇吟〉校勘续记》，在校对文字之余，梳理了《秦妇吟》诗歌的研究经过及存世写本情况②。俞平伯《读陈寅恪〈秦妇吟校笺〉》则针对陈氏论说提出了几条自己的不同意见，他认为，秦妇离开长安的具体时间稍晚于陈寅恪所说的壬寅春二月，或为壬寅下半年；韦庄讳言《秦妇吟》是因为韦庄写官军残暴胜过黄巢，而其中又以杨复光军尤为严重，不仅抢夺民财，更有甚者还得百姓卖与黄巢军为食物。《秦妇吟》描述指斥官军极为严切，后来韦庄却要与这些人日日共事，自然颇多汗颜，所以选择自禁《秦妇吟》③。马茂元、刘初棠先于《〈秦妇吟〉注》一文中介绍了作者，说明诗文历史地位和意义，同时对诗文内容作了详细注解④，后又合撰《韦庄讳言〈秦妇吟〉之由及其他》一文，表达了与陈寅恪不同的意见。他们认为，对于女子失贞的重视是宋以后的事，有唐一代对女子贞洁没有那么介意，所以陈寅恪之言或为不妥。马、刘二位的分析是，《秦妇吟》骂黄巢的同时，也骂了官军，所以韦庄在西蜀时要考虑王建君臣的感受，要全身远害，因此"讳之"⑤。柴剑虹《〈秦妇吟〉敦煌写卷的新发现》提示了新的《秦

---

① 比如，王士菁《唐代诗歌》认为韦庄是对农民革命战争做歪曲的反动诗人的代表（人民出版社，1959年）；李宪昭《也谈〈秦妇吟〉——兼与李让白、安克环商榷》认为韦庄所写的这首长诗有仇视农民起义的思想（《光明日报》1960年2月7日）；中科院文研所编《中国文学史》则认为韦庄是站在贵族地主阶级立场写作此诗篇的（人民文学出版社，1962年），等等，都是或激烈或平和地批评《秦妇吟》基本思想倾向的反动性。而被李宪昭所批评的李让白、安克环《试谈〈秦妇吟〉》的观点，则认为《秦妇吟》思想内容深邃，反映出农民革命力量的巨大，是歌颂了农民战争（《光明日报》1959年12月6日），高平《〈秦妇吟〉的现实主义成就》（《阳关》1981年第4期）、周千蕊《评〈秦妇吟〉》（《中日文化月刊》1941年第1卷第5期）等，也都对《秦妇吟》持有同样的褒扬态度。与此观点一致的言论还见于郭沫若《答〈人民文学〉编者问》（《人民文学》1957年1月号）、游国恩等主编《中国文学史》（人民文学出版社，1963年）、宋遂良《话说〈秦妇吟〉》（《读书》1981年第5期）、张锡厚《浅谈敦煌写本〈秦妇吟〉》（《唐代文学论丛》1982年第1期），以及傅文生《略论韦庄诗的思想意义》（《文学遗产增刊》第16辑，1983年），等等。
② 刘修业撰，王重民校《〈秦妇吟〉校勘续记》，王重民《敦煌遗书论文集》，北京：中华书局，1984年，第139—155页。本文亦存录于王重民《敦煌古籍叙录》，北京：中华书局，1979年，第303—308页；此后也曾全文收入颜廷亮、赵以武辑《〈秦妇吟〉研究汇录》，第123—139页。
③ 俞平伯《读陈寅恪〈秦妇吟校笺〉》，《文史》第13辑，1982年，第233—238页。
④ 马茂元、刘初棠《〈秦妇吟〉注》，《中华活页文选》，上海：上海古籍出版社，1983年，第155页。
⑤ 马茂元、刘初棠《韦庄讳言〈秦妇吟〉之由及其他》，《文史》第22辑，1984年，第225—232页。后收入《马茂元说唐诗》，上海：上海古籍出版社，1999年，第85—97页。

妇吟》写本残卷 S.5834，对写本的存世情况作出整理，条理出十个编号的写本，并将新发现之 S.5834 与之前已知之 P.2700 成功缀合为一[1]。潘重规《敦煌写本〈秦妇吟〉新书》在前人工作成绩的基础上，又根据自吴其昱处得到的材料，在俄藏敦煌文献 Дx.10740 的十四件残片中新发现了一片《秦妇吟》残文[2]。韩云波则重新探讨了《秦妇吟》的失传原因，认为韦庄创作《秦妇吟》的初衷是因为热心政治、关心时局，目的是揭示唐末战乱胜败的内在原因。由于《秦妇吟》得出的结论是"官不如匪"、官兵自毁长城，而这无疑触及了统治阶级的隐痛，结果遭到了"公卿垂讶"。韦庄为了自保，只好"讳之"[3]。蒋礼鸿《〈补全唐诗〉校记》也对《秦妇吟》进行了点校说明[4]。高国藩《敦煌本〈秦妇吟〉新论》在整理写本数量的同时，着重条列了写本中明确标记抄写年代的写本题记，说明《秦妇吟》在当时受到的喜爱以及传播之广，之后又重点分析了诗歌的思想，以及韦庄晚年自禁此诗的原因[5]。张天健《万端熔铸一诗收——谈〈秦妇吟〉的写作艺术》则对诗歌写作的艺术性进行了高度评价[6]。周容良《〈秦妇吟〉的起落及再认识》讨论了《秦妇吟》传播高低潮的境遇以及其进步意义和局限性[7]。山田胜久《敦煌文学之研究——关于敦煌出土〈秦妇吟〉的成立背景》论述了当时敦煌与中原各自的社会环境以及双方之间的来往交流情况[8]。广濑智《唐代战乱诗考——杜甫·韦庄的战乱诗》是从对战乱的描写角度讨论了韦庄的名作[9]。高国藩在《敦煌俗文化学》一书中，设"敦煌通俗长诗——《秦妇吟》"为节，在总结写本情况的基础上又讨论了《秦妇吟》思想内容的四个重点[10]，等等。

进入 21 世纪之后，随着研究问题的细化和学科交叉研究的兴起，涉及《秦妇吟》

---

[1] 柴剑虹《〈秦妇吟〉敦煌写卷的新发现》，《光明日报》1983年6月7日。刘修业亦曾在校勘《秦妇吟》之时于文末补注中对此事进行过叙述，见刘修业撰、王重民校《〈秦妇吟〉校勘续记》，王重民《敦煌遗书论文集》文末补注。补注中还首次发表了 S.5834 号的录文。
[2] 潘重规《敦煌写本〈秦妇吟〉新书序》，《敦煌学》第8辑，1983年，第1—73页。
[3] 韩云波《韦庄〈秦妇吟〉失传之谜新探》，《唐都学刊》1993年第2期，第33—36页。
[4] 蒋礼鸿《〈补全唐诗〉校记》，《敦煌学论集》，兰州：甘肃人民出版社，1985年，第73—80页。
[5] 高国藩《敦煌本〈秦妇吟〉新论》，《许昌学院学报》1987年第3期，第60—64页。
[6] 张天健《万端熔铸一诗收——谈〈秦妇吟〉的写作艺术》，《西南民族学院学报（哲学社会科学版）》1990年第2期，第65—87页。
[7] 周容良《〈秦妇吟〉的起落及再认识》，《青海民族学院学报》1996年第3期，第72—77页。
[8] 山田胜久《敦煌文学の研究——敦煌出土〈秦妇吟〉成立の背景について》，《学大国文》第37号，1994年，第81—96页。
[9] 广濑智《唐代战乱诗考——杜甫·韦庄の战乱诗》，奈良教育大学国文学会编《奈良教育大学国文：研究と教育》第20号，1997年，第23—35页。
[10] 高国藩《敦煌俗文化学》，上海：三联书店，1999年，第509—522页。

的研究也进一步深入和拓展，呈现出宽领域、广思维的趋势。不仅细小残片之类新写卷的发现有所增加，而且关于《秦妇吟》写本的题记、书写者等相关问题也进一步走入学者的视野，对于《秦妇吟》传播问题的相关研究也正式由暗转明，出现了专门性的探讨和著述。

2000年6月，徐俊《敦煌诗集残卷辑考》指出了Дx.4568号残片为《秦妇吟》残文[1]，同时将当时已知的写本逐一列举，即使李盛铎旧藏等个别未知下落、未公布图版的写卷也排列在内，归纳提出了当时最为齐备的缀合后十写本之说[2]。同年10月，黄永年《韦庄在广明元年至中和三年的行迹》探讨了黄巢占领长安后的三年间韦庄的实际行踪情况[3]。2002年，徐俊发表《敦煌写本诗歌续考》，在Дx.10740号中再次发现了潘重规比定之外的《秦妇吟》残片，并成功将其进行了拼接[4]。第二年，徐俊又发表《隋魏澹〈鹰赋〉校订——敦煌文学文献零札之一》，提示了与《鹰赋》同书于Дx.6176的第十一件《秦妇吟》写本的存在，同时还指出了Дx.6176残本内容与S.3910内容的一致性[5]。柴剑虹也在论及王国维先生贡献的文章中言及这件残片[6]。同年，张学松《论中国古代第一篇小说化长诗〈秦妇吟〉》发表[7]。

2006年，吴淑玲发表的《论敦煌唐写本〈秦妇吟〉的传播学价值》正式将《秦妇吟》在传播方面的意义纳入讨论范围，并从《秦妇吟》对唐代诗歌传播速度"如风之迅疾"的说明、手写本时代诗歌传播版式的大体规范和文字的不定型性、根据《秦妇吟》写卷窥测唐诗的部分传播趣尚、从《秦妇吟》写卷看唐诗的传播使者等四个方面，将《秦妇吟》对传播问题研究的贡献做了解说[8]。2009年，曹丽芳《也谈韦庄广明元年底至中和三年春的行迹》以黄永年先生的讨论为基础，再度深入解说了韦庄这一时期的行踪[9]。2010年，倪健（Christopher M. B. Nugent）出版了《口头的呈现和纸上的书写：中国唐代诗歌的写作和流传》，对以口头与书面形式创作和传播唐诗的各

---

[1] 徐俊《敦煌诗集残卷辑考》，北京：中华书局，2000年，第252页。
[2] 徐俊《敦煌诗集残卷辑考》，第230—232页。
[3] 黄永年《韦庄在广明元年至中和三年的行迹》，《文史探微：黄永年自选集》，北京：中华书局，2000年，第492—508页。
[4] 徐俊《敦煌写本诗歌续考》，《敦煌研究》2002年第5期，第65—72页。
[5] 徐俊《隋魏澹〈鹰赋〉校订——敦煌文学文献零札之一》，《文献》2003年第2期，第36—44页。
[6] 柴剑虹《王国维对敦煌写本的早期研究》，《敦煌研究》2006年第6期，第130—135页。后收入氏著《敦煌学与敦煌文化》，上海：上海古籍出版社，2007年，第53—65页。
[7] 张学松《论中国古代第一篇小说化长诗〈秦妇吟〉》，《中州学刊》2006年第6期，第178—181页。
[8] 吴淑玲《论敦煌唐写本〈秦妇吟〉的传播学价值》，《唐代文学研究》第12辑，2006年，第772—783页。
[9] 曹丽芳《也谈韦庄广明元年底至中和三年春的行迹》，《古典文学知识》2009年第4期，第136—140页。

种途径进行了探讨，可谓代表研究唐诗早期传播面貌的最新的研究成果①。

2011年，张新朋《敦煌诗赋残片拾遗》再次指出 Дx.10740 号中第十一件残片为《秦妇吟》残文，并经过细致考察，将该号中已经发现之6片残片与 Дx.4758 号成功进行了拼接②。同年，张涌泉在其自选集《张涌泉敦煌文献论丛》中收入了旧作《敦煌写本〈秦妇吟〉汇校》的修订本，不仅吸取了徐俊、张新朋等人的研究成果，而且首发了之前仅见过目录、实际行踪不明之李盛铎旧藏本，即杏雨书屋所藏之羽57r，并将其与 S.0692 进行了拼接③。2012年，中尾健一郎《唐末动乱期的洛阳与韦庄》则引用《秦妇吟》的描述，说明韦庄在黄巢之乱中逃难期间的见闻与境遇④。2013年4月，陈丽萍发表了《杏雨书屋藏〈秦妇吟〉残卷缀合及研究》，不仅制作了羽57r与 S.692 缀合图，还结合《秦妇吟》当下的研究进展，强调了今后研究中需更加注意的几个问题，如重视区分《秦妇吟》十三个编号与缀合后十个写本的描述区别，今后对俄藏残片以及其他各处所藏残片的更多关注，以及对背面文字的深入研究与正面内容的加强联系等等⑤。然而，2011年以来的几篇文章，都没有注意到徐俊发现的 Дx.6176 残本。

总体上来说，近年来随着世界各处藏地对其所藏敦煌文献资料的渐次公布，之前难得一见的俄藏敦煌文献以及日本武田科学振兴财团杏雨书屋所藏李盛铎旧藏敦煌文献也都渐次公布于世，十余年前徐俊所举之十个写本的图录终于全部呈现于广大学者的面前。在此基础之上，徐俊、张新朋、张涌泉等又先后对俄藏、日藏等残片进行了细致的拼接整理，陈丽萍也对李盛铎旧藏《秦妇吟》卷子发表了专论。尤其要特别指出的是，2001—2024年间，郝春文主持出版了《英藏敦煌社会历史文献

---

① Christopher M. B. Nugent, *Manifest in Words, Written on Paper: Producing and Circulating Poetry in Tang Dynasty China*. Harvard-Yenching Institute Monograph Series, no. 70, Cambridge, Mass.: Harvard University Asia Center, 2010, pp. x+341. 作为最具代表性的写本学研究成果，这本论著引起了学界不少关注。其评鉴可参见相关书评，吴晨所著见于荣新江主编《唐研究》第18卷"中古中国的信仰与社会"研究专号，第522—528页。David McMullen, "Boats Moored and Unmoored: Reflections on the Dunhuang Manuscripts of Gao Shi's Verse", *Harvard Journal of Asiatic Studies*, Vol.73, No.1 (June 2013), pp. 83-145.
② 张新朋《敦煌诗赋残片拾遗》，《敦煌研究》2011年第5期，第77—81页。
③ 张涌泉《张涌泉敦煌文献论丛》，上海：上海古籍出版社，2011年，第185—217页。论文原发表于《中国典籍与文化论丛》第4辑，1997年，第311—341页，收入自选集时做了较大的修订和补充。
④ 中尾健一郎《唐末动乱期的洛阳与韦庄》，《日本文学研究》第46期，2011年，第52—63页。后收入氏著《古都洛阳与唐宋文人》，东京：汲古书院，2012年。
⑤ 陈丽萍《杏雨书屋藏〈秦妇吟〉残卷缀合及研究》，《隋唐辽宋金元史论丛》第3辑，2013年，第139—147页。

释录》二十册[①]，精益求精地整理校录了英藏敦煌社会文书，其中校录《秦妇吟》篇章的部分在综合诸多前人校证的基础上多有阐发，并新录入了背面杂写等文字，使得《秦妇吟》写本呈现出了更为完善、全面的内容和整体信息，《秦妇吟》长诗的研究得到了进一步的发展[②]。

2014—2015 年，笔者连续发表《〈秦妇吟〉敦煌写本研究综述》《〈秦妇吟〉之敦煌传播新探——学仕郎、学校与诗学教育》《〈秦妇吟〉敦煌写本新探——文本概观与分析》三篇文章，从研究情况、传播性质、写本学特点等方面进行了一系列研究[③]，对全面分析、介绍、探讨《秦妇吟》的多方面问题做出了新的推进。大致在这一时间开始，《秦妇吟》相关研究更加立体化，剖析角度往往发前人所未闻。2014 年，杨亚琼发表《浅谈敦煌遗书的研究——以〈秦妇吟〉研究为例》[④]，探讨敦煌文书研究的视角、途径与方法；张晓宁《从〈秦妇吟〉的命运看古代文学作品经典化的影响因素》从作品流传的角度分析了文学作品能否成为经典的各项影响因素[⑤]。2018 年，邵文实发表《古代叙事诗之女性视角和声音的复杂性——〈秦妇吟〉再解读》，从女性视角入手，分析女性视角和女性声音对诗歌叙事及审美表现张力的影响，加之作者为弥补女性视角的局限性而采用的视角延伸方式这一特色[⑥]，角度新颖，内容深刻，读来令人颇有启发。同年，郑阿财《敦煌吐鲁番文献呈现的唐代学童诗学教育》在探讨科举考试制度与学校教材时，重点举例、分析论述了在敦煌吐鲁番地区培养学童诗学素养的过程中，《秦妇吟》所起到的作用和影响[⑦]。秦榕《文学地理学视阈下对〈秦妇吟〉的空间解读》，联系作者韦庄的生平事迹，从文学地理学的角度，对《秦妇吟》进行平面性的空间解读，并分析诗中建构的地理空间及

---

① 郝春文《英藏敦煌社会历史文献释录》第 1—20 卷，北京：社会科学文献出版社，2001—2024 年。
② 除上述内容外，对《秦妇吟》的研究成果还有很多，如卢英宏《反战诗剧冠千秋——〈秦妇吟〉新论》（《云梦学刊》第 32 卷第 2 期，2011 年，第 97—101 页）等，在此不再一一列举。
③ 参田卫卫《〈秦妇吟〉敦煌写本研究综述》，《敦煌学辑刊》2014 年第 4 期，第 153—161 页；《〈秦妇吟〉之敦煌传播新探——学仕郎、学校与诗学教育》，《文献》2015 年第 5 期，第 90—100 页；《〈秦妇吟〉敦煌写本新探——文本概观与分析》，《敦煌研究》2015 年第 5 期，第 81—92 页。
④ 杨亚琼《浅谈敦煌遗书的研究——以〈秦妇吟〉研究为例》，《鄂州大学学报》2014 年第 6 期，第 25—27 页。
⑤ 张晓宁《从〈秦妇吟〉的命运看古代文学作品经典化的影响因素》，《安康学院学报》2014 年第 6 期，第 38—41 页。
⑥ 邵文实《古代叙事诗之女性视角和声音的复杂性——〈秦妇吟〉再解读》，《首都师范大学学报（社会科学版）》2018 年第 1 期，第 105—111 页。
⑦ 郑阿财《敦煌吐鲁番文献呈现的唐代学童诗学教育》，《童蒙文化研究》第 3 卷，人民文学出版社，2018 年，第 12—15 页。

其背后的深层内涵，以此来证实诗中塑造的地理环境与作者意图的表达之间的深刻联系①。2021年韦宇《〈秦妇吟〉与〈羊脂球〉对比阅读——东西方战争悲剧的异与同》则大胆地将韦庄和莫泊桑的两篇经典作品进行了比较研究，这种比较跨东西方文化，跨东西方区域，而且跨越千年时空，颇有文明互鉴的深意②。

在研究视角锐意创新的同时，有关《秦妇吟》的失传原因等问题的相关研究，依然还在持续。比如，2017年，郑燕姣发表《论韦庄〈秦妇吟〉的叙事特色》，从限知视角、结构模式、环境描写三个方面分析了诗歌本身所具有的叙事艺术性③。2019年，陈琴发表《韦庄自禁〈秦妇吟〉新探》，提出了一个完全相反的意见，认为《秦妇吟》流传速度快，传播范围广，韦庄不可能以个人之力去自禁此诗，但此文未能对孙光宪的记载做出有力的辩驳，有待发现更多证据④。2020年，张译丹《韦庄〈秦妇吟〉异文辨析举隅》则相互对勘十多个写本中所见到的不同字句，举出十个例字，对异文有疑义之处进行了考证分析⑤。2022年，廖小红连续发表《敦煌写本〈秦妇吟〉综合研究》《〈秦妇吟〉作者的叙事学考察》两篇文章，2023年又在此基础上完成硕士学位论文《敦煌〈秦妇吟〉写本群研究》，将《秦妇吟》研究推上新的台阶。此后2024年还有《〈秦妇吟〉的修辞格研究》《〈秦妇吟〉的被隐藏与被发现》《唐宋之交敦煌学童群体与社会文化传播》等⑥，可以说，有关《秦妇吟》的研究每年都在见刊，学界对这首叙事长诗的研究从未停止，也一直在不断对前人的成果传承发展，并屡有创新。

笔者在整理学习各位前辈学者研究成果的基础上，结合自己的关注方向，尝试将《秦妇吟》之相关研究大致区分为题跋校勘、本事考证、思想艺术诠释、传播境况等四个方面加以理解，而这些方面的发展，既有出现时间的先后，又多包含穿插进行的境况。从上述情况可以看出，在笔者所关注的这四个方面中，抄录文字内容与题跋校勘可谓出现最早者，再次为史事考证，然后才出现思想艺术诠释等讨论。

---

① 秦榕《文学地理学视阈下对〈秦妇吟〉的空间解读》，《名作欣赏》2020年第5期，第112—115页。
② 韦宇《〈秦妇吟〉与〈羊脂球〉对比阅读——东西方战争悲剧的异与同》，《名作欣赏》2021年第23期，第119—123页。
③ 郑燕姣《论韦庄〈秦妇吟〉的叙事特色》，《昭通学院学报》2017年第4期，第71—74页。
④ 陈琴《韦庄自禁〈秦妇吟〉新探》，《佳木斯职业学院学报》2019第8号，第190—191页。
⑤ 张译丹《韦庄〈秦妇吟〉异文辨析举隅》，《中文学术前沿》2021年第1期，第43—47页。
⑥ 王蕊《〈秦妇吟〉的修辞格研究》，《新传奇》2024年第14期，第34—36页；顾农《〈秦妇吟〉的被隐藏与被发现》，《月读》2024年第8期，第44—47页；田卫卫《唐宋之交敦煌学童群体与社会文化传播》，《光明日报》2025年1月25日。

而与此不同的是,对作品传世与佚失等传播情况的关注与论述可谓贯穿始终。王国维在发现《秦妇吟》伊始,即根据《北梦琐言》之语论述了《秦妇吟》的传播情形:在当时"风行一时",且因为"人人喜诵之",而至"制为幛子"[①]。此后的各位学者,专论韦庄《秦妇吟》讳因者自不必说,其他针对《秦妇吟》史事、韦庄诗歌研究的考证,对涉及《秦妇吟》失传与复传的论述也鲜有能免。笔者不避浅陋,希望在进一步探讨以《秦妇吟》本身内容的基础上,结合写本的样态等现存物质形式,尝试探索以《秦妇吟》为例的唐中原写本文化西传敦煌的方式、路线,以及与敦煌文化交互影响的社会面貌。

(原刊于《敦煌学辑刊》2014年第4期,第153—161页。收入本书略有修订。)

---

① 王国维《敦煌发见唐朝之通俗诗及通俗小说》,《东方杂志》第17卷第8期,1920年,第95页。

第一章　物质性:《秦妇吟》敦煌写本的概观与分析

关于《秦妇吟》写本的问世情况,从数量上来看,迄今已发现卷子、册子等形式的写本共计十一件,它们是由十四个编号、十九个残片缀合而成的。在这一系列成果中,涉及写本最多的校证以及整理工作成果当属张涌泉《敦煌写本〈秦妇吟〉汇校》的修订版[1]。虽然未能加入Дx.6176号写本,但是张氏不仅按照完整程度以及所存文句的先后次序,较为全面地介绍了十件写本的面貌,而且重新核对所有的写本,对全诗词句重新做了细致的释录。张先生文章珠玉在前,笔者为了讨论方便,在学习张先生文章的基础上,结合自己所关心的题记、杂写等诸问题,并补入Дx.6176,在此将共计十一件写本的情况按照装帧方式分别进行条列和再叙述,不足之处尚希方家见示。

第一节　卷子本: P.3381、羽57r+S.692、P.2700+S.5834、P.3780、P.3953

P.3381,正面为《秦妇吟》,文字内容首尾完整,纵横为26.7cm×185.3cm[2],有界栏,前半部分界栏墨线明显,后半部分大多已不易看清。字体为楷书,字迹较为拙劣,行间距、行款不一。全文共计用纸四张半,前四页每页纸张书写21—22纵行,最后

---

[1] 张涌泉《张涌泉敦煌文献论丛》,上海:上海古籍出版社,2011年,第185—217页。原刊于《中国典籍与文化论丛》第4辑,1997年,第311—341页。相较于原刊稿,修订版做了非常大的增改。
[2] 尺寸大小见IDP所标示数据以及M. Soymié, (ed.), *Catalogue des manuscrits chinois de Touen-Houang*, vol. 3 [3001-3500], Paris: Bibliothèque nationale, 1983, p. 312。另外,全卷天头地脚不齐整,有不规则残破情况,但基本未损字迹。

半页仅书写文字9行。在第三、四、五张纸的接缝处，均压缝书写正文内容。首题"秦妇吟一卷"，下余白，转行顶格开始书写正文。正文内容共计89行，每行书19字左右。尾题亦书"秦妇吟一卷"，单占一行。尾题之次行写有题记"天复伍年乙丑岁十二月十五日敦煌郡金光明寺学仕张龟 信 "（图1-1）。自文首至"路傍时见游弈军，坡下寂无迎送客"句的前半段文字，在每句句末右下端均点有朱点句读，后半段文字则未见句读标识。文字内容上，正文首行"中和癸卯春三月，洛阳城外花如雪"之"月"字下半部直至"阳"字上半部残缺；第76行中下部之"自从洛下屯师旅"的"师旅"二字亦基本缺失。本卷的书写大致存在以下习惯：文中"悄悄""脉脉""处处"等叠字处皆使用了重文符号；有漏字则紧邻漏处补在字右侧的行间（如第18行补写"女"字、第56行补写"夜"字等）；改写字亦如此，错字划掉再书正字（如46行之"尚"字；再如第65行"神在山中犹避难"的"犹"，先是错写为"遊"，后于其下再重写一"犹"字）。

背面有纵向书写的习书两行，亦为《秦妇吟》。第1行为"中和癸卯春三月洛阳城外花如雪"，第2行仅"中和"二字（图1-2）。根据字迹来看，书写习惯颇为

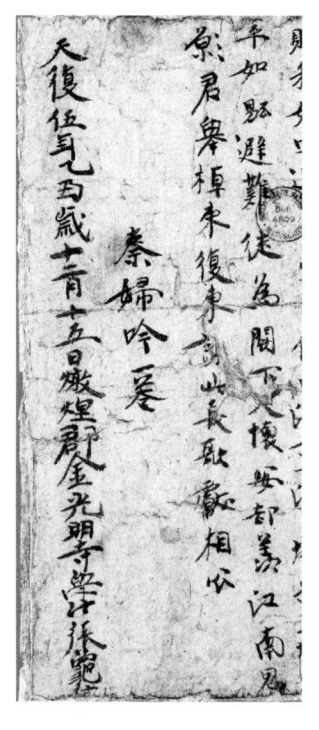

图 1-1　P.3381 写本尾题　　图 1-2　P.3381 写本背面习书

相似，"中""癸卯""雪"的书写特征易于辨认，所以可以认为与正面是同一人所书写。两行习书在纸张上的起始位置持平。余部空白，未见字迹。

该卷距离原作问世时间最近，且错误较少。关于此卷写本最早的消息见于翟林奈《〈秦妇吟〉之考证与校释》[①]。

羽 57r+S.692，现藏日本杏雨书屋的李盛铎旧藏写本羽 57 号，与 S.692 号残卷刚好可以前后缀合，且缀合后诗文文字基本完整（图 1-3）[②]。正面内容为《秦妇吟》，纵横约为 28cm×184.8cm[③]，墨线界栏隐约可见。行书，字迹拙劣，行距、行款不一。全文共计用纸四张半，前四页每页纸张书写 18—24 纵行，最后残存部分为 11 行文

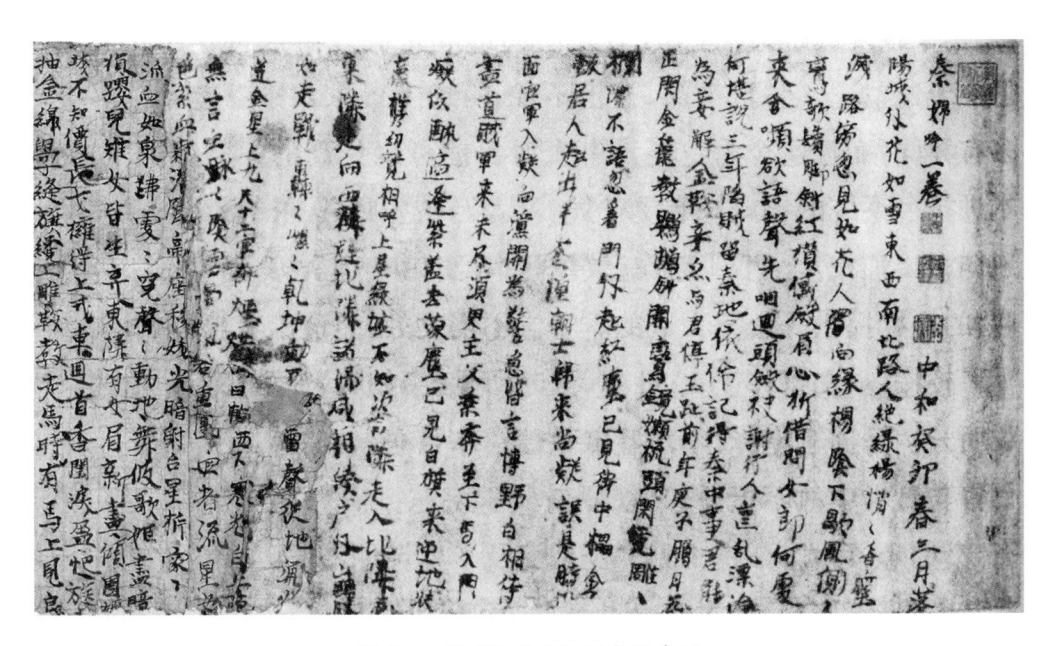

图 1-3 羽 57r+S.692 缀合示意图

---

① L. Giles, "The Lament of the Lady of Ch'in", *T'oung Pao*, 24, 1925-1926, pp. 305-380；中译本见张荫麟译《〈秦妇吟〉之考证与校释》，《燕京学报》1927 年第 1 期。
② 张涌泉对此已经做了详细的说明，并刊布了缀合图。陈丽萍也对此件写本进行过详细讨论（《杏雨书屋藏〈秦妇吟〉残卷缀合及研究》，《隋唐辽宋金元史论丛》第 3 辑，2013 年，第 139—147 页）。从正面来看，羽 57r 号内容为文献开头，即此写卷的第一页，S.692 紧随其后。
③ 羽 57r 残存纵横 28.4cm×43.6cm（吉川忠夫编《杏雨书屋藏敦煌秘笈》影片册一，大阪：武田科学振兴财团，2009 年，第 364—368 页），S.692 纵横约 26.9cm×141.2cm［尺寸大小见 IDP 所标数据，具体图版见《英藏敦煌文献（汉文佛经以外部分）》第 2 册，成都：四川人民出版社，1990 年，第 116—117 页］。据图版可知，羽 57r 为装裱展平后的测量尺寸，S.692 为直接测量尺寸，考虑到装裱的展平拉伸以及未经处理纸张的缩皱可能性，在此采取折中之约数 28cm。

字以及第12行右侧的些微笔画。在第一、二张纸接缝处的上半部分，有压缝书写正文的情况。第四、五张纸黏合处极为粗糙，留白未书。首题"秦妇吟一卷"，下空约5字格，同行续写正文。正文内容计92行，每行书18字左右。尾题亦书"秦妇吟一卷"，续写于正文末句之下，间空约2字格。尾题之次行写有题记"贞明伍年巳（己）卯岁（919）四月十一日敦煌郡金光明寺学仕郎安友盛写记"，再次行写打油诗一首："今日写书了，合有五升来。高代（贷）不可得，环（还）是自身灾。"其后一行残缺，仅余部分字迹残余笔画。从全文文字内容来看，第16行"万马雷声从地涌"之"马"字稍损，第63行之"一从狂寇陷中国"的"狂寇"二字中间部分笔画大半缺失。写卷前28行有句读顿点，起始至第20行上半行的"家家流血如泉沸"句后犹可见浅淡的朱笔句读，下半行即开始改为墨色句读顿点，直至第28行之"翡翠帘间空见影"句末。或许朱点处为教师授业、墨点处为学生练习亦未可知。正文中存在倒书符号（见第24行中间部分"女"字右下方，第59行"霸陵东望人烟绝"的"东"字右侧），间或于行尾稍空处点有墨色顿点以作平足取齐的书法美观之用①。有缺字填补者，如第56行上端"甲第朱门无一半"将漏写的"一"字填于"无"字之右下角。也存在缺字未补者，如第54行"修寨株残御沟柳"缺失"修"字，第60行"大道俱成棘子林"缺失"大"字，等等。

此件写卷背面有聊聊数行文字，第一纸（即尺寸不完之半纸）右侧起首中部书有一"壹"字，第二纸中部稍高于第一纸"壹"字的位置竖写"西州"二字，第三纸空白，第四纸左上侧高于第二纸"西州"的位置书有两行杂字，其右行为"张陈呆 市牛"，左侧一行稍高半格，且字迹较右行稍大，书"将有"二字②。第五纸背面亦有两行文字，其左行文字距离纸张左端约2cm，上起空两字格，竖写"见金光明寺学郎索受成"一行，又于全纸正中偏下、低于"成"字约两字格位置倒写"千字文"三字③。

此外，本卷第一纸，即羽57r部分首题的右上位置有朱印"敦煌石室秘籍"一方，首题下方至正文之间的约五字空格处印有三方朱印，依次为"木斋真赏""李盛铎印""李滂"，均为李盛铎及其子之收藏印。

---

① 此处承北京大学中国古代史研究中心朱玉麒教授指点，谨此致谢。
② 此处《英藏敦煌社会历史文献释录》录作"张使呆菩萨牛""菩萨有"，见郝春文《英藏敦煌社会历史文献释录》第3卷，北京：社会科学文献出版社，2003年，第495—509页。字形略有不似。
③ "千字文"三字不似书于纸张背面，倒是颇类于粘贴用纸片，有待查看原卷而定。

第一章 物质性：《秦妇吟》敦煌写本的概观与分析

P.2700+S.5834，两卷可以缀合（图1-4）。正面为《秦妇吟》，内容首尾基本完整，纵横约40.6cm×194cm①，隐约可见墨色界栏。书体为楷书，字迹拙劣，行间距、行款不一。接合纸张处之纸缝二、纸缝三均有字迹压缝现象。正文共计残存87行，每行字数为18字左右，第19行至29行在纸张中间位置开有天窗，形状近似长方形，高度3—6字。首题低一格书"秦妇吟"，其下空三字格，署名"右补□（阙）韦庄撰"，余白，转行顶格书写正文。尾题残文"贞明六年（920）岁在庚辰十二月"。正文中有重文符号的使用，如第18行"家家"以及第19行"处处""声声"等。在写有误字时，若在书写中即发现写错，则直接接续错字之下再写正字；如于写毕后发现有误，则抹掉误字，并于误字右侧改写正字。例如，第36行"面上夸功雕做字"之"雕"字为直接改写，第62行行首"为"字为直接改写，第37、38行"还将短发戴华簪"之"发""华"亦为随即续写更改，但误写为"冠"的"簪"字，

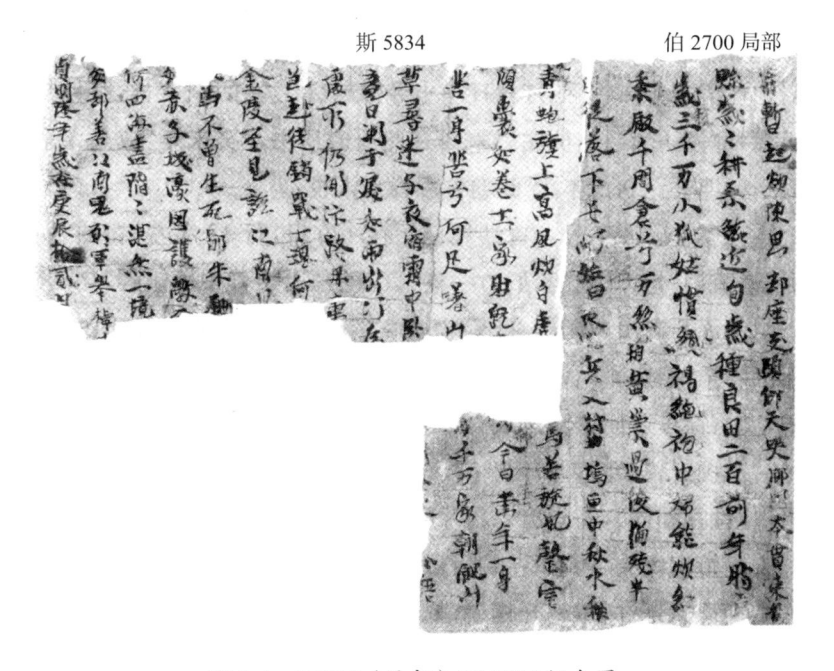

图1-4 P.2700（局部）+S.5834缀合图

---

① P.2700为前部之大半，共计5张，纵横40.6cm×174.9cm（前4页为40.6cm×41.9cm，第5页为40.6cm×7.3cm，尺寸大小见IDP所标数据，具体图版见《法藏敦煌西域文献》第2册，上海：上海古籍出版社，1994年，第297—300页）。S.5834号残存纵横约为14cm×27cm［尺寸大小为笔者根据图版所附录之比例尺自行测量。详见《英藏敦煌文献（汉文佛经以外部分）》第9册，1994年，第172页］。在拆除两者缀合重叠部分长度后，大致得出缀合后写卷纵横尺寸为40.6cm×194cm。

则改写在右上角。"簪"字看起来墨色较淡，与原文明显不同，当为书写完毕之后发现错字而更改者（笔迹似同属一人）。全文这样的淡色墨迹更改者还有数处，如第74行行首"年输户税三千万"的"税"字，误写为"岁"，于是在误字的右下方淡墨书写正字。第76行"自从洛（原作落）下屯师旅"，误"旅"为"始"，"始"字右侧亦有改字，惜因破损，已漫漶不清。第58行中间夹有双行小字"华岳三郎"，似为解释金天神之意，十个写本中仅此一例。第61、62行行间的上数第7、8字之间位置处有一个"中"字，但此处无缺漏、误字，疑为习字，非改字。

此写本的背面存在不少杂写[①]，内容丰富。有"龙兴寺""灵图寺""金光明寺""大云寺""普光寺""龙兴寺""梁保安文 书 ""阿婆孝（子？）文书""社司转帖右□年□□春""丁亥年二月一日洪润乡百姓""丁亥年正月一日洪润乡百姓""手若笔恶多"[②]"当身勇猛无□"等成行的文字，也有"春""夫""龙""为"等诸多不明所以之单字杂写。总体来看，这些字迹较为凌乱，多有倒写以及字迹大小不一等现象（见图1-5）。

P.3780，正面为《秦妇吟》。首尾皆存，中间有多处破损。用纸共计三张，第三张尾残。纵横共计30.8cm×118cm[③]，有清晰的墨线界栏。书体为楷书，字迹端庄工整，行间距较为一致。首题顶格书写"秦妇吟一卷"，空二字格，再书"右补阙 韦 "，此行自"韦"字下半部残缺。次行顶格开始书写正文，共59行，行约30字。正文部分前三行下半部每行各缺失10—15字。第9—27行以及第29—31行也分别有大面积残缺。尾题"秦妇吟一卷"居于该行之中间位置，单占一行。尾题后仍余有界栏十行，除第九行空白外，其余各行均书以题记或习字。其中，第1、2、6、7行可

[①] 主要集中于P.2700部分，见《英藏敦煌文献（汉文佛经以外部分）》第9册，1994年，第172页。S.5834没有发表背面图片，最早为柴剑虹氏在查阅斯坦因劫经的缩微胶卷时所发现。

[②] 在书写着各种内容的抄本中，"手若笔恶"等谦虚语句于尾题之后或杂写之间多有所见，例如，P.3780《秦妇吟》就家学仕郎马富德于尾题之后题写"手若笔恶，若有决错。名书见者，决丈五索"。P.3433《论语》卷八张坚坚题记："手恶笔若，多有厥错。明师见者，即与盖（改）却。"P.2604《论语》卷一有大中七年（853）正月十八日伯明书记："噫短手若，自有决（缺）错。明君见者，即以盖（改）却。"P.3322《卜筮书》有庚辰年正月张大庆写："首（手）恶笔若（弱），多有厥（阙）错。明师见者，即〔□〕改却。"这些相同或相似的词句类似打油诗，皆为表示谦虚求教之意。这些谦虚语的存在，第一是说明老师有教授学生这类谦虚用语的可能，第二是说明学生之间有彼此传咏这类简单诗句的可能。若为前者，可知学校育人内容的稳定性与传承性；如为后者，则说明了学子们主动学习过程中的模仿与传播情况。总之，从这些相似的词语中，可以看出敦煌各就学于私塾、寺院的学子们在治学修身方面所受到的熏陶。

[③] 尺寸大小见IDP所标数据以及M. Soymié, (ed.), *Catalogue des manuscrits chinois de Touen-Houang*, vol. 4 [3501-4000], Paris: Bibliothèque nationale, 1991, pp. 272-273。

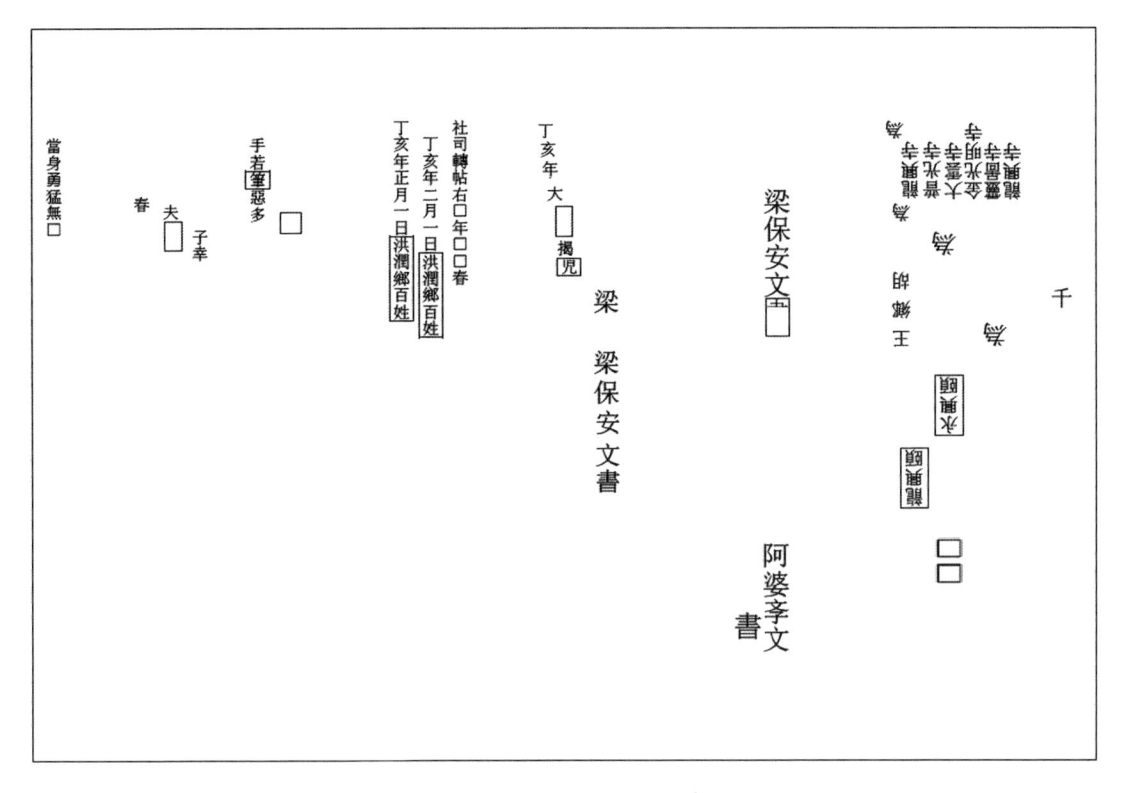

第一章 物质性：《秦妇吟》敦煌写本的概观与分析

图 1-5　P.2700+S.5834 背面杂写

见朱书字迹，而且第 1 行是在朱书之上再覆写墨书。第三行部分文字上面画有抹消线。各行详细内容以及图片如下所示（录文按行排列，见图 1-6）：

1　显德二年丁巳（巳）岁二月十七日杨定①迁手 令书 ②
2　第三，君不见生生鸟③
3　湿（显）德二年二月于巳 岁 □　显德年二月
4　显德二年丁巳（巳）岁二月十七就家孛士郎马冨德书记

---

① 字形颇似"宍"字。
② 此行字迹为墨书，似为覆写于朱书"第三君不见生生鸟"等文字之上。
③ 此处诗文为朱书，下文漫漶不清。似乎在现存的朱书上有覆写墨书的痕迹。"君不见生生鸟"一诗于其他写本处亦有所见。傅图 15 号背面有五言诗云："郎君须立身，莫共酒亲亲。君不见生生鸟，为酒送其身。"图版见方广锠主编《"中央研究院"历史语言研究所傅斯年图书馆藏敦煌遗书》傅图 15 号背 1，台北："中央研究院"历史语言研究所，2013 年，第 135 页。该号写卷解说以及诗文录文见同书《傅斯年图书馆藏敦煌遗书叙录》部分，第 10 页（傅图 15 号正面为《观无量寿佛经》）。

023

长安内外：唐代京城书写文化的东西流行

5　　手若笔恶，若有决错。名书见者，决丈五索。
6　　送达还通达　　逍遥近道边　过逢遐迩过
7　　进退连游连①　　　　　　德　九　　　　止岁岁学九九
8　　大周显德四年丁巳（巳）岁二月十九日学士童儿马冨德书记
9
10　　大同（周）显德四年丁

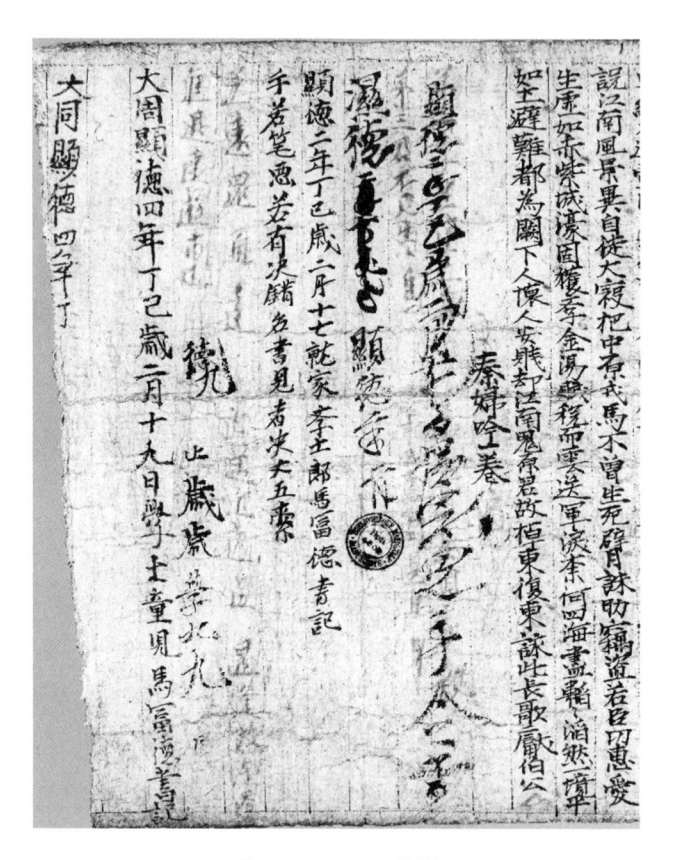

图 1-6　P.3780 尾题

---

① 此五言诗全文亦见于傅图 15 号背 3、背 4，《"中央研究院"历史语言研究所傅斯年图书馆藏敦煌遗书》，第 136—137 页。解说以及录文见《傅斯年图书馆藏敦煌遗书叙录》，第 11 页。另，"君不见生生鸟"诗与"送远还通达"诗在同时出现于 P.3780 尾题的同时，也同时出现于傅图 15 号《观无量寿佛经》写卷的背面，且字迹也颇为相似，或为同一人所写。经过对比，傅图 15 号背 1 的"郎君须立身"的"须"字与同编号写本背 4 的两个"须"字笔画极为相似，墨色亦同，当为同一人所写。但以上所叙述内容的文字与此卷背 1 之下女夫词以及背 4 判官刘善通（此人又见于 P.3324 背）牒稿字迹不同，似乎并非一人手笔。

第一章　物质性：《秦妇吟》敦煌写本的概观与分析

背面也有不少杂写：

1　　　西州
2　　　西州侯头长弼胡言道乞名目无向
3　丙子年五月十五日孛士郎杨定迁自手书记之耳色
4　　　大
5　　　大周显德四年丁巳岁九月廿七日就家孛士郎
6　　　大
7　　　大同（周）显 德
8　　　大周显德四年丁巳岁九月 廿七 日就家孛士郎马富德书记
9　　　崔氏夫人训女文　香车宝马　　　　大①
10　　　大云之寺
11　　　南无东方佛
12　　　　南无
13　　　南无十方之 佛
14　　　□海弥真二人记
15　　丙子年五月十五日小次张文成到此索僧政院内见海
16　　　神角兰若以以以身身身躰
17　　　神角兰若以以以身身身躰躰
18　　　神角
19　　　神
20　　　显今□

这些材料丰富的题记，不仅提示了本卷《秦妇吟》的大致抄写时间，也展示出当时学童习书的题材与内容，含有十分丰富的信息。除题记外，此写本的书写特征也值得关注。正文点有朱笔句读，且大部分仍清晰可见。全文改字形式多样，既有书于行间者，如在第 35 行上端误字"贾"右侧改写正字"架"；亦有书于天头者，如第 50 行和第 55 行天头分别书有"输""旋"二字的正写。此外，写本行间还有后添加之小字注，有添加读音者，如第 35 行为"七架营中填饿殍"的"殍"添加了

---

① 此字倒写。

025

双行小字注"音眇";亦有添加释义者,如第 41 行于"金天神"处补写四字双行小注。本卷亦有使用重文符号的现象,如第 13 行的"家家""处处"等。

P.3780 与下文之 P.3953《秦妇吟》写本的发现者均为王重民。王氏于 1934 年赴法国巴黎国立图书馆工作,在整理敦煌写本时发现了此两件写本,并修书告知当时供职于北平图书馆的刘修业,于是刘氏搜集材料,并参考自巴黎国立图书馆寄至之《秦妇吟》影片,之后草成《〈秦妇吟〉校勘续记》一文[①]。

P.3953,首尾皆残,无界栏,残存纵横为 30cm×39cm[②]。书体为楷书,字迹拙劣,行间距不一。残卷为两页残纸,第一纸首残,第二纸尾残。纸缝位于第 8 行与第 9 行之间。今存文 21 行,每行字数 19—25 不等,起于"〔暮见喧〕呼来酒肆"的"呼"字,止于"妾闻此语〔愁更愁〕"的"语"字。文中有重文符号的使用,如第 5 行"泛泛数日无消息"之"泛泛"、第 9 行"长安寂寂今何有"之"寂寂"等。本卷最早由王重民考定为《秦妇吟》残卷,并将录文提供给刘修业,后刘修业撰文将其入校[③]。

第二节　册子本：P.3910、S.5477、S.5476、Дх.6176

册子本目前已发现了四件,并且其中 P.3910、S.5477、Дх.6176 三件可以确定是源自同一个母本。详细解说如下。

P.3910,纵横约每页 15.8cm×11cm[④],有竖向界栏清晰可见,但目测宽窄明显不一。册子中缝可见绛红色装订丝线。全册字迹极为拙劣,且并非全部按照界栏书写,不仅偶有书于中间装订线上者,也时有在中心装订线两侧空行留白不书者,并且所空行数不定。书写字体为楷书,字迹一笔一画,颇类初学。全册首页之封面页脏损严重,辨识不易,可释读的文字有正反双向所书"第五广要""五刑""义者""经写"等文字(图 1-7)。册子内页第 1 行书字"巳(己)卯年正月十八日阴奴儿□策子"。

---

① 刘修业《〈秦妇吟〉校勘续记》,王重民《敦煌遗书论文集》,北京:中华书局,1984 年,第 139—155 页。
② 尺寸大小见 IDP 所标数据以及 M. Soymié, (ed.), *Catalogue des manuscrits chinois de Touen-Houang,* vol. 4, p.436.
③ 刘修业《〈秦妇吟〉校勘续记》,第 154—155 页。
④ 尺寸大小见 IDP 所标数据以及 M. Soymié, (ed.), *Catalogue des manuscrits chinois de Touen-Houang,* vol. 4, p.399.

第一章　物质性：《秦妇吟》敦煌写本的概观与分析

图 1-7　P.3910 首页

其后依次写有《茶酒论一卷》《新合千文皇帝感辞壹拾壹首》《新合孝经皇帝感辞一十一首》《秦妇吟》等内容。

《茶酒论一卷》，首题单独列行，顶格写"茶酒论一卷"，空一格，续写"并序乡贡进士王敷撰"。转行顶格书写正文，正文共计 68 行，行间多有改错字迹，如第 1、21、47、63、64 行等处。尾题未单独列行，空两格续写于正文之下。

《新合千文皇帝感辞壹拾壹首》，首题单独列行，正文 19 行，尾题空一格续写在正文之下。

《新合孝经皇帝感辞一十一首》，顶格书写首题，转行顶格书写正文 60 行，尾题与正文结尾之间空一格。正文第 17 行 "坊园" 之间有倒文符号。正文多有改错于行右侧者，如第 27 的"河"、第 32 行的"鸟"等。

《秦妇吟》，首题"秦妇吟"[①]，空二字格，续写"补阙韦庄撰"，换行顶格书写正文。正文共书 94 行，每行字数约 12 字。内容未曾书写完毕，至"城外风烟如塞色"

[①] 首题前亦书有"秦妇吟"三字，然墨色较淡，与前后文不符，且笔记亦于首题三字不类，或为后来习书者所写。

027

处时书"如寒色色色色文"后戛然而止（图1-8）。稍后一行书写题记"癸未年二月六日净土寺弥赵员住左手书之"，换行，再写"癸未年二月六日净土寺 赵赵 池"等字，次行下端另书有一个"麦"字。正文中第3行中途转行换页，第4行上端似乎为信手涂鸦，下半段续写第3行文字，内容上没有间断[①]。第10、11行中间书有多余文字三行，内容为"无耻辱之患菂食不贪盖是""修身之本争财必有灭身之祸""无□□无"，与前后文不能衔接。第10行末与第11行初之间缺失《秦妇吟》本文内容"斜开鸾镜懒梳头"之"斜开鸾镜懒"五字。另有残存文首的Дх.6176者，文本内容与S.3910完全一致，比如首题下署名时不加左右、仅写"补阙"，起首的"中和癸卯春三月"，两本同作"中和癸卯三春月"；"绿杨悄悄香尘灭"一句的"香尘灭"三字两本又同作"香阵威"；又"丧乱漂泊何堪说"一句，两本皆作"丧乱漂囵那堪说"。由此可知，两者是抄自同一个母本。但需要指出的是，此两者行款并不相同，Дх.6176每两行文字约为S.3910一行文字。S.5477号亦与Дх.6176、S.3910源出自同

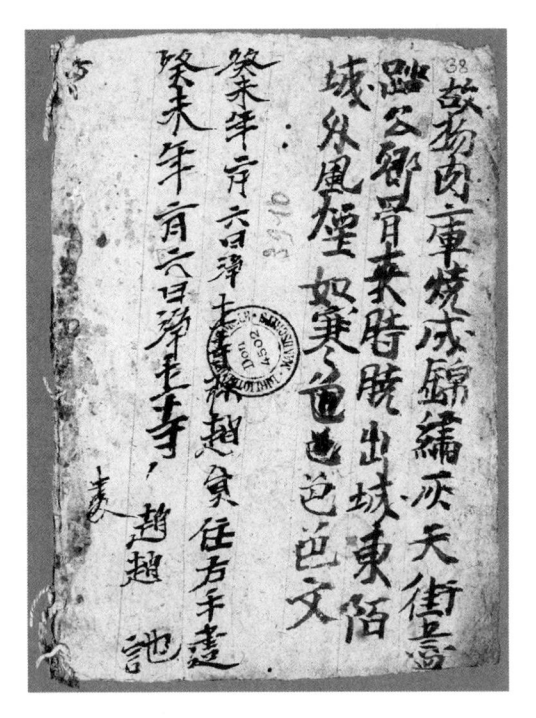

图 1-8 P.3910 尾页

---

① 第43、51、84行亦存在书写三二字或半行而突然换行之情况。似随意所写，无避讳等原因可据。

一个母本，具体论述见下文。

S.5477，纵横约每页 15cm×10.7cm[①]，现存 18 页，每页书写字数内容不等，约为 6—8 行，共计 120 行，行约 13 字。其中，第 51—61 行、第 110—116 行没有界栏，第 62—66 行界栏似为自行手绘，宽窄不一，歪扭不堪。其他各行界栏均较为齐整可观。写本全文字体不一，先为楷书，渐次书写潦草，变为行书，且书写渐趋马虎，将近结尾时始稍作收敛。全文文字笔画粗细不一，内容首缺尾全。正文存 120 行，每行字数约 13 字，始于"斜开鸾镜懒梳头"。正文后，于次行居中位置书尾题"秦妇吟一卷"，单占一行。行文有因为界栏上下粗细不一造成书写半行而转行的情况，如第 8 行；也有因为书写错误而另起行的情况，如第 64 行在改写第 63 行的"架营"两字并署名"阴奴儿"之后，直接转行重新书写。此本在修改误字、补入漏字时大多用右侧行间书写的方式，例如第 62 行"沟壑渐平人渐少"漏写的"平人渐"三字即书于相应位置之行右，"六军门外"写成"六军平外"之后，也将正字"门"写于误字"平"之右侧。

另外，此本还写有双行小注标识音义，见第 61 行行首，有"脍音，割肉"四个双行小字，是对前文"黄巢机上刽人肉"之"刽"字的注音和释义；在书写叠字时使用了重文符号，例如第 11 行"轰轰"；在写错字序时使用了倒文符号，如第 10 行"东邻走向西邻避"误为"向走"之后，在右侧画有换文符号，第 33 行"兄女"、第 61 行"绝断"也是如此。

将册子 S.5477 与册子 P.3910 相对比可知，两者当为抄自同一个母本。这两个写本不仅大小尺寸较为接近，单页宽度也都是约为 11cm，行款也很接近，都在 12 字左右，字迹书法水平也相近，并且语句字词多有用字用词一致者。如"宦者流星如血色"，此两卷皆做"宦者星流如血色"；又如"紫气潜随帝座移"，两者又同时误做"紫气潜通帝座移"。除此之外，还有另外一个极为有力的证据，那就是在这两个写本中都出现了"阴奴儿"这个名字。P.3910 有"己卯年正月十八阴奴儿□策子"这样一行文字，而 S.5477 在第 64 行中亦写有"阴奴儿"三个字，潘重规认为 S.5477 为阴奴儿所书，徐俊在此基础上进一步认为 P.3910 与 S.5477 两者皆为阴奴儿所写，而张涌泉不仅同意他们的观点，而且指出 P.3910 的书写缺少"斜开鸾镜懒梳头"的前五字，且整卷未写完即停止抄写，而刚巧 S.5477 起首即为"斜开鸾镜懒梳头"开头，

[①] 尺寸大小见 IDP 所标数据。具体图版见《英藏敦煌文献（汉文佛经以外部分）》第 7 册，1992 年，第 177—182 页。

所以 S.5477 或为 P.3910 抄错后的重抄卷，即 S.5477 与 P.3910 正好合成完整的一篇。张氏此说有一定的道理。一方面可以说明书写者开始是抄写 P.3910，可是在抄写 P.3910 的过程中，于"斜开鸾镜懒梳头"一句处抄漏抄错，抄写者发现自己有错漏之后，稍作犹豫，刚开始是准备搁置不理，继续抄录下去，但在继续抄写了四页纸之后，再次抄错了"城外风光如塞色"，于是在反复练习了几个"色"字之后，抄写者最终停止了 P.3910 的抄写，转而又重新开始抄写新的本子，于是就有了 S.5477。虽然笔者认为张涌泉这样的说法有一定的道理，但是也不能排除 S.5477 前面有抄写页缺失的情况。笔者有一个或许鲁莽的设想，即 S.5477 是脱落自 P.3910 的折页，其接续情况即为 S.5477 的首页"斜开鸾镜懒梳头"承接 P.3910《秦妇吟》第 10 行"正闭金笼教鹦鹉"的下句（详见图 1-9、图 1-10）。

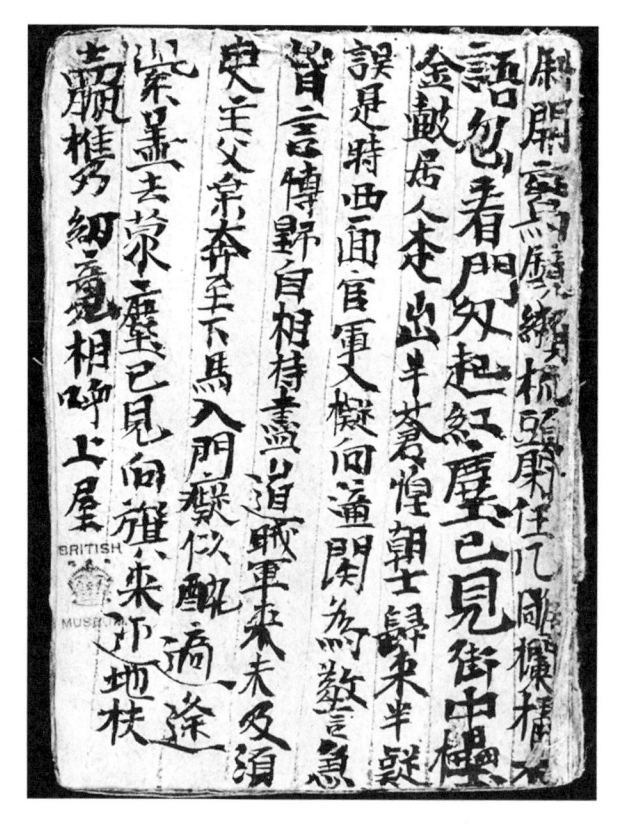

图 1-9　S.5477 页首"斜开鸾镜懒梳头"

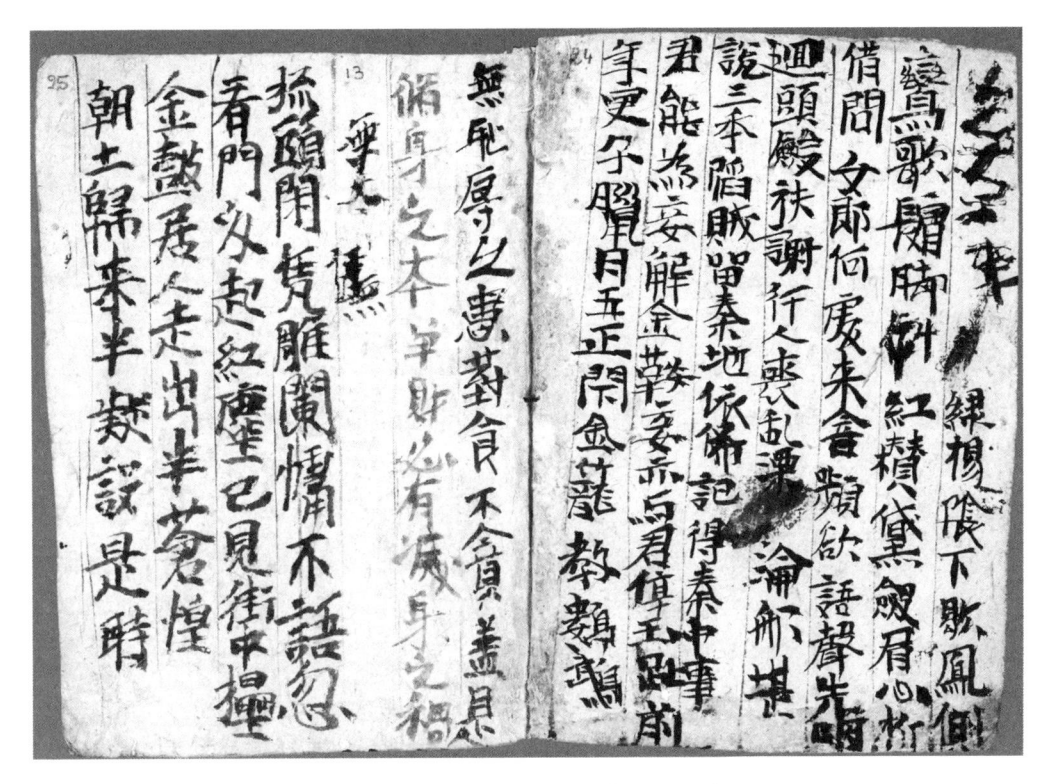

图 1-10　P.3910 页末"正闭金笼教鹦鹉"

理由有四：

第一，文字内容的连贯性。正如前文所述，S.5477 行首与 P.3910 第 10 行行尾可以顺畅地直接接续，没有空格或衍字。

第二，物质形态、装帧方式的一致性。此两号写本均为册子本，尺寸、纸质、行款基本一致。且基本装订方式也相同，都是在纸页一侧粘合。但 S.3910 似乎有脱落的痕迹，所以又有以绛红色丝线穿孔系合之举。

第三，线面的变化方面，欠缺面的流畅变化，并且文字有横细竖宽等木笔书写的明显特点。S.5477 第 3 行、第 5 行的"来"字与 P.3910 第 6 行之"来"字字形、用笔神韵皆一致，可知不仅为同一人，而且很可能为使用同一支木笔所写。相比之下，P.3910 第 17 行、第 23 行同样书有"来"字，与第 6 行之"来"字颇为不同。一来书写笔画有异，二来第 17 行、第 23 行部分书写用笔似为毛笔，具备木笔所不易达到的笔画横竖弯折面宽过渡比较圆滑、流畅、均一的特点，与前 10 行文字形成明显反差。笔者认为，S.5477 为硬木笔书写，P.3910 前 10 行亦为硬木笔书写，第 10

行以后文字迹则缺乏筋骨，为毛笔所书。所以，S.5477 行首与 P.3910 前 10 行的书写更为连贯。

第四，字迹墨色的连续性。P.3910《秦妇吟》前 10 行墨色较深，与其前一篇《新合孝经皇帝感辞一十一首》中字迹的墨色一样，但第 11 行之后墨色骤然变淡，与前文不符。与此同时，S.5477 的墨色、笔迹与 P.3910《秦妇吟》前 10 行字迹的墨色、用笔均风格一致，完美承接 P.3910《秦妇吟》第 10 行"正闭金笼教鹦鹉"，更似为一个本子。

综上，笔者认为，S.5477 应为 P.3910 第 10 行次页之后内容的脱落，而目前我们所看到的 P.3910 第 10 行以后的部分，很可能为后来所补写或补粘而成。或许有这样一种可能，阴奴儿书写了 P.3910 至《秦妇吟》前 10 行 +S.5477 的小册子，日日随身携带诵读，不意翻阅较多，小册子产生脱落，变为 P.3910 至《秦妇吟》第 10 行与 S.5477 两件小册子。由于一时寻不见脱落的 S.5477，遂将 P.3910《秦妇吟》第 11 行以后的部分作为替代品补粘、钻孔系入 P.3910《秦妇吟》第 10 行页面之后，后来两者一起随学校的其他物品被封入了藏经洞，出现了今天我们所看到的情况。姑为一说，不当之处，还请不吝指正。

S.5476，每页纵横 10.2cm×14.5cm[①]。共计 18 页，每页字数不等，大多为 7 行，亦有 3 行、5 行、8 行者。内容上首尾皆残，现存文字 103 行，每行字数 8—13。始于"〔忽看〕门外起红尘"，止于"旋教魇〔鬼傍乡村〕"。字体为行书，较为拙劣。文中有重文符号的使用，如第 14 行的"轰轰崐崐"、第 21 行的"家家"、第 22 行的"声声"等等。漏字补写于行侧，如第 35 行"红粉香脂刀下死"在行右侧补写了漏字"粉"，第 75 行"又道官军悉败绩"右侧补写了漏字"军"。蒋孝琬拟题"戏耍书一本"[②]，王国维定为《秦妇吟》残诗，并做了录文[③]。此号写本是在《秦妇吟》失传千年之后，首次为今人所见。

Дx.6176，折页装册子本。依次书写有《鹰赋》一卷、《鹘赋》一卷（仅在篇题下空一格书有文首"伊鸷之雄毅"一句）、《秦妇吟》三个篇目。如回复折叠册子

---

① 尺寸大小见 IDP 所标示数据。具体图版见《英藏敦煌文献（汉文佛经以外部分）》第 7 册，1992 年，第 172—177 页。
② 见黄永武主编《敦煌宝藏》第 4 册，台北：新文丰出版公司，1981 年，第 103 页。
③ 王国维《敦煌发现唐朝之通俗诗及通俗小说》，《东方杂志》第 17 卷第 8 期，1920 年，第 95—100 页；同氏《韦庄的〈秦妇吟〉》，《国学季刊》第 1 卷第 4 号，1923 年，第 693—699 页；同氏《唐写本韦庄〈秦妇吟〉残诗跋》，《观堂集林》卷二一，北京：中华书局，1959 年，第 1019 页。

本原貌，则可得残存文本内容12面，每面约8行，每行约8字。其中第1面至第9面的前两行皆为《鹰赋》，此赋缺失文首，起于"鸐鹏小而咸轻"，尾题《鹰赋一卷》，接续于正文之下，并于尾题下稍偏左位置再书"鹰赋一"三字至于页底边。第9面共计8行，其中第3行顶格书《鹘赋》首题，再于篇题"鹘赋"二字，下空一格书写"伊鸷之雄毅"。再转行，于本页第4行顶格书《秦妇吟》首题，首题下空一格，其下尚存"补阙"二字的残留笔画。再次一行的第5行，书写正文第一句"中和癸卯三春月"，其后书有两行习字，或为契约草稿，右边一行为"天福十一年正月十七日立"，左边一行残存为"平康乡百姓龙愿成为"等字迹。在此两行习字之后，仍当有一行文字，即第8行文字，然目前仅残存一点笔画，已经无法辨认。次页（即第10面）重新开始抄写《秦妇吟》，先于第1行顶格写首题"秦妇吟"，空一格，又写"补阙"二字（此行亦有笔画缺损）[①]；再于第2行顶格开始书写正文，直至"适时西面官军入，拟向"止（第12面）。此件写本中《秦妇吟》正文共计15行，每行约8字，最早为徐俊所发现[②]。其残留的文本内容与S.3910完全一致，应该是抄自同一个母本。前已提及，徐俊、张涌泉皆认为S.3910与S.5477为源出同一母本，所以可知，S.3910、S.5477、Дх.6176皆为承袭自同一母本。

第三节 残片：Дх.4568、Дх.10740 (6-11) +Дх.4758

Дх.4568，正面为《秦妇吟》。该号为两枚小残片。其中一枚残存文字三行，徐俊指出内容为《秦妇吟》诗句。有墨线界栏，字迹拙劣。残存首行起始句为"独向绿杨阴下歇"，末行中间缺失，上部为"来"，含嚬欲（语声先喧）"，下部为"（起身）敛袂谢（行人）"。其中"袂"字似为原字写错，于其右侧改写正字"袂"。对于此件残片，徐俊认为可以与壬卷的Дх.10740号拼接，而张涌泉认为不可。理由为，Дх.4568所存三行的每行字数分别为15、15、13字，而Дх.10740每行所抄写字数为22字左右，行款有差距，而且字形、字距也不同。故二者非为一卷之裂。今从张氏之说。此号背面目前无图片发表。

[①] "补阙"二字下当有"韦庄撰"等字迹，惜已不存。
[②] 徐俊《隋魏澹〈鹰赋〉校订——敦煌文学文献零札之一》，《文献》2003年第2期，第36—37页。

Дх.10740 (6-11) +Дх. 4758 正面为《秦妇吟》。装帧状态不明①，有墨色界栏。书体为楷书，书写整齐，字迹笔画规整。现存 32 行，每行 24 字左右，背面为习字，部分内容处可见墨线。由于《秦妇吟》书写美观，界栏整齐，而其背面文字则大小有别，且皆为每字书写一竖行，可知为习字，故而可以断定，书有《秦妇吟》的一面当为正面。此写本由 Дх.4758 与 Дх.10740 间接缀合而成，中间缺少 140 余字，合计 6 行左右。

Дх.4758 正面残存文字 7 行，张新朋将其定名为《秦妇吟》残片。背面为习字，共计 5 行，每行皆为同一字的习书，内容为"雾集行檀驰"。Дх.10740 文献共计包括 14 件残片，其中正面已经有 6 件被前辈学者断定为《秦妇吟》残片，比照其所书写内容的前后顺序，依次为 Дх.10740-9、Дх.10740-11、Дх.10740-10、Дх.10740-8、Дх.10740-7、Дх.10740-6。其中，Дх.10740-6 被潘重规定作《秦妇吟》残片，徐俊进一步指出该号的 Дх.10740-7、Дх.10740-8、Дх.10740-10、Дх.10740-9 五片为同一《秦妇吟》写卷之裂，可以缀合。张新朋指出第 11 片 Дх.10740-11 亦为同一《秦妇吟》写本残卷之裂。此号 6 件残片共计存 25 残行文字。始于"〔夜卧千重剑〕载围"的"载围"二字，止于"妾闻此父〔伤心语〕"的"此父"二字右侧残笔。关于此号《秦妇吟》残片的缀合关系请见下图（图 1-11）。

除此确定为《秦妇吟》内容的 6 件残片之外，Дх.10740 其他 8 枚残片正面内容的残文如今也全数被考证出来。其中，张新朋提示了 Дх.10740-1 与 Дх.10740-13 两件为《开蒙要训》残文②；Дх.10740-2 为《晏子赋》残文③；Дх.10740-12 为《秦将赋》残文④；Дх.10740-14 为一卷本《王梵志诗》残文⑤。对尚未被比定出来的 Дх.10740-3、Дх.10740-4、Дх.10740-5，笔者进行考订的结果是，Дх.10740-3、Дх.10740-4 为昙旷所撰之《大乘百法明门论开宗义决》⑥；Дх.10740-5 为玄奘所撰之《瑜伽师地论》卷八。至于背面，陈丽萍曾提示过其中有重复文字的出现，或有何种关系。根据笔者进行考订的结果可知，14 件残片内容皆出自同一篇文献，即《重修开元寺行廊功德碑并

---

① 据 Дх.10740-13 之纸张接缝推测，该写本或为卷子装。
② 张新朋《敦煌写本〈开蒙要训〉叙录续补》，《敦煌研究》2008 年第 1 期，第 100 页。
③ 张新朋《敦煌诗赋残片拾遗》，《敦煌研究》2011 年第 5 期，第 77—81 页。
④ 张新朋《敦煌诗赋残片拾遗》，第 80 页。
⑤ 张新朋《敦煌本〈王梵志诗〉残片考辨五则》，《敦煌学辑刊》2009 年第 4 期，第 61—64 页。
⑥ 《大乘百法明门论开宗义决》是吐蕃统治敦煌初期滞留敦煌的昙旷法师对《大乘百法名门论》所做的疏文，其写作意图是因为"所恐此疏（指《大乘百法明门论开宗义记》）旨奥文幽，学者难究，遂更傍求众义，开决疏文"（高楠顺次郎编《大正新修大藏经》卷八五，东京：大正一切经刊行会，1932 年，第 1068 页），所以只是对《义记》中较难的部分进一步摘录解说，故而《义决》与《义记》是"略述"与"广释"的关系。见上山大俊《敦煌佛教の研究》，京都：法藏馆，1990 年，第 40—42 页。

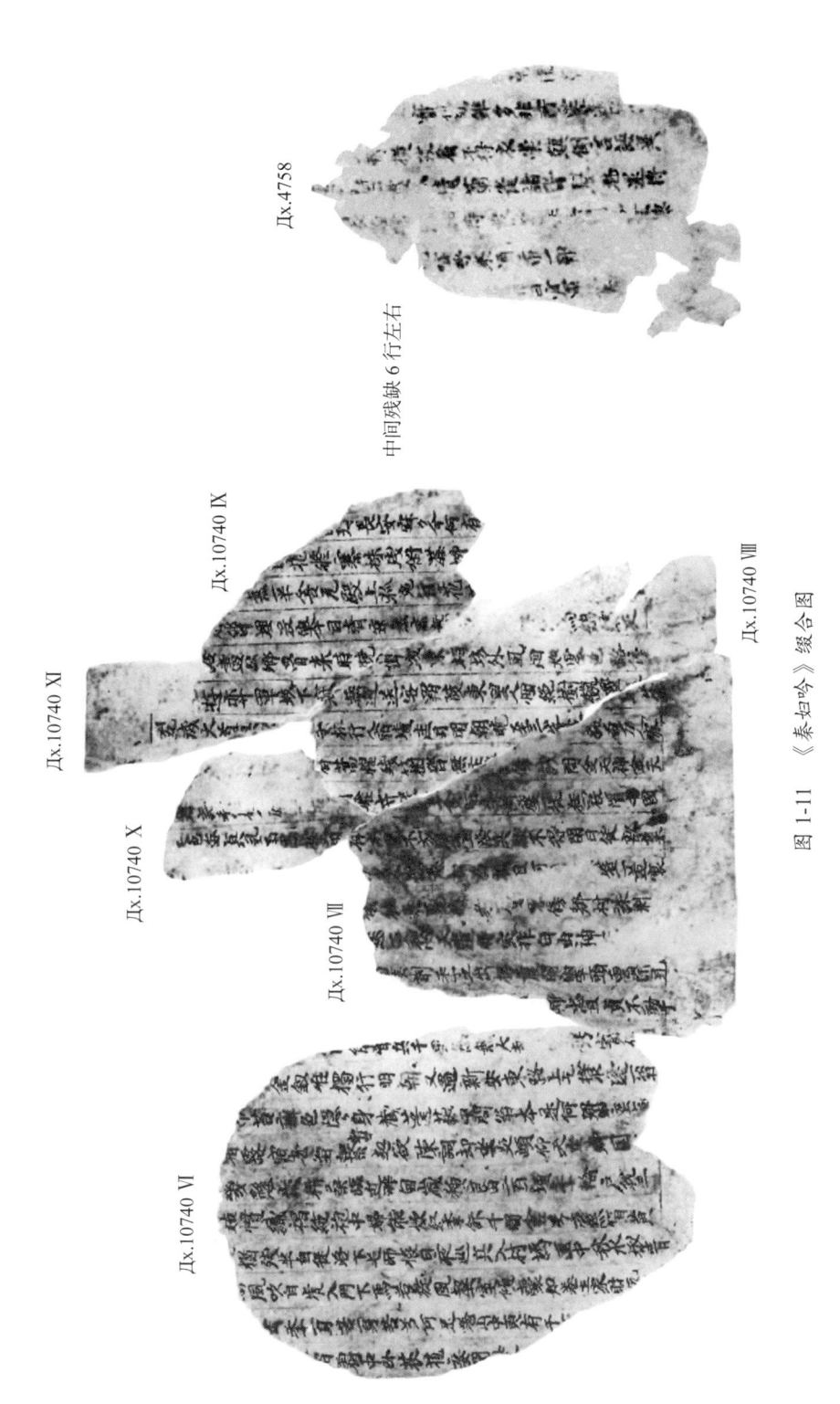

第一章 物质性：《秦妇吟》敦煌写本的概观与分析

图 1-11 《秦妇吟》缀合图

序》①。为能更直观的了解 Дх.10740 号 14 枚残片的情况，将各残片所属文献的名称以及背面习字书写情况的详细信息列表如下。

表 1-1 俄藏 Дх.10740 各残片正、背所属文献详表

编号	内容 正	内容 背	备注
Дх.10740-2	《晏子赋》残片	《重修开元寺行廊功德碑并序》习字残片	约每字一行
Дх.10740-3	《大乘百法明门论开宗义决》	《重修开元寺行廊功德碑并序》习字残片	约每字一行
Дх.10740-4	《大乘百法明门论开宗义决》	《重修开元寺行廊功德碑并序》习字残片	约每字一行
Дх.10740-5	《瑜伽师地论》卷八	《重修开元寺行廊功德碑并序》习字残片	约每字一行
Дх.10740-6	《秦妇吟》残片	《重修开元寺行廊功德碑并序》习字残片	约每字一行
Дх.10740-7	《秦妇吟》残片	《重修开元寺行廊功德碑并序》习字残片	约每字一行
Дх.10740-8	《秦妇吟》残片	《重修开元寺行廊功德碑并序》习字残片	约每字一行
Дх.10740-9	《秦妇吟》残片	《重修开元寺行廊功德碑并序》习字残片	约每字一行
Дх.10740-10	《秦妇吟》残片	《重修开元寺行廊功德碑并序》习字残片	约每字一行
Дх.10740-11	《秦妇吟》残片	《重修开元寺行廊功德碑并序》习字残片	约每字一行
Дх.10740-12	《秦将赋》残片	《重修开元寺行廊功德碑并序》习字残片	约每字一行
Дх.10740-1	《开蒙要训》	《重修开元寺行廊功德碑并序》习书残片	断续文字
Дх.10740-13	《开蒙要训》	《重修开元寺行廊功德碑并序》习书残片	断续文字
Дх.10740-14	《王梵志诗》	《重修开元寺行廊功德碑并序》习书残片	断续文字

---

① 《重修开元寺行廊功德碑并序》，宋太祖建隆四年（963）七月十七日建立，由"前摄彰义军节度巡官袁正己书并篆额，观察判官朝散大夫检校尚书工部员外郎兼殿中侍御史刘从乂撰，都料安宏 侄仁祚刻字"。全文见王昶编《金石萃编》卷一二三，四库影印本（据清嘉庆十年刻、同治钱宝传等补修本），上海：上海古籍出版社，1995年，第4—5页。全拓之图版见高峡主编《西安碑林全集》第3函第25卷，广州：广东经济出版社，深圳：海天出版社，1999年，第2529—2545页。据《金石萃编》录文首题下附注文字记载，该碑碑高八尺六寸四分，广四尺三寸，三十八行，行六十七字，正书篆额，当时碑身仍在陕西咸宁县开元寺（咸宁县，即唐之万年县），今存陕西西安碑林博物馆。

第一章 物质性：《秦妇吟》敦煌写本的概观与分析

对以上各残片进行观察和分析，Дх.10740 的正面文献虽然有七篇，但是目前可以看到天头地脚者其尺寸格式基本一致，并且目前可以确认的所有文献残片的行款也基本一致。虽说如此，但并不能认定所有残片均出自同一写卷。

首先，部分残片字迹略有不同。如写有《大乘百法明门论开宗义决》的Дх.10740-3 与 Дх.10740-4，所有带有"辶"笔画的字迹皆别具一格，与其他残片字迹不同，而且似乎此两件残片的书法也比其他残片上的字迹稍胜一筹。除去此两件之外的其他十二件残片字迹则多有相似。例如 Дх.10740-2 的"大"字与 Дх.10740-6、Дх.10740-11 的"大"字；Дх.10740-12 的"人"字与 Дх.10740-8、Дх.10740-14 的"人"字；Дх.10740-2 的"日"字与 Дх.10740-7 的"日"字，等等。

其次，关于背面习字所摹写的文献，笔者已经考订出 14 件残片背面的习字出自同一篇文献《重修开元寺行廊功德碑并序》，而且几个断片上出现的重复练习书写的字迹也颇有相似之处，比如 Дх.10740-3v 的"大"字与 Дх.10740-36v 的"大"字相似；Дх.10740-1v 的"之"字与 Дх.10740-4v、Дх.10740-6v、Дх.10740-9v 中出现的"之"字，等等，可知背面为同一人手笔。

最后，如果将背面文献的原文按照《金石萃编》所提示的行款进行复原排列，可以看到每一残片的字迹往往汇聚于一处，为较近位置的上、下行等位置。因此可以推测，或许《重修开元寺行廊功德碑并序》碑身较大，在使用多张用纸同时拓印时，部分前后并不连贯的字迹印在了一张拓纸之上。当有人以此一页一页的拓片为字帖进行书法练习时，练习者并非按照碑文内容进行摹写，而是按照拓印自原来碑文的一页一页的内容进行了摹写。

综上所述，Дх.10740 号十四枚残片正面内容当属于两个人所写，其中Дх.10740-3 与 Дх.10740-4《大乘百法明门论开宗义决》为一人所写，此书篇幅较长，与其他童蒙类读物也有区别；其他十二件残片为另一人所写。此十四枚残片的背面均为同一人的习字，此人与书写 Дх.10740-3、Дх.10740-4 以外十二件残片者或为同一人。此书写背面习字者在练习书法时，使用的范本或为《重修开元寺行廊功德碑并序》的一页一页的单页拓片，其练习方式是每字一行或者每页拣选几个文字，进行大量、反复的摹写，既有每字一行的练习，也有逐词逐句地按照拓本逐页进行的练习。此习书者练习时所摹写的拓片字帖传入敦煌的时间约在公元 963 年之后、藏经洞封闭之前。

（原刊于《敦煌研究》2015 年第 5 期，第 81—92 页。收入本书略有修订。）

表 1-2 目前所见十一件《秦妇吟》写本信息表

序号	文书编号	装帧 卷/册	纸张尺寸 纵 cm × 横 cm	行款 字数	界栏	写本内容的完整度 整/残	现存	起始文句	结尾文句
1	P.3381	卷	26.7×185.3	≈19	无	完整	90行	首题"秦妇吟一卷"	尾题"秦妇吟一卷"
2	羽57r	卷	28.4×43.6	≈18	无	尾缺	19行	首题"秦妇吟一卷"	[上帝]无言空脉脉
3	S.692	卷	26.9×141.2	≈18	无	首缺	80行	[万马]雷声从地涌	尾题"秦妇吟一卷"
	P.2700	卷	40.6×174.9	≈18	无	尾缺	81行	首题"秦妇吟" 右补口（阙）韦庄撰	[妾闻此父伤心语]
	S.5834	卷	14×27?	不详	无	残片	13行	[匣中秋水拔]青蛇	尾题"贞明六年（920）岁在庚辰十二月"
4	P.3780	卷	30.8×118	≈30	有	完整	61行	首题"秦妇吟一卷"	尾题"秦妇吟一卷"
5	P.3910	册	15.8×11	≈12	有	尾残	93行	城外风烟如塞色	
6	S.5477	册	15×10.7（每页）	≈13	有	首缺	120行	斜开鸾镜懒梳头	尾题"秦妇吟一卷"
7	Дх.4568	?	?	≈15	有	残片	3行	独向绿杨阴下歇	[未]含嚬欲[语声先噎]
8	S.5476	册	10.2×14.5（每页）	8—13	无	首尾残	103行	[忽看]门外起红尘	旋教驱[鬼傍乡村]
9	Дх.4758	?	?	≈21	有	残片	7行	宝货虽多非所爱	[昨]日官军收[伤心语]
10	Дх.10740	?	?	≈21	有	残片	33行	[夜卧千重剑]戟围	妾闻此父[伤心语]
11	P.3953	卷	30×39	≈22	无	残片	21行	暮见喧呼来酒肆	妾闻此语愁更愁
	Дх.6176	册	?	≈8	无	尾残	15行	首题"秦妇吟"	拟向[潼关更为警急]

038

第二章　文本性：《秦妇吟》中原传播的本事及兴衰

由于《秦妇吟》是一首叙事诗且名噪一时，其相关研究中往往多有涉及当时史实者，即使是最早的题跋与文字校录，也有不少关于诗歌本事的讨论和考订。而对其本事以及兴衰的考察，正可以看出其文本性上所体现出来的重要价值。

第一节　《秦妇吟》本事

我国学界最早公布《秦妇吟》文本内容的王国维，认为《秦妇吟》是写给当时的江南镇海军节度使周宝的干谒之作，此说法得到后来诸位学者的一致认同。之后，也多有结合此诗内容推敲韦庄生平以及唐末史事的研究。无论是韦庄自禁《秦妇吟》的原因，还是韦庄自黄巢起事后自洛而吴、自吴而越、自越而赣、自赣而楚的漂泊旅程中前几年的经历，凡涉及《秦妇吟》诗歌者，均有所讨论和阐发。学者们一致认为这首长诗是作者对自身经历的一种倾述，不同之处仅在于各自的系年考证、文字解说差异等具体问题。目前已经发表的主要论著所做的工作有：郝立权《韦庄〈秦妇吟〉笺》引用大量诗词、典籍词语以为诗歌字句含义之佐证[1]；黄仲琴《〈秦妇吟〉补注》检录文中部分诗句，对其史实进行考索[2]；周云青《〈秦妇吟〉笺注》对比王国维《唐写本韦庄〈秦妇吟〉残诗跋》、翟林奈《论〈秦妇吟〉之各种写本》（中译本）等著述的意见，逐句对全文再做了详细的笺注[3]；陈寅恪《韦庄〈秦妇吟〉校笺》认

---

[1] 郝立权《韦庄〈秦妇吟〉笺》，《齐大月刊》第2卷第3期，1931年，第225—241页。
[2] 黄仲琴《〈秦妇吟〉补注》，《国立中山大学文史学研究所月刊》第1卷第5期，1933年，第75—79页。
[3] 周云青《〈秦妇吟〉笺注》，北京：商务印书馆，1934年。此据《〈秦妇吟〉研究汇录》，上海：上海古籍出版社，1990年，第59—77页。

为韦庄"晚年所以讳言此诗之由,实系于诗中所述从长安达洛阳一段经过",并"依地理系统以为推证,有裨于明了当日徐淮军事之情形以及诗中文句之校释也"①;徐嘉瑞《〈秦妇吟〉本事》全文考证史实,并提出韦庄自禁的三个原因:1.触犯田令孜;2.触犯时溥及其部下;3.讽刺僖宗太过,为王建所不喜②;俞平伯《读陈寅恪〈秦妇吟校笺〉》反对陈寅恪所谓秦妇离京时间为中和二年(882)春二月后的说法,认为当在壬寅岁之下半年,同意陈寅恪关于韦庄删去《秦妇吟》全篇,而不是只删去让公卿垂讶的理由,但认为意尚未尽,继而补充了官军捉山寨百姓卖予黄巢军食用的惨相,并以金天神的无处觅牺牲和诛剥生灵之句为隐晦之表达③,等等。成果众多,各有阐发。

为更好地讨论《秦妇吟》的价值及传播情况,笔者在此借诸位前辈学者已经取得的成绩,对《秦妇吟》所反映的史事再作梳理如下,诗歌文本参考郝春文释录本、张涌泉2011校录本等前人成果而成。论述中凡前引诸文有出处者,则只提示作者名而不再重复出处,以节省篇幅。

秦妇吟一卷　右补阙韦庄撰

"秦妇",指来自秦地、讲述秦中情形的妇人。何以称"吟",黄仲琴引宋姜夔《白石道人诗说》"悲如蛩螀曰吟",认为韦庄此诗是写乱离之态,故以吟名篇。"右补阙",王国维认为此为韦庄在唐所终之官。罗振玉据《唐才子传》中韦庄为乾宁元年(894)苏检榜进士、《十国春秋》中韦庄登进士第为判官且晋秩左补阙的记载,认为韦庄在天复前曾任是职④。《北梦琐言》卷六"陆龟蒙追赠"条有云:"光化三年(900),赠〔陆龟蒙〕右补阙,吴侍郎融传贻史,右补阙韦庄撰谀文,相国陆希声撰碑文……"⑤与此一致的记载亦可见于《唐语林》⑥;《李长吉歌诗汇解》首卷记载了唐昭宗光化

---

① 关于对《秦妇吟》的校笺,陈寅恪曾发表过三次稿:《〈秦妇吟〉校笺》,昆明自印本,1936年;《读〈秦妇吟〉》,《清华学报》第11卷第4期,1936年;《〈秦妇吟〉校笺旧稿补正》,《岭南学报》第10卷第2期,1950。后再经补正,收入氏著《寒柳堂集》,上海:上海古籍出版社,1980年,第122—156页。
② 徐嘉瑞《〈秦妇吟〉本事》,《国文月刊》第1卷第27期,1944年,第15—23页。
③ 俞平伯《读陈寅恪〈秦妇吟校笺〉》,《文史》第13辑,1982年,第233—238页。
④ 关于韦庄为左补阙还是右补阙,罗振玉已经注意到此问题,但未曾考订究竟为何。
⑤ 孙光宪撰,贾二强校点《北梦琐言》卷六,北京:中华书局,2002年,第137页。
⑥ 王谠撰,周勋初校证《唐语林校证》卷四,北京:中华书局,1987年,第399页。

三年十二月韦庄奏请赠李贺、陆龟蒙等人进士及第事，称韦庄为"左补阙"；《浣花集》韦蔼序言称韦庄"庚申〔光化三年〕夏，以中谏□□□□；辛酉〔天复元年〕春，应聘为蜀奏记"。唐代称补阙为中谏[①]，且S.3910与Дх.6176均于首题下题记"补阙韦庄"，故此可知韦庄曾为补阙一事当属确凿无疑。由于今日可见的敦煌文献之外的史料时间皆为光化三年（900），加之"左""右"两字字形相近，而左补阙属于门下省，右补阙属于中书省，似不存在韦庄先后担任左、右补阙的可能，史书记载或有错讹亦未可知，考虑到敦煌写本与作者生活时代更为接近，在此暂取右补阙之说。

　　中和癸卯春三月，洛阳城外花如雪。东西南北路人绝，绿杨悄悄香尘灭。路傍忽见如花人，独向绿杨阴下歇。凤侧鸾欹鬓脚斜，红攒黛敛眉心折。借问女郎何处来，含颦欲语声先咽。回头敛袂谢行人，丧乱漂沦何堪说。

唐僖宗中和三年癸卯（883）三月，李克用击败黄巢兵，收复长安。这首诗开篇即指出"中和癸卯春三月"，且后文亦基本与史事相符。以王国维、翟林奈为首的诸位学者认为，此诗所记述的就是韦庄本人的遭遇和见闻，这个女郎就代表了韦庄本人。翟林奈引韦庄《洛阳吟》自序"昔大驾在蜀，巢寇未平，洛中寓居，作七言"之句，以及《江上逢史馆李学士》中"关河自此为征垒，城阙于今陷战鏖"的自注"时巢寇未平"，断定"韦庄之去洛阳，不能后于是年（883）四月"。郝立权也据《江上逢史馆李学士》注"时巢寇未平"，推定韦庄在中和三年三月已经渡江。众说当是。

　　三年陷贼留秦地，依稀记得秦中事。君能为妾解金鞍，妾亦与君停玉趾。

"三年陷贼"指广明元年庚子（880）至中和三年癸卯。广明元年十二月初五黄巢攻入长安。广明二年七月十一日，僖宗改元中和（《新唐书·僖宗本纪》）。中和二年十二月，李克用领兵四万到达河中，黄巢军颇为忌惮，认为应当避其锋芒，于是焚烧宫室撤离。

[①] 孙光宪撰，贾二强校点《北梦琐言》卷八，第179页；《容斋四笔》卷一五"官称别名"条也有记载："唐人好以他名标榜官称……谏议为大坡、大谏；补阙今司谏为中谏，又曰补衮；拾遗为小谏，又曰遗公……"洪迈《容斋随笔》，上海：上海古籍出版社，1996年，第795页。

> 前年庚子腊月五，正闭金笼教鹦鹉。斜开鸾镜懒梳头，闲凭雕栏慵不语。忽看门外起红尘，已见街中攞金鼓。居人走出半仓惶，朝士归来尚疑误。

"前年庚子腊月五"，即广明元年十二月初五（881年1月8日）黄巢入长安之日。诗文说明了长安失陷之迅速，大唐都城的朝臣、百姓根本还不知潼关失守、京城即将不保的实情。

> 是时西面官军入，拟向潼关为警急。

潼关的地理位置在长安之东，历来为扼守京师的门户。安史之乱时也曾发生潼关失守后玄宗无力再保长安的先例。《新唐书·僖宗本纪》载，广明元年十二月壬午（1月6日），黄巢陷潼关。

> 皆言博野自相持，尽道贼军来未及。

"博野"，指博野军，当时的京师禁卫部队。《新唐书·黄巢传》云："始，博野、凤翔军过渭桥，见募军服鲜袄（田令孜所募新军），怒曰：'是何等功？遽然至是。'更为贼向导。"

> 须臾主父乘奔至，下马入门痴似醉。适逢紫盖去蒙尘，已见白旗来匝地。

"紫盖"代指帝王，"蒙尘"指帝王离开都城。唐僖宗在得知黄巢军攻克潼关、京师即将不保的情况下，在宦官田令孜帅神策兵五百人护卫下，仅携福、穆、泽、寿皇子四人，妃嫔数人，匆忙逃离长安。因未曾通知宰相等大员，故百官皆莫知之，以致后来有"天街踏尽公卿骨"的结果。（《新唐书·僖宗本纪》）"白旗"指代黄巢军队。

> 扶羸携幼竟相呼，上屋缘墙不知次。南邻走入北邻藏，东邻走向西邻避。北邻诸妇咸相凑，户外崩腾如走兽。轰轰崐崐乾坤动，万马雷声从地涌。火迸金星上九天，十二官街烟烘焖。

《长安志》卷七："〔皇城中〕南北七街，东西五街，其间并列台省寺卫。"说明这里是政府公署仓库所在之重地，此处"十二官街"或有指代皇城之意。

> 日轮西下寒光白，上帝无言空脉脉。阴云晕气若重围，宦者流星如血色。

"宦者"，黄仲琴认为指代田令孜。

> 紫气潜随帝座移，妖光暗射台星拆。家家流血如泉沸，处处冤声声动地。舞伎歌姬尽暗捐，婴儿稚女皆生弃。

"台星"，黄仲琴认为指代前同平章事卢携。田令孜闻黄巢入潼关，担心天子责己，遂归罪于卢携，贬其为宾客分司，卢携即仰药而死。

> 东邻有女眉新画，倾国倾城不知价。长戈拥得上戎车，回首香闺泪盈把。旋抽金线学缝旗，才上雕鞍教走马。有时马上见良人，不敢回眸空泪下。西邻有女真仙子，一寸横波剪秋水，粧成只对镜中春，年幼不知门外事。一夫跳跃上金阶，斜袒半肩欲相耻。牵衣不肯出朱门，红粉香脂刀下死。南邻有女不记姓，昨日良媒新纳聘。瑠璨阶上不闻行，翡翠帘间空见影。忽看庭际刀刃鸣，身首支离在俄顷。仰天掩面哭一声，女弟女兄同入井。北邻少妇行相促，旋拆云鬟拭眉绿。已闻击托坏高门，不觉攀缘上重屋。须臾四面火光来，欲下回梯梯又摧。烟中大叫犹求救，梁上悬尸已作灰。

《新唐书》卷二二五、《资治通鉴》卷二五四载，黄巢初入京时居田令孜府邸，节制兵众，不令扰民，尚让遍谕百姓，说："黄王起兵，本为百姓，非如李氏不爱汝曹，汝曹但安居无恐。"后日久，纪律涣散。"淘物"索财，随意取人妻女。张直方宅隐匿豆卢瓒、崔沆等多位唐廷重臣，后为黄巢军所获，尽行屠戮。据《资治通鉴》记载换算，此为881年1月14日事。

此段当为两《唐书》所言之黄巢入长安数日后"淘物"、乱人妻女之事。

> 妾身幸得全刀锯，不敢踟蹰久回顾。旋梳蝉鬓逐军行，强展娥眉出门去。旧里从兹不得归，六亲自此无寻处。一从陷贼经三载，终日惊忧心胆碎。夜卧

千重剑戟围,朝餐一味人肝脍。鸳帏纵入岂成欢,宝货虽多非所爱。蓬头垢面眉犹赤,几转横波看不得。衣裳颠倒言语异,面上夸功雕作字。柏台多半是狐精,兰省诸郎皆鬼魅。还将短发戴华簪,不脱朝衣缠绣被。翻持象笏作三公,倒佩金鱼为两史。朝闻奏对入朝堂,暮见喧呼来酒市。一朝五鼓人惊起,叫啸喧争如窃议。

"三载"当为长安失陷黄巢之880—883年。

黄巢于广明元年十二月十三日(881年1月16日)称帝含元殿,定国号大齐,改元金统。三品以上官员全部停任,四品以下官员任用如故,黄巢军诸位将领也都获得了封赏。"两史",周云青认为是柏台御史大夫、兰省御史中丞,陈寅恪则根据《通典》认为御史中丞仅为正四品下,职位过于低微,而诗歌此处两史与三公对文,当是指代宰相而言。

夜来探马入皇城,昨日官军收赤水。赤水去城一百里,朝若来兮暮应至。

陈寅恪认为此处与《旧唐书·僖宗本纪》所言中和二年(882)二月泾原大将唐弘夫在兴平打败林言一事相符合。"赤水",在长安之东,可见文末秦妇经行路线示意附图所示。

凶徒马上暗吞声,女伴闱中潜失喜。皆言冤愤此时销,必谓妖徒今日死。逡巡走马传声急,又道官军全阵入。

此处可以佐证《新唐书》所载王处存攻入长安时百姓欢呼、对黄巢军投掷瓦砾一事,说明百姓已经不胜黄巢军随意盘剥之苦。

大彭小彭相顾忧,二郎四郎抱鞍泣。

周云青认为,大彭为时溥,小彭为秦彦,因为二人都是彭城(今徐州)人;二郎即黄巢,因为他排行第二,四郎是他的弟弟黄揆。陈寅恪根据《苏氏演义》和《资暇集》中关于"奴俗语称为邦"的记载,认为彭或为邦,即此处或为"大奴小奴",而"二郎四郎"与"大彭小彭"一样,也是泛称。郝立权则认为四者并指贼酋,无考。

> 泛泛数日无消息，必谓军前已衔璧。

关于京师的征战，从《旧五代史》卷一三六《王建传》中所叙述"东川节度使顾彦朗，初于关辅破贼时与建相闻"的情况可知，王建当时亦为在长安围剿黄巢的官军将领之一。

> 簸旗掉剑却来归，又道官军悉败绩。

广明二年（881）四月，唐军向长安推进。郑畋坐镇盩厔，命唐弘夫进军渭北，王重荣驻守沙苑，王处存进据渭桥，拓跋思恭扎营武功，形成围攻长安之态势。随后，唐弘夫、程宗楚率官军攻入长安，黄巢退至霸上。但官军攻入长安后纪律废弛，于是黄巢趁机复入京师，弘夫、宗楚战死（《新唐书·僖宗本纪》）。所以，此处当指五月十一日长安再次陷于黄巢之事。

> 四面从兹多厄束，一斗黄金一升粟。尚让厨中食木皮，黄巢机上刲人肉。东南断绝无粮道，沟壑渐平人渐少。

在官军再次退出长安之后，采用对长安城之围守政策，长安城内粮食渐绝，人相食。

> 六军门外倚僵尸，七架营中填饿殍。

"六军"，翟林奈指出唐代禁旅分为龙武、神武、神策等营，每营再分左右，是为六军。据《唐两京城坊考》，左军驻太和门外，右军驻九仙门外。"七架"，宋代李昉《历代宫殿名》之"历代亭名"条在唐代下注有七架亭之名；翟林奈所引宋人宋敏求《长安志》卷六宫室四去宫城十三里、在禁苑中的七架亭，或即指此处。禁苑，在宫城之北。郝立权据《新唐书·兵志》"贞观初……又置北衙七营，选材力骁壮，月以一营番上"，认为七架营即指代此处的北衙七营，盖指代禁军之所在，之所以七营在本诗中称为七架营，是因为"文人限于格律，往往增字数为句也"。陈寅恪引《穆天子传》有指代禁军之士的"七萃之士"，认为此处为禁军之意，而"架"字等或为"萃"字之误。也可能本联纯为文学描写，指代军队因无粮饥饿而死的情况。

> 长安寂寂今何有，废市荒街麦苗秀。采樵砍尽杏园花，修寨诛残御沟柳。

"杏园"，郝立权引《松窗杂录》曲江南为紫云楼、芙蓉苑，西为杏园、慈恩寺之句为证。另，黄仲琴亦提及杜甫《垂老别》"杏园亦难度"之句以及安史之乱时郭子仪自杏园（河南汲县之杏园镇）渡河事，这些说法都不同于此诗中所说的杏园。因此，郝说当是。"御沟"，郝引《古今注》记载"长安御沟谓之杨沟，谓植杨于其上也"加以说明。

> 华轩绣毂皆销散，甲第朱门无一半。含元殿上狐兔行，花萼楼前荆棘满。

含元殿是大明宫正殿，花萼楼在兴庆宫，都是高宗、武后、玄宗盛世时期皇宫的繁华处所。《新唐书·黄巢传》云："至巢败，方镇兵互入房掠，火大内，惟含元殿独存。火所不及者，止西内、南内及光启宫而已。"据杨鸿年《隋唐两京考》，唐高祖李渊、太宗李世民父子居于太极宫，称为"西内"；开元二年（714），唐玄宗改造在藩时旧宅为兴庆宫，称为"南内"；此外，自唐高宗与武则天将政治中心移至大明宫，称为"东内"。

> 昔时繁盛皆埋没，举目凄凉无故物。内库烧为锦绣灰，天街踏尽公卿骨。

此处后一联为千余年间中原古籍对《秦妇吟》唯一的传世记载。王国维根据此联推定狩野直喜所录残文为《秦妇吟》[①]。郝立权认为，"内库烧为锦绣灰"之"内库"，与《新唐书·艺文志》所载贞观中魏徵、虞世南、颜师古等人藏书于内库，以及李商隐"内库无金钱"可以互证，认为内库是指代"宫中藏书籍金帛之所"。

> 来时晓出城东陌，城外风烟如塞色。

秦妇之出长安，时间或为黄巢最终败出长安后。《新唐书·僖宗纪》言："〔中和三年三月〕壬申，李克用及黄巢战于零口，败之。四月甲辰，又败之于渭桥。丙午，

[①] 见王国维《唐写本韦庄〈秦妇吟〉跋》，收入氏著《观堂集林》卷二一，此据《〈秦妇吟〉研究汇录》，第3页。

复京师。"

  路傍时见游弈军,坡下寂无迎送客。霸陵东望人烟绝,树锁骊山金翠灭。大道俱成棘子林,行人夜宿墙匡月。明朝晓至三峰路,百万人家无一户。破落田园但有蒿,摧残竹树皆无主。

"三峰",罗振玉校之为"三山"。翟林奈认为此处三峰路当为一城镇,因华山附近之三峰而得名。郝立权又非翟林奈之说,举例李白《西岳云台歌》"三峰却立如欲摧"、刘长卿《关门望华山》"客路瞻太华,三峰高际天",说明三峰指代华山三峰,犹如称华山道中,非有实地所指。

  路傍试问金天神,金天无语愁于人。庙前古柏有残桡,殿上金炉生暗尘。一从狂寇陷中国,天地晦冥风雨黑。案前神水咒不成,壁上阴兵驱不得。闲日徒歆莫飨恩,危时不助神通力。我今愧恧拙为神,且向山中深避匿。褰中箫管不曾闻,筵上牺牲无处觅。旋教魔鬼傍乡村,诛剥生灵过朝夕。

"金天神",陈寅恪认为此间与金天神对话事,主要是作者在指责东路诸侯高骈等人。傅士文则不同意此意见,认为是指责唐僖宗,而且金天神就是指代的僖宗[①]。刘修业认为金天神即华岳三郎,陈寅恪然之,并认为华岳三郎又与关三郎同。"狂寇",指代黄巢。

  妾闻此语愁更愁,天遣时灾非自由。神在山中犹避难,何须责望东诸侯。

"东诸侯",郝立权认为此即指潼关以东的诸侯,主要是淮南节度使高骈。由于他的失策,黄巢军队才能渡淮而北,长驱直入东、西两京。

  前年又出杨震关,举头云际见荆山。如从地府到人间,顿觉时清天地闲。

"杨震关",陈寅恪根据《汉书·武帝纪》元鼎三年汉武帝从杨仆请,徙函谷关

[①] 傅士文《略论韦庄诗的思想意义》,《文学遗产增刊》第 16 辑,1983 年,第 120 页。

于新安的记载,怀疑"杨震关"或为"杨仆关"之讹写。翟林奈推测杨震关或为潼关别名,因为华阴人杨震之墓就在密迩入潼关之西道的路侧。黄仲琴亦以杨震关为潼关。郝立权从之,认为后人慕其德,遂名潼关为杨震关。张涌泉则认为李商隐《荆山》诗句"杨仆移关三百里,可能全是为荆山",所言地望正与此处杨震关位置相合,故赞同陈说①。各方说法皆有一定道理。此处秦妇出关后即能望见荆山,并从而进入虢州地界,或杨震关即为潼关。"荆山",翟林奈认为此非陕西富平县之荆山,并据《新唐书》卷三八载虢州湖城县"覆釜山,一名荆山",认为此处荆山即为覆釜山。

> 陕州主帅忠且贞,不动干戈唯守城。蒲津主帅能戢兵,千里晏然无戈声。朝携宝货无人问,暮插金钗惟独行。

"陕州",一作"陈州"。黄仲琴认为陕州主帅当指虢陕观察使王重盈,蒲津主帅指河中节度使留后王重荣。"蒲津",王国维做"蒲州",翟林奈以唐时已改蒲州做河中府而认为不确,另据《新唐书》卷三九认为蒲津为蒲州西之一关,或以代称全州。黄仲琴亦认为代指全州,据《明一统志》"朝邑县……春秋时为蒲关……蒲津关,在朝邑县东,黄河岸"等句,认为蒲津为古今往来要道,而诗中用之以为全道代表名词。并据《旧唐书·郑从谠传》载郑入关赴难复振国威事,认为此处主帅为时任河东节度的郑从谠,此处是表扬郑氏的能力。黄广生则认为陕州主帅为高骈,蒲津主帅为李都,且认为,此处诗人是借秦妇的话,说主帅在战乱之时"忠且贞""能戢兵""不动干戈唯守城""千里晏然无戈声"等等,都是讽刺各位将领拥兵自重、不救国难。

> 明朝又过新安东,路上乞浆逢一翁。苍苍面带苔藓色,隐隐身藏蓬荻中。问翁本是何乡曲,底事寒天霜露宿。老翁暂起欲陈词,却坐支颐仰天哭。

"新安",陈寅恪认为新安县为隶属东都河南府之畿县,是。其位置可参考后附秦妇经行路线示意简图(图2-1),新安县已近洛阳。

> 乡园本贯东畿县,岁岁耕桑临近甸。

---

① 此据《张涌泉敦煌文献论丛》,上海:上海古籍出版社,2011年,第185—217页。

秦妇经行路线示意简图：

晓出（长安）城东陌—（经行一日路程）—明朝至三峰路—（再经行一日路程）—前日又出杨震关（潼关），
举头云际见荆山（此路段经行陕州主帅、潼州主帅地界）—明朝又过新安东—洛阳城外

唐代长安洛阳道驿程图

图 2-1 秦妇经行路线示意简图

★ （长安）城东陌　★ 三峰路　★ 出杨震关（潼关）　★ 经行陕州主帅、潼州主帅地界　★ 新安东　★ 洛阳城外

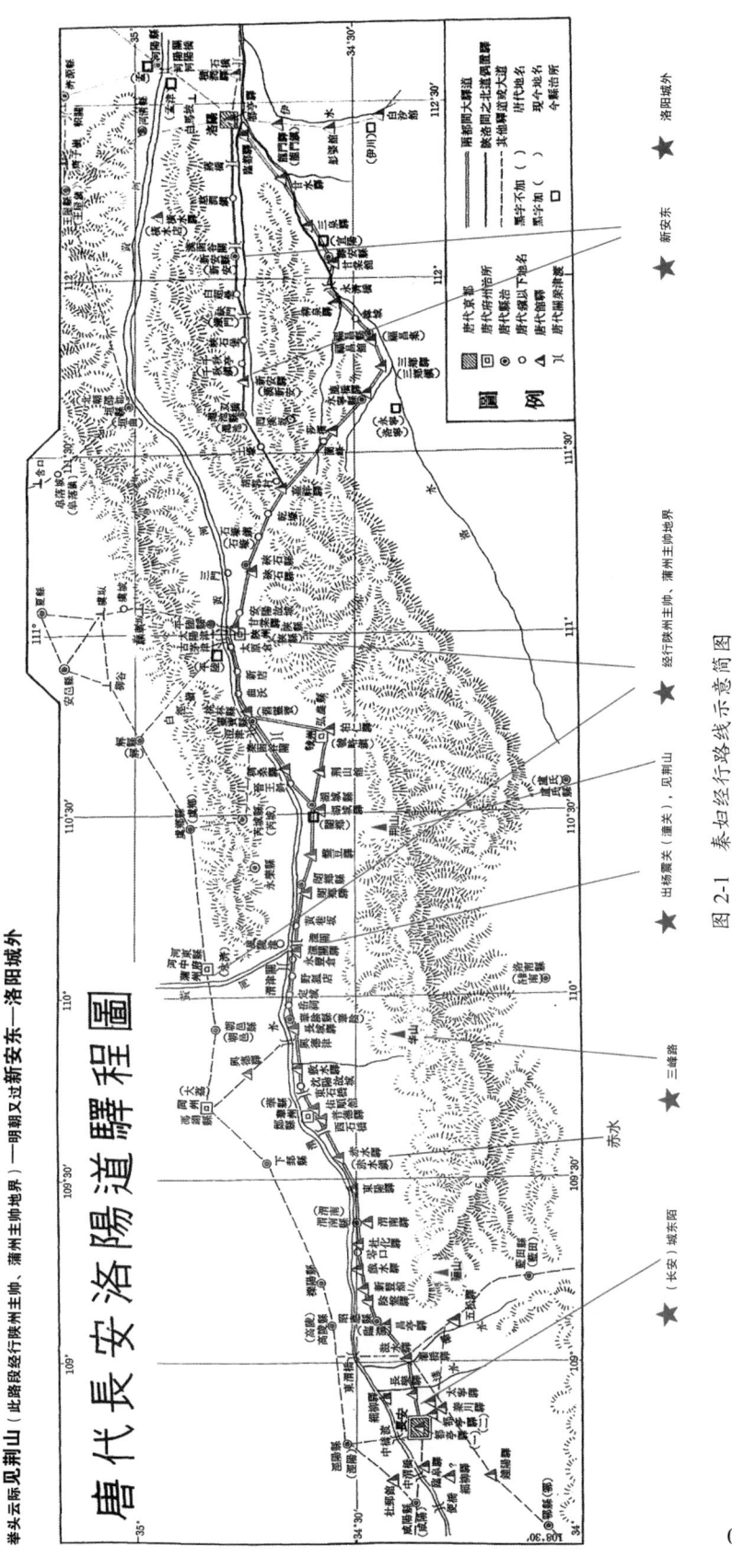

049

"东畿县"，畿是指京都四周的地区。《新唐书·方镇表》有载，至德中，有东畿观察使领怀、郑、汝、陕四州，是为东畿。

> 岁种良田二百廛，年输户税三千万。

"三千万"，罗振玉校为三十万，翟林奈赞同此观点。

> 小姑惯织褐绅袍，中妇能炊红黍饭。千间仓兮万斯箱，黄巢过后犹残半。自从洛下屯师旅，日夜巡兵入村坞。

"师旅"，黄广生认为这里指的就是韦庄《赠戍兵》一诗中所指的时溥别将所率领的三千官军。

> 匣中秋水拔青蛇，旗下高风吹白虎。入门下马若旋风，罄室顷囊如卷土。家财既尽骨肉离，今日垂年一身苦。一身苦兮何足嗟，山中更有千万家。朝饥山草寻蓬子，夜宿霜中卧荻花。

黄广生认为此处所说的以老翁为代表的百姓所受之苦，正是包括王建在内的八大都头所为，日后韦庄事王建为主，与晋晖、李师泰等人同朝，不免一番尴尬。另外，卓人月《古今词统》卷八记载："庄有美姬，善词翰，托以教内人为词，强夺去。"此事郑方坤《五代诗话》卷四、李调元《全五代诗》卷四一、吴任臣《十国春秋》卷四〇《前蜀六》亦有载。从韦庄《秦妇吟》诗触犯王建来看，王建夺韦庄爱姬一事或为信史。

> 妾闻此老伤心语，竟日阑干泪如雨。出门唯见乱枭鸣，更欲东奔何处所。仍闻汴路舟车绝，又道彭门自相煞。

"汴路"，或作"洛下"，罗振玉改作"汴洛"，周云青认为"汴洛谓河南开封至洛阳也"。陈寅恪据《元和郡县图志》卷九"徐州"条"按自隋氏凿汴以来，彭城南控埇桥，以扼汴路，故其镇尤重"以及同卷"宿州"条"其地南邻汴河"而认为汴路为当时惯用之名词，不可改为"汴洛"以及解为由汴至洛。张涌泉赞同陈氏意见。此句或为描写黄巢军队退出长安后,骚扰洛阳、开封一带的情况。而黄仲琴认为,此处史实为中和四年(884)李克用败走陈州后,于汴州遭到朱温(前已降唐,时任河中行营招讨副使)袭击事。"彭门",翟林奈认为四川彭县有彭门山,或为彼处。郝立权认为,左思《蜀都赋》曰"出彭门之关",刘渊林曰"岷山都安县,有两山对立如阙,号曰彭门"。所以,郝氏认为此彭门泛指蜀中,并以为此处的相杀,是指代中和四年三月甲子剑南东川节度副大使杨师立反叛、并为高仁厚讨伐事。此时期,蜀中亦战乱不断,前于此时间的中和二年三月的阡能起义、随之而来的韩秀升、屈行从起义(最终于中和三年为高仁厚所镇压),等等。陈寅恪以《旧唐书·时溥传》以及崔致远《桂苑笔耕集》的相关记载考证,认为不仅汴路为汴宋路,即当时由扬州经埇桥到润州以及由和州渡江经埇桥到宣州两途,而且"彭门自相杀"是指中和元年武宁节度使支祥为副将陈璠所害,后支祥手下牙将时溥再杀陈璠,以及时溥自任留后之后,在汴路徐州与泗州于涛之间兵争不断的事迹。黄广生亦赞同此看法。

> 野色徒销战士魂,河津半是冤人血。

陈寅恪认为,此处或为"宿野徒销战士魂,河津半是冤人血",意为宿州或是宿迁之野以及汴河之津因为徐州时溥与泗州于涛之兵争而死伤遍地的情景。而周云青认为"冤人"指代黄巢同里冤句之人,陈氏非之。

> 适闻有客金陵至,见说江南风景异。

"金陵",周云青引《新唐书·地理志》,认为金陵即为江南道升州县,本江宁。《佩文韵府》卷一在语条"金陵"一词下有相同记载。陈寅恪则认为唐人称呼节将治所润州之丹徒亦为金陵,所以此处金陵是指丹徒,即仍为润州地界。

> 自从大寇犯中原,戎马不曾生四鄙。诛锄窃盗若神功,惠爱生灵如赤子。城壕固护教金汤,赋税如云送军垒。奈何四海尽滔滔,湛然一境平如砥。避难徒为阙下人,怀安却羡江南鬼。愿君举棹东复东,咏此长歌献相公。

"大寇",指代黄巢军。"相公",王国维据此诗的创作时间,并以文中提到的江南某帅等信息,辅以当时江南镇帅史料等记载,认为此处的相公是指时任镇海军节度使同平章事、镇守润州的周宝①。本诗末尾表明《秦妇吟》为敬献浙帅周宝所作。周宝早年因为善踢球而颇得皇帝信任，高骈也曾以兄礼事之。中和二年（882）进同中书门下平章事兼天下租庸副使、封汝南郡王，并在僖宗播迁之时，护僖宗、与贼战。而且周宝"喜接士，以京师陷贼，将赴难，益募兵，号'后楼都'"②，所以韦庄认周宝为中流砥柱，于此时写诗颂扬周宝并希望入周宝幕，也是顺理成章之事。

第二节　韦庄献诗与当世盛传

诗歌结尾的"愿君举棹东复东，咏此长歌献相公"一句，十分明确地指出了作者写作《秦妇吟》的目的是将此诗歌传诵出去，令统帅江南的"相公"周宝得闻并赏识。事实上，韦庄后来确实在江南成为了周宝的幕僚，并度过了一段颇为惬意的生活，似可说明《秦妇吟》未负韦庄所望③。虽说韦庄以《秦妇吟》为干谒之作，是因为对这首作品寄予了厚望，但是《秦妇吟》在问世后迅速流传于天下，使得家家以悬挂《秦妇吟》幛子为时尚，为作者赢得"秦妇吟秀才"之美名，这恐怕即使是韦庄自己也始料未及。究竟是什么原因令《秦妇吟》能在短时期内有如此大的传播效果？笔者认为，除去诗歌本身通俗易懂、刻画细腻形象的艺术魅力之外，这与当时黄巢起事的影响及其战事发生范围等社会背景也有着密不可分的关系。

9世纪末的晚唐，社会弊端众多，整体上来看，可说唐朝的统治已经是江河日下、战乱此起彼伏、动荡持续不断，尤其是王仙芝、黄巢起兵，一发而不可收拾。

---

① 王国维《韦庄〈秦妇吟〉又跋》，《观堂集林》卷二一，第1019页。
② 《新唐书》卷一八六《周宝传》，北京：中华书局，1975年，第5416页。
③ 韦庄入周宝幕并为周宝多所倚重一事在《浣花集》诗句中多有体现，例如卷四《官庄》诗："谁氏园林一簇烟，路人遥指尽长叹。桑田稻泽今无主，新犯香醪没入官。"即为入幕周宝僚佐时所作。诗前有序云："江南富民悉以犯酒没家产，因以此诗讽之。浙帅遂改酒法，不入财产。"可见周宝对韦庄意见的尊重。此诗在宋《万首唐人绝句》中题作《伤富民犯酒没产》，诗文详见韦庄著，聂安福笺注《韦庄集笺注》，上海：上海古籍出版社，2002年，第166页；以及赵宦光、黄习远编定，刘卓英校点《万首唐人绝句》，北京：书目文献出版社，1983年，第708—709页。另有《陪金陵府相中堂夜宴》《观浙西府相畋游》等，也可以说明韦庄曾入周宝幕，并时在周宝左右。另有一首韦庄晚年追忆江南生活的诗歌《菩萨蛮》云："如今却忆江南乐，当时年少春衫薄。骑马倚斜桥，满楼红袖招。翠屏金屈曲，醉入花丛宿。此度见花枝，白头誓不归。"（见《韦庄集笺注》，第412页）诉说自己当年何尝没有才华，何尝没有遇合，何尝没有人欣赏喜爱，可是，虽然当年有那样的年华、那样的相遇、那样的礼待，但现在这一切都过去了，满满的都是对江南往昔的回忆。从中可一窥韦庄在江南生活时所受的礼遇，及以"秦妇吟秀才"成名伊始的惬意。

先是，唐僖宗乾符二年（875）五月，王仙芝、尚君长率三千众在长垣起兵。同年六月，黄巢在曹州冤句（今山东菏泽西南）起兵响应。黄巢军进攻山东、河南等地，占领了阳翟（今河南禹州）等八县，并于乾符三年九月攻克汝州（今河南临汝），兵锋直指洛阳。随后兵分两路，三千余人跟从王仙芝前往蕲州；二千兵则随黄巢北上，于乾符四年二月攻陷郓州，三月攻破沂州（今山东临沂）。王仙芝军也一度攻破鄂州（今湖北武昌）。后王仙芝再被唐招讨副都监杨复光诱降，但受王仙芝命前往洽降的尚君长等人却中途为宋威派人所劫，且宋威谎报战功，杀害了尚君长等亲信大将。乾符五年二月，王仙芝在黄梅兵败，被曾元裕军斩杀，残兵在尚君长之弟尚让的带领下奔往亳州投靠黄巢，并推黄巢为黄王。黄巢自称"冲天大将军"，成为这支军队的最高指挥者。同年三月，黄巢军进攻卫南（今河南滑县东北）、阳翟等地，朝廷调义成兵守东都伊阙等地（今河南洛阳南），为避锋芒，黄巢军南渡。同年十二月，入福州，转战广东。乾符六年九月，克广州，并于西取桂州后，挥师北还。自桂州沿湘江漂流而下，连克永州、衡州、潭州，占据江陵，北趋襄阳。后为山南东道节度使刘巨容和淄州刺史曹全晸合攻，大败于荆门，黄巢军渡江东走，转入江西。

广明元年（880），黄巢军迎战唐将张璘（高骈部将），不利，先后退守饶州、信州（今江西上饶），事不得已，贿张璘大量黄金佯降。宰相卢携在接到高骈上表后，以朝廷为名遣散诸道唐兵。大敌既去，黄巢于五月再次北上，攻占睦州（今浙江建德）、婺州（今浙江金华）等地。六月，克池州（今安徽贵池）、宣州（今属安徽）等地。七月，强渡长江。八月，渡过淮河。十月，陷申州（河南信阳），先后入颖州（今安徽阜阳）、宋州（今河南商丘）、徐州、兖州（今属山东）。十一月，至汝州，并于当月十七日攻克东都洛阳。十余日后，继续挥兵西进，于十二月初三克潼关，初四下华州（今属陕西），初五进驻长安（是日，唐僖宗等在宦官田令孜护卫下仓皇逃奔四川成都）。十二月十三日，黄巢于含元殿即位，年号"金统"，大齐政权正式建立。中和二年（882），黄巢军一度被唐军攻击，败退出长安城，但随即再次反攻入城。同年九月，大齐军将领朱温在同州（今陕西大荔）临阵投降，被任命为右金吾大将军，赐名朱全忠。连番战事不利，黄巢于中和三年四月率军撤出长安，进入商山。随即以孟楷为先锋，克蔡州（今河南汝阳）。六月，围攻陈州不克（今河南淮阳），齐将孟楷战死，黄巢怒围陈州近三百日，意欲复仇，终因战事不利，解围陈州，退至故阳里（今淮阳北部），再转向汴州。中和四年春，三月，齐军与兵下洛阳的李克用军交战，连败于太康、西华等地，不得已转战山东。五月，为李克用军追至中牟，大败，尚让全军降时溥；别将杨能、李谠、霍存、葛从周、张归霸等降朱全忠；李周、杨景彪率领残众逃往封丘。同月，齐军再次为李克用军败于封丘，黄巢仅集散兵近千人逃奔兖州，又为徐州将领李师悦、陈景思率领兵万人追击。"黄巢入泰山，徐帅时溥遇将张友与尚让之众掩捕之。至狼虎谷，巢将林言斩巢及二弟邺、揆等七人首，并妻子皆送徐州。"[1]七月，僖宗于成都大玄楼举行受俘仪式，并下旨斩杀黄巢姬妾于市。

由以上记载可知，黄巢起兵历时之久，遍及之广，影响之深远。这次战祸延及大唐半壁江山，导致唐朝国力大衰，最终"唐亡于黄巢"。如此大范围的惨烈战争，最受其殃的就是广大无辜的百姓，他们或遇强征，家有丁壮入伍而终不还；或遇劫掠，家财散尽而身不免，意欲觅得一席栖身之地竟成妄想。

在这样的历史背景下，长篇叙事诗《秦妇吟》的传播流行可以说具备了一定的社会基础，而这个问题则可以从两个方面来看待。

一方面，《秦妇吟》的迅速流行是时事政治新闻的轰动性效果使然，是客观社会环境的作用。一时期之人民对一时期之重大事件，往往会予以一时间段内最大之关注与关心。韦庄之文多"反袂兴悲"，"四愁九愁之文，一咏一觞之作，俱能感动人心"[2]，《秦妇吟》可谓将此发挥至极致。自战火中侥幸逃脱者对写实诗多有感触，易于产生自身与之相同或相似遭遇的心情之感慨，表露对时事的感慨。比如杜甫的"三吏""三别"，再比如韦庄自身诗歌中多有"时栗乱未平""时大驾在蜀"这样的注语以及《睹军回戈》《喻东军》《重围中逢萧校书》这样的诗题。未经历战事者或关心战事情况，或以此探寻亲友消息，也容易对此诗产生关注和共鸣，比如经历吐蕃侵扰、经历回鹘攻掠的敦煌民众，对战争题材的作品多有关注。黄巢攻入京师长安，天下震动。9世纪末的民众欲了解如此大事，自然仍是主要依靠口耳相传、纸笔投递的方式，这就给了《秦妇吟》这样通俗易懂、以事入诗的叙事诗很好的传播机会。江南暂时的安定，令其境内的民众也有条件和机会在心忧世事的同时，

---

[1] 《旧唐书》卷二〇〇《黄巢传》，北京：中华书局，1975年，第5398页。关于黄巢败后事，清代学者聂剑光《泰山道里记》载："黄巢死于泰山……九顶山南有大冢，俗称黄巢墓。"也有说黄巢自尽或黄巢出家为僧者。《新唐书·黄巢传》载："巢计蹙，谓林言曰：'……若取吾首献天子，可得富贵，毋为他人利。'言，巢甥也，不忍；巢乃自刎。"邵博《邵氏闻见后录》卷一七载："唐史：中和四年六月，时溥以黄巢首上行在者，伪也。东西二都旧老相传，黄巢实不死，其为尚让所急，陷太山狼虎谷，乃自髡为僧，得脱，往投河南尹张全义，故巢党也，各不敢识，但作南禅寺以舍之。"赵与时《宾退录》卷四引陶毂《五代乱离记》云："黄巢遁免，后祝发为浮屠，有诗云：'三十年前草上飞，铁衣着尽着僧衣，天津桥上无人问，独倚危栏看落晖。'"

[2] 罗振玉《松翁近稿》，罗继祖主编《罗振玉学术论著集》第10集，上海：上海古籍出版社，2020年，第34页。

继续过着安稳诵读诗词的生活，这就有机会在韦庄诗歌问世后形成传播的受众。而战乱期人口的流动性加大，也可能进一步带来文化的传播、转移和流动，这些都是促进《秦妇吟》传播的一些客观环境和因素。

另一方面，《秦妇吟》广为流传，恐怕也有幕后推手的主观促进，即江南统帅周宝出于政治诉求等自身需要的有意传播。在共计二百三十八句的长诗之中，大多是对战乱造成的疏旷、凄凉等惨象的描述，以及对杨复光等其他队伍讨贼不利、欺凌百姓的描写，直到最后七句才突然转折，描写江南的境况晏然，颂扬江南"戎马不曾生四鄙"，以及周宝"惠爱生灵如赤子"，可谓充分铺垫对比，更加突出了周宝的丰功伟绩。可以想见，当周宝收到如此诗作之后，在感叹战乱凄惨的同时，也不免自豪于自己的功绩。战乱之时也正是唐室平叛复兴的用人之际，如果说周宝没有一番抱负恐怕也是不可能的，所以如此有利于政声、可以博取政治资本的感人诗歌，自然有意示之于他人。如此一来，此诗在江南境内因为得到统帅的欣赏从而流播甚重，也就成为必然之事[①]。这一点正与唐玄宗诗歌可以流传到西州（吐鲁番）地区一样，有其政治层面的推动力量和影响[②]。

最后一点，是诗歌本身的魅力，这是获得上述两种条件的基础。因为这首诗并非"向壁虚造，无病呻吟"之作，而是韦庄亲身所闻、亲眼所见的事情，所以能"对于军中状况，民间疾苦，写得纤毫毕现，使人如身临其境"[③]。而被王国维赞扬为"非才人不能作"的《秦妇吟》，因为韦庄的才气横溢而在写作上充满了艺术魅力，又在语言上通俗易懂、音韵和谐，易于为大众所了解和记诵[④]，其一时之风行自然算是由来有因了。

通过以上分析可知，《秦妇吟》作于中和三年（883）韦庄至江南觐见周宝前夕，且韦庄在作成后随即将之呈献给了周宝，以此来谋求栖身之所。由于诗歌内容的合宜以及个人喜接文士等原因，周宝对韦庄极其礼遇，相信对《秦妇吟》也评价极高。

---

① 关于周宝之为人，有一事或可见一斑。《北梦琐言》卷四载："浙西周宝侍中博陵崔夫人，乃乾符中时相之姊妹也。少为女道士，或云寡而冠帔、自幽独焉。大貂素以豪侠闻，知崔有容色，乃逾垣而窃之，宗族亦莫知其存没。尔后周除浙右，其内亦至国号。乃具车马偕归崔门，曰：'昔者官职卑下，未敢先言。此际叨尘，亦不相辱。'相国不得已而容之。"
② 朱玉麒《吐鲁番文书中的玄宗诗》，《西域文史》第7辑，2012年，第63—76页。
③ 周千载《评〈秦妇吟〉》，《中日文化月刊》第1卷第5期。此据《〈秦妇吟〉研究汇录》，第183—192页。
④ 李让白、安克环《试谈〈秦妇吟〉》，《光明日报》1959年12月6日。《〈秦妇吟〉研究汇录》亦有收录，第194—203页。

由于《秦妇吟》在政治层面上得到位于统治阶层的江南节帅欣赏，同时也多多少少在文化层面上应和了当时战乱社会背景下的民众心态的需要，于是拥有了这样一大批能对此诗予以接受的"受众"，而这些受众在接受并欣赏的基础上，又成为了再向外扩散传播的"授众"，所以本身在音韵用词上通俗易懂、朗朗上口，叙事状物上详细具体、形象生动的《秦妇吟》，才能得以一经问世即不胫而走，拥有被制为幛子、悬于厅堂这样风行一时的优遇[1]。

第三节　韦庄自禁与千年失载

《秦妇吟》在敦煌地区发现了如此多的写本，在目前所知的学郎关于敦煌俗文学作品的习书中也名列前茅[2]。或可以据此推测，在当时的敦煌，《秦妇吟》是流传很广的作品。再进一步推想，因为《秦妇吟》在其产生之地中原地区非常流行，所以才会传到敦煌。韦庄晚年官至前蜀宰相，曾撰家戒，严令家内不许设《秦妇吟》幛子。由此可知，蜀地与敦煌、中原一样，也都有《秦妇吟》的流传。

《秦妇吟》是如此脍炙人口、影响广阔，可是如今却不得不赖敦煌藏经洞的偶然发现才为人所知，其中的缘由颇为耐人寻味。仔细追究、推敲《秦妇吟》诗歌流传的衰落过程与原因，是笔者希望在本节能稍稍加以探讨的地方。

唐末问世的《秦妇吟》，命运经历了冰火两重天的待遇。首先是受到百般追捧、万口流传、家家制为幛子，然后是遭遇公卿"垂讶"、作者自禁，最终淹没尘寰。在对其衰落进行分析之前，先在此回顾一下自宋至清末的数百年时间里《秦妇吟》的流传状态。

从目前的传世文献来看，至少有 16 种古籍存在与《秦妇吟》有关的记载。其中宋代五篇、元代一篇、明代四篇、清代六篇，分别为：

（宋）孙光宪《北梦琐言》卷六

（宋）欧阳修《五代史记注》卷六三

（宋）曾慥《类说》卷四三

---

[1] 自唐人咏幛子、咏屏风等诗文可知，唐人于幛子、屏风之上既有法书、也有绘画者。《秦妇吟》描写生动，画面感极强，或亦有被绘制为图画、悬之为幛的可能。姑为一说。

[2] 伊藤美重子《敦煌文书にみる学校教育》，东京：汲古书院，2008 年，第 76 页。

（宋）计有功《唐诗纪事》卷六八

（宋）陈应行《吟窗杂录》

（元）辛文房《唐才子传》（书成于元成宗大德甲辰年[1304]）

（明）郭子章《六语》讥语卷二

（明）蒋一葵《尧山堂外纪》卷四五

（明）严衍《资治通鉴补》卷二五四唐纪七〇

（明）卓人月《古今词统》卷八

（清）李调元《全五代诗》卷四一

（清）陈鸿墀《全唐文纪事》卷一百三

（清）吴任臣《十国春秋》卷四〇前蜀六

（清）郑方坤《五代诗话》卷四

（清）赵翼《陔余丛考》卷二四

（清）徐松《登科记考》卷二四

除此之外，还有化用名句"内库烧为锦绣灰，天街踏尽公卿骨"者数篇，例如刘斧《青琐高议》别集卷之三[①]、程开祜《筹辽硕画》卷三五[②]、孙雄《道咸同光四朝诗史》甲集卷五[③]、樊增祥《樊山集》卷一三[④]、纪迈宜《俭重堂诗》卷八希阮斋漫稿[⑤]，等等。

乍看之下，似乎篇数众多，但是若从各个文献内容来说，后来者往往都是在誊抄、继承前代之说法。其中数篇是直接标明得自何处，如《吟窗杂录》《六语》注明摘自《北梦琐言》，《全唐文纪事》记明载自《十国春秋》等等。余下的几篇，虽然没有明文记载出处，但是从表述词句来看，也明显承于一脉。追本溯源，最早出现此名句者当为孙光宪的《北梦琐言》（见本书《绪论》第一节），其他《五代史记注》（公卿多垂讶，庄乃讳之）、《类说》（多讶之）、《唐诗纪事》（公卿多垂讶，庄乃

[①] 刘斧《青琐高议》别集卷之三《越娘记》中，自称后唐石少主时人的越娘题记当年战乱惨象时有"火内烧成罗绮灰，九衢尽踏公卿骨"之句（上海：上海古籍出版社，1983年，第219页）。
[②] 程开祜《筹辽硕画》卷三五："不知财聚必散，且不善散。中夏渔溃，虽方尺之钱，其何有救。黄巢犯阙，人争攘宝，内库烧为锦绣灰矣。"
[③] 孙雄《道咸同光四朝诗史》甲集卷五《后春兴五首》："午夜钟鸣紫禁开，披门一炬失崔嵬。金铺碎积琉璃瓦，内库飞残锦绣灰。慈圣诏停瑶岛役，公卿争赴柏梁灾。铜驼无恙长安陌，莫效当年索靖来。"
[④] 同录《后春兴五首》诗文。
[⑤] 纪迈宜《俭重堂诗》卷八希阮斋漫稿《乾陵》："金轮应记亦奇哉，遗老空衔宗社哀。齿逼桑榆尤毒手，术工驾驭乃雄才。碧潭剑没蛟龙影，古刹裙余锦绣灰。欲问行云无处所，乾陵抔土漫低徊。"

讳之)、《唐才子传》(内库烧为锦绣灰,天街踏尽却重回。乱定,公卿多讶之)、《尧山堂外纪》(公卿多垂讶,庄乃讳之)等等说辞皆颇为神似,似可认定乃出自一个源头,即生活年代最早的孙光宪之《北梦琐言》。可以说,《北梦琐言》不仅为如今传世史料中可以见到的最早的关于《秦妇吟》曾经问世的记载,也是关于《秦妇吟》文章曾经问世的记载的唯一传承来源。似乎可以据此推测,其实早在宋时,《秦妇吟》便已经在中原失传。

那么,关于失传的原因该如何解释呢?时代久远、兵燹频仍、水火灾害、纸张等传承媒介的保存不易等固然可以是文献失传的原因,但是,该如何看待被誉为"秦妇吟秀才"的韦庄有数百首其他诗歌传世,而成名作《秦妇吟》却失去了踪影这一事实呢?虽然也有于茫茫青史中"淹沦诗海"之说[1],但笔者认为,韦庄的自禁必然是《秦妇吟》失传最重要的因素。最明显的例证,就是韦庄之弟韦蔼所编集之《浣花集》,其中收录了韦庄数百篇诗歌,代代流传至今,但是却因为韦庄自禁,未曾收录《秦妇吟》。如果《浣花集》收录了《秦妇吟》,想必《秦妇吟》不会如此易于失传。可是,韦庄自禁成名之作的原因何在?果真如《北梦琐言》之语,是韦庄忌讳公卿们的"垂讶"吗?

关于此说法是否属实,学者们有进一步的探讨。王国维据孙光宪所言,认为韦庄于贵后讳言此诗[2]。而随后罗振玉在《〈秦妇吟〉校本及跋》中,谓《唐才子传》改"天街踏尽公卿骨"为"天街踏尽却重回"或为避谤。陈寅恪则进一步撰文《〈秦妇吟〉校笺》,认为韦庄避讳此诗或因触及宫闱隐情以及冒犯杨复光军等。冯友兰《读〈秦妇吟校笺〉》则认为陈寅恪"冒犯说"合理[3],但同时提出,未必是触及宫闱隐情,而是因为金天神等语指斥当时东诸侯等一干将领,如指责杨复光、指责东西招讨使王重荣,以及指责官军残暴过于黄巢,而此处官军或为杨复光军等犀利露骨之言。后来韦庄所事新朝,不论主僚,多有前杨复光军中要人,故而韦庄讳言此诗。至于徐嘉瑞《〈秦妇吟〉本事》则全文考证史实,并提出了触犯田令孜、触犯时溥及其部下、讽刺僖宗太过以致为王建所不喜等三个原因[4]。黄广生《韦庄自禁〈秦妇吟〉原因再析》认为陈寅恪说很精辟,韦庄《秦妇吟》颇有骂主子王建之嫌疑,所以不

---

[1] 张天健《〈秦妇吟〉讳因考》,《河南大学学报(哲学社会科学版)》1985年第2期,第61—64页。
[2] 王国维《唐写本韦庄〈秦妇吟〉残诗跋》,《观堂集林》卷二一,第1019页;王国维《敦煌发现唐朝之通俗诗及通俗小说》,《东方杂志》第17卷第8期,1920年,第95页。
[3] 冯友兰《读〈秦妇吟校笺〉》,《国文月刊》第1卷第8期,1941年,第2页。
[4] 徐嘉瑞《〈秦妇吟〉本事》,《国文月刊》第1卷第27期,1944年,第15—23页。

得不假托公卿对"内库烧为锦绣灰,天街踏尽公卿骨"的"垂讶"而禁止全文[1]。马茂元、刘初棠《韦庄讳言〈秦妇吟〉之由及其他》认为,唐源出夷狄,不讳宫闱之事,汉祖、魏主亦不讳言妇女失贞事,认为看重女子贞洁为宋以后事,故而陈氏之宫闱说不成立,而其讳言的原因是韦庄在文中所詈骂之黄巢贼和官军都与西蜀帝王将相有关。此文首次提出王建所在的忠武军节度使周岌曾受黄巢伪命的史事(见《旧唐书·杨复光传》),所以可知,王建或曾为黄巢党,而且还进一步认为忠武军在为黄巢军时曾四处掳掠,并认为前期黄巢的"淘物"和后期王建军的"淘虏"实为同出一源,而且引用《太平广记》卷二六六载王建随同韦昭度进攻陈敬瑄时,因为部下有和黄巢军类似装束者而为人所笑,王建得志后悉数害之的事例,说明王建和黄巢军其实是你中有我、我中有你的关系。后来韦庄因为深知王建多疑、难测,所以自讳前作,讳言《秦妇吟》。且马、刘认为韦庄对陕州、蒲津主帅是颂扬,对王建等人所在的忠武军则是一味地批评。最后,马、刘综合以上意见,认为韦庄之《秦妇吟》无论是咒骂黄巢还是指责官军,都触及王建隐私,深犯王建忌讳,而此两方面内容又贯穿全诗始终,所以韦庄只能禁绝全篇[2]。张天健《〈秦妇吟〉讳因考》反对被王国维、陈寅恪等人否定了数十年的《北梦琐言》之说,认为之所以《浣花集》不录《秦妇吟》,是因为年久诗长、遗忘之故,而当年讳言,时间亦非相蜀之时,而是僖宗光启元年(885)还京之时。因为长诗中描叙了大量公卿怯懦无能、贪生怕死而不能免死的丑态,这些叙述既为以卢携代抵己罪的田令孜之流的权势者所不喜,也为疏守潼关禁谷天险的无能庸官们所不乐见,所以并皆诽谤于韦庄。因此韦庄忧谗畏讥,进而撰家戒止谤[3]。

在并无更多其他佐证的情况下,笔者认为前辈学者们所分析的原因皆有一定的道理,可以自为一说。实际上,归根结底来说,笔者认为前人这些论说都是结合了韦庄自身利益需要的变化来考察韦庄讳言《秦妇吟》的事实,即韦庄是为了避祸[4],

---

[1] 黄广生《韦庄自禁〈秦妇吟〉原因再析》,《吉林大学学报(社会科学版)》1979年第4期,第57—60页。
[2] 马茂元、刘初棠《韦庄讳言〈秦妇吟〉之由及其他》,《文史》第22辑,1984年,第225—232页。
[3] 张天健《〈秦妇吟〉讳因考》,《河南大学学报(哲学社会科学版)》1985年第2期,第61—64页。
[4] 高平认为是以韦庄为代表的作者以及其家人、弟子、朋友等人都害怕《秦妇吟》招来文字狱之类的灾祸,所以全家禁止其流传,韦庄家人所编写的集子以及唐诗集中都不收录,所以这首诗被迫消失,见氏著《〈秦妇吟〉的现实主义成就》(《阳关》1981年第4期,此据《〈秦妇吟〉研究汇录》,第253—258页)。笔者以为,此言未必。如果确知其相关人员都能如此明白这样的利害关系、都是如此地忌讳,则韦庄不需明文写入家戒,众人亦能自觉遵守。所以,可能民间对《秦妇吟》评价为优,而官场对《秦妇吟》评价为劣,故而需要韦庄于家戒中明文写入,以儆家中不以为意者,莫为家族惹来祸患。

才讳言《秦妇吟》，只是在具体为避什么祸患、来自何方的祸患这样的分支问题上有所区别而已。在学习前人成果、并受到诸多研究论著启发的基础上，对于韦庄的自禁原因，笔者也产生了一点自己的想法。

笔者认为，韦庄自禁《秦妇吟》的流传与传播，是存在一个环境逐渐变化、逐渐严苛的发展过程的。即韦庄从创作《秦妇吟》以敬献江南"相公"，到"讳之"，再到"禁悬《秦妇吟》幛子"，有一个逐渐转变的历程：先是江南节帅赏之，再是唐廷公卿讶之，最后是西蜀任官时交往关系的环境迫之。

首先是浙帅周宝赏之。在韦庄几经艰辛离开长安、经行洛阳前往江南之时，周宝新拜镇海军节度使、同平章事，韦庄意欲刺谒周宝，以《秦妇吟》献之，并得赏识，而且获众口之封，成为"秦妇吟秀才"，想必当时的韦庄是以《秦妇吟》为傲的，《秦妇吟》的影响是那样地遍及里巷、风行一时。此事前文已经有所叙述，此不赘言。

其次，关于公卿之讶，笔者认为，这里"垂讶"的公卿主要是唐廷旧僚之公卿。"讶之"的原因也针对两方面，一方面为对《秦妇吟》诗歌本身的"垂讶"，另一方面为对韦庄这个人物的"垂讶"。在对《秦妇吟》诗歌的垂讶方面，罗振玉之言或可说明问题，《〈秦妇吟〉校本及跋》云："今读此篇，于寇盗之残暴，生民之水火，军人之畏葸肆虐，千载而下，犹惊心骇目。"这似乎可以说明公卿们对此《秦妇吟》的态度，与己不尽相关的情景犹且如此令人"惊心骇目"，那么直书公卿惨况的文句岂不是更为惊心？所以，公卿对诗句"内库烧为锦绣灰，天街踏尽公卿骨""讶之"，确有可能。另外，对诗歌的"讶之"也有可能有另外一种理由，即诗歌本身的风格。就诗歌本身的行文言语来看，作为一介文士的韦庄，他所写出来的作品应该是所谓文人手笔之下的、高尚的雅文化的产物，但是正如目前诸多学人所评价的那样，《秦妇吟》虽然"才气俊发，自非才人不能作"，但是"惟语取易解，有类俳优"[1]。从《秦妇吟》行文来看，确实用语较为通俗易懂，例如黄巢入京之时对各家女子悲惨遭遇的描写，似乎与汉乐府《孔雀东南飞》、北朝乐府《木兰辞》一般妇孺畅晓[2]，用语平易。如此一来，可能引起公卿之辈对文风的不喜，再加之描写公卿等各种场面的

---

[1] 见王国维《敦煌发见唐朝之通俗诗及通俗小说》，第97页。
[2] 实际上，确有将长篇乐府叙事诗《秦妇吟》与汉乐府《孔雀东南飞》、北朝乐府《木兰辞》并称为"乐府三绝"的说法（见卢英宏《反战诗剧冠千秋——〈秦妇吟〉新论》，《云梦学刊》第32卷第2期，2011年，第97页），但此说法恐怕存在一定的问题。原因在于，韦庄的《秦妇吟》是著名诗人之成名作，是作家文学、雅文学，而后二者是民间乐府诗，是民间文学、俗文学，一般来说，三者是不便相提并论的。但是，如果以唐代而论，把韦庄《秦妇吟》作为晚唐新乐府诗的代表，与盛唐李白、中唐白居易一起讨论的话，倒是可以考虑。（此处关于雅文学与俗文学的说法承蒙朱玉麒教授赐教，谨此致谢。）

触目惊心，故而"讶之"。

在韦庄书写公卿惨状，令公卿郁郁不乐的同时，笔者认为还存在其他原因。韦庄的名句"内库烧为锦绣灰，天街踏尽公卿骨"虽令侥幸逃过一劫的公卿们心有所憎，但在如此惨烈的环境之下，当时的公卿们或追随僖宗驾前，或遇难长安城陷之后，而韦庄在京城陷落后较长一段时间之中，一直生活在长安城中，作为公卿后裔的韦庄[①]，如何在拥护唐朝正统者皆被屠戮、城池被围时食人无算的境地下存活下来，其遭遇恐有为公卿们所浮想与诟病之可能，而且此时不论韦庄如何进行解说，也是百口莫辩。如此一来，韦庄不得不讳言之。另外，韦庄写作《秦妇吟》时认为周宝堪当大任，不料后来周宝却迅速败亡，而被《秦妇吟》所责骂的众人后来却收复长安，击败黄巢军，建功立业，韦庄当时干谒之举的成名作，如今却有因认人不清而落为笑柄之嫌，或有公卿，甚至足以影响韦庄科考仕进的公卿以此不屑韦庄的缺乏远见，韦庄之美称"秦妇吟秀才"变为"讽刺称号"，韦庄自然要讳以言之。

最后，是西蜀任官时交往关系的环境迫之。韦庄为王建所聘，而且从《浣花集》序言可知，韦庄弟妹家人亦皆在蜀，韦庄最终也尽心辅佐王建，力劝王建称帝，并为王建一手制订诸多规章制度，晚年亦病逝于蜀，可见西蜀已经是韦庄选定终老之地。但是如果看看韦庄身边的交往人员，共处一朝之西蜀的君主官吏们却多有当年战乱中的旧人，其中就包含了不少《秦妇吟》骂之甚狠的将领们，如此一来，正如各位前人学者所分析的那样，韦庄不能不在"多疑"的君主、诸多恃功自傲的将领们之间周旋，为避免《秦妇吟》为自己带来麻烦，故特意撰家戒，表明立场，以图安好。而这一做法想来也是获得了不错的效果，所以韦庄有诗云"长年方悟少年非，人道新诗胜旧诗"，且最终有惊无险以宰相之职终老花林坊，得葬于韦庄所崇尚的杜甫之白沙旧居左近。

目前我们可以看到韦庄作品留存情况的两个鲜明比较：敦煌文献中的情况是，《秦妇吟》写本有十一件之多，而《浣花集》中诗作不见一篇；中原传世文献的情况是，《浣花集》代代相传至今天，而《秦妇吟》自宋至今失传千载。为什么是这一首诗单独流传到敦煌，而文集中的其他作品并未流传到敦煌？韦庄其他诗词与《秦妇吟》的流传又有何关系呢？

实际上，笔者以为，这其实正好能说明《秦妇吟》流传到敦煌的时间、形态和

[①] 殷元勋笺注、宋邦绥补注《才调集补注》卷三记载："韦庄，字端己，杜陵人，见素之后，曾祖少微，宣宗中书舍人。"

背景问题。

首先，我们可以据此推知，《秦妇吟》有可能是901年至903年之间自中原传播至敦煌的。据《浣花集》序言可知，韦庄901年在唐任补阙一职，而《浣花集》序中也提及了韦蔼编撰集子是在903年，前文已经说过，根据敦煌如今可见的写本题记，目前所见最早的敦煌写本《秦妇吟》写于905年，所以说《秦妇吟》是在韦庄编撰集子之前传播至敦煌的。这证实了即使在战乱时期，江南、长安等地区与敦煌也仍然有着紧密的联系与频繁的交通，说明了归义军政权与唐廷之间的往来关系。

其次，这也说明了《秦妇吟》在长安、在江南、在中原内地都是单行于世的，所以它传播到敦煌也是如此。由于"秦妇吟秀才"的高知名度，以及后来韦庄在唐任官至"补阙"一职，《秦妇吟》本身受到了较高的关注。民众既有将其制成小册子随身携带者，也有将其书写（或绘制）为幛子，悬挂于室内者。由于《秦妇吟》这样渗透进了人们的生活之中，所以妇孺皆知、老幼能详的盛况可以想象，韦庄的盛名空前也是可以想象的。因为传入时间较早，韦庄作品尚未编集，《秦妇吟》作为当时最为流行的诗歌，被带入了敦煌。而因为韦庄的自禁（亦或还有毁掉自家原稿，不乐他人在自己面前提起该诗等行为），《秦妇吟》被排斥在了韦庄作品之外，而后来经过精挑细选，符合韦庄、韦蔼兄弟审美的作品被韦蔼编集成册，并公布推广于世。作者对单篇《秦妇吟》大力抹杀，对集子大力推广的态度，最终使得单篇成名作与毕生所选诗歌集两者形成了截然不同的命运。

另外，《秦妇吟》在敦煌广为流传，一方面可以说是没有禁毁高压的一种表现，既没有士大夫的"垂讶"，亦没有作者"长年方悟少年非，人道新诗胜旧诗"的态度转变，更没有不得悬挂《秦妇吟》幛子的禁毁；另一方面也是敦煌对此类战争诗歌的接受与共鸣，如不知名人士所作之《秦将赋》，描述了秦将白起坑杀四十万赵国降卒的惨况，还有《汉王陵变》等关于战争类的诗歌，这或许也是当地敦煌人因驱逐吐蕃统治时所进行的战争而受到磨难后的一种叹息。

（原刊于《唐研究》第20卷，北京：北京大学出版社，2014年，第505—522页。收入本书略有修订。）

第三章　社会性：《秦妇吟》西游流动之中原到敦煌

现存带有题记的六件《秦妇吟》敦煌写本，分别记载着它们曾经从属于寺学学子、私学学子以及普通百姓的历史。据此我们可以推知，《秦妇吟》既在敦煌民间受到了百姓们的喜爱，也曾经作为学习的教材在敦煌各个不同学校的学子们中间广为流传。前文已经讨论过《秦妇吟》于中原民间受欢迎的原因，以及后期在中原遭受冷落，却在敦煌广为传颂的政治、民心等方面的因素，在此章，笔者将根据题记所提示的信息，关注《秦妇吟》与敦煌学校的关系。不论寺院学校还是世俗学校，都是教书育人之地，而关于敦煌的学校教育，实际上已经有很多学者做了不少有分量的著述。笔者力弱，故仅在此以《秦妇吟》写本中所能看到的题记情况为中心，引证其他文献实例，结合自己的关注点，从学子称谓、学校教材等方面出发，略谈《秦妇吟》写本在敦煌的传播对象与传播范围，以及其社会地位与影响等问题。

第一节　传播背景——沙州归义军与唐朝的关系

《秦妇吟》在中原的流行与消失，与当时当地当权者的态度有着非常大的关联。那么，《秦妇吟》在从中原到敦煌，以及在敦煌地区传播时，是否也受到了这种因素的影响呢？为论述这一问题，首先交代一下《秦妇吟》从兴起中原到风行敦煌的具体年代。

根据诗文首句"中和癸卯春三月"可知，《秦妇吟》创作于唐僖宗中和三年，也就是公元883年。至于其在中原失传的时间，应在10世纪中晚期，这一点可以根据孙光宪《北梦琐言》对韦庄禁悬《秦妇吟》幛子止谤，却"亦无及也"，以及欧阳修以下记载均承袭孙光宪说法这一事实而得以确认。由此可知，《秦妇吟》在中原地区的存在与流传不过是 883 年问世之后百年左右的时间。

关于《秦妇吟》在敦煌的流传情况，虽然没有确切的材料可以说明，但是根据已经发现的写本，或可以大体推测。目前《秦妇吟》写本共有七件带有确定或可以推测纪年的文字：P.3381（905 年）、羽 57r+S.692（919 年）、P.2700+S.5834（920 年）、Дх.6176（946 年）、P.3780（957 年）、P.3910（983 年）、Дх.4758+Дх.10740（约 963—1006 年）。最早的抄本是天复五年（905），此本是一位在敦煌金光明寺做学仕郎、名叫张龟的学子所抄录。因此可以推测，张龟习书时所照抄的母本定然时间更早。如若根据目前学界推测藏经洞封闭于 11 世纪初年的说法来判断的话，那么《秦妇吟》一诗在敦煌的流传时间至少应该是从 905 年之前直到 11 世纪初年百余年的时间段之间。前文已经提到过，《秦妇吟》在中原的流传时间大约是 883 年到 10 世纪中晚期，两者对比可知，《秦妇吟》在长安、敦煌两地的传播是十分迅速的。为了更直观的视觉效果，现于时间轴上简单标注《秦妇吟》自产生以来的传播情形如下：

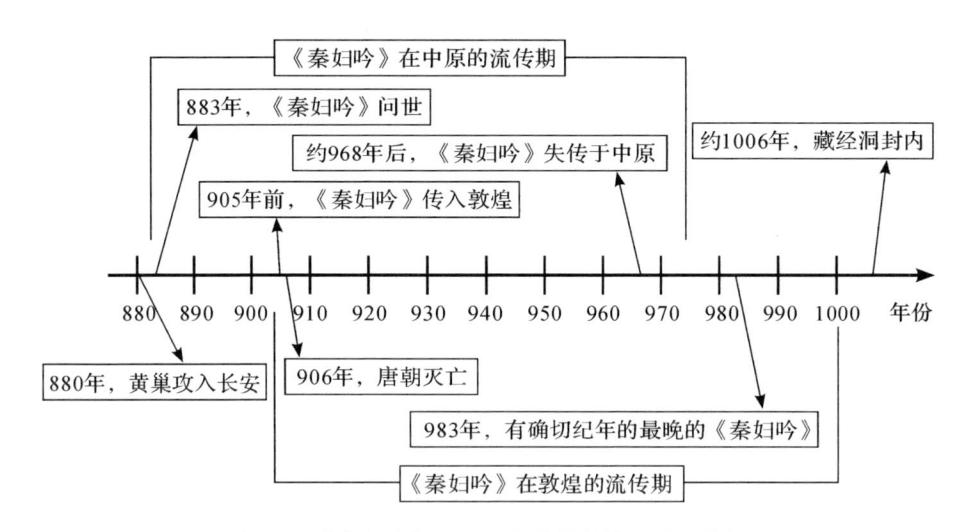

图 3-1　《秦妇吟》问世及主要传播情形时间简轴

若要探讨《秦妇吟》传入敦煌的具体时间，则理清 883—905 年敦煌与中原之间的来往情况极为重要。而要讨论这一时期中原与敦煌的交往交通，则归义军的兴起及其与中原之间的关系亦需交代。本节笔者拟从这个角度出发，对《秦妇吟》传播至敦煌的背景稍作分析与解说。

唐宣宗大中二年（848），沙州地区爆发了驱逐吐蕃统治者的军事反抗。以汉族为主的僧俗民众在当地豪强张议潮的率领之下，连战连捷，驱逐了因为赞普遇刺身亡、奴部纷纷起义而势力大衰的吐蕃统治者，先后占领了沙、瓜二州。在初步取得胜利后，张议潮遣押衙高进达等，取道天德军（今内蒙古乌梁素海东南缘），上表唐廷，报告归复。与此同时，继续修治兵甲，陆续收复肃州、甘州、伊州等地。随后，再于大中五年（851）八月派遣其兄长张议潭携瓜、沙、伊、西、甘、肃、兰、鄯、河、岷、廓等十一州的地图、户籍奉献给朝廷，唐廷则在同年十一月赐号张议潮所部军事力量为"归义军"，并授予张议潮归义军节度使等职衔。咸通二年（861），张议潮攻下了控制河陇地区最为关键的凉州，可以说基本完成了收复河西的大业。咸通八年，张议潮奉召入京，其侄张淮深主持归义军军政事务，议潮最终卒于长安宣阳坊私第，终年74岁。

在张议潮、张淮深统治时期，归义军方面主动回归朝廷，数次遣使入奏，进献图籍，都表现出了忠心耿耿的臣子形象，历来广受史家称赞；唐廷数次遣使往封、赐赏，也不能不令后来的臣子们敬慕与向往。但是，这样一种君贤臣忠的形象最终随着敦煌文献的出现而彻底逆转。在敦煌文书的提示之下，再返回来看中原王朝传承的史料，则可知自归义军政权初建伊始，与唐廷之间就是充满利益纷争、貌合神离的状态[①]。据《资治通鉴》卷二五〇载：

〔咸通四年正月〕上（唐懿宗）游宴无节，左拾遗刘蜕上疏曰："今西凉筑城，应接未决于与夺；南蛮侵轶，干戈悉在于道涂。旬月以来，不为无事。"[②]

这说明早在863年之前，唐廷即已经开始加固凉州城，而张议潮率军从吐蕃手中将凉州夺回，也不过是咸通二年之事，可见唐廷对获得凉州控制权的急切[③]。

唐宪宗时宰相裴度之第三子裴识墓志的出土，更加明确无误地昭示了这一关系。据《唐故邠宁庆等州节度管内观察营田处置等使银青光禄大夫检校尚书右仆射兼御史大夫□□□□□公食邑三千户袭食实封一百五十户赠司空河东裴公墓志铭》记载：

[①] 对此问题的分析可详参荣新江《归义军史研究——唐宋时代敦煌历史考察》第3、4章，上海：上海古籍出版社，2015年，第148—196页。
[②] 《资治通鉴》卷二五〇，北京：中华书局，1956年，第8103页。
[③] 详参荣新江《初期沙州归义军与唐中央朝廷之关系》，黄约瑟、刘健明编《隋唐史论集》，香港：香港大学亚洲研究中心，1993年，第106—117页。

> 天子以河西新收，西凉府以归，帅张议潮欲强盛边事，择其人（下缺）。[①]

裴识这篇墓志是出自其属下邠宁节度副使之手，可信度自然不弱，也因此将中原对归义军政权的戒心昭然以示。裴识本人生前曾先后任泾原、忠武、天平、灵武、邠宁等镇节度使，于咸通五年（864）四月九日死于庆州。而此墓志文中提到的西凉府，即当时的凉州地区，正是控制河陇的关键所在，所以唐廷与归义军对凉州控制权的争夺也就明确显示出了双边关系的实质。在这样直言不讳的背后，赤裸裸地喻示着双方关系的不和谐。实际上，唐廷也并不仅限于邠宁节度副使这样个别官吏发出空言，在此之前，唐中央政府还曾派遣精兵往驻凉州。来自郓州天平军的两千五百人在前往凉州戍卫之后，一直也没有返回中原[②]。再结合凉州节度设置初期未见唐廷派遣凉州节度使的情况来看，很可能唐廷有意让裴识以朔方节度使兼领凉州节度（五代初期中原政权多有以朔方节度使兼领河西节度的事实）[③]，这支两千五百人的部队实际上就是唐廷支援裴识的军事力量。除此之外，朝廷三番五次催促张议潮入朝为质，以及迟迟不予张淮深节度使节钺等表现，都是二者之间存在矛盾的例证。所以应该说，对统治权的争夺，贯穿唐廷与张氏归义军政权交往的始终。

虽然一方面唐廷急于取得凉州控制权，甚至进一步全面恢复对甘、凉、瓜、沙的控制，但另一方面，实力不够的唐廷，也不能不对张议潮进行笼络，例如赐归义军封号，拜张议潮为节度使，并在派遣郓州天平军军队进入凉州之时假以帮助张议潮镇戍的名义等。

与此同时，面对唐廷这些隐性的夺权手段和策略，归义军方面也有不甘示弱的一面。虽然张议潭、张议潮不得不先后入朝为质，但归义军的最高领导者却始终不曾由中央派遣。张议潮本人在前往长安的临行之际，安排其侄子、张议潭之子张淮

[①] 荣新江《〈新中国出土墓志·河南〉书评》，《唐研究》第 1 卷，1995 年，第 559 页。墓志图版见中国文物研究所、河南省文物研究所编《新中国出土墓志·河南》一，第 374 号墓志，北京：北京文物出版社，第 361 页。

[②] 这支镇兵直到最后也没有撤回中原，有五代时唐明宗时期记载可证，见彭元瑞《五代史记注》卷七四载："权知西凉府留后孙超，遣大将拓拔承海来贡。明宗召见，承海云：'凉州东距灵武千里，西北至甘州五百里。旧有郓人二千五百为戍卒，及黄巢之乱遂为阻绝。今城中汉户百余皆戍兵之子孙，衣服言语略如汉人。'又言：'凉州郭外数十里尚有汉民陷没者耕作，余皆吐蕃。'"

[③] 见李军《晚唐（公元 861—907 年）凉州相关问题考察——以凉州控制权的转移为中心》，《中国史研究》2006 年第 4 期，第 77—89 页。

深继续率领归义军。张议潮亲身入朝为质,对归义军的力量是很大的打击[1],唐廷终于如愿取得了凉州控制权。证据之一,就是张议潮派亲信回沙州迎接家眷前往长安一事不能顺利进行。P.3281v《押衙马通达状稿》称:

> 付案过状,押衙马通达。右通达自小伏事司空,微薄文字并是司空教视奖训,及赐言誓。先随司空到京,遣来凉州,却送家累。拟欲入京,便被卢尚书隔勒不放。尚书死后,拟随慕容神护入京,又被凉州麹中丞约勒不达。[2]

可见当时唐廷在与归义军的暗争中占据上风之后对归义军的排斥与打压。[3]但是,唐中央政府在这里的统治并不稳定,崛起的嗢末势力不久便控制了凉州。在此情况下,身在长安的张议潮称不欲"偷安爵位",积极上书请战,甚至表示"死亦甘心",但唐廷却以粮料短缺等理由予以拒绝[4]。《张议潮咸通二年(861)收复凉州奏表并批答》这件文书表明,张议潮在表白忠心、忧虑边民国家疾苦的同时,也有返回凉州、统帅旧部之意,而唐廷的拒绝想必也有杜绝张议潮回归的考虑在内,可以看作又一场没有展开的权力争夺较量。而归义军的反击事例之一,就是再次收复凉州[5]。虽然唐廷已经对张议潮上表事进行了批答,并且此批答也随同张议潮的上表一起在敦煌流传,想来当时张淮深没有理由不知道唐廷的处理意见,但是他仍然很快出兵,并率领归义军再次收复了凉州,并且直到张淮深统治后期,归义军都控制着凉州[6]。

现在我们可以回到开始的问题,为何已经在中原被"公卿颇多垂讶"、作者"撰

---

[1] 杨宝玉、吴丽娱《张议潮束身归阙后与沙州人士的往来及其对敦煌政局的影响——以 P.3730v、S.6405v 为中心,兼及 P.3281v、S.2589》,刘进宝、高田时雄编《转型期的敦煌学》,上海:上海古籍出版社,2007 年,第 331—342 页。

[2] 文中的司空指张议潮,张议潮在咸通二年至咸通八年间称司空,而继任节度使张淮深在咸通年间最高的检校官为尚书。参荣新江《沙州归义军历任节度使称号研究》,中国敦煌吐鲁番学会编《敦煌吐鲁番学研究论文集》,上海:汉语大词典出版社,1990 年,第 768—816 页。P.3281v 录文见唐耕耦、陆宏基编《敦煌社会经济文献真迹释录》第 4 辑,1990 年,第 375 页;图版参见《法藏敦煌西域文献》第 23 册,上海:上海古籍出版社,2002 年,第 35 页。

[3] S.4622v 图版参见《英藏敦煌文献(汉文佛经以外部分)》第 6 册,成都:四川人民出版社,1992 年,第 169 页。

[4] 此事有敦煌文献 S.6342 号《张议潮咸通二年收复凉州奏表并批答》为证,S.6342 录文参见唐耕耦、陆宏基编《敦煌社会经济文献真迹释录》第 4 辑,第 363 页。

[5] 李军《晚唐(公元 861—907 年)凉州相关问题考察——以凉州控制权的转移为中心》,第 77—89 页。

[6] 冯培红《敦煌归义军职官制度——唐五代藩镇官制个案研究》,博士学位论文,兰州大学历史系,2004 年,第 219 页。

家戒"禁之的作品，在敦煌却迅速受到欢迎与普及呢？一方面是因为敦煌民众对中原尚未泯灭的归属感，这可以从张议潮起义时所倡导的口号以及民心所向得到确认。当惦念依恋的中原遭遇如此惨祸之时，敦煌民众存有了解此事的愿望，而描写细腻、在中原四处流传、被悬为幛子，又是已经位至唐廷补阙的韦庄所书写的《秦妇吟》，对整个长安陷落描写的详实情况无疑是非常可信的。加之或许因为抗击吐蕃，敦煌学校中对记录战争的文献并不避讳、屡有教授，如描写白起坑赵卒事件之惨烈阴森场面的《秦将赋》也在学子抄写之列，还有《季布骂阵文》《汉将王陵变》等文献。另一方面，在民间自发的主观选择影响之外，曾影响《秦妇吟》在中原地区传播兴衰的政治因素，在敦煌也依然起到了很大的作用，但却是相反的。针对凉州的争夺事件，特别是张淮深反复遣使求授旌节，而唐朝就是不给，充分表露出归义军与唐廷之间的矛盾关系。也正是在唐中央政府与敦煌归义军政权这样貌合神离、一直存有矛盾的情形之下，被中原士大夫公卿贵族们"多所垂讶"，让一些宦官或藩镇节帅感觉颇不愉快的《秦妇吟》，在敦煌却因为统治者的态度而受到了极大的欢迎。《秦妇吟》所詈骂的公卿也好，将领也好，甚至被认为是唐僖宗化身的金天神也好，在敦煌归义军这里完全没有任何避讳，归义军政权的统治者自然也不会因此而不喜《秦妇吟》。所以可以说，沙州的政治环境为《秦妇吟》提供了一个相对广阔的传播空间。在没有遇到任何传播阻力的情况下，《秦妇吟》得以依靠其自身的艺术魅力，畅通无阻地流布于敦煌的坊里寺院之间，甚至在敦煌学校中成为学子们随身携带的功课和日常学习使用的教材，传诵于妇孺老幼之口，流布于村坊里巷之间，风行一时。

要讨论《秦妇吟》从中原到敦煌之间的传播，则不能不先交代两地之间的交往与交通情况。而要梳理其交往和交通情况，则很有必要明确一个时间段。上面已经分析过《秦妇吟》问世后直到韦庄去世之前这段时间是《秦妇吟》传播兴衰的最重要时期，我们即以此时间段为准，对中原与敦煌之间的交往与交通，以及这样的交往与交通对《秦妇吟》流传所造成的影响进行分析与解说。

《秦妇吟》自中原传入敦煌的方式，不外乎民间和官方两种。鉴于《秦妇吟》反映唐廷无能而失守长安，战乱使得民生凋敝，唐廷毫无颜面，以至于公卿讶之、韦庄禁之等情况，可知在中原地区，此诗曾不为统治者所乐见，不具备官方传播的可能性。与此同时，民间对《秦妇吟》多所钟爱，中原地区多有家庭将其制为幛子悬挂于室，敦煌地区多有学生制为册子随身携带学习诵读，故可以推测《秦妇吟》的流传途径主要应该是私人传播。而私人的传播又可以包括由僧侣、普通民众、公职官吏来传播等多种形式。因为材料有限，经由普通百姓传入敦煌的详细情形并不可考。

与此相对，因为公职出使等缘故而来往于敦煌和中原之间的部分官吏们或者随行的书记、典吏等僚佐，由于其中不少人既有足够的文化水平，又能对《秦妇吟》所描写的百姓疾苦深有感触，因而也很有可能将此长安等中原地区流行的诗文带至敦煌，传与其他知识分子，从而流播于敦煌坊里的僧俗之间。

从883年《秦妇吟》问世后到我们现在所能看到的敦煌最早的《秦妇吟》抄本——学仕郎张龟905年抄本的出现，往返于敦煌与长安之间的使者可以说络绎不绝。

在20余年之中，双方官方派遣使节的往来达13次以上，大致一年多就有一次来往被记录下来[①]。由此可以推知，当时中原地区和敦煌边塞之间的交通，并未因为战乱而完全阻断，双方断断续续地保持着来往联系。在受到回鹘阻碍的时期，虽然有极大的困难，但是归义军也努力争取与中原地区通好、入奏。所以基本上可以说没有长期隔绝、严重阻断的情况。如果考虑到传世材料的不完全性，想来平均每年一次的遣使是有可能的。在这样的情况下，民间流行文化的传播可以说并不十分滞后。就《秦妇吟》来说，韦庄约在883年写成，在韦庄写成并进奉给周宝之后，不胫而走，随即风靡一时，韦庄得以有"秦妇吟秀才"之美誉。虽然于884从中原回归敦煌的一行人中或许还没有人来得及有机会接触到《秦妇吟》，但是上举885—901年间那些来自中原的使者，都有可能带来当时已经风靡中原的长篇诗歌《秦妇吟》。据学子题记年代之接近创作时间可知，《秦妇吟》传入敦煌后迅速为敦煌民众所接受。由于《秦妇吟》必然先为知识分子阶层所接受，而且一定要风评良好，才会成为教授学童知识的教材，所以可知，《秦妇吟》至迟在905年之前，必已流行于敦煌。

《秦妇吟》在敦煌的流传，很有可能是借助前文双方使节往返两地。虽然敦煌本身通向四方的交通也很发达[②]，但是在当时历史条件以及政治动荡背景的影响下，并非所有的路径都能时时保持畅通。为了进一步了解《秦妇吟》在传入敦煌时可能经行的路线与方式，在此对当时中原与敦煌之间的交通略作交代。

中原与敦煌最主要的交通要道，一般来说，主要是经过河西走廊的丝绸之路东

[①] 相关交往记录均见下述著作中的年表：荣新江《归义军史研究——唐宋时代敦煌历史考索》，上海：上海古籍出版社，1996年，第9—14页；荣新江、余欣《沙州归义军史事系年（咸通十四年—中和四年）》，南华大学敦煌学研究中心编《敦煌学》第27辑，2008年，第255—273页；《沙州归义军史事系年（中和五年—龙纪元年）》，郑炳林主编《中国敦煌吐鲁番学会2008年度理事会暨"敦煌汉藏佛教艺术与文化学术研讨会"论文集》，西安：三秦出版社，2011年，第100—110页。

[②] 陈国灿《唐五代敦煌四出道路考》，《敦煌学国际学术讨论会文集》，沈阳：辽宁美术出版社，1995年。后收入氏著《陈国灿吐鲁番敦煌出土文献史事论集》，上海：上海古籍出版社，2012年，第561—582页。

段与吐谷浑道。长安、洛阳经敦煌西通西域各国的所谓丝绸之路东段又主要有三条路线，北线：长安（或洛阳）—泾川—固原（或陇西）—靖远—武威—张掖—酒泉—敦煌，路线最短，但沿途缺水；中线：长安（或洛阳）—泾川—平凉—会宁—兰州—武威—张掖—酒泉—敦煌，距离与补给适中；南线：长安（或洛阳）—凤翔—天水—陇西—临夏—乐都—西宁—张掖—酒泉—敦煌，路途漫长。

以上三线均从长安或者洛阳出发，到武威、张掖汇合，再沿河西走廊至敦煌。但是因为战乱或其他原因，以上路线并不能够保证时时通畅，所以往来人员也会另辟他途，经行一些稍有变动的路线。比如，在南北朝时代，由于南北方统治政权的对立，南朝的宋、齐、梁、陈四朝在与西域进行交往之时，基本上是沿着长江向上，经过益州（今成都），再北上到龙涸（今松潘），经过青海湖畔的吐谷浑后，再继续向西经过柴达木盆地，最终到达西域东部的若羌；如果从今格尔木向北翻越当金山口，就可以到达敦煌。这条路线即"吐谷浑道"，或称"河南道""青海道"[①]。在商业领域独树一帜的粟特人，由于魏晋南北朝时期中国南北的分裂动荡，在进入南方时也大多是利用西域与南朝联系的通道——由西域经吐谷浑控制的青海地区，经松潘南下益都，再顺长江而下[②]。

当隋唐时期益州经济发达，成为有"扬一益二"美誉的大都市之后，益州之途愈显魅力。在河西走廊不时为吐蕃、回鹘等部族侵扰、占领的时期，归义军与唐廷之间的来往就更不得不绕行其他地区，再达敦煌。而北宋时期因为西夏的阻断，从10世纪开始，也有经行天水、青海而西去者。

综观交通情况以及历史背景，唐末五代之时，虽然战乱频仍，交通道路多有变迁，但是由于沙漠等恶劣的自然环境，往来者不得不尽量追逐水草寻觅路径，所以最终也大多是沿着秦汉旧道而行。而同时，僖宗自长安西播巴蜀，韦庄也曾出使巴蜀，所以《秦妇吟》必然也有自长安、江南西转巴蜀腹地，再传入敦煌的可能性。而实际上，笔者认为，《秦妇吟》传入敦煌的路线当以南经巴蜀与北绕河西东部的可能性最高。

益州成都作为唐代玄宗、僖宗的避难之地，史料记载不厌其详，其与长安之间存在频繁的交通往来一事不言而喻。实际上，益州与敦煌往来交流的相关史料也极

[①] 对此道路的详细考证，参看陈良伟《丝绸之路河南道》，北京：中国社会科学出版社，2002年。
[②] 荣新江《魏晋南北朝隋唐时期流寓南方的粟特人》，韩昇编《古代中国：社会转型与多元文化》，上海：上海人民出版社，2007年，第138—152页。

为丰富，我们不妨把前人提示的相关敦煌文献罗列如下，并补充一二新材料。

（1）在敦煌写本中，保存有中原失传的成都净众派禅僧所撰灯史《历代法宝记》。此书大约编成于唐大历九年（774）六月保唐寺僧无住寂没以后不久，最晚不迟于大历十四年。敦煌保存有抄本十余件[1]，张广达由此认为"保唐派之文献如《历代法宝记》等大量见于敦煌，益可令人确信西蜀与敦煌早自8世纪中期已有非常密切的往来"[2]，其传入的路线很可能是成都到敦煌。

（2）英藏敦煌发现的刻本《中和二年（882）具注历日》（S.P.10），是剑南西川成都府樊赏家印制的，也是从成都传到沙州的民间历书[3]。

（3）天祐二年（905）三月以后，沙州有位82岁老人，抄写了多件《金刚般若波罗蜜经》（S.5534、S.5444等）[4]，所据底本，均系来自西川过家的印真本。

（4）天复八年（908）四月，敦煌布衣翟奉达曾依西川印本抄《金刚般若波罗蜜经》（P.20946）[5]。

（5）日本书道博物馆藏《诸经摘抄》，题武成三年（910）六月八日沙门慧觉书[6]。武成为前蜀王建的年号，这件写于蜀地的佛典应当是归义军时期从蜀国传到敦煌的。

（6）据考创作于开平四年（910）八月前后的《白雀歌》（P.2594＋P.2864）有云："楼成白壁耸仪形，蜀地求才赞圣明。自从汤（唐）帝升霞（遐）后，白雀无因宿帝庭。"[7] 这首诗意在颂扬白衣金山汉国天子向蜀地招揽贤良的圣明英武，证明了四川与敦煌之间交流关系的密切。

---

[1] 见高楠顺次郎编《大正新修大藏经》卷五一，东京：大正一切经刊行会，1928年；柳田圣山《禅の语录》3《初期の禅史》II，东京：筑摩书房，1976年；荣新江《敦煌本禅宗灯史残卷拾遗》，白化文编《周绍良先生欣开九秩庆寿文集》，北京：中华书局，1997年，第235—242页；天津市艺术博物馆、上海古籍出版社编《天津艺术博物馆藏敦煌文献》第2册，津艺103号，上海：上海古籍出版社，1996年，第39页；荣新江《有关敦煌本〈历代法宝记〉的新资料——积翠轩文库旧藏"略出本"校录》，《戒幢佛学》第2卷，长沙：岳麓社，2002年，第94—105页。
[2] 张广达《唐代禅宗的传入吐蕃及有关的敦煌文书》，原载《学林漫录》第3集，北京：中华书局，1981年；此据氏著《文书、典籍与西域史地》，桂林：广西师范大学出版社，2008年，第242—266页。
[3] S.P.10，图版见《英藏敦煌文献（汉文佛经以外部分）》第14卷，第249页。
[4] S.5534，图版见黄永武主编《敦煌宝藏》第43册，台北：新文丰出版公司，1982年，第265—272页；S.5444，图版见《敦煌宝藏》第42册，1982年，第548—562页。舒学（白化文）《敦煌汉文遗书中雕版印刷资料综述》，《敦煌语言文学研究》，北京：北京大学出版社，1988年，第296页。
[5] 图版见《法藏敦煌西域文献》第5册，1997年，第150页。
[6] 池田温《中国古代写本识语集录》，东京：东京大学东洋文化研究所，1990年，第453—454页，No.2150。
[7] 王重民《金山国坠事零拾》，原载《国立北平图书馆馆刊》第9卷第6号，1935年；此据《敦煌遗书论文集》，北京：中华书局，1984年，第85—115页。

（7）P.2292《维摩诘经讲经文》有题记云："广政十年八月九日在西川静真禅院写此第廿卷文书，恰遇抵墨书了，不知如何得到乡地去。"这里的"广政"，是后蜀后主孟昶的年号，广政十年为五代晋天福十二年（947），所以，此发现于敦煌的经卷无疑是写于后蜀西川的静真禅院，然后被携带流传至敦煌的[①]。

（8）国图冬 62 号（缩微胶卷北 1192 号，新编 BD02062 号）《维摩经》卷中抄本背题记云："大周广顺捌年岁次七月十一日，西川善兴大寺西院法主大师法宗，往于西天取经，流为郡主太傅。"[②]951 年郭威灭汉自立为帝，建号大周，改元广顺。大周广顺八年（958）即后蜀孟昶广政二十一年。所以这是在 10 世纪下半叶来自后蜀的高僧经过敦煌前往印度取经事迹的记载，此记载证明了巴蜀与敦煌之间往来交通道路的通畅，以及两地之间交流的便利[③]。

此外，饶宗颐曾在《敦煌白画》中考证了益州的画风与敦煌画风的相似性与关联性，从绘画的领域进一步证实了益州与敦煌之间密切的交流关系[④]。

由上可见，除了佛教文化的交流之外，巴蜀与敦煌之间其他各种书籍、民间历书、物品的交流也极为发达，在这条丝绸之路上，不仅物质财富交流丰富，而且人员流动、人才交流也丝毫不能忽视[⑤]。益州与敦煌之间发达的交通有利于反向促进经济文化的传播与交流，当 901 年韦庄受命出使巴蜀之时，或巴蜀已有知晓"秦妇吟秀才"者，所以可知，《秦妇吟》经巴蜀转而传入敦煌也是很有可能的。我们从上面列举的今天所见敦煌材料来看，《秦妇吟》在敦煌出现的 905 年前后，也是巴蜀地区流入敦煌佛典、艺文作品最多的时期，这恐怕不是偶然的。

与益州到敦煌路线的深入研究相应，也有多位学者的研究讨论和涉及自长安经灵武进入敦煌的交通情况。本来河西走廊为通西域最常用的交通路径，但是在唐末，因吐蕃的侵占、胡族的崛起等因素，凉州等地区时有纷扰战乱，经常交通不畅，因

---

① 向达《唐代刊书考》，氏著《唐代长安与西域文明》，北京：生活·读书·新知三联书店，1957年，第 132 页。
② 中国国家图书馆编《国家图书馆藏敦煌遗书》第 28 册，北京：北京图书馆出版社，2006年，第 386 页。
③ 陈祚龙《中世敦煌与成都之间的交通路线》，《敦煌学》第 1 辑，1974 年，第 79—86 页；龙晦《敦煌与五代两蜀文化》，《敦煌研究》1990 年第 2 期，第 96—102 页；荣新江《敦煌文献所见晚唐五代宋初中印文化交往》，李铮、蒋忠新主编《季羡林教授八十华诞纪念论文集》下册，南昌：江西人民出版社，1991 年，第 959—960 页。
④ 饶宗颐著，邓伟雄编著《敦煌白画》，香港：香港大学饶宗颐学术馆，1978 年，第 26—28 页。
⑤ 冯培红关于西北与东南交往的研究，极有见地。见所撰《敦煌吐鲁番文献所见中古时代西北与东南的交往》，武汉大学中国三至九世纪研究所编《魏晋南北朝隋唐史资料——唐长孺先生百年诞辰纪念专辑》第 27 辑，2011 年，第 503—527 页。

此灵州自玄宗、肃宗时期逐渐开始拥有重要地位，成为越来越重要的交通要塞。

根据赵贞《归义军史事考论》中专门对灵州道的研究可知，北方游牧民族先是开辟了自漠北额济纳河南下横断河西的路线，此后该路线经久不衰。到隋唐时，由于甘、凉、灵三州之间的联系和交通，游牧民族南下入侵的路线具体体现为灵州西通甘州、灵州西通凉州的道路，灵州道由此产生。而此路的彻底开通，则还要归功于张议潮起义。9世纪初，因为吐蕃对盐州、夏州、灵州的占领，担负唐王朝中西交通使命的是绕道回鹘衙帐的路线。而9世纪40年代，回鹘败于黠戛斯（840），后西迁碛西及河陇一带，回鹘路渐趋沉寂。稍后，吐蕃亦因败于鄯州刺史尚婢婢而实力大损（846），彼时，灵州因其独特的地理位置以及军事优势而备受瞩目。而张议潮848年驱逐吐蕃起义的成功最终成全了此条路线的开通[1]。

开通后的灵州道，在中原和西域之间的交通上起到了重要作用。我们据《归义军史研究》可以举若干事例如下：

（1）光启元年（885）十二月，灵州安慰使嗣大夫至沙州，节度参谋张大庆因而抄得《沙州伊州地志》一卷（S.367）。

（2）光启四年二月十日，唐改元文德。三月，僖宗崩，昭宗即位。十月，唐朝派遣中使宋光廷为正使、朔方押衙康元诚为副使，往沙州授予张淮深归义军节度使旌节（有邻馆藏文书）。

（3）光化二年（899）十月，北地使者梁景儒至沙州，沙州遣使入奏朔方（P.4640v）。

（4）光化四年三月，唐朝使臣至沙州，颁赐诏命，朔方麻大夫同至。押衙王保安出使甘州（P.4640v，S.4359v）。四月二十五日，唐改元天复。

如此这般的史料记载与文书资料颇多，足以证明中原与敦煌之间的交流紧密，且灵州道在唐代有着重要的战略地位[2]，是极为重要的通行途径，不论官吏、僧人还是商客，都可能将《秦妇吟》携带传播入敦煌，所以河西东部的灵州道也是《秦妇吟》传入敦煌极有可能经过的路线之一。

---

[1] 赵贞《归义军史事考论》，北京：北京师范大学出版社，2010年，第140—208页。
[2] 李鸿宾《唐朝朔方军治所灵州道凸显的战略地位及其变化》，《唐朝的北方边地与民族》，银川：宁夏人民出版社，2011年，第128—143页。

第二节 传播群体——学仕郎

现存的十一件《秦妇吟》写本中，S.5476缺失首尾，Дх.4568、Дх.10740 (6—11) + Дх.4758、P.3953三件为仅残存小碎片的写本残文，P.3910、Дх.6176仅有开头，S.5477缺失文首，所以，从内容上来说，能直接被称为完本的不过P.3381、羽57r+S.0692、P.2700+S.5834、P.3780四件而已。即便如此，如今我们却能够从这几件《秦妇吟》写本的首题、尾题或者背题、杂写中，看到学仕、学仕郎、学士郎、学士童儿、寺弥、百姓等共计六种不同的署名和称谓（见表3-1）。

表3-1 不同署名和称谓信息简表

编号	纪年	题记信息	
^	^	位置及文献名	身份、姓名
P.3381	905	《秦妇吟》卷尾	天复伍年乙丑岁十二月十五日敦煌郡金光明寺学仕张龟信
羽57r+S.692	919	《秦妇吟》卷尾	尾题：贞明伍年巳（己）卯岁四月十一日敦煌郡金光明寺学仕郎安友盛写记 背题：见金光明寺学郎索受成
P.2700+S.5834	920	《秦妇吟》卷尾	贞明陆年岁在庚辰拾贰月
P.3780	957	《秦妇吟》卷尾、卷背	卷尾：显德二年丁巳（巳）岁二月十七就家学士郎马富德书记 大周显德四年丁巳岁（957）二月十九日学士童儿马富德书记 卷背：丙子年（976）五月十五日孝士郎杨定迁自手书记之耳□
P.3910	979/983	《茶酒论》等卷首、卷尾	文首：泛孔目学士郎阴奴儿 背面杂写：净土寺寺弥赵员住 卷首：己卯年正月十八日阴奴儿□□□ 卷尾：癸未年二月六日净土寺〔沙〕弥赵员住左手书之。多处可见阴奴儿题记：S.5256《新菩萨经》卷末（978）：阴奴儿写经一卷；S.5441《捉季布传文》（978）：（泛孔目学士郎）阴奴儿自手书记之耳。
P.5477	?	《秦妇吟》行间	阴奴儿（见P.3910泛孔目学士郎）

根据表格中的纪年题记信息可知，早至天复五年（905），晚至癸未年（983），有着不同称谓的人们一直在抄写和阅读《秦妇吟》。虽然《秦妇吟》的抄写者自我称谓不尽一致，但这一现象并不与敦煌所出的其他写本文献的题记情况相矛盾。《太公家教》《开蒙要训》《论语集解》《孝经》《王梵志诗》以及佛教典籍等诸多带有学子署名的敦煌写本中都存在这样的现象。如《太公家教》，P.2825末题记云"大中四年（850）学生宋文显读、安文德写"；P.2937卷背题有"维大唐中和肆年（884）二月廿五日沙州敦煌学士郎兼充行军除解试太学博士宋英达"①；P.2825背题"大顺元年（890）十二月李家学郎"；P.3569末题"维景福二年（893）十二月十二日莲台寺学士索威建记"；P.3764末题"天复九年己巳岁十一月八日学仕郎张厶乙午时写记之耳"，分别有学生、学士郎、学郎、学士、学仕郎等至少五种自我称谓。再例如《论语集解》，散665（罗振玉旧藏）卷一末题"大中五年五月一日学生阴惠达受持诵读、书记"；P.3441卷六末题"大中七年十一月廿六日学生、判官高英建写记"；P.2716卷七末题"咸通五年（864）四月十二日童子令狐文进书记"；P.2681卷一卷端题"大唐乾符三年（876）三月廿四日学士张喜进书记之也"；P.3192卷六背题"伎术院礼生翟奉达"，也是有学生、童子、学士、礼生至少四种自我称谓。实际上，如果细细翻阅其他文献，还能举出不少类似的例子。由此可知，有学仕、学仕郎、学士郎、学士童儿、沙弥等共计五种不同的署名和称谓的学子同在抄写《秦妇吟》一事并非特例，《秦妇吟》在当时与其他基础读物一样，是广为学子学习抄写的内容。

那么，学仕、学仕郎、学士郎、学士童儿究竟是什么样的人群呢？P.3780中的两行题记或可以为这个问题提供一些线索。一行为"显德二年丁巳岁二月十七就家孝士郎马富德书记"，一行为"大周显德四年丁巳岁（957）二月十九日学士童儿马富德书记"②。此处姓名同为一人，且年代皆为丁巳年，所以"学士郎"与"学士童儿"应当是相同的含义。除此之外，联系其他文献的题记来看，学仕、学仕郎、学士郎、学侍郎、学使郎、学郎等说法都较为接近。对于这些不同的称谓，李正宇认为，敦煌学郎的称谓变化具有时代性，敦煌学生称学仕郎始于晚唐，最早为862年写《孝

---

① 此处题记或为学郎涂鸦。在这里，宋英达既是学问知识水平不高之"敦煌学士郎"，又是地位极高的"兼充行军除解试太学博士"，明显与当时官制规定不符，所以此处或为学仕郎心中憧憬的表现。宋英达希望自己将来可以"学而优则仕"，达到这样高的职位，但以他目前学仕郎的身份和学识，明显对当时官制不可能了解得太清楚，所以就根据自己所知道的，描绘了一个自己最向往的职衔。
② 此处显德二年与显德四年皆为丁巳岁，显然有误，故以后者为是。

经》(Дx.3867v)①。林聪明基本与李氏持相同意见,他在指出当时敦煌学子称谓的多样性是由于时代迁移而发生了改变的同时,还明确指出这些不同的称谓实际上是异名同义,都是指代求学的学子②。根据目前所知题写有确切年代以及明确身份的题记来看③,其情况分布正如李正宇、林聪明等前辈学者所指出的那样:学子们的称谓有着一定的时代性。中古时期的敦煌,学子们的自称隐约呈现出一个随着时间的推移而有所变化的过程。虽然并非楚河汉界般明显,也并非一种称谓对另一种称谓的完全替代,但是的确在较长时间段里发生了流行称谓的改变,比如早期多自称为学生,后期多自称为学郎、学士郎、学仕郎,此现象相对明显。

目前,在敦煌文献中可见的最早的学生称谓是 P.2643 题记中的"义学生"④,虽然仅此一个孤例似乎不足以说明什么问题⑤,但是根据此后的完全空白期,我们可以推断,在 8 世纪中叶之后,"义学生"很可能不再是敦煌学生们的自我称谓用语。在这段空白期,有 16 件自称"学生"的题记出现在 815—879 年之间,之后则是"学士"称呼。而在"学士"之前发现过两条自称"学郎"的题记。在"学士"较为集中出现的 876—893 年,也有四件"学士郎"题记的出现和两条"学郎"题记的出现。从 890—990 年,题记中的自称基本皆为"学仕郎""学士郎""学郎"。根据这些情况大致可以推测当时学子称谓的变化主要表现在从"学生"到"学仕郎"的变迁。"学生"一词与唐中原内地的传统说法一致,毋庸多谈。"学仕郎"一词则在中原典籍中完全不曾出现过。如果单从字面来看,"学仕郎"很容易让人联想到"学而优则仕"

---

① 李正宇最早对敦煌学郎题记做了专门辑注,共获得题记 144 条。他将这些题记按照纪年情况分为四组,其中第一、第二组因纪年较为清晰,所以是通过编年式顺序排列资料;第三、第四组仅大致推测为晚唐、五代、北宋时期,故根据同校条类聚为序。后两组主要是作为前两组的补充和辅助。根据这四组材料,可以一窥敦煌学校设置、学郎读写范围、学郎称谓变化等现象。详见氏著《敦煌学郎题记辑注》,《敦煌学辑刊》1987 年第 1 期,第 26—40 页。另外,日本御茶水女子大学伊藤美重子在参详并对照池田温编《中国古代写本识语集录》(东京大学东洋文化研究所,1990 年)以及李正宇 1987 年辑录工作的基础上,也对敦煌学郎题记内容进行了补充和再整理。她采用表格条目式的细化分析,讨论了敦煌学校教育的诸多方面,但略有遗憾的是,伊藤氏的论述并未涉及题记中关于称谓方面的问题。详见氏著《敦煌文書にみる学校教育》,东京:汲古书院,2008 年。
② 林聪明《敦煌文书学》,台北:新文丰出版公司,1991 年,第 166 页。
③ 可参见本章末尾所附录的学仕郎称谓及其所抄写文献的简表。
④ P.2643 的书写内容为《古文尚书》,时间为 756 年。实际上,如果联系唐中原内地学生的学习情况来看,两者是一致的。在唐内地一些诗人童年生活的描述中,也可以见到抄写《尚书》的情况。而这样的情况,是由制度决定的。根据《新唐书·选举志》的选举标准来看,能否很好地掌握《尚书》,是影响学生以后仕进前途的标准之一。
⑤ 众所周知,吐鲁番有自称"义学生"的 12 岁学子"卜天寿",或可为敦煌地区学生年龄的推测提供参考。但因地区不同,本书暂不将其列入讨论范围。

这句古语。古代读书人学习大多都是为了考取功名,通过科考出仕,博取一个好前程。所以,或许是因为这样的寓意,后来有人用"学仕郎"来称呼正在就学的"童子""学生"。又因为"学仕郎"比"学生"一词更为文雅、更有寓意,所以在敦煌逐渐流传开来,大量取代了"学生""童子"等称呼。与此同时,与敦煌地区整体居民的文化训练水平相关,也与敦煌地区当时大量使用别字、俗字的文化背景相关,"学仕郎"不时被误写成"学侍郎""学使郎",或简化写成了"学士郎"①。所以,很可能"学侍郎""学士郎""学仕郎""学使郎"为同一自称的不同写法。其中,学生们可能知道有"侍郎"这一官职②,因此"学仕郎"误写成了"学侍郎"。"学士""学仕"则为其进一步的简化称呼或漏字,"学郎"则是对以往称呼的沿用。在这样称谓变动的时代背景下进行学习、并且水平并不高的学子们,因为上述种种原因,也就自然而然地在自己的写本上留下了各式各样称谓的题记和杂写,最终出现了今天我们所看到的情况。为了更好地观察并分析这种称谓的时代性特征,笔者整理并绘制了简表以资参考,具体可参见本章末附录。

再谈一下学仕郎称谓的使用范围。如前文所述,题记中署名"学生""学郎""学仕郎"等称谓的文献范围很广,在儒典、佛经以及变文或各色通俗文学作品中皆有出现。与此相对,检阅《资治通鉴》、两《唐书》等所谓的正史材料可以发现,虽然"学生"这一称呼在历代传世史料中并不少见,但是"学士郎""学仕郎"等称呼似乎完全未见于出土文献以外的史册资料,这或许可以说明"学仕郎"称谓是民间的地方性称呼,而并非唐代的官方称呼。或许我们还可以再进一步认为,这样的称谓,其流行区域是有限的,所以传存下来的其他地区的文人轶事类文章,以及唐宋的笔记小说、诗歌创作等文学作品中,均不曾见到使用"学仕郎"称谓的例证。

对于敦煌地区学仕郎身份的定义,在求学学子这种基本解说的基础上,也可以再进一步探讨,部分题记中记载了学仕郎兼有职务的情况,列举题记内容如下:

(1)S.707《孝经一卷》末题"同光三年(925)乙酉岁十一月八日三界寺学仕郎郎君曹元深写记"③;

---

① 虽然也存在因为崇尚"翰林学士"等文士而改"学生"为"学士郎"的可能,但笔者以为,由"士"字的简单写法误写成"仕""侍""使"等复杂笔画用字的可能性相对较低,且"学侍郎"写法出现的频率较高,故认为其本意当以"学仕郎"为是。
② 敦煌文献中存有白居易白侍郎的诗歌,故此推测接触过题名白侍郎诗歌或者称为白侍郎门下弟子的学郎有将"学仕郎"误写为"学侍郎"的可能。
③ 《英藏敦煌文献(汉文佛经以外部分)》第2册,1990年,第123页。

（2）S.1893《大般涅槃经》卷三七末题"经生敦煌县学士苏文鵄书"[①]；

（3）P.2681《论语》卷一并序卷首题"维大唐乾符二年（875）二月廿四日沙州敦煌县归义军学士张喜进书记之也"[②]；

（4）P.2841v《小乘三科》背题"白侍郎门下学仕郎押衙董延长写小乘三科题记"[③]；

（5）P.2937《太公家教》背题"维大唐中和肆年（884）二月廿五日沙州敦煌郡学士郎兼充行军除解试太学博士宋英达"[④]；

（6）P.3197v《新撰时务纂集 珠玉要略抄一卷》背面杂书"圣教伎术院学士敦煌礼生翟奉达"[⑤]；

（7）P.3441《论语集解》卷六末题"大中七年（853）十一月廿六日学生判官高英建写记"[⑥]；

（8）P.3906《字宝碎金一卷》末题"天福柒年（942）壬寅岁肆月贰十日伎术院学郎知慈惠乡书手吕均书"[⑦]；

（9）P.4044d《修文坊巷再缉上祖兰若标画两廊大圣功德赞并序》"都勾当伎术院学郎李文进"[⑧]。

从上文例句可以看出，学仕郎水平参差不齐，不仅有字迹优劣之分，而且还有整体水平的高下之判。部分水平较高者，可能已担任书手或其他职务，如上文例6。但是，由于难以判定学仕郎题记所署职务的真伪，也不能排除学仕郎信手涂鸦、一时兴起的习字与杂写，以及学仕郎期待自己将来担任某一职务的美好希望，所以我们不能完全相信并利用一些题记与杂写，比如例5、例7，都存在着太多令人费解之处，有的是不合官制，有的是词句不通，总之不能简单地当成学仕郎的实际职务来看待。

另外，弟子以及子弟、礼生等自称也有所见。这都是一些身份特殊的学生，或者是学习专门技术，或者是表示自己学力优秀，已经达到一定水平，跟普通的表明

[①]《敦煌宝藏》第14册，1981年，第370页。
[②]《法藏敦煌西域文献》第17册，2001年，第228页。
[③]《法藏敦煌西域文献》第19册，2001年，第75页。
[④]《法藏敦煌西域文献》第20册，2002年，第166页。
[⑤]《法藏敦煌西域文献》第22册，2002年，第135页。题写字迹极为幼稚。
[⑥]《法藏敦煌西域文献》第24册，2002年，第212页。
[⑦]《法藏敦煌西域文献》第29册，2004年，第179页。
[⑧]《法藏敦煌西域文献》第32册，2005年，第33页。

自己学生身份的自称无疑也是有所不同的。

综上，根据现有的百余条学郎题记情况来看，学郎称谓存在时代性的变化特点。虽然有所交错，但主次明显。学生、学士、学仕、学士郎、学仕郎、学士童儿等称谓都是广大学子的代名词，虽然他们在年龄、学力、水平等方面有一定的差距，部分优秀者已经可以担任经生或者书手的工作，但是他们所代表的基本含义是一致的，都是指代求学的学子。被赋予这些称谓的学子们，在不同的年代分处于寺学、私塾、家学等各式学校之间，他们广泛地学习着多种文献，既书写儒典、佛经，也抄录文学作品、应用文书。我们可以推测，他们在人数上有一定的规模，在时间上存在长期的延续，在地理上也根据就学学校的不同，于敦煌境内多处里巷皆有分布。《秦妇吟》传入敦煌之后，因为种种因缘际会，也成为了他们的抄写对象之一。于是在这样一个学习、教育的圈子里，至少在物质形态的表现方面，《秦妇吟》以册子本和卷子本等形式，在学校学子之间得到了广泛的流布与传播。

第三节　传播范围及作用——学校与诗学教育

关于敦煌学仕郎的学习情况，前辈学人已经有所讨论。

李正宇认为，自唐武德二年（619）到被吐蕃占领（786），敦煌学校大致可以分为州学、州医学、道学、县学、义学五类[①]。据《新唐书·选举上》："京都学生八十人，大都督、中都督府、上州各六十人，下都督府、中州各五十人，下州四十人，京县五十人，上县四十人，中县、中下县各三十五人，下县二十人。"又据《旧唐书·地理志》，沙州为中都督府，即沙州州学的学生数应该是六十人。另据《元和郡县图志》卷四〇"陇右道下·沙州"条记载沙州"管县二：敦煌、寿昌"，且敦煌为上县，寿昌为中下县。故敦煌县学当为四十人，寿昌的县学学生数当为三十五人。据 P.2005《沙州图经》记载可知，"州学，右在城内，在州西三百步。其学院内，东厢有先圣太师庙堂，堂内有素先圣及先师颜子之像。春、秋二时奠祭"；"县学，又在州学西连院。其院中东厢有先圣太师庙堂，内有素先圣及先师颜子之像。春、秋二时

[①] 李正宇《敦煌史地新论》，台北：新文丰出版公司，1996年，第173—192页。李正宇此文中认为吐蕃占领敦煌是建中二年（781），后来学界较为赞同敦煌陷蕃在786年的说法。

奠祭";"医学，右在州学院内，于北墙别构房宇安置"①。寿昌县稍远不论，仅敦煌县境内，因为有敦煌州学毗邻于敦煌县学东侧，故此一处即至少汇集百名官学学子，颇具规模。州学方面有"经学博士"教授"五经"②；医学方面有医学博士行医并教授医学生③；道学亦有道学博士④；县学有教授经术的博士以及助教；义学则是百姓私学和乡里之学⑤。李正宇还认为，义学生与官学生是相对而言的，义学也包括寺院学校。但是在敦煌陷蕃之后情况发生了变化。因为吐蕃的占领，敦煌社会文化、政治经济都发生了改变，之前可见于文书中的各类官学已经不见踪迹，代之而起的是大量的寺学相关文献。佛教寺院本身有"三学院"教授"经、律、论"，但这里所说的"寺学"与佛教本身的学院有别。在敦煌陷蕃之后，之前社会上以进入州学、县学等官学求学为目标的学子们也转到寺院接受教育，一些避入寺院的有文化的"破落官"为寺院带来更多的世俗学问，他们利用寺院这种"公共空间"来发展学校教育，所以寺学的教授内容也因之扩大了范围⑥。比如张俅在战乱时期，就暂时于寺院教授学生学习儒家典籍。而《秦妇吟》被选为教材，有可能就是"破落官"教师的选择。他们由于亲身经历了敦煌被吐蕃占领后自身地位的下降以及昔日风光不再，所以对反映战争题材的作品予以了更多的关注。当《秦妇吟》传来敦煌后，因为其押韵用词、描述细腻等创作艺术上的优秀，以及内容上真实详细可信，这些"破落官"们立刻产生了共鸣，于是很快将其选入教材，流行一时。

　　李正宇曾列表显示了归义军时期十所寺学的相关文书。郑阿财、伊藤美重子等其他学者也对此有所介绍。在此笔者借助前人成果，结合《秦妇吟》写本的实际情况谈谈自己的想法。

　　关于学仕郎们的学习教材，目前已经收集到一百四十余条题记。从下文所列附表可以看出，学仕郎们的书写内容内外典皆备。佛经仅仅20件左右，约占总量的六分之一。相比较之下，被伊藤氏称为"敦煌的规范教育"的童蒙类内容则占更多比重，

---

① 《法藏敦煌西域文献》第1册，1995年，第53页。
② 目前发现的材料有《尚书》《易经》《左传》《穀梁传》《礼记》《尔雅》《文选》《毛诗》《论语》《孝经》等。
③ 目前发现材料有《本草》《脉经》《五脏论》《食疗本草》等。
④ 学习《老子道德经》《庄子郭象注》《文子》等。
⑤ 虽然具体范围不是很清楚，但是根据现有信息可知，其学习的典籍包括《古文尚书》（P.2643）等内容。
⑥ 关于寺院作为公共学习空间的论说，可以参见荣新江《从王宅到寺观：唐代长安公共空间的扩大与社会变迁》，黄宽重主编《基调与变奏：七至二十世纪的中国》，台湾政治大学历史系等出版，2008年，第101—117页。

如《开蒙要训》《千字文》《兔园策府》《珠玉抄》《百行章》等有20余件。《论语》等五经类书的相关文书约18件，《孝经》相关内容文书有9件，其他《秦妇吟》《燕子赋》等俗文学也占了很大比重。可见，作为学仕郎的学习内容，童蒙类的作品较多，这无疑说明了学仕郎们学识水平不高的状态，解释了何以寺学中教授的内容以世俗蒙书为多，也说明虽然寺院有自己的学校、老师，但是他们也一样使用世俗学校的启蒙读物，一样遵循中原内地学书习字的传统。上述学仕郎题记有确切纪年者基本为850年至986年之间，该时期正处于归义军统治期，敦煌寺学教育兴盛，包括曹元深等归义军统治者子侄这样身份的人也就学于寺院。

伊藤美重子曾将所有书写学郎题记的写本分为六大类列表讨论：（1）经书、千字文、道经；（2）通俗文学作品；（3）教训书；（4）字书、类书；（5）实用书；（6）佛教文献。但在笔者看来，所有的教材选择从整体上不外乎宗教、世俗两途。如《秦妇吟》《王梵志诗》《李陵苏武往还书》等文学作品，很可能都是因为它们如同《三字经》一般通俗易懂而又朗朗上口，而且这些教材的大致内容还颇有教育学仕郎自小注意道德修养，让他们从小培养修身齐家、孝悌仁爱等思想教育意义，所以在学习时被作为具有知识和品德修养双重作用的教材来教习学仕郎们，以期望他们将来能品学兼优。之前大家关注学仕郎的学习教材多是从学生的角度去分析问题，可是笔者认为，在统一教授学生的学校，比较实际的做法往往是由老师确定学生们的教材，这些教材体现的是老师们根据自身经验，对个人人生与整体社会的理解，他们根据自己认识到的书籍的实际社会功能和个人可能的知识需要，确定了给学仕郎们所要灌输的思想，从而最终形成了学仕郎们的教材范围。

从目前已知的《秦妇吟》写本情况来看，字迹大多颇为拙劣，基本可以确定为初学者所书。十一件写本中书题记的都是求学学子，其中至少有三件为属于金光明寺、净土寺等寺院学校的学郎。再加上敦煌藏经洞文献或为三界寺资产，所以可以推测，被教师们选为授业教材的《秦妇吟》，以金光明寺、净土寺、三界寺等寺院的实际地理位置为中心，以学子们的活动范围为辐度，向外界社会进行着辐射式的传播。根据李正宇的调查结果，金光明寺为敦煌著名僧寺，简称"金"，最早见于吐蕃占领期辰年（788），最晚可见于《天禧塔记》所载之北宋天禧三年（1019）。而且据S.3905可知，该寺屋宇曾于光化末回鹘入侵时毁于战火，后于天复元年（901）重建，其地理位置坐落于沙州城西北（P.2856v-2、S.3905）[①]。三界寺简称"界"，寺址在

---

① 李正宇《敦煌史地新论》，第77页。

敦煌莫高窟前①。净土寺，敦煌著名僧寺，地址在沙州城内（P.3224、P.2032）②。根据这些记载可知，拥有《秦妇吟》的学子们并非同处于敦煌境内一隅，而是沙州城内、沙州城西北、沙州城东南皆有分布③。分处于敦煌城各个方位的金光明寺、净土寺、三界寺等寺院，却都存在抄写、保存《秦妇吟》作为学校教材的情况，这一方面说明了这些寺院中的教书先生对《秦妇吟》的评价一致、印象良好，所以都选中《秦妇吟》做教材，另一方面，也说明了在敦煌地区，各学校之间选用教材的互相参考、彼此通行。

那么，敦煌学校选择《秦妇吟》为教材的主要出发点是什么？习字？学史？亦或其他？虽然习字、临书等目的兼而有之，但是最主要的出发点，很有可能是与其他俗文学作品的学习一样，是在学习字词、了解时事的同时，主要培养学郎们的诗赋水平。唐朝科考有专考诗赋者，由此进入仕途，往往多得清要职位，既无冗杂的政务，又广受尊重，是以备受尊崇。虽然敦煌能达到此等水平之人不多，但无疑这样的水平地位是每位读书人的梦想和憧憬，所以虽然学郎们对朝堂之事或许了解不多，但是教授知识的先生们却觉得这些是有必要让学郎掌握的技能，所以在选择教材时，会选择这样既能包含历史事件，又广受推崇，且韵律合宜的诗歌，训练学郎们在对答时策、了解史事、吟诗作对等各方面的能力。根据如此的标准来看，则《秦妇吟》《秦将赋》等诸多文学作品皆为上选。而据目前发现的文献比例来说，在有学郎题记的俗文学作品中，《秦妇吟》是存数最多者之一。这很可能是因为《秦妇吟》是近期新兴作品，受到更多关注。由于《秦妇吟》是对逝去不远、恍如昨日的最新重大事件的记叙，所以民众们的了解欲望也比较高涨，教师们的感叹也一定很深，这样的情况下，周边人们的关注促使学校学郎们加倍抄写《秦妇吟》。比如目前已发现了两件阴奴儿所写的小小的册子本，应该就是这位学郎日常随身携带、诵读学习之物。

由此可知，《秦妇吟》的流布必然不限于学校一庭一院，必然有传播到学校师生以外之人的可能。毋庸置疑，在这样的情况下，在学校学子之间作为教材而流传的《秦妇吟》，不仅身份上从普通诗歌上升到了学习典范的地位，拥有了某种权威性，而且其通俗易懂、朗朗上口的文词也天然具备着深入民众中间的亲和力，妇孺

---

① 参见荣新江《再论敦煌藏经洞的宝藏——三界寺与藏经洞》，《敦煌佛教艺术文化国际学术研讨会论文集》，兰州：兰州大学出版社，2002年，第14—29页。
② 李正宇《敦煌史地新论》，第82页。
③ 甚至至少还应该再包括沙州城北，因平康乡的习书人也在抄写《秦妇吟》。

老幼易于记诵，所以可以说，学校教育对诗歌的传播给予了非常有益的助力[①]。这一方面体现在对于传播深度的影响。如果用妇孺皆知来形容《秦妇吟》在敦煌的流传，应该并不为过。关于《秦妇吟》在学校学仕郎之间的传播，从诸多题记上来看，有敦煌郡金光明寺学仕郎安友盛、敦煌郡金光明寺学仕张龟、就家学士郎马富德、学士郎杨定迁、净土寺沙弥赵员住等多位学郎童子在抄写、学习和诵读，已经达到了多家学校学郎传诵的程度，并有通过学仕郎将《秦妇吟》传于其父母兄妹的可能性。而由于《秦妇吟》语言的通俗易懂、明白晓畅，在中原也是被制为幛子的存在，所以虽然敦煌是否有人制为幛子未为可知，但是，其传给妇人孺子，还是可以想见的。

另一方面则是体现在对于传播广度的影响。学校是教育机构，多位学子们抄写《秦妇吟》，也就有可能将《秦妇吟》广泛传入敦煌多处大街小巷之中。可以说，从学校到家庭、市井都有可能传播开来。从目前所了解的情况来看，学子们分处于不同的学校，不同的学校又处于不同的地理位置，学子们随身携带册子本的《秦妇吟》，往返于学校与住宅之间，反复经过市井之上，这就必然给《秦妇吟》创造了从学校到家庭、市井的传播机会。已经掌握《秦妇吟》的学仕郎们作为传播的主体，在各自的空间活动范围内有了向外传播这首脍炙人口的长诗的可能性，从而扩大了《秦妇吟》在敦煌社会上的传播广度。而且从其传播广度上也可以看出敦煌统治阶层以及归义军政府对《秦妇吟》的态度。在中原被公卿"讶之"的《秦妇吟》，到了敦煌却如鱼得水般地广为传诵，这也体现了当权阶层对描写中原帝王腐败无能、将领残暴无义、唯利是图的行径是无所避讳的，他们并不会认为这样的描写有何不妥，也不会对《秦妇吟》"垂讶"或禁止，相反还要任其广为流布，传播于市井孺子之口。这似乎也能从一个侧面证明9世纪末以后敦煌政权与中原政权之间那种互相寻求支持而又貌合神离的关系。

通过以上分析可以看出，在统治阶层不设栅栏之下，敦煌学校教育对《秦妇吟》的传播给予了很大的促进力量。由于学校将之定为教材的行为给了《秦妇吟》正统、合法、堪为经典的地位，再加上不仅有纵向的传承影响，使得代代相传成为可能，而且从学校向外辐射，扩散到社会，使得妇孺老幼口口相传也成为可能，所以，敦煌学校教育加大了《秦妇吟》的传播力度，甚至可能进一步奠定了《秦妇吟》在敦煌民众心目中诗赋教育经典地位的基础。

[①] 关于学校教育对文学作品传播的推动作用，参考朱玉麒《中古时期吐鲁番地区汉文文学的传播与接受：以吐鲁番出土文书为中心》，《中国社会科学》2010年第6期，第191—192页。

表 3-2 学郎称谓及其所抄写文献

纪年	所抄书名	学郎称谓	出处编号
756	《古文尚书》	义学生	P.2643
815	《无名歌》	学生	P.3620
821	《观音经》	学生	北冈 84
850	《太公家教》	学生	P.2825
851	《开蒙要训》	学生	S.705
851	《论语集解》卷一	学生	散 665
853	《论语集解》卷六	学生判官	P.3441
856	《书仪》	学郎	S.2200
858	《论语》卷六	学郎	S.3011
859	《吉凶书仪》	学生	P.2622
860	《卜筮书》	学郎	P.3322
860	《孝经一卷》	郎君	P.2746
862	《孝经》	学士郎	Дх.3867v
862	《论语集解》卷八	学生	P.3745
864	《论语集解》卷七	童子	P.2716
866	《孝经》	学士郎	S.10726v
867	《燕子赋》	学生	P.3666
868	佛经残叶	学生	P.4579
871	人名单	学生	P.2766v
871	《敦煌廿咏》	学生	P.3870
874	《论语序》	学生	P.3193
876	《论语集解》卷一	学生	P.2681
876	《孝经白文》	学生	P.3369
876	《论语集解》卷一	学士	P.2618
879	《太公家教》	学生	S.479

续 表

纪年	所抄书名	学郎称谓	出处编号
879	佛经	学士	S.4057
882	《论语集解》卷二	学士	P.3972
884	《太公家教》	学士郎	P.2937
885	《式叉摩尼六法文》	学士	S.2369
885	《因缘心释论》	学士	北丽83
888	《论语白文》	学士	P.3783
889	《崔氏夫人训女文》	学郎	S.4129
890	《太公家教》	学郎	P.2825
893	《本居宅西壁建龛功德铭》	学士	P.33425
893	《太公家教》	学士	P.3569
895	《社司转帖》	学士郎	P.3211
896	《千字文》	学士郎	P.3211v
898	《乐入山》	学士郎	P.2658v
902	《毛诗训诂传》第十六	州学上足子弟	北图新836号
904	《筮书》	阴阳州学子弟	P.2859
905	《秦妇吟》	学仕郎	P.3381
909	《太公家教》	学仕郎	P.3764
908	《新集吉凶书仪》	学郎	P.2646
912	《太公家教》	学仕郎	P.4588
915	《李陵苏武书》	学士郎	S.173
917	游人题记	学使郎	莫高窟199窟南壁
919	《秦妇吟》	学士郎	S.692
919	《地藏菩萨经》	学侍郎	Дх.277
920	《二师泉赋·渔父赋歌》	学郎	P.2712
921	《大目乾连冥间救母变文并图一卷》	学郎	S.2614

续 表

纪年	所抄书名	学郎称谓	出处编号
922	《李陵苏武往还书》	学郎	P.3692
923	《百行章》	学郎	P.2808
924	《燕子赋》	学郎	S.214
928	《李陵苏武往还书》	学郎	P.2498
928	《事森》	学郎	P.2621
921	《珠玉抄》	学士郎	P.3393
923	《百行章》	学士郎	P.2808
923	《燕子赋》	学士郎	S.214
920	《百行章》	学使郎	北位68
922	《新妇文·书仪·酒赋·崔氏夫人训女文·杨满山咏孝经》	学仕郎	P.2633
924	《十二时普劝四众依教修行》	学生	P.2054
925	《孝经》	学仕郎	S.707
927	某钞	学仕郎	P.5011
929	《开蒙要训》	学仕郎	P.2578
930	《新集吉凶书仪》	敦煌技术院礼生	P.3716
933	《渔父沧浪赋》	学仕郎	P.2621
935	《金刚经注》	学生	P.2216
936	《孝经》	后背弟子梁子松	S.728
936	《王梵志诗》卷三	学士郎	P.3833
940	《孝经》	学郎李再昌、梁子松	S.728
940	《和戒文》	学郎	S.5977
940	《新集吉凶书仪》	学士郎	P.3691
942	《沈侍郎等赞字宝碎金诗》	学郎	P.3906

续 表

纪年	所抄书名	学郎称谓	出处编号
943	《孔子项托相问一卷》	学郎	羽617
949	《王梵志诗》	学郎	S.3393
949	《王梵志诗一卷》	学郎	P.2842
942	《大汉三年季布骂阵词文·杨满山咏孝经》	学士郎	P.3386
942	《孝经》	学仕郎	S.1386
943	《大身真言》	学士郎	P.3398
957	《杂抄一卷》	学仕	P.3649
957	《秦妇吟》	学士童儿	P.3780
958	《开蒙要训》	学郎	S.5463
957	《秦妇吟》	学士郎	P.3780
950	《太公家教》	学仕郎	S.1163
957	《秦妇吟》	学士童儿、就家学士郎	P.3780
960	《书仪》	学郎	P.3886
962	《王梵志诗集》	学仕郎	S.778
969	《妙法莲华经》	学士郎	北菜19
968	《戊辰年马羊驼历》	学生	P.2484
976	《太公家教》	学郎	P.3797
972	杂写	学士郎	S.2894v (g)
972	《茶酒论》	伎术院弟子	P.2718
973	《辛延晟、曹愿长盟书》	学士郎	S.2894v (a)
973	《辛延□、曹愿长盟书》	学仕郎	S.2894
975	《表文三件》	学士郎	P.4065
976	《秦妇吟》	学仕郎	P.3780
976	《礼佛忏灭寂记》	书手白侍郎门下弟子押衙	P.2566v

续　表

纪年	所抄书名	学郎称谓	出处编号
977	《目连变文》	学士郎	北盈 76v
977	《小乘三科》	学仕郎	P.2841
978	《捉季布传文》	学仕郎	S.5441
978	《汉将王陵变》	学仕郎	散 1566
979	《佛家赞文》	学仕郎	P.2483
986	《新集严父教》	学仕郎	S.4307
987	《新集严父教》	学郎	S.4307
年份不明者	《兔园策第一》	学生	S.614
年份不明者	《大般涅槃经》卷七	学生	S.1893
年份不明者	《论语序》	学生	P.3305
年份不明者	《论语集解·先进篇》	学生	P.3474
年份不明者	《方技书》	州学上足子弟	P.2661
年份不明者	《双身观音》	信心弟子兼技术子弟	魏礼《斯坦因所获敦煌画解题目录》第 3 号
年份不明者	《显德三年丙辰岁具注历日并序》	子弟	S.95
年份不明者	《开蒙要训》	学士	P.3243
年份不明者	《李陵苏武往还书》	学士	P.3692
年份不明者	《修文坊巷再缉上祖兰若标画两廊大圣功德赞并序》	学郎	P.4040
年份不明者	《孝经》白文	学郎	P.3698
年份不明者	《李陵与苏武书》	学郎	S.785
年份不明者	《孝经》	学郎	S.728
年份不明者	《社司转帖》	学郎	P.3211
年份不明者	《论语》卷第二	学郎	S.1586
年份不明者	《杂书》	学郎	羽 29v

续　表

纪年	所抄书名	学郎称谓	出处编号
年份不明者	《论语集解》	学郎	S.1586
	杂写	学郎	P.3446
	《社司转帖》	学郎	S.214v-2
	《开蒙要训》	学士郎	P.3189
	《燕子赋一首》	学士郎	P.3757
	《书仪》	学士郎	S.3691
	《千字文》	学士郎	P.3170
	《论语集解》	学士郎	P.2618
	巡礼人题记	学使郎	莫高窟199窟南壁
	《新撰时务纂集珠玉要略抄一卷》	圣教伎术院学士敦煌礼生	P.3197
	《论语集解》卷第六	伎术院礼生	P.2v

（第一节原刊于《敦煌写本研究年报》第9号，京都：京都大学人文科学研究所西陲发现中国中世写本研究班，2015年，第137—144页。收入本书有所修订。第二、三节原刊于《文献》2015年第5期，第90—100页。收入本书有所修订。）

结　语

　　上编通过对敦煌写本《秦妇吟》的分析与研究，对唐末五代中原地区向敦煌地区传播文化典籍的情况略作了一些探索，本编的新收获有如下：

　　在第一章中，初次将目前为止已知的十一件《秦妇吟》写本作了个体以及整体联系情况的介绍和分析，得出了敦煌地区《秦妇吟》抄本当非祖源于一个母本的结论，并对《秦妇吟》在敦煌的盛行情况做了进一步介绍；首次录出 P.3780 尾题中的朱笔五言诗句，并联系傅图 15 号写本对其书写问题稍作推测；首次考订出 Дх.10740 号各残片的背面内容，并对其关系以及书写情况稍作了一点介绍与分析。根据各个写本题记、杂写、文本内容的创作时间等线索，大致展示出《秦妇吟》在敦煌可能的流行时期。

　　在第二章中，在将《秦妇吟》诗文与黄巢攻占长安等本事联系叙述的基础上，对些微史事与诗歌关联之处略作阐发。根据史事考证的结果，提出韦庄对《秦妇吟》态度的转变曾经历了"咏此长歌献相公"的自我欣赏阶段、"庄乃讳之"的欲有所掩阶段、"撰家戒内，不许垂秦妇吟幛子"的严厉自禁阶段这样三个发展转变过程，并注意联系时事环境变化、韦庄自身遭遇变化等客观情况，分析了这种作者本人态度上的转变的原因，以及这种为自身生计以及政治方面趋利避害的原因对诗歌传播所产生的影响，以及其对《秦妇吟》失传千载所起到的关键性作用。

　　在第三章中，以第二章所分析出的影响《秦妇吟》传播的政治利害原因为基线，以第一章研究所获的敦煌现存《秦妇吟》抄本状态所可以提供的信息为主要脉络，以《秦妇吟》问世百余年的流传情况为时间段，并以此时期内的中原、敦煌交往交通情况为辅证，力图分析说明《秦妇吟》从中原流传到敦煌可能经历的路径及方式，其在敦煌的传播不受政局影响，以及其传入敦煌后流传的范围和程度，以及背后所隐藏的深度原因。

《秦妇吟》作为唐代叙事诗的第三座丰碑，不仅超出韦庄《浣花集》中其他所有诗作，在三唐歌行中也是不二之作。不承想因其本身叙事的形象生动，而先被"公卿垂讶"，再被韦庄"讳之"，自禁、剔除于生前，再不幸亡佚于身后，终于因为敦煌藏经洞文献的问世而再次面世，但其仍不能如《长恨歌》等入选今人学习之教材，命运何其多舛！希望借此对《秦妇吟》传播的分析，能对中世写本文献的传播研究有所启示。

下编 长安及其文化两翼敦煌、奈良的书写个案

第一章　寺额书写与名实对照
——唐长安开元寺考

对于唐长安是否曾设立过开元寺这一问题，学界存在着"设"与"未设"两种截然不同的意见。这一完全对立的矛盾情况早在20世纪80年代末即已体现于日本学人的著书中。在学习前人研究成果以及梳理相关材料的基础上，笔者认为，唐长安城中设立过开元寺，只是寺址曾发生过变迁，寺额也曾经历过易额、毁额、复额等种种变化。下文结合相关材料以及前人研究成果，略抒己见，恭请方家指正。

第一节　唐长安开元寺有无之辩

1989年，日本法藏馆出版了小野胜年《中国隋唐长安·寺院史料集成》一书，该书分为《史料篇》和《解说篇》两册。在《史料篇》中，第126号"大云经寺"之下列出了"隋光明寺—唐天授元年（690）大云经寺—开元二十六年（738）开元寺"条，同时列举了一系列相关的史料，印证了唐长安开元寺的设立[①]；同时，在《解说篇》中，小野胜年又在第126号"怀远坊の大云经寺"条的解题最后，由《历代名画记》卷三、卷八在记述寺内壁画时用了大云寺之名，从而推论出了以下与前文完全相悖的话："同书（《历代名画记》）称大云寺，开元二十六年天下各州设置开元寺、观，明明其时一般的大云经寺应该是被废、被改为了开元寺，长安却依然用旧寺名，

---

① 小野胜年《中国隋唐长安·寺院史料集成：史料篇》，京都：法藏馆，1989年，第277—281页。

这大概是由于武后以来不同寻常的庇护，而且此状况一直延续到了会昌灭佛。"①这两处自相矛盾的叙述，后来在学界分别得到了不同学者的支持和沿袭，并发展为立场完全对立的两种意见。

可看作"未设论"之代表的意大利汉学家富安敦（Antonino Forte），完全秉持了小野胜年在《中国隋唐长安·寺院史料集成：解说篇》中所云唐长安大云寺并未改名为开元寺的意见，认为唐长安未曾设立开元寺。这一观点旗帜鲜明地体现在其20世纪90年代初所发表的一篇关于唐代官寺研究的重要论文之中②。在塚本善隆所总结的有唐一代四次设立官寺这一意见的基础上③，富安敦认为，唐玄宗设立开元寺的目的，很可能是想要取代武则天时期遗留下来的大云国寺系统，从而消除其散播女主天下这一信息的影响，而不是建立一个与全国大云国寺系统并存的另一套官寺系统④。富安敦在讨论官寺设置中的政教关系问题以及安西四镇国寺设置问题的同

---

① 小野胜年《中国隋唐长安·寺院史料集成：解说篇》，第184页。日文原文如下："同书は大云寺といい、开元二十六年（七三八）、天下各州に开元寺观が设置され、その际、一般には大云经寺は废され、开元寺と改めんられた筈であるのに长安の长合は依然として旧寺名が用いられたことは武后以来の并々ならないによるものであろう。そしてそれは会昌废佛にまで及んだ。"

② Antonino Forte, "Chinese State Monasteries in the Seventh and Eighth Centuries"，桑山正进编《慧超往五天竺国传研究》附论2，京都：京都大学人文科学研究所，1992年，第213—258页。此文亦发表日文版（因篇幅所限，删除了英文版文末的附论部分），见《7—8世纪における中国の官寺》，《古代文化》第47卷第7号，1995年，第380—390页。

③ 据塚本善隆的整理，唐代曾四次设置官寺：唐高宗乾封元年（666）诏令天下诸州各立景星观、寺一所；武曌天授元年（690）制令天下诸州各立大云寺一所；中宗神龙元年（705）诏令天下诸州各立中兴寺、观一所，神龙三年（707）改为龙兴寺、观；玄宗开元二十六年（738）诏令天下诸州各立开元观、寺一所。且这一在全国都城和地方造寺的做法始于隋代，参塚本善隆《国分寺と隋唐の佛教政策并びに官寺》，《塚本善隆著作集》第2卷《日中佛教交涉史研究》，东京：大东出版社，1974年，第3—50页。虽然两《唐书》等正史中不易见景星观、寺的记载，但有唐一代的文学作品中多有佐证。例如，卢藏用《景星寺碑铭》记载，容州大云寺原名景星寺，是"高宗天皇大帝所建也。高宗……增封东岳，有景星垂象，制诸州置寺，仍景星为名，盖恒星幽感，金人应梦之兆也。……天授中，改为大云寺，移额于城西焉。……神龙初，为龙兴寺"（《全唐文》卷二三八，北京：中华书局，1983年，第2407—2408页）。

④ Antonino Forte, "Chinese State Monasteries in the Seventh and Eighth Centuries", pp. 238-239；《7—8世纪における中国の官寺》，第388页。实际上，全国置寺崇佛的行为，不是发端于唐代，在隋仁寿年间，文帝就曾大肆佞佛，仿照阿育王之举，先后三次诏令天下各州设塔，供养舍利。其设置原因以及经过等情形，可参见郑鹤声、向达《摄山佛教石刻小记》，《东方杂志》第23卷第8期，1926年，第49—74页；向达《摄山佛教石刻补记》，《东方杂志》第26卷第6期，1929年，第73—86页；韩昇《隋文帝传》，北京：人民出版社，1998年，第471—477页；游自勇《隋文帝仁寿颁天下舍利考》，《世界宗教研究》2003年第1期，第24—30页；樊波《隋仁寿舍利塔下铭及相关问题探讨》，《碑林集刊》第10辑，2004年，第245—262页；杜斗城、孔令梅《隋文帝分舍利建塔有关问题的再探讨》，《兰州大学学报（社会科学版）》2011年第3期，第21—33页。2004年之前的更多研究情况可以参考景亚鹏《隋仁寿年间敕建舍利塔综述》，《碑林集刊》第10辑，2004年，第245—262页。

时，论述了长安大云寺并未改名为开元寺、唐长安都城根本没有设立开元寺的观点。其理由有三：第一，未见详实的史料记载，难以解释为何除《唐会要》之外，在其他详细记载长安事迹的史料之中均不见对长安开元寺的记载；第二，成书于大中年间的《历代名画记》卷八何以会有"怀远坊大云寺"之称；第三，佛教寺院光明寺、大云寺，与摩尼教大云光明寺之间可能存在一定的关系①。

与富安敦相反，亦有学人综合梳理并沿袭《两京新记》《长安志》《隋唐两京城坊考》《唐会要》等史料的记载，赞成小野胜年《中国隋唐长安·寺院史料集成：史料篇》中唐长安开元寺源自隋文帝光明寺—武后大云经寺、唐长安曾经设有开元寺的意见，李健超《增订唐两京城坊考》可为代表②。李氏在该书怀远坊开元寺条考证认为，唐长安与当时天下诸州一样，亦设有开元寺，位置就在唐长安朱雀街西之怀远坊，是承袭隋开皇时期的光明寺、唐武后时期的大云寺而来。隋开皇四年（584）立光明寺，唐武后天授元年（690）改光明寺为大云寺，玄宗开元二十六年（738）大云寺再改名为开元寺，并且"此后至唐末皆称开元寺"。书中不仅尽数包括小野氏所辑录的大云寺、开元寺等相关内容，还收入了《光明寺慧了塔铭》等光明寺一应资料，以及《唐故鸿胪寺丞李府君夫人琅琊王氏墓志铭并序》等新发现的墓志材料，并增补了饶宗颐、朱丽双等对大云寺名的考证，资料之众，殊为可观。

然设否之辩，经久未息。近年又有聂顺新《影子官寺：长安兴唐寺与唐玄宗开元官寺制度中的都城运作》③，亦认为唐长安未设开元寺，且进一步认为西安开元寺的建寺不当早于天祐元年（904）朱全忠挟持昭宗迁都洛阳之时，并以此为主要根据，逐一否定了小野胜年所辑出的五条石刻材料与唐长安开元寺的关系，还进一步提出了新的设想，即从罔极寺改名而来的进昌坊兴唐寺才是相当于全国各地开元寺作用和地位的唐长安官寺。原因在于，此兴唐寺与其他地方八十一外州的开元官寺一样，都供奉有玄宗的等身像，都具有国忌行香的功能，也都承担着部分外交作用，体现出了官寺的功能，虽然并未被赐予官寺的名分，但实际上兴唐寺就是取代长安开元官寺，在玄宗开元官寺系统中发挥都城官寺作用的一所有实无名的影子官寺。而且西安开元寺最早见于五代时期，其首次见于记载为后周显德二年（955）的《永兴军牒》，

---

① Antonino Forte, "Chinese State Monasteries in the Seventh and Eighth Centuries", pp. 225-228；以及《7—8世纪における中国の官寺》，第383—384页。
② 李健超《增订唐两京城坊考》，西安：三秦出版社，2006年，第234—236页。
③ 聂顺新《影子官寺：长安兴唐寺与唐玄宗开元官寺制度中的都城运作》，《史林》2011年第4期，第47—54页。

且当时是作为无额寺院出现，应该是建立不久。并认为如果以《唐长安城图》来看，西安开元寺的位置应该相当于唐皇城中的少府监，故开元寺的建立当不早于天祐元年朱全忠挟持唐昭宗迁都洛阳之后，所以唐长安在开元二十六年（738）并没有将大云寺改为开元寺，唐长安始终不曾设立过开元寺[1]。

在阅读学习了诸多史料及前人意见之后，笔者认为，首先，小野胜年《史料篇》所辑石刻等史料不容轻率否认；其次，西安开元寺建寺不当早于天祐元年朱全忠挟持昭宗迁都洛阳之后的说法在年代对应上有一定的讹误；再次，作为否定意见最主要证据的张彦远《历代名画记》成书时代较为特殊，不足以作为大云寺延续至唐宣宗时期的证据；最后，长安开元寺的立废与唐长安都城的兴废息息相关，长安开元寺的存废自有其阶段性。因此，讨论长安开元寺的立废，无法脱离当时中原佛法兴废、大唐国运兴衰的社会大历史背景，应该以关系唐长安城之兴废的朱全忠胁迫唐昭宗东迁洛阳事件为界，将长安开元寺的发展变化分为前后两个阶段来看待。

第二节　昭宗东迁之前的长安开元寺

一、设立渊源及年代、位置

关于唐玄宗始建之开元寺，有着"（隋文帝）光明寺—（唐武后）大云寺—（唐玄宗）开元寺"这样的时代烙印。

唐人韦述开元十年所撰《两京新记》卷三"怀远坊"条的隋文帝立寺：

> 东南隅，大云经寺[2]。开皇四年（584），文帝为沙门法经所立。寺内有二浮图，东西相值。塔内有郑法轮、田僧亮、杨契丹书迹，及巧工韩伯通塑作佛像，故以三绝为名。[3]

唐人张彦远大中年间（847—858）所著《历代名画记》卷三"大云寺"：

---

[1] 聂顺新《影子官寺：长安兴唐寺与唐玄宗开元官寺制度中的都城运作》，第48页。
[2] 大云经寺即大云寺、经字应为衍字讹误的问题前人已经多有讨论，此不赘述。请参饶宗颐《从石刻论武后之宗教信仰》，《饶宗颐史学论著选》，上海：上海古籍出版社，1993年，第509—510页；朱丽双《大云经寺还是大云寺》，《唐研究》第9卷《隋唐长安史地丛考》，第150—151页，等等。
[3] 韦述、杜宝撰，辛德勇辑校《两京新记辑校·大业杂记辑校》，西安：三秦出版社，2006年，第50页。

> 大云寺　东浮图北有塔，俗呼为七宝塔。隋文帝造，冯提伽画瘦马并帐幕、人物，已剥落。又东壁、北壁郑法轮画，西壁田僧亮画，外边四面杨契丹画本行经。据裴录此寺亦有展画，其田、杨、郑并同。塔东义手，下画辟邪，双目随人转盼。
>
> 三阶院窗下旷野杂兽，似是张孝师。
>
> 西南净土院绕殿僧至妙，失人名。①

以及同书卷八"杨契丹"条小注中言及的光明寺改大云寺：

> 光明寺后为大云寺，今长安怀远里也。②

北宋初人王溥所撰《唐会要》卷四八的大云寺改开元寺：

> 天授元年（690）十月二十九日，两京及天下诸州，各置大云寺一所。至开元二十六年（738）六月一日，并改为开元寺。③

同书卷五〇《杂记》关于改"大云"为"开元"之后唐玄宗敕令两京开元寺行事的记载：

> 二十七年五月二十八日，敕："祠部奏：'诸州县行道散斋观寺，准式，以同、华等八十一州郭下僧、尼、道士、女冠等，国忌日各就龙兴寺、观行道散斋，复请改就开元观、寺。'敕旨：京兆、河南府宜依旧观、寺为定，唯千秋节及三元行道设斋，宜就开元观、寺。余依。"至贞元五年（789）八月十三日，处州刺史齐黄奏："当州不在行香之数，乞伏同衢、婺等州行香。"敕旨："依。其天下诸上州未有行香处，并宜准此，仍为恒式。"④

以及《佛祖统纪》卷四〇："〔开元〕二十七年，敕天下僧道，遇国忌就龙兴寺，

---

① 张彦远撰，秦仲文、黄苗子注释《历代名画记》卷三，北京：人民美术出版社，1963年，第64页。
② 张彦远《历代名画记》卷八，第163页。
③ 《唐会要》卷四八，上海：上海古籍出版社，1991年，第996页。
④ 《唐会要》卷五〇，第1030页。

行道散斋。千秋节祝寿就开元寺。"①《旧唐书》卷九:"〔天宝三载〕夏四月……敕两京、天下诸州郡,取官物铸金铜天尊及佛各一躯,送开元观、开元寺。"②等等。以上材料多有言及两京及天下各州之开元观、开元寺者,如果确实两京不曾设置开元寺,则帝王敕旨当也不必如此屡屡提出两京之开元寺、开元观。

北宋时人宋敏求《长安志》卷一〇"怀远坊"条亦有光明寺改大云寺的记载:

> 次南怀远坊。隋有法宝寺,大业七年(611)废。
>
> 东南隅,大云经寺。本名光明寺,隋开皇四年(584),文帝为沙门法经所立。时有延兴寺僧昙延,因隋文赐以蜡烛,自然发焰,隋文帝奇之,将改所住寺为光明寺,昙延请更立寺,以广其教。时此寺未制名,因以名焉。武太后初幸此寺,沙门宣政进《大云经》,经中有女主之符,因改为大云经寺,遂令天下每州置一大云经寺。此寺当中宝阁,崇百尺,时人谓之七宝台。寺内有二浮图,东西相值。东浮图之北佛塔号"三绝塔",隋文帝所立。塔内有郑法轮、田僧亮、杨契丹画迹及巧工韩伯通塑作佛像,故以"三绝"为名。③

通过以上材料,可大致理清开元寺的设立渊源:首先是开皇四年隋文帝为沙门法经立光明寺,其次是天授元年(690)武后因《大云经》改光明寺为大云寺,最后是开元二十六年(738)唐玄宗改大云寺为开元寺,脉络基本清晰。根据《两京新记》以及《长安志》来看,寺院位置当处于怀远坊无疑。

二、会昌法难、《历代名画记》与长安开元寺之废额、复额

在"光明寺—大云寺—开元寺"这一变迁过程中,虽然《历代名画记》为光明寺改大云寺提供了佐证,但因为此书成书于大中年间,时大云寺理应已改为开元寺,难免令人产生困惑:此书中何以未曾记载大云寺改名开元寺?实际上,不仅《历代名画记》卷三、卷八中记载长安大云寺,同书卷三中东都洛阳部分也记载为大云寺④,而且唐会昌时人朱景玄的《唐朝名画录》"神品中·周昉"条亦云:"时人又云:

---

① 高楠顺次郎编《大正新修大藏经》第49册,2035号,东京:大正一切经刊行会,1927年,第375页,第23—24行。
② 《旧唐书》卷九《玄宗本纪下》,北京:中华书局,1975年,第218页。此记载也见于《唐会要》卷五〇:"天宝三载三月,两京及天下诸郡,于开元观、开元寺以金铜铸玄宗等身天尊及佛各一躯。"
③ 宋敏求、李好文撰,辛德勇、郎洁点校《长安志·长安志图》,西安:三秦出版社,2013年,第337—338页。
④ 张彦远《历代名画记》卷三,第70页。

100

大云寺佛殿前行道僧,广福寺佛殿前面两神,皆殊绝当代。"①可见,会昌时之识画者当中,知悉大云寺而不知开元寺者,非止张彦远一人。

这一现象应该至少是两方面原因共同影响的结果。一是书本知识方面,朱景玄、张彦远皆为书画名家,在没有亲自实地寻访寺院画迹之前,自然都有可能阅读过相同的、时代较早的书画类书籍;二是实地考察方面,寺院牌额在会昌灭佛时被毁,对踏查寺院之人的记述也定然有一定影响。

《旧唐书》卷一八上《武宗本纪》记载了会昌五年(845)灭佛之时对长安佛寺存废的处置:

〔会昌五年〕秋七月庚子,敕并省天下佛寺。中书门下条疏奏闻:"据令式,诸上州国忌日官吏行香于寺,其上州望各留寺一所,有列圣尊容,便令移于寺内;其下州寺并废。其上都、东都两街请留十寺,寺僧十人。"敕曰:"上州合留寺,工作精妙者留之;如破落,亦宜废毁。其合行香日,官吏宜于道观。其上都、下都每街留寺两所,寺留僧三十人。上都左街留慈恩、荐福,右街留留西明、庄严。"②

《唐会要》卷四八则记载了会昌六年恢复佛法之时对长安佛寺的处置:

〔会昌〕六年正月,左右街功德使奏:"准今月五日敕书节文,上都两街先各留寺两所,依前委功德使收管,其所添寺,于废寺中拣择堪修建者。臣今左街谨具拣择置寺八所及数内回改名额,分析如后。两所依前名额:兴唐寺、保寿寺。六所改名旧额,僧寺四所:宝应寺改为资圣寺,青龙寺改为护国寺,菩提寺改为保唐寺,清禅寺改为安国寺;缘间架数少,取华阳观连接充数。尼寺二所:法云寺改为唐安寺,崇敬寺改为唐昌寺。右街置八所,二所先准敕留,西明寺请改为福寿寺,庄严寺改为圣寿寺。八所添置二所,请依旧名额:僧寺一所,千福寺;尼寺一所,兴元(圣)寺。六所请改名:僧寺五所,化度寺改为崇福寺,永泰寺改为万寿寺,温国寺改为崇圣寺,经行寺改为龙兴寺,奉恩寺改为兴福寺;尼寺一所,万善寺改为延唐寺。谨定拣择添置及改名额分析如

---

① 何志明、潘运告《唐五代画论》,长沙:湖南美术出版社,1997年,第86页。
② 《旧唐书》卷一八上《武宗本纪》,1975年,第604—605页。

前。"敕旨："宜依。"①

以上两条材料均未提及长安开元寺，这就说明两个问题：其一，在会昌灭佛毁寺之时，长安开元寺未能幸免于难；其二，在法难过后的初期官方再建过程中，长安开元寺也未能侥幸得以迅速恢复寺额。由这两个问题还可以进一步推知开元寺的两种处境，那就是：其一，在会昌灭佛之后的一定时期之内，此长安开元寺之原址建筑，当是作为无额寺院屋宇而残存于长安怀远坊之东南隅；其二，正史、野史、佛教史料均少见在长安开元寺举办大型活动，结合这一事实可以推知，在名寺、大寺如林的唐都长安，在会昌灭佛之前以及之后的初期，开元寺实际上都未能跻身一流顶级寺院之列，其所受重视程度并不高，后改的寺名"开元寺"在民众中也影响不大，至少定然不如大云寺"女主天下"那样朝野皆知。可能正是因为其名不扬，有关唐代长安的史料中不见关于开元寺的详细记载。毕竟对于一座建筑来说，没有突出或者特别事件以致不被加载史册，以及因某一时间段内没有发生特殊事迹而缺失相关时间段的记载，本来就是史书中常见之事，如果改名开元寺后没有在此地发生重大的事件，那么不被详细加载史册也并非不可理解。

此外，《旧唐书》卷一八上《武宗本纪》还有记载：

〔会昌五年秋七月〕中书又奏："天下废寺，铜像、钟磬委盐铁使铸钱，其铁像委本州铸为农器，金、银、鍮石等像销付度支。衣冠士庶之家所有金、银、铜、铁之像，敕出后限一月纳官，如违，委盐铁使依禁铜法处分。其土、木、石等像合留寺内依旧。"②

结合此信息可以进一步得知，张彦远的《历代名画记》恰恰成书于会昌灭佛之后的大中年间（847—858），而此书又是张彦远一定程度上亲身踏查经历的记述，因此，当张彦远大中年间踏入开元寺查看画作之时，虽然根据敕令，并非以金、银、鍮石为材质的墙壁未曾被毁，画作也仍然有所保留，但可以确定的是，此地必然已经不会存有寺额了。

---

① 《唐会要》卷四八《寺》，第 999—1000 页；牛继清《唐会要校证》卷四八，西安：三秦出版社，2012 年，第 727 页。
② 《旧唐书》卷一八上《武宗本纪》，第 605 页。

那么,《历代名画记》中何以会出现大云之名呢? 这一点,恐怕张彦远与朱景玄一样,是受到了"时人"之言的影响。此时人之言,无非口口相传或纸笔相传。若为口口相传,则前文已经提及,由于开元寺地位不高,在朝在野均不如大云寺之名影响大,所以就坊间记忆来说,大云寺之称较开元寺之名更为持久、广泛。如果是纸笔相传,则与张氏在叙述讨论绘画之时,所旁征博引的材料有极大关系。

日本学者冈村繁对《历代名画记》的成书过程曾进行过专论[1]。他曾撰文认为,《历代名画记》的内容"以选编以往的文献资料为主",大段袭用、改编他人文字的可能性很高,还列举数处张彦远改用张怀瓘《书断》的文例,推测张彦远的《历代名画记》极有可能也大量袭用了张怀瓘的《画断》[2]。只可惜因为《画断》一开始就已经亡佚,故虽然《历代名画记》中部分文字有明言《画断》者,但是全文的比对却已不可得。实际上,如果说到引用,张氏可选择的范围极广。如若结合张彦远品评各家画书论著优劣得失的意见来看[3],在张氏《历代名画记》之前,当时已问世的书画艺术理论著述已经十分丰富。单从画论来讲,已经问世的有谢赫《古画品录》、姚最《续画品》、孙畅之《述画记》、彦悰《后画录》、窦蒙《画拾遗》、李嗣真《画后品》、裴孝源《贞观公私画史》、张怀瓘《画断》、朱景玄《唐朝名画录》等大量著作。除去唐初高宗以前的书画论著不会言及大云寺外,武后至宣宗间的数部论著均有可能成为张彦远袭用援引的对象。其中成书于开元时期的张怀瓘《画断》,以及被《历代名画记》多所引用的裴孝源《画品录》都很契合。

《历代名画录》卷三中有张彦远明记出处者云:

> 禅定寺。裴孝源《画录》云有陈善见画。[4]

以及同卷"菩提寺"条:

> 佛殿内东壁,杨廷光画。据《西京记》合有郑画,今亡。[5]

---

[1] 冈村繁《张彦远〈历代名画记〉の撰述过程》,目加田诚博士古稀纪念中国文学论集编集委员会编集《中国文学论集》,东京:龙溪书舍,1974年。此据冈村繁著,张寅彭译《唐代文艺论》,上海:上海古籍出版社,2002年,第159—192页。
[2] 冈村繁著,张寅彭译《唐代文艺论》,第155—158页。
[3] 张彦远《历代名画记》卷一,第12页。
[4] 张彦远《历代名画记》卷三,第66页。
[5] 张彦远《历代名画记》卷三,第54页。

同卷"东都寺观画壁·弘道观"条：

> 弘道观　东封图，是吴画，《两京记》乃云非名手画，误也。[1]

上述三条材料中，第一条可以与前文所引《历代名画记》之卷三"大云寺"条共同说明问题。"大云寺"条中，张彦远在述及东壁、北壁有郑法轮画，西壁有田僧亮画，外边四面有杨契丹画《本行经》之时，下附小注云："据裴录，此寺亦有展画，其田、杨、郑并同。"传世之裴孝源《贞观公私画史》中不见关于大云寺的此段文字，而《新唐书·艺文志》记载有裴孝源《画品录》一卷，《历代名画记》中也多次提到裴孝源《画录》，故而可知，《贞观公私画史》与《画品录》当非一书。从《贞观公私画史》卷首有裴氏自称作于贞观十三年（639）八月的自序来看，裴孝源当生活于唐初，不可能一直生活至开元二十六年（738）大云寺再改名为开元寺，故"大云寺"条小注中言及的裴录书中定然是将该寺著录为大云寺。

这一问题，在上述后两条记载中，也同样存在。

通过对比可知，上文"菩提寺"条所言的《西京记》内容与韦述《两京新记》之西京菩提寺所载内容颇为吻合，遗憾的是，因为《两京新记》东都洛阳部分的内容基本缺失，无法对比第三条材料《两京记》所载内容是否也为《两京新记》之东都部分所载。根据张彦远在引用裴孝源著述之时，叙述为"裴录""裴孝源画录""裴云""裴孝源云"等不同的称呼来看，很可能《两京记》与《西京记》亦为同一书，且很可能即是指成书于开元初年的韦述《两京新记》。

目前尚无确切史料可以表明张彦远在长安的住宅位置，但是根据肃、代之时张氏家庙在朱雀大街之东第二街的长兴坊，彦远祖父张弘靖宅在朱雀大街之东第三街的平康坊，其父张文规曾为右补阙、官终桂管观察使以及张彦远本人曾任舒州刺史、左仆射补阙、大理寺卿等官职，结合目前长安学研究成果，唐中后期官人置宅从多居于朱雀街东、大明宫南，到倾向于逐渐南移至曲江方向，张彦远不熟悉位于西市附近、并不特别有名的怀远坊内寺院的变迁情况，也是可以理解的。在依据前人著述前往书中所载寺院实地调查之时，再遇因会昌灭佛而无额之寺，那么张彦远袭用前人所著录之大云寺寺名的可能性是极大的。至于东都洛阳也记载为大云寺，一则张彦远并未亲临洛阳每一处寺观调查，二则也存在过录前人著述的问题，故亦不能

---

[1] 张彦远《历代名画记》卷三，第71页。

认定洛阳没有开元寺。

综上，张彦远踏查开元寺等西京诸寺之时，正值会昌灭佛后多所寺院无额之际，谙熟画史的张彦远，袭用成书于开元二十六年（738）之前的裴孝源《画品录》、张怀瓘《画断》、韦述《两京新记》等前人著述记录寺院名称以及画作情况的可能性很高。有鉴于此，《历代名画记》中大云寺的称呼难以证明长安不曾设立开元寺。

三、长安开元寺置寺及复额的物证：金石史料的记载

可以佐证开元二十六年大云寺确曾改名开元寺的，还有一批传世的金石材料，在此按其年代顺序罗列并略作说明如下。

1. 宋人陈思《宝刻丛编》卷八《京兆府中·万年县》下引《京兆金石录》著录：

> 唐开元寺净土院石灯台赞，唐张鹤撰，傅如玉书，天宝六年（747）六月。①

此条材料纪年为天宝六年，是玄宗开元二十六年改天下大云寺为开元寺之后的事情，且地点记载为万年县，当可确认无误。聂顺新氏认为本条与下文第四条之唐开元寺修塔铭一样，都是引自已经亡佚的田概《京兆金石录》，而《京兆金石录》经过移录，不能确知是否为田概最初著录的碑铭文字，即使为田概最初的著录，也不能确定其著录名称与碑铭实际名称相符。且《京兆金石录》成书于元丰五年（1082），与西安开元寺最早见于五代《永兴军牒》的时间相距一百几十年，故此两块碑铭存于北宋开元寺的可能性极大。《京兆金石录》将此两条材料置于"万年县"下，而北宋西安开元寺所处地理位置在唐代属于万年县，故此条材料不当属于唐开元寺。笔者认为，聂氏忽视了碑铭本身所记载的信息。在题名注明"唐开元寺"之外，这两块碑铭还有明确的纪年，一为天宝六载，一为广明二年（881），这是唐朝所建之物的有力证据。此碑既然建立于唐代，题名注明"唐开元寺"，年代又是唐代专有年号，那就没有理由认为是将石灯台置于"宋开元寺"后再著录了错误的题名。因此，否认此块碑铭以及下文第四条开元寺修塔铭为唐开元寺之物的理由均不成立，此唐开元寺净土院石灯台当为唐长安开元寺所立之物，说明到唐天宝六载，长安城是存

---

① 陈思编《宝刻丛编》卷八（14下），参《石刻史料新编》第1辑第24册，台北：新文丰出版公司，1977年，第18224页。

在开元寺的。在此略作提示的是，还有一条材料或与此相关，即景云二年（711）的《唐大云寺石灯台颂》，景初阳撰，殷子阳八分书①。此大云寺石灯颂与开元寺石灯赞或为同一寺院石灯的不同时期之赞文，或可进一步提示玄宗朝大云寺到开元寺承袭、转变的情况。

2. 清人毕沅（1730—1797）著《关中金石记》卷三有著录云：

> 陀罗尼经幢，天宝七载（748）二月立，正书，在咸宁开元寺，后有骆齐休重建跋。②

又，刻于嘉庆七年（1802）的孙星衍、邢澍撰《寰宇访碑录》卷三著录：

> 开元寺陀罗尼经幢。正书，天宝七载二月，后有骆齐休重建题字。陕西咸宁。③

又，成书于嘉庆十年（1805）的王昶《金石萃编》卷六六著录：

> 开元寺经幢。幢八面，高四尺八寸，每面广六寸，六十四行，每行五十五字，正书，在开元寺。天宝七载二月建造此幢，□十一载十二月，其幢遂向□南倾倒，众共复修，并□□字列明如左。骆齐休题。（后附人名表略）④

又，成书于光绪二十七年（1901）的毛凤枝《关中金石文字存逸考》卷一西安府唐时期著录：

> 开元寺经幢。正书，天宝七载二月，后有骆齐休重建题字。存。今在西安府城内顺城坊开元寺。⑤

---

① 《金石录》卷五六叶左，《石刻史料新编》第1辑第12册，第8827页。
② 毕沅《关中金石记》卷三（37），参《石刻史料新编》第2辑第14册，第10673页。
③ 孙星衍、邢澍撰《寰宇访碑录》卷三，《丛书集成初编》，北京：商务印书馆，1937年，第117页。
④ 王昶编《金石萃编》卷六六，四库影印本（据清嘉庆十年刻、同治钱宝传等补修本），上海：上海古籍出版社，1995年，第8叶右。
⑤ 毛凤枝《关中金石文字存逸考》卷一，参《石刻史料新编》第2辑第14册，10384页。

还有清末民初人缪荃孙《金石分地编目》卷一五咸宁县唐代篇目下著录：

> 开元寺尊胜陀罗尼经幢。八面刻，先经后题名，正书，天宝十一载（752）十二月，在本寺。[①]

梳理以上材料可知，此经幢亦为玄宗敕令改额后之物，此幢始建于天宝七载，修复于天宝十一载，故最后一条缪荃孙的记载应当是指后来天宝十一载十二月此经幢进行修复的时间。聂氏认为此经幢非唐长安开元寺所建，理由是此条除标题外，正文通篇无一处提及开元寺，而且开元寺的创建时间不可能早于唐末。关于前者，其实唐人诗文中常有类似现象，例如现存碑林博物馆第五展室的北宋《重修开元寺行廊功德碑》，全篇两千五百余字，唯篇首有"开元寺"三字，通篇正文无一处提及寺名，但仍属于开元寺无疑，故此处的否定理由不可相信。至于第二点理由，后文将有详论，此不赘述。因此，这条材料实际上也证实了至少到唐天宝十一载，长安还是存在开元寺的。

3. 毛凤枝《关中金石文字存逸考》卷五咸宁县目录中著录：

> 开元寺尊胜陀罗尼咒。正书，咸通七年（866）二月李君佐建。左有光化二年（899）男继宗题字。未详所在。《咸宁县志》云在开元寺，今未详所在。[②]

此条亦明确指出此尊胜陀罗尼咒经幢为唐物，且原本的地点在长安开元寺，可知自开元二十六年（738）改名之后，虽然经历会昌法难的寺废，但是最晚到咸通七年之时，长安开元寺已经复额。

4.《宝刻丛编》卷八引《京兆金石录》著录云：

> 唐开元寺修塔铭，僧法谞撰并正书，广明二年（881）。[③]

参见第一条唐开元寺净土院石灯台赞分析。本条亦符合唐长安开元寺的建立时间，可以说明唐长安城在广明年间仍存有开元寺。

---

① 张廷银、朱玉麒主编《缪荃孙全集·金石》第5册，南京：凤凰出版社，2014年，第628页。
② 毛凤枝《关中金石文字存逸考》卷五（47上），《石刻史料新编》第2辑第14册，第10492页。
③ 陈思《宝刻丛编》卷八（36上）引《京兆金石录》，参《石刻史料新编》第1辑第24册，第18235页。

5. 嘉庆七年（1802）成书的孙星衍、邢澍撰《寰宇访碑录》卷四著录：

> 开元寺尊胜陀罗经幢行书，年月缺，上下俱失，止存二尺许，经序自尔时三十三天起。陕西咸宁。①

又，编撰于光绪元年至十五年（1875—1889）的毛凤枝《关中金石文字存逸考》卷五咸宁县下著录：

> 开元寺经幢行书，年月缺，上下俱失，止存二尺许，经序自尔时三十三天起。未详所在。《寰宇访碑录》云在咸宁。②

《关中金石文字存逸考》是在据地点排序的基础上再按照朝代纪年条列，此条开元寺经幢与下条开元寺唐梵二体经幢等其他无纪年碑刻一起，被毛凤枝列于唐代有明确纪年的条文之后。可知，毛氏认同此碑刻为唐代。聂氏认为此条材料源自《寰宇访碑录》，而该书作者孙星衍未曾到过西安，并非亲见，且经幢本身残缺严重，缺乏年月记载，不能判断是否为唐开元寺所造。笔者认为，即使清人孙星衍、毛凤枝到过西安，那也是清代的西安，也不能据此来推论此经幢的情况，故此处对于孙星衍、毛凤枝是否到过西安一事可以暂且不论。本条从题名有开元寺以及年代为唐且地点在咸宁来看，当为唐长安开元寺无疑，至于此经幢的建立具体是何年月，则不可得知。但不论其建成于玄宗改额开元寺初年，还是建于会昌灭佛后恢复重建之时，都是唐建开元寺之物，都可以证明唐时长安开元寺的存在。

6.《寰宇访碑录》卷四著录：

> 开元寺唐梵二体经幢。沙门海觉、海梵书，无年月。萨字不从产，唐梵者，唐人梵书也，当属唐刻无疑。陕西咸宁。③

毛凤枝《关中金石文字存逸考》卷五著录：

---

① 孙星衍、邢澍撰《寰宇访碑录》卷四，第172页。
② 毛凤枝《关中金石文字存逸考》卷五（52右），参《石刻史料新编》第2辑第14册，第10494页。
③ 孙星衍、邢澍撰《寰宇访碑录》卷四，第172页。

开元寺唐梵二体经幢。沙门海觉、海梵书，无年月。未详所在。《寰宇访碑录》云在咸宁。①

此条在《关中金石文字存逸考》中亦被毛凤枝附记于唐代碑刻的末尾。聂氏认为此条既源自《寰宇访碑录》，故与上条所述该书作者未曾到达西安的这一理由相同。此外，聂氏还认为此条虽然有"陕西咸宁"字样，且根据叶昌炽《语石》判断当确实为唐僧海觉所书、唐人所刻，但是此经幢"清代中晚期在西安开元寺内，故亦当由他处移开元寺，非由唐'开元寺'所建"。笔者则认为，此处的分析与上面第一条一致，其唐物、咸宁、开元寺之特征，均可证明唐时长安开元寺的存在。

由以上内容可知，以上石刻材料均为唐长安存在开元寺的证据，尤其是附有纪年的三条材料更可以进一步证实开元寺建立的时间，说明此长安开元寺的建立年代必定不晚于天宝六载（747）六月，应该就是依据开元二十六年（738）的玄宗之令而设。

第三节　昭宗东迁与长安开元寺寺址的变迁

关于长安开元寺的寺址，根据前文论述来看，应当是设立于朱雀大街之西第四街的怀远坊，此坊位于西市的正南侧。但调查历代西安县志以及五代至民国末年的西安历史地图可知，西安开元寺的位置一直处于相当于唐代少府监的位置②。聂顺新氏即将这一现象与辛德勇《宋金元时期西安城街巷名称考录》之考证相结合③，做出论断：西安开元寺最早见于五代，唐长安城中不曾设置开元寺。

笔者认为，聂氏这一推论存在着逻辑性错误。首先，顾名思义，辛德勇《宋金

---

① 毛凤枝《关中金石文字存逸考》卷五（52右），参《石刻史料新编》第2辑第14册，第10494页。
② 实际上，从西安历史地图可以一目了然地看到，自五代至民国末年，开元寺的位置一直没有改变，始终处于今天被标注为西安碑林区东大街516号开元商城的位置，直到1949年，西安开元寺才在地图上失去了踪迹，详见史念海主编《西安历史地图集》之《五代新城图》C3（第108页）、《北宋京兆府城图》C3（第111页）、《元奉元路城图》C3（第114页）、万历三十九年（1611）之《明西安府城图》C3（第120页）、光绪十九年（1893）之《清西安府城图》D4（第128页）、民国二十二年（1933）之《民国西安城图（西半部）》H4（第136页）、民国三十八年（1949）《民国后期西安城图》D4和E4（第138、139页），西安：西安地图出版社，1996年。
③ 辛德勇《宋金元时期西安城街巷名称考录》，《古代交通与地理文献研究》，北京：中华书局，1996年，第209—210页。

元时期西安城街巷名称考录》一文只是对宋金元时期西安城各建筑名称的考证，并不能直接用来否定唐代的街巷里坊情况。唐朝立国近三百年，长安作为大唐之都城亦有两百余年。此两百余年中，它的命运一直随着唐祚的兴衰而起伏。从承袭隋大兴城的基础，到逐步扩张建设至鼎盛，再至经历安史、黄巢等战乱而逐渐衰落，直到昭宗被挟持迁都洛阳，长安城的建设和建筑时有变迁。尤其唐末，天下动荡，先是王仙芝、黄巢起事，黄巢于中和元年（881）攻入长安，僖宗西逃入蜀并组织兵力反攻，随之在长安城展开了为期两年有余的拉锯战，双方反复争夺长安城，以致"含元殿上狐兔行，花萼楼前荆棘满"（韦庄《秦妇吟》），楼阁荒废，城池损伤严重；后又在天祐元年（904）正月，朱全忠挟持唐昭宗移都洛阳，宫室、百司甚至民家多被拆毁，以其屋室材木制成浮筏，从长安经渭河转黄河至洛阳，致使曾经辉煌壮丽的唐长安城至此而成废墟。元人李好文《长安志图》上卷曾有明确记载：

> 新城。唐天祐元年，匡国节度使韩建筑。时朱全忠迁昭宗于洛，毁长安宫室、百司及民庐舍，长安遂墟。建遂去宫城，又去外郭城，重修子城，即皇城也。南闭朱雀门，又闭延喜、安福门，北开玄武门，是为新城。即今奉元路府治也。城之制，内外二重。四门，门各三重，今存者惟二重，内重其址尚在。东、西又有小城二，以为长安、咸宁县治所。谨案：长安、京兆，圣朝奄有天下，初为京兆府，后为安西路，至大四年，改奉元路。[①]

因此，讨论唐长安城，必须要有一个时间区限，而涉及不同时间段的地理建置讨论尤其不能忽略这一点。结合上述情况可知，辛文所考证的是西安城始于宋的情形，宋开始的西安城又是建立于唐末韩建缩建长安城的基础之上，故辛文对此西安开元寺位置以及演变的考证仅仅是在说明唐末五代韩建重建长安城以后的问题，不适合用来论述玄宗朝至昭宗东迁这段时间的长安城开元寺情况。所以，辛文所叙述的开元寺"在街南。后周已有寺"等说法，是唐末韩建重修唐长安城后重建之开元寺的位置，而不是玄宗朝初设之唐长安开元寺的位置，不能以辛文的考证，来断定玄宗至昭宗时期长安开元寺的有无。

此外，据刘从义撰文、袁正己书并篆额、立于宋太祖建隆四年（963）七月十七日之陕西咸宁的《重修开元寺行廊功德碑并序》记载：

---

① 宋敏求、李好文撰，辛德勇、郎洁点校《长安志·长安志图》，第20—21页。

昔唐之季也，四维幅裂，九鼎毛轻。长庚袭月以腾芒，大盗寻戈而移国。帝车薄狩，夜逐流萤。民屋俱焚，林巢归燕。银阙绮都之壮丽，坐变丘墟；螺宫雁塔之精严，仅余煨烬。天祐甲子岁，华州连帅许国韩公建，迁为居守，重务域民。既香刹之新崇，列宝坊之旧号。阅今存之院额，皆昔废之寺名。当其制度，权与经营草创。时移事改，鸟雀喧于坏檐；风去雨还，榛芜柅于荒砌。今皇帝开阶立极……越有文慧大师赐紫嗣麟……募匠庀徒，计功葳事……遂于四廊及讲堂诸壁画高僧计四百五十尊……①

由此可知，北宋初期王彦超所重修的陕西西安开元寺，也应当是基于唐末韩建缩建长安城时的开元寺址基础而成。韩建缩建城池时，采用了"既香刹之新崇，列宝坊之旧号。阅今存之院额，皆昔废之寺名"这样异地再设、承额改建的办法。所以，王彦超所重修之开元寺，当是韩建以旧寺额命名新寺址、移额新建而成的新址开元寺。至于其大致的方位，联系前文对长安开元寺初设寺址的考证，以及李好文《长安志图》韩建缩减长安城规模的记载可以推知，原本的开元寺应该是建于皇城之外、西市之南的怀远坊东南隅，而韩建缩建长安城时，将其移额改建在了皇城之内、原唐少府监的位置。即以昭宗东迁、韩建缩建长安城为界，长安开元寺的建设分为前后两个时期，前期开元寺设立于玄宗朝而毁于唐末，后期开元寺建立于唐末韩建时期，而毁于中华人民共和国建立初期。后期开元寺不过是承袭前期开元寺的"旧号"而来，前期开元寺和后期开元寺的寺址完全不同。

清乾隆年间编纂的《西安府志》卷六一"开元寺"条下记载：

开元寺　冯《志》（明万历年间冯丛吾、汪道亨、李思孝等纂《陕西通志》）：在县治西，开元年建，后殿有玄宗御容。释元胜《碑记》（见清滂喜斋丛书本孙星衍《京畿金石考》卷上）：开元二十八年（740）正月，玄宗于延庆殿与胜

---

① 《重修开元寺行廊功德碑》，目前收存于西安碑林博物馆，螭首龟趺，正书篆额，碑身保存较为完整。碑身尺寸 107cm×28cm×208cm，碑身正文共刻2546字，分为38行，满行67字。其中，首两行题名《重修开元寺行廊功德碑并序》及书记撰人书额人姓名，末两行属记立碑时间、立碑人姓名及刻碑人姓名等信息。碑阴为后刻之元至正二十二年（1362）《石溪和尚道行碑》。碑身原立于陕西咸宁县开元寺，现存于陕西西安碑林博物馆。内容可见于王昶编《金石萃编》卷一二三。

光师论佛恩德，令天下州府各置开元寺一所。[1]刘从义《碑记》（即前文所言《重修开元寺行廊功德碑》）：宋建隆四年（963），王彦超及僧嗣麟修。周之桂《碑记》（当指《五义学碑》）：明嘉靖四十二年（1563）修，后有藏经阁。本朝康熙三十年（1691），御防佟阿利等重修。[2]

此条记载中有数点值得注意之处。一是《重修开元寺行廊功德碑》，如前文所述，其内容对唐长安开元寺的兴设、变迁多有提示；二是此处言及后殿有玄宗御容像，令人联想到韩建始修之开元寺，很可能是仿玄宗初设之开元寺而建，而玄宗所设开元寺本有御容像，却不曾见于史籍记载；三是玄宗令天下州府各置开元寺的年代、地点，以及此事所间接反映出的开元寺在唐以后佛教界的地位和影响。[3]此处记载为开元二十八年，与《佛祖统纪》《唐会要》等记载相违，当误，原因不外乎时代久远、口口相传的讹谬。但是从位置上来说，明代在县治之西的这座开元寺，正是唐末五代至民国末年西安开元寺的位置。

综上可知，昭宗东迁、韩建缩建长安城造成了长安开元寺寺址事实上的变迁，因为寺址前后的不同，用对后期寺址的考证，来反驳前期寺址的存在，是不科学的。在开元寺寺额由唐长安皇城之外异地再建于皇城之内的同时，一些尚存的石刻等可以移动的名物也有从城外被移到城内的现象。从唐末五代再建开始，西安开元寺寺址一直未变，在历朝历代的风风雨雨中维持到了中华人民共和国建立初年，先后被改建为解放市场、解放市场百货合作商店、解放百货商场，直至20世纪90年代被改建为今日的开元商城。

---

[1] 《大开元寺兴致碑》有此事的详细记载。该碑元延祐六年（1319）立，圆首方趺，通高163cm，宽50cm，碑额篆书，碑身上半截刻有窦恭绘《玄宗问法图》，下半截为正文，僧澄润正书，僧园觉、义湛、义深上石，金成勒字，共20行，满行27字。碑阴刻有《华藏庄严世界海图》，碑阴额亦篆书。碑身原在陕西西安开元寺内，现藏陕西西安碑林博物馆，编号753。中国国家图书馆、北京大学图书馆等单位亦均藏有此碑拓片。
[2] 乾隆四十四年（1789）舒其绅等修，严长明等纂，何炳武、高叶青校点《西安府志》下，西安：三秦出版社，2011年，第1314页。
[3] 类似记载亦可见于敦煌遗书之 S.3728v《大唐玄宗皇帝问胜光法师而造开元寺》（图1-1、图1-2），聂顺新《开元寺兴致传说演变研究：兼论唐代佛教官寺地位的转移及其在后世的影响》在考证其开元寺兴致传说文本演变的基础上，分析了这背后所反映的开元寺在佛教界的地位和影响。见《敦煌研究》2012年第5期，第93—99页。

图1-1 S.3728v《大唐玄宗皇帝问胜光法师而造开元寺》文首

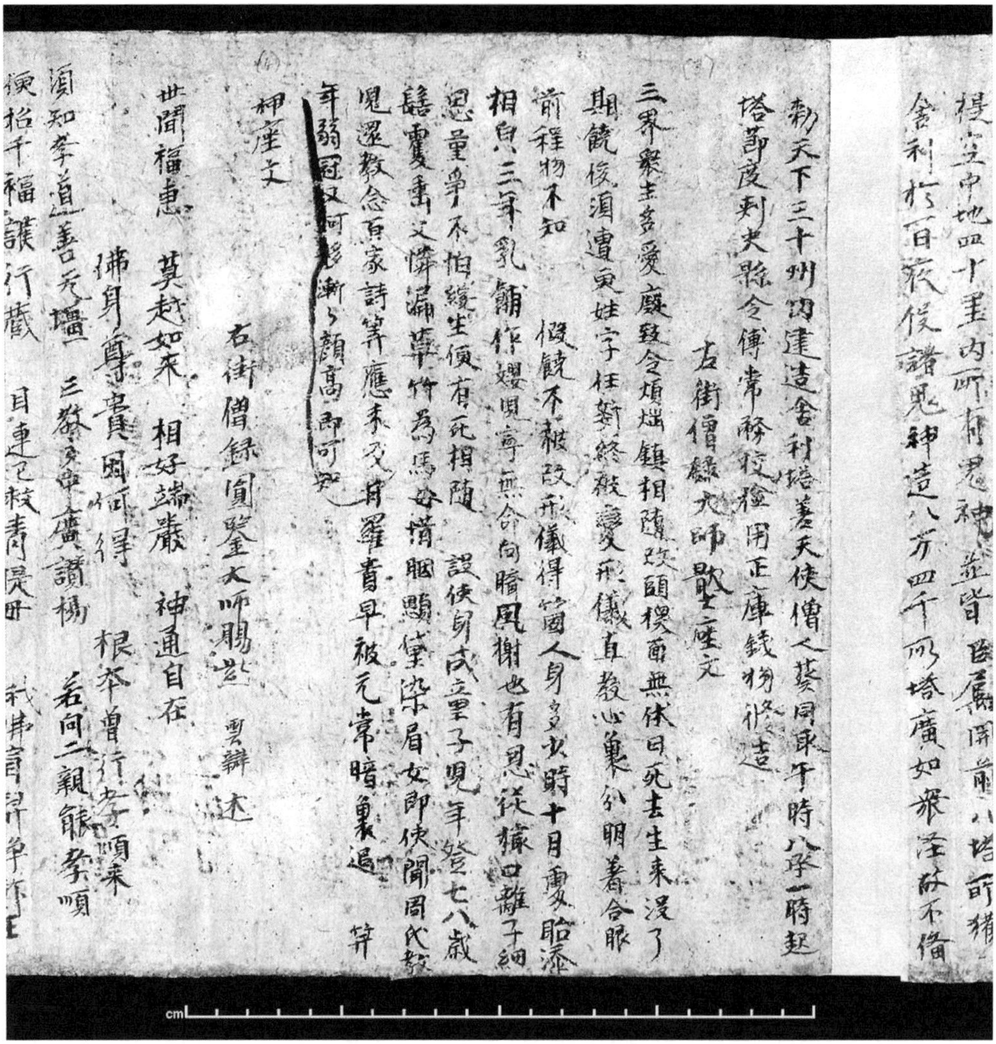

图 1-2　S.3728v《大唐玄宗皇帝问胜光法师而造开元寺》文末

第四节 小 结

通过以上分析可知，唐长安城应存在开元寺，唐玄宗开元二十六年（738）下诏两京及全国改大云寺立开元寺的政令在长安也得到了实施，但因为有唐一代长安开元寺寺址有所变化，故可以韩建缩建长安城为界，分作前后两个时期。

前期开元寺为玄宗朝始设，而毁于唐末战乱、昭宗东迁，位置在唐代中后期大长安城的皇城之外、西市南侧的怀远坊内，系由光明寺到大云寺再到开元寺变迁而来。但有可能如同富安敦等人所推测的那样，因为玄宗只是想取消大云寺影响，并非有意着力推崇开元寺为大唐第一官寺，所以前期开元寺在名寺如林的唐长安城中，并没有独占鳌头、取得独一无二的国寺高位，亦少受到真正的特殊优待。因此，前期唐长安开元寺也没能完全、彻底地替代大云寺。

后期开元寺是唐末韩建缩建长安城时的异地重设，在原长安城的皇城之内，约相当于原少府监的位置，是以原来的怀远坊开元寺旧额为命名的新建寺院（此寺院或为仿原怀远坊开元寺而建）。这座位于新寺址的长安开元寺，后来虽历经宋、元、明、清的屡损屡修，却未再有大的变动，从而一直沿袭到了民国末年。（见图1-3）

前后两段时期的唐长安开元寺，在空间地理位置上存在着较大的差异，宋代吕大防所刻长安城图残本可以给出一个大概的印象，而原唐长安城探测复原图等今人的研究和考古成果则可以更加直观地显示这一情况[①]。

最后，关于佛教光明寺、大云寺与摩尼教大云光明寺之间可能存在的渊源关系，王媛媛《从大云寺到大云光明寺——对中原摩尼教寺额的考察》已经有过详细的考证论述[②]，芮传明《"光明寺""大云寺"与"大云光明寺"考辨——"华化"摩尼教释名之一》对三者也进行过考证和区分[③]，笔者不再赘言。

（原刊于《唐研究》第21卷，北京：北京大学出版社，2015年，第265—283页。收入本书略有修订。）

[①] 原唐长安城探测复原图及关于唐长安城的重要考古研究成果，可以参考陕西省文物管理委员会杭德州等《唐长安城地基初步探测》，《考古学报》1958年第3期，第79—104页；中国科学院考古研究所西安唐城发掘队马得志等《唐代长安城考古纪略》，《考古》1963年第11期，第595—611页。
[②] 王媛媛《从大云寺到大云光明寺——对中原摩尼教寺额的考察》，《文史》第73辑，2005年，第199—210页。
[③] 芮传明《"光明寺""大云寺"与"大云光明寺"考辨——"华化"摩尼教释名之一》，《传统中国研究集刊》第7辑，2009年，第222—232页。

长安内外：唐代京城书写文化的东西流行

明清西安府与隋、唐、五代、宋、金、元
长安城位置关系图

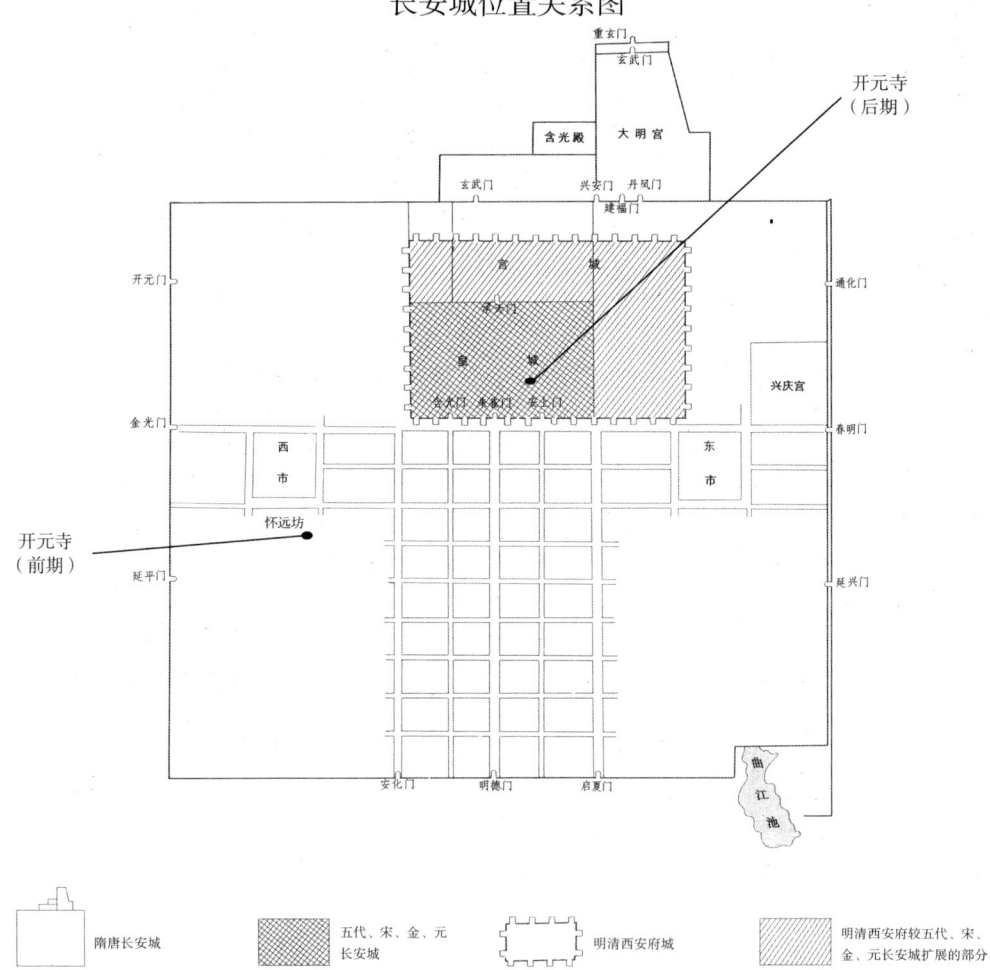

图 1-3　西安城历代城池位置关系之开元寺图

116

第二章 敦煌写本北宋《重修开元寺行廊功德碑并序》习书考

第一节 引言及文献简介

俄藏敦煌文献 Дx.10740 共计 14 件残片，正反 28 面皆书有汉文文字，字体楷书，书写规整且颇见功力，正反两面均绘有墨色界栏线，线条首尾粗细均匀，绘制整齐[①]。内容上，此 28 面文字中，前贤已考订出其中 11 面文字分别出自《开蒙要训》《晏子赋》《秦将赋》《秦妇吟》《王梵志诗》等 5 篇文献，并进行了缀合研究[②]，如今笔者再对剩余 17 面残片的文字内容进行了考订，最终确定其中 3 面文字出自《大

---

① Дx.10740 公布时正、背面各分作 4 拍，正面第 1 拍包括 5 件残片，左起竖排，依次为 Дx.10740-1、Дx.10740-2、Дx.10740-3、Дx.10740-4、Дx.10740-5；第 2 拍包括 2 件残片，左起依次为 Дx.10740-6、Дx.10740-7；第 3 拍包括 3 件残片，左起依次为 Дx.10740-8、Дx.10740-9、Дx.10740-10；第 4 拍包括 4 件残片，左起竖排依次为 Дx.10740-11、Дx.10740-12、Дx.10740-13、Дx.10740-14。详细图版参见《俄藏敦煌文献》第 15 册，上海：上海古籍出版社，圣彼得堡：俄罗斯科学出版社东方文学部，2000 年，第 22—24 页。背面 4 拍各图位置与正面对应，图版见同书第 24—26 页。

② 详情如下所示：

Дx.10740-1 与 Дx.10740-13 为《开蒙要训》残文，见张新朋《敦煌写本〈开蒙要训〉叙录续补》，《敦煌研究》2008 年第 1 期，第 100 页；

Дx.10740-2 为《晏子赋》残文，见张新朋《敦煌诗赋残片拾遗》，《敦煌研究》2011 年第 5 期，第 79—80 页；

Дx.10740-6、Дx.10740-7、Дx.10740-8、Дx.10740-9、Дx.10740-10、Дx.10740-11 均为《秦妇吟》残文，其中，Дx.10740-6r 的比定见潘重规《敦煌写本〈秦妇吟〉新书序》，《敦煌学》第 8 辑，1983 年，第 1—73 页；Дx.10740-7、Дx.10740-8、Дx.10740-9、Дx.10740-10 的比定与缀合可参见徐俊《敦煌诗集残卷辑考》，北京：中华书局，2000 年，第 232 页，以及同氏著《敦煌写本诗歌续考》，《敦煌研究》，2002 年第 5 期，第 65—72 页；Дx.10740-11 的比定及其与其他几件残片的缀合可参见张新朋《敦煌诗赋残片拾遗》，第 78—79 页；

Дx.10740-12 为《秦将赋》残文，见张新朋《敦煌诗赋残片拾遗》，第 80—81 页；

Дx.10740-14 为一卷本《王梵志诗》残文，见张新朋《敦煌本〈王梵志诗〉残片考辨五则》，《敦煌学辑刊》2009 年第 4 期，第 61—64 页。

乘百法明门论开宗义决》，其他14面文字则全部出自《重修开元寺行廊功德碑并序》。

《大乘百法明门论开宗义决》，又名《大乘百法明门论抄》，由唐代沙门昙旷撰于敦煌，为佛典注疏，篇幅一卷。据该文文首昙旷自序所言，此文撰于唐大历九年（774）六月一日，是昙旷对《大乘百法名门论开宗义记》中一些疑难之点以及没有充分阐述的问题所做的进一步展开的论述，是其姊妹篇[①]。其重要研究成果有上山大峻《敦煌新出の唯识系论疏》[②]、高峰了州《大乘百法明门论の注释的研究と新出义忠疏》[③]等等。此外，巴宙《大乘二十二问之研究》一文有部分内容涉及[④]，还有一些关于作者昙旷的研究也有所论及，如芳村修基《河西僧昙旷の传历》[⑤]、山口瑞凤《昙旷と敦煌の佛教学》[⑥]，等等。目前敦煌文献中所见到的写本至少有以下12个编号：P.2077[⑦]、P.2576[⑧]、P.3002[⑨]、P.3003、S.985、S.2468v、S.2720、S.2732v、S.4603、S.6219v、S.6925v、Дх.10740。

本文重点考察的《重修开元寺行廊功德碑并序》首次发现于敦煌文献之中。重修开元寺行廊功德碑，建立于宋太祖建隆四年（963）七月十七日，观察判官朝散大夫检校尚书工部员外郎兼殿中侍御史刘从乂撰，宋摄彰义军节度巡官袁正己书并

---

① 《大乘百法明门论开宗义决》的写作意图可见昙旷自序"所恐此疏（指《大乘百法名门论开宗义记》）旨复文幽，学者难究，遂更傍求众义，开决疏文"，所以只是对《大乘百法名门论开宗义记》中较难的部分进一步摘录解说（见《大正藏》卷八五，第1068页）。结城令闻较早关注并讨论过敦煌出现的《大乘百法名门论开宗义记》，见氏著《昙旷の唯识思想 唐代の唯识诸派との关系》，《宗教研究》新八之一，1931年。
② 上山大峻《敦煌新出の唯识系论疏》，《龙谷大学论集》428号，1986年，第110—134页。其著作中关于《大乘百法明门论开宗义决》的叙述部分亦有所讨论，见上山大峻《敦煌佛教の研究》，京都：法藏馆，1990年。
③ 高峰了州《大乘百法明门论の注释的研究と新出义忠疏》，《龙谷学报》第324号，1939年，第12—28页。
④ 巴宙《大乘二十二问之研究》，《中华佛学学报》第3期，第1990年，第65—110页。
⑤ 芳村修基《河西僧昙旷の传历》，《印度学佛教学研究》7卷1号，1958年。后收录于《インド大乘佛教思想研究：カマラシーラの思想》，京都：百华苑，1974年，第65—74页。
⑥ 山口瑞凤《昙旷と敦煌の传教学》，《东洋学报》47卷4号，1965年。
⑦ 本号《大乘百法明门论开宗义决》首尾俱全，背面写有《大乘百法明门论开宗义决补记》，见《法藏敦煌西域文献》第4册，1995年，第234—237页。
⑧ 本号题做《大乘百法明门论抄一卷》，首残尾全，见《法藏敦煌西域文献》第16册，上海：上海古籍出版社，2001年，第56—68页。
⑨ 本号《大乘百法明门论开宗义决》首尾俱残，背面是《大乘百法明门论开宗义决补记》，见《法藏敦煌西域文献》第21册，1997年，第32—33页。

篆额①，都料安弘及其侄安仁祚刻字②。螭首龟趺，正书篆额，碑身长宽高分别为107cm×28cm×208cm，共计刻字38行，行67字。其中，首行题名《重修开元寺行廊功德碑并序》，末行属记立碑时间、刻碑人姓名等信息。碑侧两面石花素地，碑阴有后刻之元至正二十二年（1362）《石溪和尚道行碑》。此碑碑身原立于陕西咸宁县开元寺，近世移入陕西西安碑林博物馆③。碑文全篇录文可见于《金石萃编》④，全拓图版可见于《西安碑林全集》⑤，中国国家图书馆、北京大学图书馆等数家单位均收藏有此碑的拓片。

关于《重修开元寺行廊功德碑并序》在敦煌的书写情况，除了前文中所提到的Дx.10740v之外，还有与其应为同卷之裂的Дx.5565v、Дx.8852v、Дx.11240v⑥，以及习书此碑文字之Дx.5961v。Дx.5565正、背两面内容分别为《晏子赋》和《重修开元寺行廊功德碑并序》，Дx.8852正、背内容分别为《大乘百法明门义决》和《重修开元寺行廊功德碑并序》，Дx.11240正、背内容分别为《秦妇吟》和《重修开元寺行廊功德碑并序》，均与Дx.10740各残片相对应，且两者正、背的笔迹行款也各自对应、基本一致，可知各对应文献当为同卷之裂。而Дx.5961v从残卷品相以及书写字体笔迹等各方面来看，均明显有别于Дx.10740v，所以或当为另一人所写。此外，Дx.5174残片正面内容为《晏子赋》，格式、字迹、行款与Дx.10740-2基本一致，当为同卷之裂，惜Дx.5174没有背面图版公布，笔者推测，其背面或为空白，或亦为《重修开元寺行廊功德碑并序》习字。

鉴于敦煌写本《重修开元寺行廊功德碑并序》是首次发现于敦煌文献之中，而且其创作年代与学界所推测的藏经洞封闭时间较为接近，可以说，在从中原到敦煌

---

① 赵崡《石墨镌华》记载袁正己"隶书方劲有欧法（欧阳率更法）""非嘉祐后人所及"，北京：中华书局，1985年，第59—60页。
② 安弘之侄安仁祚，即安祚，碑刻世家安氏家族子弟，善刻碑，《摩利支夫经》《黄帝阴符经》《文宣王庙碑》等皆为其所刻。《石刻考工录》（曾毅公辑《石刻考工录》，北京：书目文献出版社，1987年，第31—32页）、《西北历史文物陈列馆历代刻碑工人姓名录》（《文物参考资料》1951年第10期，第104—108页）等资料中均可见对其人的介绍记载。
③ 陈忠凯、王其祎、李举纲、岳绍辉编著《西安碑林博物馆藏碑刻总目提要》，北京：线装书局，2006年，第11页。碑身见西安碑林博物馆第五陈列室第76号龟趺碑刻。
④ 王昶编纂《金石萃编》卷一二三，叶四至五，经训堂藏版，根据清嘉庆十年刻、同治钱宝传等补修本。
⑤ 高峡主编《西安碑林全集》第3函第25卷，广州：广东经济出版社，深圳：海天出版社，1999年，第2529—2545页。
⑥ Дx.8852v、Дx.11240v的比对参张新朋《敦煌本〈重修开元安寺行廊功德碑〉残片辑考》，敦煌研究院、中国敦煌吐鲁番学会编《2015敦煌与中外关系国际学术研讨会论文稿》，第556—564页。张氏在该文中整理拼合残片，并对碑文全篇内容逐句进行了释录。

的文化传播中，这一文献的发现具有重要的意义，其内容记载也对史实还原多有帮助，且书写格式也颇具特色，加之迄今为止有关 Дх.10740 号文献的研究成果都是针对其正面文字的部分内容所进行的考证与解说，并没有详细论及其背面内容者[1]，更没有人对此号文献之整体内容进行关照研究，笔者不揣冒昧，拟在此略抒己见，其中不当之处尚请方家批评指正。

第二节　宋初之碑拓西传与敦煌习书——文献缀合及书写状况分析

Дх.10740-3、Дх.10740-4、Дх.10740-5、Дх.2487、Дх.8852 五件残片正面书有《大乘百法明门论开宗义决》残文[2]，字体皆为楷书，字迹极为相似，当出自同一人之手，其行款也大致相同，大约每行 26 字，可知当为一件写卷之裂[3]。据此可以估算：Дх.2487 残片的首行文字位于此全文抄录本的第 127 行左右；Дх.2487 与 Дх.10740-3 之间大约相距 16 行；Дх.10740-3 与 Дх.8852 之间约相距 39 行，Дх.8852 与 Дх.10740-5 之间大约相距 9 行；Дх.10740-5 与 Дх.10740-4 之间大约相距 11 行（参照图 2-3 正）。

上述五件残片的背面文字内容均出自《重修开元寺行廊功德碑》，字体楷书，字迹相类，先是每字成行书写练习，后面又有每字一次的单字书写，字间距、行间距都较为随意，应当是出自同一人手笔的书法练习之作（参照图 2-3 背）。

以 Дх.10740v 来说，不仅 Дх.10740-3v、Дх.10740-4v、Дх.10740-5v，实际上，Дх.10740 号 14 件残片的背面文字均出自《重修开元寺行廊功德碑》，而且书写风格和特点完全一致，只是书写形式有所不同。其中，Дх.10740-1v、Дх.10740-13v、Дх.10740-14v 全部为单字书写，笔者暂称之为"临字习书"；其他 11 片则均为每字

---

[1] 仅陈丽萍曾提及背面有习字，但尚未进一步考证论述，见氏著《杏雨书屋藏〈秦妇吟〉残卷缀合及研究》，《隋唐辽宋金元史论丛》第 3 辑，2013 年，第 141—142 页，注 8。
[2] 《俄藏敦煌文献》给 Дх.02487 定名为《佛经论释》，经比定，当为《大乘百法明门论开宗义决》残文。图版见《俄藏敦煌文献》第 9 册，上海：上海古籍出版社，圣彼得堡：俄罗斯科学出版社东方文学部，1998 年，第 224 页。
[3] 根据这些残片的现存状况可知，它们应该是卷子本，而不是册子本。如果是册子本、册页装的话，则应该正、背为同一文献的接续书写；如果为蝴蝶装，则背面无法作习字使用。

书写一或两行的书法练习,为示区别,暂称之为"临篇习书"①。如果我们把这里所看到的习书复原到原碑文之上的话,可以看到其出现位置非常整齐集中(见图2-5拓本框出部分,以及《重修开元寺行廊功德碑》录文之涂色部分)。通过对原碑全文添加阿拉伯数字坐标轴可知,目前可以看到的文字在整幅碑文中出现了纵高五字为基准的截面。为何会出现这样的情况呢?笔者以为,这或许与当时碑拓的传存形式有关。

　　一方面,众所周知,碑石拓本在制作时一般都是整体进行捶拓,但如今却少见宋元之前的大型碑石整拓传世②。传世的宋拓、明拓碑帖大致有卷轴、挂轴、册页等三种形式。在敦煌所见的四件拓本中,《化度寺邕禅师舍利塔铭》是册页装,《唐太宗温泉铭》《金刚般若波罗蜜经》《佛说大悲陀罗尼经》等三件则是卷轴装③。另一方面,碑帖在装帧上还可分为整纸装裱、剪条装裱以及剪字装裱。这很可能与时间的久远、技术的发展以及制作碑拓的目的有关。当时的人们制作碑拓,往往只是因为看重书法,一般没有借碑拓来保存碑身的大小、样式和形制等等信息的意思,也就不避讳剪裁。对于一些尺寸较大的碑拓来说,整拓既不利于携带又不便于保存,折叠收存容易产生折角、折痕,发生破损,一旦有损伤,无疑就会直接降低拓片的价值和寿命,这就违背了制作碑石拓片以随时鉴赏品玩、长期临摹学习的根本目的。从这样的价值取向来看,无疑剪裱本更具优势。敦煌藏经洞所出的这几件唐拓实物就是最好的证据。例如,前文所提到的被考证为初唐拓本的 P.4510+S.5791《化度寺邕禅师舍利塔铭》④,就是每页分为4行,每行5字,尺寸约12.2cm×8.9cm,剪条(夹有剪字)装裱,背面加托大出墨本一圈的白色裾纸。如此一来,Дх.10740v 所存在的

---

① 学界多将敦煌文献中如此处这般每字重复书写的情况称作"习字",窃认为"习字"一词有学习记忆生字生词的意思,而明显有帖所据的反复书写,应该重点强调的是书法的练习,所以不如采用"临池学书"之意,以"习书"一词来表述更加贴切。在本文中,因为讨论的需要,笔者也对参照手边模板逐字抄写全篇文字练习书法和对一篇文字中的单字反复摹写进行了区别,分别命名为"临字习书"和"临篇习书",不当之处,尚请方家批评指正。
② 这一点,前人早有论述,参见王壮弘《崇善楼笔记》,上海:上海书店出版社,2008年。王氏甚至认为如今未存一件唐宋之前的整拓(见《碑帖鉴别常识》,上海:上海书店出版社,2008年,第80—83页)。
③ 参施安昌的相关考证,见所撰《敦煌石室发现的四种碑刻古拓——兼谈中国书籍制度的变迁》,《故宫博物院院刊》1993年3期,第74页。
④ 罗振玉曾据伯希和所寄照片误认其为翻刻本,后经施安昌再三考证并核与实物,最终将其考订为唐初拓本,见氏著《敦煌石室发现的四种碑刻古拓——兼谈中国书籍制度的变迁》,第71页。P.4510图版参见《法藏敦煌西域文献》第31册,2005年,第222页。S.5791图版见《英藏敦煌文献(汉文佛经以外部分)》第9册,成都:四川人民出版社,1994年,第148—151页。

《重修开元寺行廊功德碑并序》抄写顺序大致为每5字一换行，以及偶有位置颠倒的情况就可以解释了。这可以说是剪裱本存在缺页以及剪条后装裱次序错误的明证，Дх.10740v习书所存在的奇怪现象，就是依照这样错误的剪裱本逐字进行书法练习的结果。

实际上，由于碑石尺寸较大，制作拓片时往往需要多张拓纸首尾接续进行捶拓。如果在拓成后不作其他处理，那么，在制作拓片时原本互相接续的纸张，会在干燥后彼此剥落脱离开来，恢复单张小纸的状态。北宋苏易简《文房四谱》记载："晋令：诸作纸，大纸〔广〕一尺三分，长一尺八分，听参作广一尺四寸；小纸广九寸五分，长一尺四寸。"[1]晋尺一尺约25.8cm，换算可知，晋大纸宽约31.3cm，长约43.4cm，小纸宽约22.9cm，长约33.7cm，唐代又仿照晋代的标准，也大致如此。从Дх.10740v《重修开元寺行廊功德碑》来看，存在用宽度相同的纸张接续后进行捶拓的可能，其纵向每5字高度尺寸约为15.2cm（据北京大学藏清拓以及西安碑林博物馆藏该碑的实物测量），若去掉前后页黏连时的重合，倒也与大纸一分为二的尺寸十分接近。所以，或有这样的可能：因为欣赏《重修开元寺行廊功德碑》的书法，某人将数张大纸接续起来制作了拓片，后来为了携带方便，将该拓片拆为单页并每页剪裁为上下两段，这样经过剪裁的拓片从当时的咸宁县辗转流传到了敦煌，并以零散的单页或者是前后顺序杂乱、有所残损的数张单页的形式，在敦煌部分人群中传播。另外，从Дх.10740-14v"竞列千花幢节灼而澜挹之"的书写接续顺序来看，无疑受到了剪裱装拓本传存形式的影响。

综上，重修开元寺行廊功德碑于963年立于中原地区的长安城，书有此碑文内容的Дх.10740v习书残片最晚在11世纪初被封存于敦煌，说明此时间段之内有从长安到敦煌的人充当了《重修开元寺行廊功德碑并序》的传播者。鉴于在初唐时人们已经能将拓本剪裁装裱成使用便利的册子，所以笔者推测，很可能是欣赏《重修开元寺行廊功德碑并序》书法风格的人将其拓本剪裱为高约15cm的册子本，并随身携带到了敦煌，从而为身处敦煌寺院的人所临摹抄写。或许是途中散佚，抑或者是在敦煌传播期间失落的缘故，后来的抄写者手中所持有的《重修开元寺行廊功德碑并序》拓片的剪裱本出现了次序不顺、前后有误的情况，但是一来临书者重视的是书法，并非内容，二来敦煌传本不多，以致临书者写下了这样词句不顺、语义难通的文字，并传存到了今天。

---

[1] 《丛书集成初编》，北京：中华书局，1985年，第52页。

沿袭上述推算 Дх.10740-3v、Дх.10740-4v、Дх.10740-5v 之间缀合方式的办法以及 Дх.10740v《重修开元寺行廊功德碑》每 5 字高度的习书情况，也可以推算出其他残片的缀合顺序，比如 Дх.10740 (6-11)《秦妇吟》+…+Дх.10740-12《秦将赋》的缀合（见图 2-2 正）。前半段 Дх.10740 (6-11)《秦妇吟》的缀合可以参照前注张新朋《敦煌诗赋残片拾遗》[①]，这里要说明的是追加缀合 Дх.10740-12 的理由。

首先，看 Дх.4758 与 Дх.10740-6 的缀合。这两件残片已经根据正面《秦妇吟》的情况得到了可间接缀合的确认，且可知中间约缺失 6 行文字，这一点并无疑问。在此笔者想提醒的是背面，Дх.4758v 与 Дх.10740-6v 之间遵从"澜挹之无际之旧都每愿雾集行檀驰"的书写顺序，可知缺失了 4 个汉字。那么，Дх.10740-6 与 Дх.10740-12 的缀合则可以此为参考。从右列《秦妇吟》Дх.10740-6 文字末句来看，尚余约 150 字没能写完全篇，而左列《秦将赋》Дх.10740-12 则缺失开头的 126 字，根据残文行款均在 26 字左右、《秦将赋》或单列首题行等情况来推算，Дх.10740-6 与 Дх.10740-12 之间大约有 12 行文字的缺失。同时再看背面，从"独耀班衣情法乐扣寂让十方之达训之性大师讲化升"这样的书写字序来看，两件残片之间相距习书"法乐扣寂让十方之"8 个字的距离，所以，在字迹相似、内容出处相同的基础上，从 Дх.4758 与 Дх.10740-6 之间的距离是正面 6 行、背面 4 字，Дх.10740-6 与 Дх.10740-12 之间的距离是正面 12 行、背面 8 字来看，比例相近，可以说为之缀合是合乎情理的。

根据内容、笔迹、行款等依据可以进行缀合的还有 Дх.10740-2 与 Дх.5565（图 2-1 正、背），以及 Дх.10740-14 与 (Дх.10740-1+…+Дх.10740-13)（图 2-4 正、背）。Дх.10740-14《王梵志诗》与 (Дх.10740-1+…+Дх.10740-13)《开蒙要训》的缀合则主要是基于背面文字的考虑。从《重修开元寺行廊功德碑》的习书情况来看，因为是中途戛然而止，所以在书写字迹、书写方式相同的情况下，留有余白的 Дх.10740-14 自当为稿纸之末。

在进行了以上缀合工作的基础上，笔者发现了一个小规律，如下文缀合图的背面所示，图 2-1 背中文字的书写右侧大致每字两行，后逐渐过渡到左侧的大致每字一行；图 2-2 背中文字的书写右侧起始位置每字书写两行，其后向左均为每字书写一行；图 2-3 背中的文字则是从右侧的每字书写一行逐渐到左侧每字书写一次；图 2-4 背则完全是每字一次的回环书写。这一情况或许只是偶然，不能借此作出一个定论，但

---

① 张新朋《敦煌诗赋残片拾遗》，第 78 页。

结合如今的临书习字习惯，或者可以说，这是人们为提高自身书法水平而精心选择范本并努力进行的反复临摹练习。当时处于北宋和西北地区非汉民族包围圈下的归义军政权，其治下学子仍然如此努力练习汉字书法，可谓意义深刻。

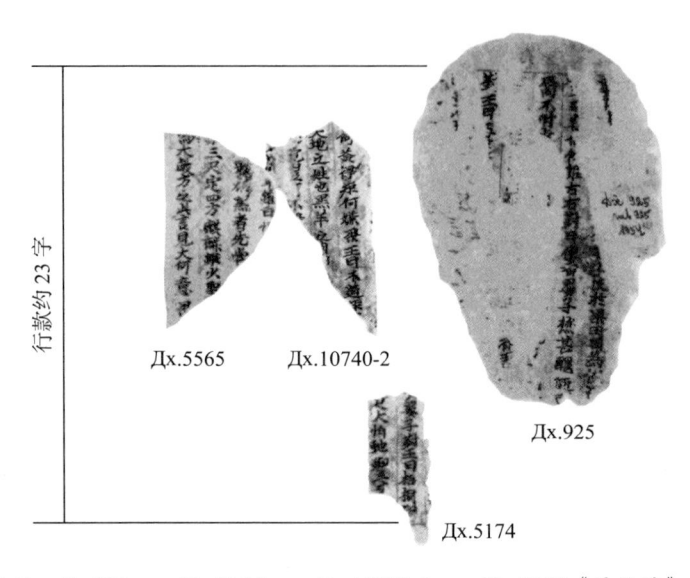

图 2-1 正　Дx.925+……+Дx.5174+……+Дx.10740-2+……+Дx.5565《晏子赋》缀合图

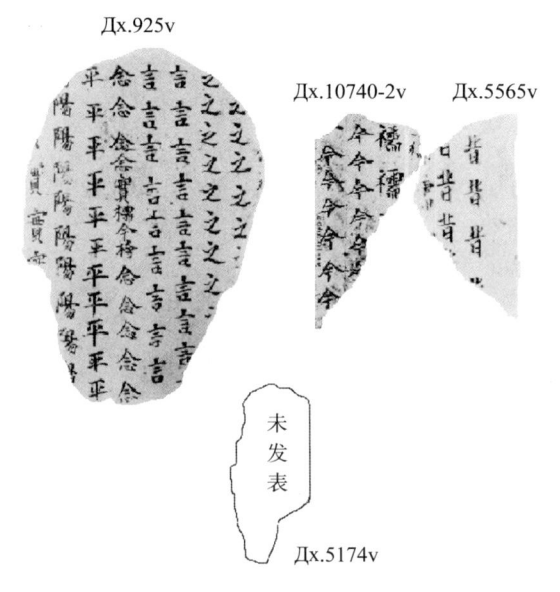

图 2-1 背　Дx.5565v+……+Дx.10740-2v+……+Дx.5174v+……+Дx.925v
《重修开元寺行廊功德碑》缀合图

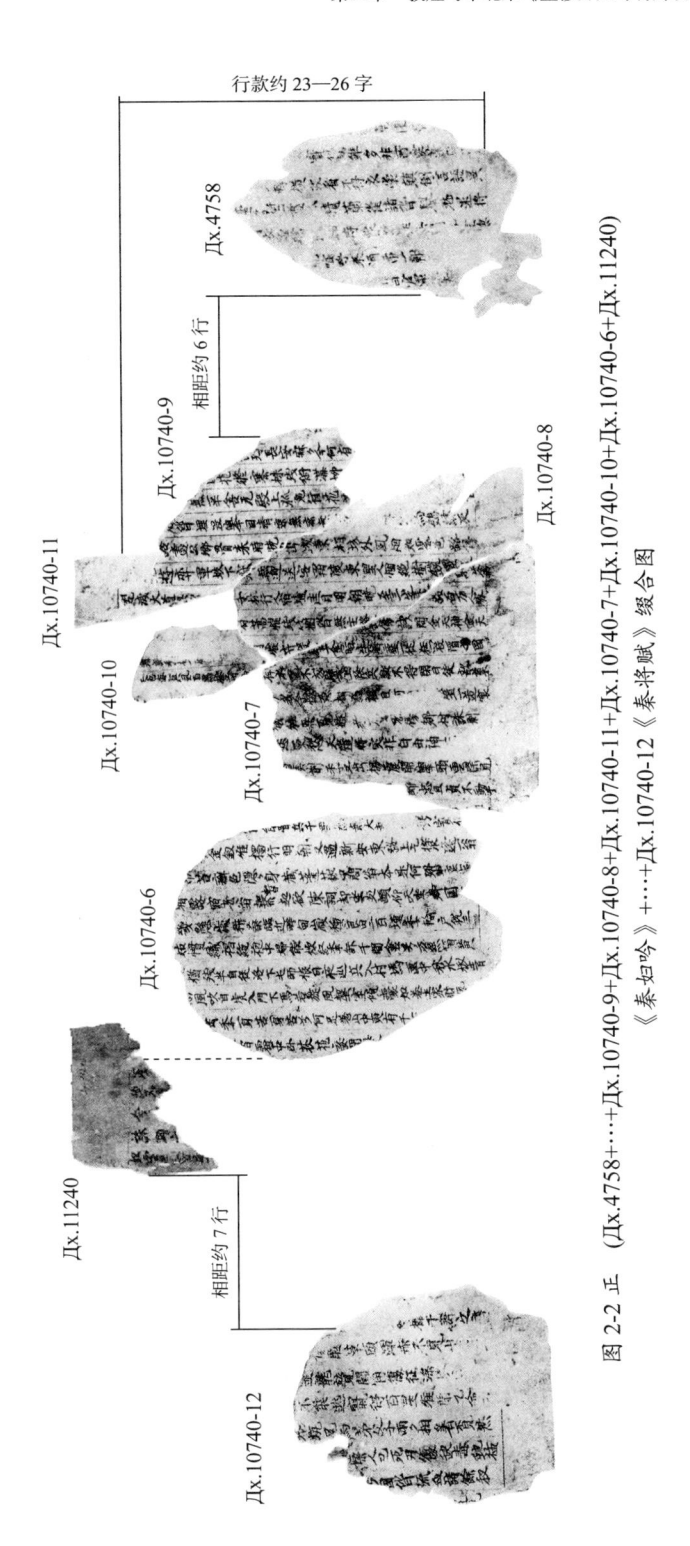

第二章 敦煌写本北宋《重修开元寺行廊功德碑并序》习书考

图 2-2 正 （Дx.4758+……+Дx.10740-9+Дx.10740-8+Дx.10740-11+Дx.10740-7+Дx.10740-10+Дx.10740-6+Дx.11240）《秦妇吟》+……+Дx.10740-12《秦将赋》缀合图

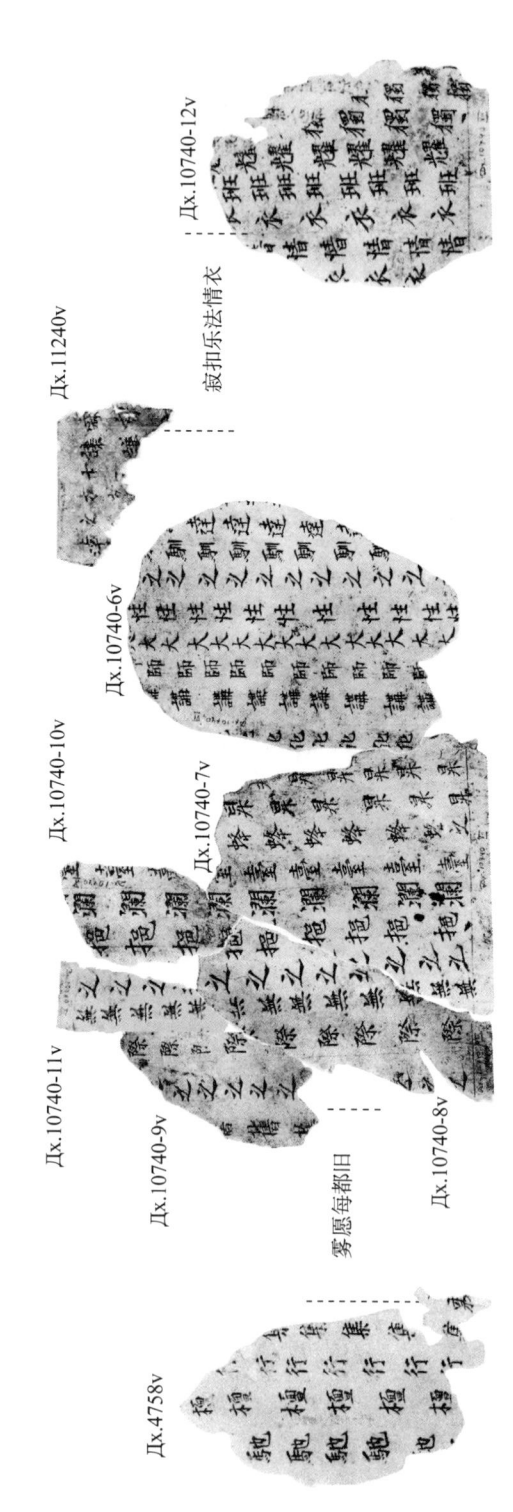

长安内外：唐代京城书写文化的东西流行

图 2-2 背 Дх.10740-12v+……+Дх.11240v+Дх.10740-6v+Дх.10740-7v+Дх.10740-10v+Дх.10740-8v+Дх.10740-11v+Дх.10740-9v+……+Дх.4758v《重修开元寺行廊功德碑并序》习书

第二章　敦煌写本北宋《重修开元寺行廊功德碑并序》习书考

图 2-3 正　Дх.2487+⋯+Дх.10740-3+⋯+Дх.8852+⋯+Дх.10740-5+⋯+Дх.10740-4《大乘百法明门论开宗义决》缀合图

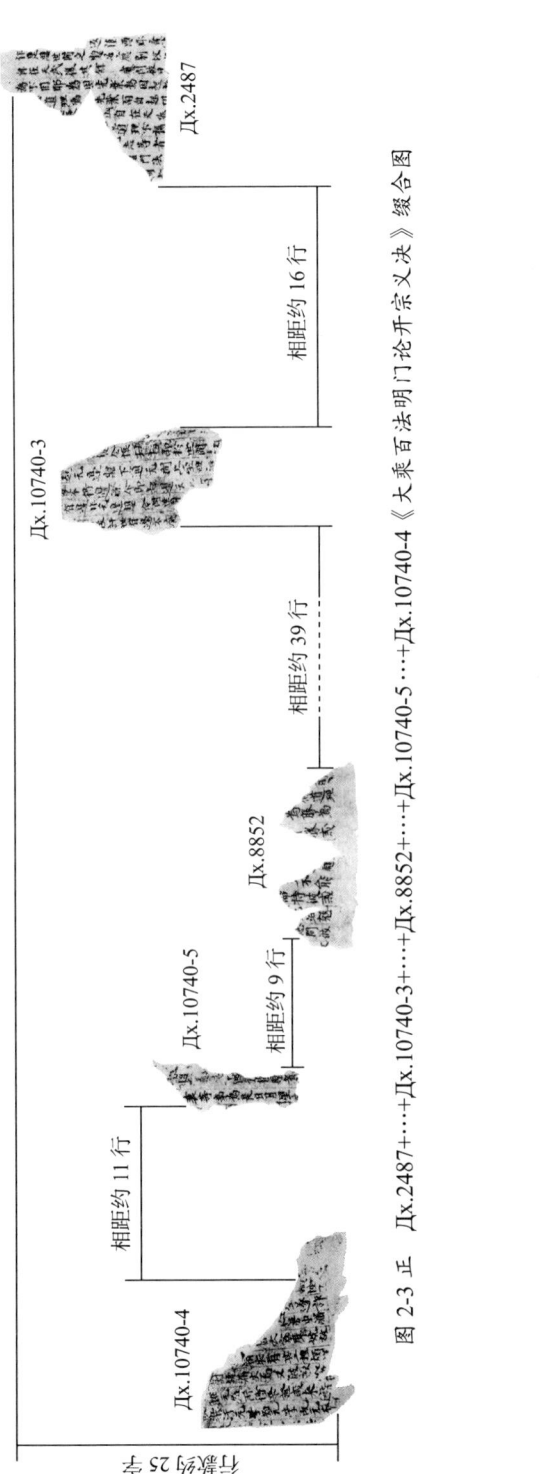

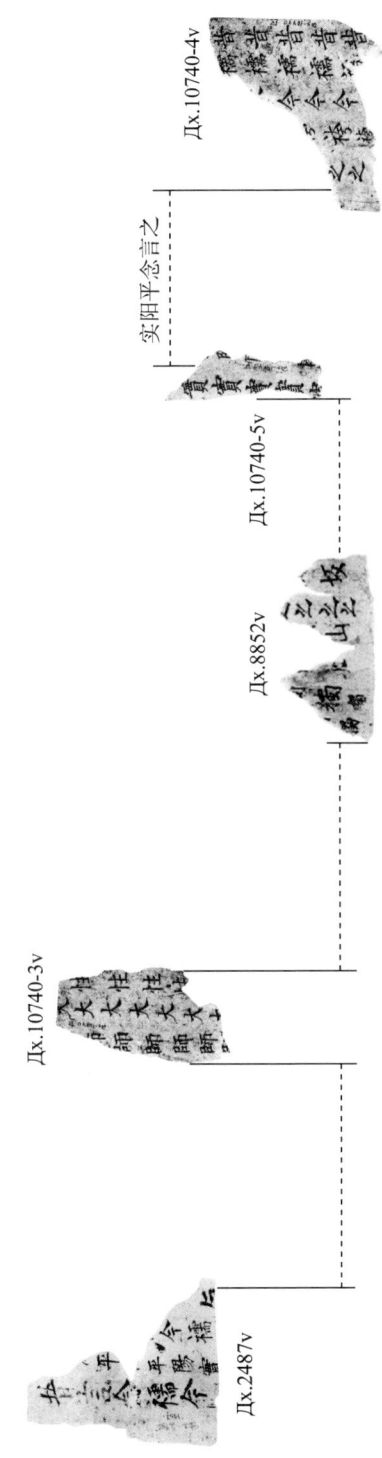

图 2-3 背　Дх.10740-4v+⋯+Дх.10740-5v+⋯+Дх.8852v+⋯+Дх.10740-3v+⋯+Дх.2487v《重修开元寺行廊功德碑》缀合图

127

长安内外：唐代京城书写文化的东西流行

Дx.10740-14

Дx.10740-1

最低相距 410 行以上

相距约 30 行

Дx.10740-13

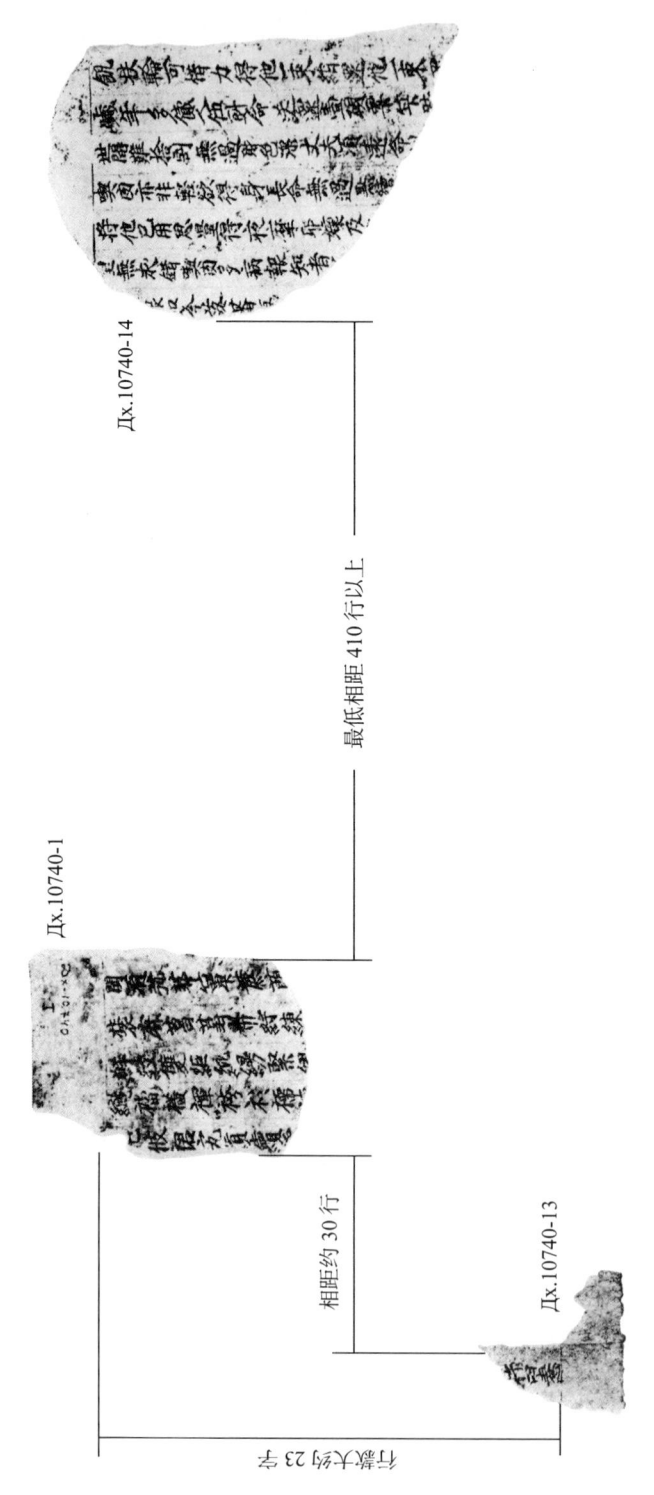

行距大约 23 字

图 2-4 正　Дx.10740-14《王梵志诗》+····+（Дx.10740-1+····+Дx.10740-13）《开蒙要训》缀合图

128

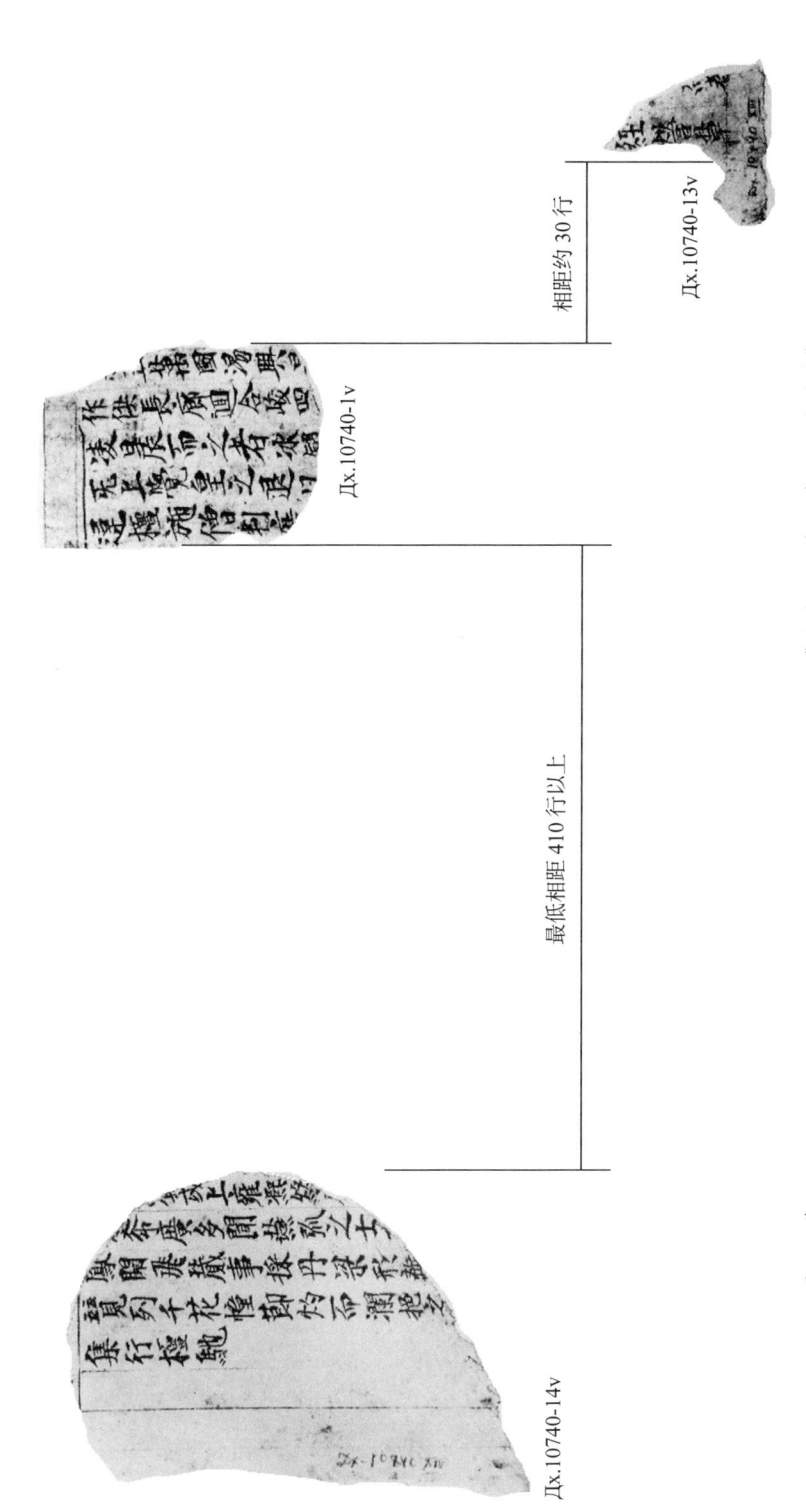

第二章　敦煌写本北宋《重修开元寺行廊功德碑并序》习书考

图 2-4 背　Дх.10740-13v+……+Дх.10740-1v+……+Дх.10740-14v《重修开元寺行廊功德碑并序》缀合图

129

第三节　敦煌写卷之整体与片段——Дх.10740写本的正、背文献

据上文可知，以现编号Дх.10740为中心、背面书有《重修开元寺行廊功德碑并序》的写本，其正面包含了数篇性质不同、篇幅不一的文章（详情见表2-1），而且全部书写认真，格式整齐。如果每一篇文章都是全文抄写，那么这件写本应当用了相当多的纸张，否则无论做成卷子还是册子，都有些令人难以置信。那么，这些文章之间究竟存在着怎样的关系呢？

再次审视各残片，从字迹、行款、天头地脚、有无界栏等方面仔细比较各缀合图，可以发现，首先，这些纸张的尺寸大小应该是一致的，或者它们就是同一批纸张，只是后来抄写了不同的内容，理由是它们的行款比较接近，墨色界栏也大致相仿。其次，上述四幅缀合图，或出自三人之手。其中，背面文字均出自同一人之手，正面文字的图2-1、图2-2、图2-4出自另一人之手，图2-3则又为另一人所写。证据是，四幅缀合图背面的"大""之"等字与图2-1正面的"大"字、"之"字书写笔迹明显不同；图2-3正面书写的文字笔迹与其他几面完全不同，如图2-1正面的"非"字，以及图2-3正面所写的内容为《大乘百法明门论开宗义决》，属于佛教经典，其他都是俗文学作品。再次，关于书写的先后顺序，从书写样式来看，应当是正面抄写连篇累牍的文字在先，再以用过的纸张的背面练习书法在后，至于佛俗文字书写的先后、俗文学作品书写的先后以及正、背面书写时间的间隔等问题，则暂时无从断定。

如果根据第二部分对背面文字书写顺序的推测来看，那么正面的书写就应该是《晏子赋》《秦妇吟》《秦将赋》《大乘百法明门论开宗义决》《王梵志诗》《开蒙要训》，这样一来本为另外一人书写的《大乘百法明门论开宗义决》就杂在了其他各篇为同一人所书写的文章中间，由此可以推测，以Дх.10740v为中心的《重修开元寺行廊功德碑并序》，其习书者可能并非是取用了一个卷子来练习书法，而是取用了多个卷子，进行了反复、大量练习。虽然不是所有的文献都书于一个写卷之上，但是通过缀合图来看，《秦妇吟》与《秦将赋》应该是一个写卷，都是战争题材的通俗文学诗，《王梵志诗》与《开蒙要训》亦可能为一个写卷，《开蒙要训》是童蒙类读物，《王梵志诗》则文句浅显、通俗易懂[①]。《晏子赋》也有缀于《秦妇吟》写卷之前的可能性，因为它们既是通俗作品，又都有一定的文学性。

[①] 项楚称王梵志为"白话诗人"，并对其相关诗作的风格进行了分析，详见氏著《王梵志诗校注》前言，上海：上海古籍出版社，1991年，第1—34页。

第二章 敦煌写本北宋《重修开元寺行廊功德碑并序》习书考

表 2-1 敦煌本《重修开元寺行廊功德碑并序》简况

编号	文献内容		备注
	正面	背面	
Дх.10740-1	《开蒙要训》残文	《重修开元寺行廊功德碑并序》临篇习书	
Дх.10740-13	《开蒙要训》残文	《重修开元寺行廊功德碑并序》临篇习书	
Дх.10740-14	一卷本《王梵志诗》残文	《重修开元寺行廊功德碑并序》临篇习书	
Дх.10740-2	《晏子赋》残文	《重修开元寺行廊功德碑并序》临字习书	
Дх.10740-3	《大乘百法明门论开宗义决》残文	《重修开元寺行廊功德碑并序》临字习书	
Дх.10740-4	《大乘百法明门论开宗义决》残文	《重修开元寺行廊功德碑并序》临字习书	
Дх.10740-5	《大乘百法明门论开宗义决》残文	《重修开元寺行廊功德碑并序》临字习书	
Дх.10740-6	《秦妇吟》残文	《重修开元寺行廊功德碑并序》临字习书	此数栏编号之背面文字当为同一人所写
Дх.10740-7	《秦妇吟》残文	《重修开元寺行廊功德碑并序》临字习书	
Дх.10740-8	《秦妇吟》残文	《重修开元寺行廊功德碑并序》临字习书	
Дх.10740-9	《秦妇吟》残文	《重修开元寺行廊功德碑并序》临字习书	
Дх.10740-10	《秦妇吟》残文	《重修开元寺行廊功德碑并序》临字习书	
Дх.10740-11	《秦妇吟》残文	《重修开元寺行廊功德碑并序》临字习书	
Дх.10740-12	《秦将赋》残文	《重修开元寺行廊功德碑并序》临字习书	
Дх.4758	《秦妇吟》残文	《重修开元寺行廊功德碑并序》临字习书	

131

续 表

编号	文献内容			备注
^	正面	背面		
Дx.2487	《大乘百法明门论开宗义决》残文	《重修开元寺行廊功德碑并序》临字习书		
Дx.5565	《晏子赋》	《重修开元寺行廊功德碑并序》临字习书		
Дx.925	《晏子赋》	《重修开元寺行廊功德碑并序》临字习书		此数栏编号之背面文字当为同一人所写
Дx.5174	《晏子赋》	疑为《重修开元寺行廊功德碑并序》习书残文		
Дx.8852	《大乘百法明门论开宗义决》残文	《重修开元寺行廊功德碑并序》临字习书		
Дx.11240	《秦妇吟》残文	《重修开元寺行廊功德碑并序》临字习书		
Дx.5961	发愿文	《重修开元寺行廊功德碑并序》临字习书		

实际上，在现存的敦煌写卷中，常有数篇文字抄写于一纸之上的情况，其性质、内容往往值得探究，笔者虽然学力尚浅，但对徐俊《敦煌诗集残卷辑考》所开启的以写本为中心来思考当时写本形态的思路十分向往[①]，希望能在今后以数年之功，按照卷子、册子的本身内容来做一份文献目录的整理工作，并据此进一步分析敦煌写本中一卷多篇的书写情况。

第四节　小　结

《重修开元寺行廊功德碑并序》之前并未发现于敦煌文献之中，也未见哪位学者对其有专门的论述，如今虽然不知在五代宋初的敦煌是否传抄过此碑文的全文，但是据此习书残件可以确定，其在敦煌的流传定为事实，这无疑对印证后期敦煌归义军政权与中原北宋王朝之间的交流与交往，有着重要的意义。

从时间上来看，藏经洞被认为封闭于11世纪初，也就是说，建立于963年的重修开元寺行廊功德碑的拓片就是在这个时候从咸宁县流传到了敦煌，并传抄临摹于敦煌人的手中。从碑文内容来看，《重修开元寺行廊功德碑并序》本身遣词造句典雅，文意多有深奥难解之处。从敦煌文献中现存残文的形式来看，目前所发现的本子都是字体相同的书法练习，而且是每五字一转行的碑文节选，字句意思往往不连贯、不通顺。所以，当时有敦煌人抄写《重修开元寺行廊功德碑并序》，其目的定然与碑文内容全无关系，而是纯粹地为了临摹单字而进行书法练习。这一方面说明，因为时间、空间、形式等限制，文本文献在传播过程中会存在文化内涵的部分丢失；另一方面也说明，由于固有文化水平、本身客观条件等限制，接受文化的一方在接受文献过程中存在着部分接受的涵义选择性。

如果将敦煌文献中所发现的《重修开元寺行廊功德碑并序》习书残片正、背内容一起排列观察，可知Дх.10740书写内容丰富，除背面为出自同一人之手的《重修开元寺行廊功德碑并序》习书外，其正面书写了《开蒙要训》《晏子赋》《秦将赋》《秦妇吟》《王梵志诗》《大乘百法明门论开宗义决》等6件教俗不一的文献，而且在这些正面文字中，《大乘百法明门论开宗义决》残文的字迹与其他残片正面文字的字迹明显不同。据此推测，习书者对《重修开元寺行廊功德碑并序》进行了大量的

---

① 徐俊《敦煌诗集残卷辑考》，北京：中华书局，2000年。

临摹练习,习书用纸不止一卷,既使用了抄写《开蒙要训》《晏子赋》等俗文献写本的背面,也使用了《大乘百法明门论开宗义决》这样佛教典籍写本的背面进行习书。实际上,敦煌文献中似此多种文献合抄于一处的情况并不少见[①],但是对抄写者如此连抄、混抄的深层原因,还有待于进一步研究。

本文也分析了Дх.10740v《重修开元寺行廊功德碑》习书书写的特殊情况与碑拓传存形式的关系。2014年11月下旬,笔者曾专程前往西安碑林博物馆考察此碑,现场校录了碑文内容,并测量了碑身。此行廊功德碑保存较为完好,碑身尺寸千年来基本未变。对其出现跳跃性的每五字连写情况,推测可能为临摹习书时使用的剪裱本存在错页、错行等失误的缘故。

近年来,关于习书类材料所体现出的中原文化影响西域的问题已经有不少优秀成果问世,邢义田对秦汉官民学习文字的研究[②],郑阿财、朱凤玉以及伊藤美重子对教育问题的探讨[③],朱玉麒对政治力量影响中原文化在吐鲁番地区传播问题的解说[④],以及荣新江对《兰亭序》以及《尚想黄绮》帖流传西域情况的分析[⑤]等,都各自从一个侧面论证了中原文化与敦煌文化的密切关系。正如游自勇、赵洋根据史大奈碑文习书的前后文有佛教经典从而推测其为寺院学习之表现[⑥],本文在分析各残片缀合关系的同时,也力图用盛行于中原地区的剪裱本碑拓在敦煌被用作习书摹本这一事实,证明中原与敦煌在北宋初年所存在的文化交流与传播,以期对《重修开元寺行廊功德碑并序》所体现出来的中原到敦煌的文化传播情形有所补充,也希望对今后研究同一写卷或同一书册为何会书有佛儒僧俗不同性质文献提供一点素材。

(原刊于《文史》2016年第1辑,第117—133页。收入本书略有修订。)

[①] 比如P.3910写本,也包括《咏孝经十八章》《茶酒论》《新合千文皇帝感辞壹拾壹首》《新合孝经皇帝感辞》《秦妇吟》等多篇内容,见《法藏敦煌西域文献》第29册,2003年,第197—207页。

[②] 邢义田《汉代边塞吏卒的军中教育——读〈居延汉简〉札记之三》,《简帛研究》第2辑,1996年,第273—278页。

[③] 郑阿财、朱凤玉《敦煌蒙书研究》,甘肃教育出版社,2002年;伊藤美重子《敦煌文书にみる学校教育》,东京:汲古书院,2008年。

[④] 朱玉麒《中古时期吐鲁番地区汉文文学的传播与接受:以吐鲁番出土文书为中心》,《中国社会科学》2010年6期,第182—194页;《吐鲁番文书中的玄宗诗》,《西域文史》第7辑,2012年,第63—75页。

[⑤] 荣新江《〈兰亭序〉および〈尚想黄绮〉帖の西域における流传》,东方学研究论集刊行会编《东方学研究论集——高田时雄教授退职记念》日英文分册,京都:临川书店,2014年,第89—104页。

[⑥] 游自勇、赵洋《敦煌写本S.2078V"史大奈碑"习书之研究》,《魏晋南北朝隋唐史资料》第30辑,2014年,第165—181页。

图 2-5 《重修开元寺行廊功德碑并序》拓本

第三章　日本正仓院文书所见汉籍书写学习资料考述

　　日本奈良东大寺正仓院，建于8世纪中期的奈良时期，不仅保存着很多来自当时日本国内外精美绝伦的器物，还保存着大量书写于奈良、平安时期的汉文手抄本。在这些写卷当中，可以看到不少与中国典籍抄写学习相关的内容。正仓院中传存的正规抄书类古籍写卷主要有《杂集》《乐毅论》《杜家立成杂书要略》《诗序〈王勃集〉》等写本；同时，在正仓院的古文书中，也有很多关于日本人抄写汉籍的记录，以及作为习字而抄写的汉文典籍的片言只语，这些是本章的主要讨论对象。

　　正仓院的中仓和北仓都有文书保存下来。其中，中仓保存的是东大寺写经所所作成的文书，这部分文书也被称之为"狭义的正仓院文书"；北仓保存的主要有五通《东大寺献物帐》，以及曝凉帐、出纳帐等文书。这些文书统称为"正仓院文书"，或者说是"广义的正仓院文书"。它们的制作时间相对集中，大体上以奈良、平安前期为主，其内容以中仓原来所属的写经所文书为主，这些文书的正面原本是户籍、计帐、手实、移、解等官文书，以及有关申请食物、生病、借钱等事件的官私文书，寺院僧人利用这些废弃的官私文书来抄写佛典与汉籍，以及书写各种寺院行政文书。因为这是有意保存下来的文化财富，故从保存和保管上来讲，也相对较为集中和精细。

　　东大寺写经所的前身是藤原光明子的私人写经所，目前所见最早的文书是神龟四年（727）的《写经料纸帐》（正仓院文书续续修四帙二〇）[①]。天平元年（729）八月，光明子被立为圣武天皇的皇后，之后这个写经所变成具有皇后宫职的光明子的写经机构。天平十年，正式成立了写经司，用来管理写经事业。但随着国家推进弘佛政策，写经需求量增大，天平十一年又出现了东院写一切经所，即皇太子东宫所在的东院写经机构，其位置与平城宫的皇后宫相邻，在行政上也归属皇后宫职管

[①] 东京大学史料编纂所编《大日本古文书》编年之1，东京：东京大学出版会，1982年，第381—383页。

理。天平十二年（740）庚辰五月一日，光明皇后写下抄写"五月一日经"的发愿题记[1]，到天平十三年八月，又出现福寿寺写一切经所。福寿寺位于平城京东部，是光明皇后发愿所造，即后来金光明寺、东大寺所在，因此，天平十三年将皇后宫职和东院设置的写经司，全部转移到福寿寺，成立了由皇后宫职管辖下的福寿寺写一切经所（或称司）。

天平十三年三月圣武天皇下诏，福寿寺改为金光明四天王护国之寺，成为大和国国分寺（相当于唐朝的官寺）。写经所也随之改称，大概天平十四年五月末，福寿寺写一切经所改称为金光明寺写一切经所，同时也就不再归属皇后宫职所管辖。

天平十九年冬，金光明寺改称东大寺，寺院的性质也从大和国国分寺改为全国的总国分寺。于是，同年十二月十五日，"东大寺写经所"的名称开始出现。二十年七月，造东大寺司成立，写经所归入其管辖之下。在东大寺营建过程中，作为造东大寺司的下属机构，同时也是国家兴佛运动的一部分，东大寺写经所从事着抄写一切经的国家任务。到天平胜宝八年（756）九月，完成了划时代的"五月一日经"的抄写。从天平胜宝九年开始，写经事业由藤原仲麻吕主持，其规模更加扩大。天平宝字四年（760）六月，光明皇后去世，藤原仲麻吕主持抄写忌日发愿经，到天平宝字八年仲麻吕反叛败死，东大寺的写经事业告一段落[2]。其所写经典的年代，基本上是从神龟四年（727）到宝龟七年（776），总计约五十年的时间范围之内。

属于天平元年光明子被立为圣武天皇皇后之后的写经所留下来的材料，虽然不能算是寺院的抄书情况，但这个具有皇后宫职的写经机构后来变成了金光明寺的写经所，所抄经典也就留在了寺院当中，因此这个时代的抄书情况，可以作为东大寺抄书的前史，因此本文也予以辑录出来。

在正仓院文书中，保存有奈良、平安时期学书中国典籍的真实材料。以下即检出其原始写本，并加以讨论。

---

[1] 题记内容如下："皇后藤原（氏）光明子奉为尊考赠正一位太政大臣府君、尊妣赠从一位橘氏太夫人，敬写一切经论及律，庄严既毕。伏愿凭斯胜因，奉资冥助，永庇菩提之树，长游般若之津；又愿上奉圣朝，恒延福寿，下及寮采，共尽忠节；又光明子自发愿言，弘济沉沦，勤除烦障，妙穷诸法，早契菩提，乃至传灯无穷，流布天下，闻名持卷，获福消灾，一切迷方，会归觉路。天平十二年五月一日记。"此题记于《东大寺要录》卷一中载，写于《大爱道比丘尼经》二卷之后。

[2] 以上有关从光明寺到东大寺写经所的变迁，主要参考山下有美《正仓院文书与写经所的研究》，东京：吉川弘文馆，1999年，第17—136页；参看渡边晃宏《金光明寺写经所的研究——写经机构的变迁を中心に》，《史学杂志》96—8，1987年，第1292—1327页。

第一节　光明皇后宫职时期（729—741）的抄书与习书

关于光明皇后宫职时期的抄书和习书活动，虽有圣武天皇御笔《杂集》、光明皇后亲书《乐毅论》等写卷实物证实当时日本对于中国典籍抄写的情况，但毕竟内容单一。而存世至今的不少奈良时期的材料，对当时的抄写盛况有着更为具体的记载。本节将整理介绍光明皇后宫职时期的相关记录。

一、写书杂物充帐

正仓院文书续修第一六卷背面的天平二年（730）七月四日《写书杂物充帐》[1]，录文如下：

（前略）

6	^{二名}《白虎通》一帙^{十五卷}	^{二名}《离骚》三帙^{帙别十六卷}
7	^{二名}《方言》五卷	^{大屬}《论语》廿卷^{本十一卷，九月十五日大属宅进椋椅写十二卷，先十一卷，本九写二}
8	^北《三礼仪宗》三帙^{文作 帙别十卷 九月十五日大属宅进椋椅}	《新仪》一帙十卷
9	纸	轴五十五用
10	《汉书》表纸九十张用	
11	《晋书》分麻纸三百九张^{六十张充辛 现二百册九张，用百八十九张，残六十一张。}	
12	《汉书》枚替分纸百卅张^{用百八十九张，残六十一张。} 用尽	
13	《汉书》分余纸九十五张^{既高屋乞取}	

《白虎通》，《隋书·经籍志》《旧唐书·经籍志》《新唐书·艺文志》均作六卷，《日本国见在书目录》（以下简称《见在书目录》）、《弘决外典钞》作十五卷，正仓院文书这里记录的也是十五卷本，说明日本传本为十五卷本[2]。《见在书目录》入论语家。

《离骚》，《旧唐书·经籍志》《新唐书·艺文志》作十六卷，《日本国见在书

---

[1] 宫内厅正仓院事务所编《正仓院古文书影印集成》七，东京：八木书店，1992年，卷前彩版，第157—158页；《大日本古文书》编年之1，第393—394页。后者题为"写书杂用帐"。
[2] 孙猛《日本国见在书目录详考》上，上海：上海古籍出版社，2015年，第327页。

目录》亦作十六卷，宋以后作十七卷，一名《离骚章句》。《写书杂物充帐》称"离骚"，而作"十六卷"，稻畑耕一郎认为："此处所谓《离骚》，不待言指的正是《楚辞》。天平二年即公元 730 年，值唐玄宗开元十八年。此乃日本著录《楚辞》之始。"[1]从卷数来看，此即《楚辞》王逸注，或称《离骚章句》[2]。

《方言》，西汉扬雄撰，有晋郭璞注本，《隋书》、两《唐书》著录皆为十三卷，《见在书目录》作十卷。《写书杂物充帐》作五卷，不知是否仅抄本文而不及注文，《方言》卷一三刘歆《与扬雄从取方言书》称"属闻子云（扬雄字）独采集先代绝言、异国殊语，以为十五卷"，而《大日本古文书》在《写书杂物充帐》天头位置标明"杨氏方言"，此处或漏书一"十"字。

《论语》，约东晋末传入日本，但不论是郑玄注、何晏集解，还是皇侃义疏本，都是十卷。此处为"廿卷"本，值得注意。

《三礼仪宗》，即《三礼义宗》，萧梁国子博士崔灵恩撰，三十卷。《写书杂物充帐》作"三帙，文作帙别十卷"，正好是三十卷。《见在书目录》著录为"廿卷"，一说为"卅卷"之误[3]，也可能是《见在书目录》编定时，只见到二十卷本。

《新仪》，萧梁鲍泉撰，三十卷，今已佚，可能是有关书仪类的书。《见在书目录》著录为三十卷，入仪注家，在冷然院。《写书杂物充帐》只有一帙十卷。

《汉书》，东汉班固撰，一百一十五卷。《汉书》作为"三史"之一，早已传入日本。其部头较大，《写书杂物充帐》三处记抄写用纸，分别为"《汉书》表纸九十张用""《汉书》枚替分纸百卅张，用百八十九张""《汉书》分余纸九十五张"，可见是分工抄写的。正仓院文书续修第一六卷《皇后宫职移图书寮》记抄写用纸为"《汉书》二帙五卷 纸一百六十六"[4]，又正仓院文书续修第一六卷《天平五年（733）皇后宫职移》也有抄写用纸记录"《汉书》六卷一百卅张"[5]，都表明《汉书》从光明皇后到东大寺，都是努力学书的对象。

《晋书》，有多家著述，一说《写书杂物充帐》此处所记《晋书》，为东晋王隐所撰《晋书》[6]。王隐《晋书》，《隋书·经籍志》著录原本九十三卷，今存八十六卷；

---

[1] 稻畑耕一郎《日本楚辞研究前史述评》，《江汉论坛》1986 年第 7 期，第 55 页。
[2] 孙猛《日本国见在书目录详考》下，第 1823—1825 页。
[3] 孙猛《日本国见在书目录详考》上，第 142 页。
[4] 《正仓院古文书影印集成》五，1991 年，第 173 页；《大日本古文书》编年之 1，第 443—444 页。
[5] 《正仓院古文书影印集成》五，第 175—176 页；《大日本古文书》编年之 1，第 476—477 页。
[6] 孙猛《日本国见在书目录详考》上，第 583 页。

新旧《唐书》均作八十九卷;《见在书目录》作七十六卷,则所存更少。在唐朝之前,编写晋朝历史的著作有十八家之多①,到唐朝官修《晋书》一百三十卷,其他十八家晋史逐渐消亡。《见在书目录》著录到晚唐时传入日本的有唐修《晋书》一百三十卷,王隐《晋书》七十六卷,《晋书评》一卷,司马彪《晋书抄》三十卷等②,《写书杂物充帐》所记《晋书》,尚不能确定是哪一家,说是唐修《晋书》也完全成立。

二、皇后宫职文书——移与解

"移",是日本古文书中公文书的一种,是行用于收受双方没有上下级隶属关系的政府部门之间的一种公文书。比如用于民部省和大藏省之间、大和国与摄津国之间等③。"解",也是日本古文书中公文书的一种,但其行用对象较为复杂,原本"解"是下级部门对上级部门提出的文书,后来实际上这一范围却有所扩大,也会被行用于个人提交政府部门,甚至个人对个人、地位低者对地位高者④。在正仓院文书中,有五件皇后宫职相关文书提到了抄写中国典籍之事,这其中有四件是"移",且对象一致,都是图书寮;有一件则是"解"。下文将按照时间顺序进行逐一说明与分析。

(1)正仓院文书续修第一六卷《天平三年(731)皇后宫职移》⑤:

```
1    皇后宫职移    图书寮
2—3  (略)
4    少初位上安子儿公  上日壹伯陆拾壹  夕伍拾
     十月十二  夕五  十一月十五  夕六  十二月廿八  夕八  正月十一  夕四
     三月廿夕三  四月十五、夕四  五月十九  夕五  六月廿一  夕七  七月廿  夕八
5              写纸柒伯肆拾肆张  《涅盘经》第一帙  纸百九十二  第三帙  纸百九十张
                                《瑜伽论抄》二卷  纸百廿张  《晋书》第九帙  纸二百卌二
6    少初位下辛金福  上日壹伯三拾柒  夕肆拾伍
     正月十一  夕二  二月廿六  夕七  三月廿六  夕七
     四月十六  夕五  五月十九  夕六  六月十四  夕五  七月廿日  夕十
7              写纸陆伯壹张  《涅盘经》第四帙  纸百八十四张  《实相般若经》五卷卌张
                            《瑜伽论抄》二卷  纸百卌四张  《晋书》第四帙  纸二百卅三张
8—9  (略)
```

---

① 聂溦萌《晋唐间的晋史编纂——由唐修〈晋书〉的回溯》,《中华文史论丛》2016年第2期,第47—70页;聂溦萌《〈晋书〉版本演化考》,《文史》2013年第3辑,第49—83页。
② 孙猛《日本国见在书目录详考》上,第9—10页。
③ 佐藤进一《(新版)古文书学入门》,东京:法政大学出版局,1997年,第69页。
④ 佐藤进一《(新版)古文书学入门》,第75页。
⑤ 《正仓院古文书影印集成》五,第172页;《大日本古文书》编年之1,第442—443页。

10　右起去年八月一日，尽今年七月卅日，上日夕并写纸如件，注状故移。
11　　　　　　　天平三年八月十日正八位下大属勋十二等内藏伊美吉

这是天平三年（731）八月十日皇后宫职的正八位下大属勋十二等内藏伊美吉给图书寮的解文，是关于每位抄书人的上值时间和抄书用纸记录，其中记载天平二年八月一日到三年七月三十日一年间用了多少纸，抄写了什么经典，除了内典之外，也抄外典。这里有安子儿公抄《晋书》第九帙，用纸二百四十二张；辛金福抄《晋书》第四帙，用纸二百三十三张。

（2）正仓院文书续修第一六卷《天平三年皇后宫职解》[①]：

1　皇后宫职解　申书上日事
2　少初位上新家大鱼　上日壹伯捌拾柒　夕贰拾
　　八月十六　九月十四　十月十五　十一月十九　夕三　十二月十八　正月十三
　　二月十二　三月十三　四月十二　五月十七　夕四　六月十八　夕六　七月廿日　夕七
3　　　　　　写纸玖伯三拾玖张
　　《胜鬘经》二卷　《注金刚般若经》三卷　《胜鬘经疏》一卷　《金刚仙论》二卷　合八卷　纸百七十二张
　　《涅盘经》第二帙　纸二百一张　《瑜伽论略集》十卷　纸百八十五张　《瑜伽论抄》三卷　纸二百十八张　《晋书》第十三帙　纸百六十三张
4　　右起去年八月一日，尽今年七月卅日，上日夕并写纸如件，注状谨解。

此件背面纵向写有"天平三年八月十日正八位下大属勋十二等内藏伊美吉"一行字，可知这是天平三年八月十日内藏伊美吉解为申书上日事，记录从天平二年八月一日到三年七月三十日一年间，抄书者的上值时间、写经用纸、所写经典名称和卷数、纸数等情况。其中提到抄写《晋书》用纸记录，第十三帙，用纸一百六十四张。按一帙一般包裹十卷书计算，则这里的十三帙正好是唐修《晋书》一百三十卷[②]。所以，以上两件文书所记抄写《晋书》第四、九、十三帙，表明所抄为唐朝官修《晋书》无疑。

（3）正仓院文书续修第一六卷《皇后宫职移》[③]：

1　皇后宫职移　图书寮
2　大初位上船花张善　上日一百九十八　夕九十一（下书三行小字，注明

---

① 《正仓院古文书影印集成》五，第172页；《大日本古文书》编年之1，第445页。
② 孙猛《日本国见在书目录详考》上，第583页。
③ 《正仓院古文书影印集成》五，第173页；《大日本古文书》编年之1，第443—444页。

          何日夕几，今略）

3   写纸五百八张《涅盘经》第一帙 纸百九十二 《正法华经》二卷 纸五十六
                             《最胜王经》三卷 纸卌二张 《贤圣义》一卷

                                 纸二百卌四 《贤圣义》一卷 纸四张
                                 《文选》上帙九卷 纸□□

4—5 （略）

6   少初位下辛金福 上日二百廿七 夕九十六（下书三行小字，注明何日夕几，今略）

7   写纸陆伯伍拾陆《涅盘经》十五卷 纸二百九十三 《正法华经》二卷 纸卌二
                                《最胜王经》二卷 纸卌二张 《金刚波若经》四卷 帙八
                                《文选音义》七卷 纸一百八十一张 《花严经》三卷 纸六十张

8   少初位下秦双竹 上日一百八十二 夕五十一（下书三行小字，注明何日夕几，今略）

9   写纸三伯卌二《正法华经》三卷 纸五十六张
                           《文选》下帙五卷 纸一百廿
                           《汉书》二帙五卷 纸一百六十六

    根据前后相关文书，这是天平四、五年间皇后宫职移图书寮的文书，为分配抄经人上值、给纸和所抄经典卷数、纸数等，其中船花张善所抄经典中有《文选》上帙九卷，纸数不明；辛金福抄写经典中有《文选音义》七卷，用纸一百八十一张；秦双竹所抄经典中有《文选》下帙五卷，用纸一百二十张；又抄《汉书》二帙五卷，用纸一百六十六张。

    《文选》是南朝梁昭明太子萧统所编文学总集，三十卷。此书颇受士人喜爱，也是唐朝科举考试复习诗文时所必备，因此注释者有多家。《见在书目录》著录有"《文选》六十卷，李善注""《文选音义》十，李善撰"，前者是《文选》本文与注文合抄，后者是单行的《音义》。另外，《见在书目录》还著录"《文选音义》十，释道淹撰""《文选音义》十，曹宪撰"。正仓院文书中有多处关于《文选》的抄写记录（见下），所指可能都是白文《文选》；而《文选音义》则最有可能是李善撰的音义。《文选音义》的存在，还可以从其他正仓院文书中得到印证，即正仓院文书续续修四十四帙十《经师等调度充帐》：天平十七年（745）十二月四日，"下道朝臣直言《文选音议（义）》一卷，付下道朝臣福倍送遣也"[①]。这是写经所事务官按日记录，记

――――――――

[①]《大日本古文书》编年之8，1982年，第2580页。参看东野治之《奈良时代における〈文选〉の普及》，原载大阪历史学会编《古代国家の形成と展开》，东京：吉川弘文馆，1976年。此据东野治之《正仓院文书と木简の研究》，东京：塙书房，1977年，第149—152页。

下道直言把《文选音义》一卷交给下道福倍送到某处。

这里还有抄写《汉书》的记载，可以和上面《写书杂物充帐》的记录相呼应。

（4）正仓院文书续续修二十四帙五《皇后宫职移案》[①]：

1　船花张善　上日一百九十八　夕九十一（下书三行小字，注明何日夕几，今略）

2　　　写纸六百卅六张　《涅盘经》第一帙　纸百九二张
　　　　　　　　　　　《最胜王经》三卷　纸卅六张
　　　　　　　　　　　《文选》上帙九卷　纸二百卌四张　《正法华经》二纸五十六张

3—4　（略）

6　辛金福　上日二百廿七　夕六十九（下书三行小字，注明何日夕几，今略）

7　　　写纸六百五十六张　《涅盘经》十五卷　纸二百九十三张　《正法华经》二卷　纸卅二张
　　　　　　　　　　　《最胜王经》二卷　纸卌二张　《金刚波若经》四卷　纸卌八
　　　　　　　　　　　《文选音义》七卷　纸一百八十一张　《花严经》三卷　纸六十

本件是皇后宫职移案，与第三件内容基本相同，年代在天平四、五年间。其中船花张善所抄《文选》上帙九卷，保留纸数为二百四十四张；辛金福抄写经典中有《文选音义》七卷，用纸一百八十一张。这件内容与上件完全一样，应当是同一次抄写经典的记录。

（5）正仓院文书续修第一六卷《天平五年皇后宫职移》[②]：

1　皇后宫职移　图书寮

2　大初位上船花张善　上日贰伯肆拾三　夕一百五十

3　　　写纸伍佰九十一　《最胜王经》二卷　纸一百六十　《悲华经》十卷　纸一百九十五
　　　　　　　　　　　《入楞伽经》十卷　纸一百七十　《实录》十卷　纸六十六

4—5　（略）

6　少初位下秦双竹　上日一百二　夕卅二

7　　　写纸一百六十张　《汉书》六卷一百卅张（有删除符号）
　　　　　　　　　　　《法花经》八卷

8　少初位下辛金福　上日一百九十一　夕百十

9　　　写纸五百八十九张　《大集经》十卷　纸二百九十　《大法炬陀罗尼经》六卷　纸一百八张
　　　　　　　　　　　《阿弥陀经》廿卷　纸一百　《药师经》七卷　纸七十七　《文选音义》三卷　七十五张

---

① 《大日本古文书》编年之24，1987年，第11—12页。
② 《正仓院古文书影印集成》五，第175—176页；《大日本古文书》编年之1，第476—477页。

长安内外：唐代京城书写文化的东西流行

  10—13   （略）
  14   五年八月十一日

  这是天平五年（733）八月十一日皇后宫职移给图书寮的文书，记抄书人、上值时间、用纸数及所抄内容等。其中第三行的《实录》十卷，用纸六十六张，《大日本古文书》的编者认为这里的《实录》是《太宗实录》。此外，秦双竹抄写有《汉书》六卷，用纸一百三十张，但所写这一部分有删除符号。辛金福所写文献中有《文选音义》三卷，用纸七十五张。

  按，《太宗实录》凡两次编写，贞观时所修为贞观元年（627）至十四年，计二十卷；高宗永徽时续修贞观十五年至二十三年，亦为二十卷。这里抄录的《实录》为十卷，一般均指为《太宗实录》。按《见在书目录》杂事家著录房玄龄等撰《唐实录》九十卷、许敬宗撰《唐实录》九十卷，具体所指，还不能最后确定，大体是《高祖实录》《太宗实录》《高宗实录》[1]。

三、脱胎自汉诗的作品

  正仓院文书续修第三二卷《七夕诗》[2]：

> 孟秋良辰，七夕清节。凉气初升，鸣蝉惊于园柳；素露方凝，金萤绕于砌草。
> 于时，纷纶风士酌醪之吉日，倩盼淑女穿针之良夜。
> 当此时也，岂得投笔，人取一字，各成二韵。
> 皎皎河东女，迢迢汉西牛。衔怨侍七夕，巧笑悦三秋。
> 面前开短乐，别后悲长秋。谁知情未极，反成相望悠。
> 度月照山里，古神游河间。幸相三饯别，不醉客非还。

  这些文字写在天平六年《造佛所作物帐》第7—11纸的上面，字迹粗大，极为潦草。小岛宪之释录如上，前为序文，后为五言律诗一首、五言绝句一首。据考，五言律诗开头一、二两句，是改编自《古诗十九首》其一的"迢迢牵牛星，皎皎河汉女"；

---

[1] 参看孙猛《日本国见在书目录详考》上，第659—664页。
[2] 《正仓院古文书影印集成》六，1993年，第102—104页；《大日本古文书》未收录文。

144

第五、六两句"面前开短乐,别后悲长秋"是一字不差地转录《怀风藻》所载藤原不比等的《七夕诗》;第七、八两句"谁知情未极,反成相望悠",与《艺文类聚》所引《七夕诗》具有类似的诗意。五言绝句中的第四句"不醉客非还",与《怀风藻》中藤原宇合的《七夕诗》"不忘醉里归"的意思相同[①]。笔者以为,此处文字的作者很有可能研读过同为正仓院所藏的古写卷《王勃诗序》。该《诗序》中有"既当此时,其可默已。人探一字,四韵裁成"之言,与此处序文中"当此时也,岂得投笔,人取一字,各成二韵"颇有异曲同工之感。《王勃诗序》是正规抄本的学习对象,此处《七夕诗》所写当为随兴之书,所以若说后者借鉴了前者也当可信。关于这一点,最近也有人认为这是初唐某位佚名诗人的作品,是当时写经生所抄写唐诗卷中的作品,由于大量采用了平安时代文人所熟知之《文选》作品之"七夕"语典,浅显易懂,因此成为了平安初期文人汉诗创作的典范之作。但也同样因为其过于直白,意境欠佳,所以反而在中国最终被摈弃于各类文集之外,从而佚失[②]。

第二节　从金光明寺到东大寺时期（742—776）的抄书与习书

在属于金光明寺到东大寺时期的文书中,相关材料更多。现在前人收集的基础上,罗列于下,并略加考释。

一、文选

（1）正仓院文书续续修二十六帙五《一切经间校帐》,文书很长,中间有一行记[③]:

　　《文选》上帙,九卷,欠第一。用二百卅张。

[①] 丸山裕美子《正倉院文書の世界：よみがえる天平の時代》,东京：中央公论新社,2010年,第226—229页。
[②] 陈翀《正仓院古文书所见汉籍书录及唐逸诗汇考》,查屏球编《梯航集：日藏汉籍中日学术对话录》,上海：上海古籍出版社,2018年,第175—176页。
[③] 《大日本古文书》编年之8,第206页。

视前后纪年,此条年份当在天平十八年(746),记录抄《文选》上帙,九卷。
(2)正仓院文书正集第四十一卷背面《写经疏充用注文》[①]:

  4 《文选》上帙九卷,欠第一。 用二百卅张, 充能登忍人。

年代在天平十八年七月,抄同样《文选》上帙,九卷。
(3)正仓院文书续续修三十七帙二《经疏料纸受纳帐》[②]:

  16 五月八日从宫来白纸二百卅张,《文选》上帙料,受能登忍人,
     判田边史, 知志斐万吕。

东野治之指出,这里的"宫",指的就是光明皇后宫。这个宫,也见于下列文书,说明写经所抄写用纸,很多都是从皇后宫中而来[③]。
(4)正仓院文书续续修二十八帙七《充装潢纸检定帐》[④]:

  1 从天平十七年十月十一日以来充装潢纸检定帐
   (中略)
  17 《文选》上帙十卷（欠第一）,料受二百卅张（既用 从宫来） 装潢能登忍人
  18   天平十九年五月廿九日阿刀酒主
  19   志斐
  20   伊福部
   (后略)

这是在记录天平十七年十月十一日以来写书的装潢用纸帐,其中记有《文选》上帙十卷(欠第一卷),用料纸二百三十张,交给装潢手能登忍人。

---

① 《大日本古文书》编年之9,1987年,第256页。
② 《大日本古文书》编年之9,第66页。
③ 东野治之《奈良时代における〈文选〉の普及》,第195页。
④ 《大日本古文书》编年之9,第367—369页。

（5）正仓院文书续续修二十三帙五背面《经师充本注文》[①]：

1　《四分戒本》一卷　充余马养十八年五月黄纸廿
2　《文选》上帙　第二卷　充锦部大名　第三卷充万昆多智
3　　第四卷充茨田久治万吕　　　第五卷充难万君
4　　第六卷充高市老人　　　　　第七卷充大鸟祖足
5　　第八卷充丸部鸠守　　　　　第九　充志纪咋万吕
6　　第十　充既母建万吕

综合以上五件文书，大体上可以清楚天平十八年（746）七月前后，造东大寺司写经所抄写《文选》的事情：从光明皇后宫请得白纸，总共二百三十张，用来写《文选》上帙，总计十卷，但缺少第一卷，每一卷的抄写人列于《经师充本注文》中，而装潢则由能登忍人来做。东野治之由"上帙十卷"推测，《文选》原由上中下三帙构成，正好相当于白文本《文选》三十卷[②]。其说不无道理，可以信从。

（6）正仓院文书正集十七背面文书[③]：

1　始天平十六年十月八日充私书事足万吕私书也
2　《文选》第四十五卷笔一，墨头　　上了　写鬼室乎人
3　　　　第七　　　　　　　　　　上了　写角胜万吕
4　　　　第四　　　　　　　　　　上了　写蜂田在人
5　　　　第八　　　　　　　　　　上了　写弓消狭人
6　　　　第五十　　　　　　　　　上了　写雀雀少万吕
7　　　　第九　　　　　　　　　　上了　又同人写雀ア
8　　　　第六　　　　　　　　　　上了　写阿刀秋万吕
9　　　　第一　　　　　　　　　　上了　写建建石万吕
10　　　第二　　　　　　　　　　上了　写弓消佐比止
11　　　第三　　　　　　　　　　　　　写

---

① 《大日本古文书》编年之9，第209页。
② 东野治之《奈良时代における〈文选〉の普及》，第196页。
③ 《大日本古文书》编年之2，1982年，第2358页。

据东野治之考证，足万吕是天平十六年（744）前后的春宫坊主藏监的令史，全名田边足万吕，他与写经所关系密切，有不少相关的文书保留下来。本文书是有关他私书《文选》的记录，从"第四十五""第五十"来看，所抄应当是六十卷本的《文选》李善注。他还指出，正仓院文书正集三十二背面《笔墨进送并充用注文》所记同一日记事"天平十六年十月八日，墨一头，古笔一，写足万吕书料，受鬼室小东人"①也是同一件事，是为足万吕写私书所请墨、笔事②。

正仓院文书中还保留了一些当年抄写或习字的《文选》李善注的文本，比较知名的有：

（7）正仓院文书续续修四四——一〇《经师等调度充账》背面，有《文选》李善注的摘抄（加黑斜体者为篇题，标┆处表示有阙文，标‖处表示该处为篇末，标（）处为改字，标〔〕处为补字。图版见图3-1—图3-3，录文文本参详清嘉庆胡克家重刻宋淳熙本而有改动）③：

（上缺）

1　㊗思有裋（短）褐之袭、担（檐）石之蓄。韦昭曰：裋（短）为短（裋），
2　裋襦也。毛布曰褐。〔善曰：裋，丁管切。〕┆《说文》曰：袭，重衣也。《字林》曰：袭，大箧也。
3　晋灼曰：无一担与〔一〕斛之余。┆㊗《易》曰：鼎折足，覆公悚。不
4　胜其任也。┆审此二者，帝王之分决矣┆‖
5　**典论论文**魏文帝┆傅毅之于班固，伯仲之间耳。而固小
6　之，与弟超《书》曰：┆《东观汉记》曰：吴汉入蜀都，纵兵大
7　掠。上诏让汉曰：城降，孩儿老母口万数，一旦放兵纵火，
8　闻之可为酸鼻。家有弊帚，享之千金。禹宗室子孙，
9　故尝更职，何忍々行此。杜《传注》曰：享，享通也。┆斯七子者，┆
10　咸以自骋骥骤于千里，仰齐足而并驰。以此相服，
11　亦良难矣。┆盖君子审己以度人，故能免于斯累。
12　而作《论文》。┆然不能持论，理不胜词。至乎杂以嘲戏。

---

① 《大日本古文书》编年之2，第265页。
② 东野治之《奈良时代における〈文选〉の普及》，第198页。
③ 参见东野治之《正仓院文书と木简の研究》，第200页。

13 及其时所善，杨班俦也。┆唯通才能备其体。┆譬诸
14 音乐，曲度虽均，节奏同检，至于孔气不齐，巧拙有
15 素，虽在父兄，不能以移子弟。┆不假良史之辞，不
16 托飞驰之势，而声名自传于后。‖

---------- 〈纸缝〉 -------------------- 志 -----------------

17 兼亲疏而两用，参同异而并进。是以轻重足以相镇，亲
18 疏足以相卫，并兼路塞，逆节不生。及其衰也，桓文
19 帅礼，苞茅不贡，齐师伐楚，宋不城周，晋戮其宰。┆
20 自此之后，转相攻伐。┆旷日若彼，用力若此。《易》曰：其々亡々，
21 系于苞桑。周德其可谓当之矣。┆自幽深宫，委政
22 谗贼。┆胜、广唱之于前，刘、项毙之于后也。┆虽使子孙有
23 失道之行，时人无汤武之贤，奸谋未发而身已
24 屠戮（戮），何区区之陈、项而复得措其手足哉。┆汉
25 鉴秦之失，封植子弟。及诸吕擅权，图危刘氏，而天下
26 所以不倾动，百姓所以不易心者，徒以诸侯强大，盘
27 石胶固。东牟朱虚，授命于内。齐代吴楚，作卫于外故也。┆
28 贾谊曰：诸侯强盛，长乱起奸。┆遂以陵迟，子孙微弱，衣
29 食祖税，不豫政事。或以酎金免削，或以无后国陵（除）。┆《后汉
30 书》曰：列侯坐献黄金酎祭宗庙不如法，夺爵者百六人。
31 《汉仪注》：王子为侯，々岁以户口酎黄金于汉庙，皇帝临，受
32 献金，助祭。大祀曰：饮酎，饮酎受金小不如斤两、色恶，王削
33 县，侯免国。《汉书》曰：赵哀王福薨，无子，国除也。┆而曾不
34 鉴秦之失策，袭周之旧制，踵亡国之法，而侥幸
35 无疆之期。至于桓灵，奄竖执衡。┆而宗室子弟曾无
36 一人间厕其间，与相维持，非所以强干弱枝、备万一之意（虑）。┆
37 〔其言深切，多所称引。成帝虽悲伤叹息而不能用。┆
38 由斯言之，非宗子独忠孝于惠文之间而畔逆〔于〕
39 哀平之际也，徒权轻势弱，不能有定耳。〕‖
40 ㊟裴松之曰：曜，本名昭，史为晋讳改之。㊟夫一木之枰，
41 孰与方国之封？枯棊（棋）三百，孰与万人之将？衮龙之
42 服，金石之乐，足以兼棋局而贸博弈矣。

```
----------〈纸缝〉------------------ 志 ----------
```
（下缺）

根据《文选》现存版本来看，大致可分为李善注《文选》、五臣注《文选》（及六臣注《文选》）、白文本《文选》三大系统[1]。此卷文字内容中带有底线的部分可见于李善注《文选》小注，其余为《文选》原文。对比现存《文选》原文可知，此处的四篇文章顺序与《文选》卷五二的《论二》部分一致，且能看见题目的，题目也相同。[2]日本学者定其内容为李善注《文选》的语句选粹，且认为可大致区分为"粗"字起首者为正文，"注"字起首者为注文（"粗"字、"注"字者，文中以加圈表示），当不谬。观图版及对比其文字内容可知，此卷所选语句虽然既包括正文，也包括小注，但二者在此卷的文字书写上并不区分大字小字。

图 3-1　正仓院文书《文选》之一

---

[1] 详参刘跃进注，徐华校《文选旧注辑存》第 1 册，南京：凤凰出版社，2017 年，第 1—2 页。
[2] 关于此处残卷所在卷目，另有日本古钞观智院本及室町本均作卷二六。《典论论文》，中国国家图书馆藏南宋淳熙八年（1181）尤袤池阳郡斋刻本作《典论》，台湾"中央"图书馆藏南宋绍兴三十一年（1161）建阳崇化书坊陈八郎宅刊本、朝鲜正德本、韩国奎章阁本作《典论论文》；《博弈论》，陈八郎本作《博奕》，朝鲜正德本、奎章阁本作《博奕》。参刘跃进注，徐华校《文选旧注辑存》第 17 册卷五二，第 10463 页；正文内容见同书第 10474—10573 页。

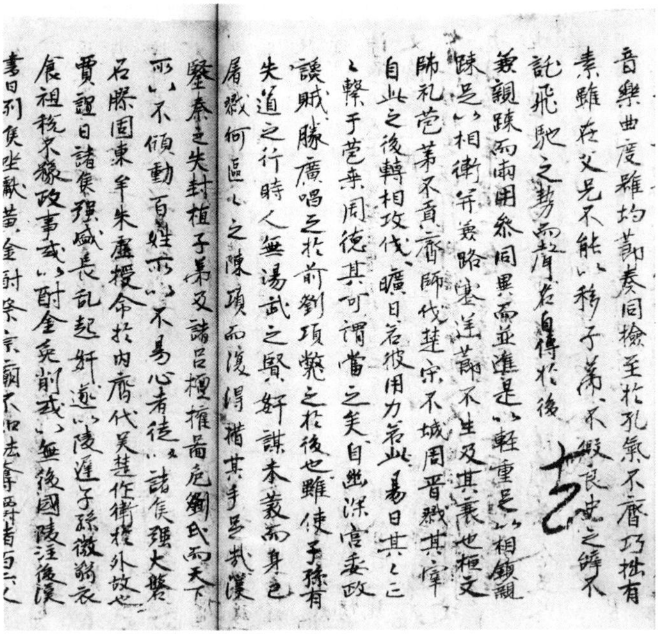

图 3-2　正仓院文书《文选》之二

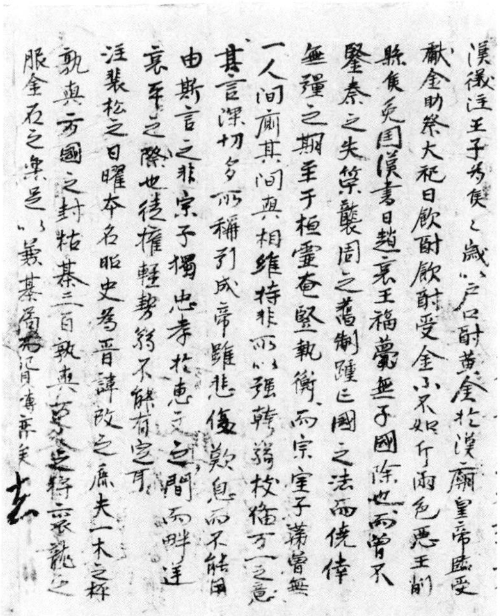

图 3-3　正仓院文书《文选》之三

此卷首尾均缺，现存部分纵宽九寸六分，横长二尺五寸五分，天头地脚处可见清晰的白格上下界栏，且分别留白一字有余宽度。卷面现存文字四十二行，行款不一，依次抄写了《王命论》《典论论文》《六代论》《博弈论》四篇文字。其中第一篇前缺，现仅残存文字四行，第5行开始为《典论论文》，起首写有标题，直至16行。其次，17—39行为《六代论》，40—42行为《博弈论》。由于本卷现状为两纸有余，故可见两条纸缝，作为押缝署名的大字草书"志"，即位于每条纸缝的下半部分四分之一的高度之处。第一条纸缝位于16、17行之间，而更偏近17行，故17行的"托""驰之""而声""传""后"等字，右侧笔画均存在押缝现象。第二条纸缝则位于文末。因处于纸缝粘连处之故，《博弈论》的最后一行文字中，自"以"之下的九字，其左侧均有部分笔画因被次页纸所压住而不可见。与此相对，本行最后一字"矣"下的押缝署名草书大字"志"字却丝毫不缺，由此可知，此卷当为先做李善注《文选》语句选粹抄写所用，然后才用其纸背做写经所日记之用。第二条纸缝之后的正面是否还书有其他内容尚不可知。

残卷背面所抄写内容为奈良时期《天平十七年（745）十二月写经所日记》[①]，逐日记述了天平十七年十二月至第二年一月七日为止，包括发放写经生酬劳、写经用纸及各种物品出纳等在内的一应写经所杂事，而且卷子最后还记述了传召大唐使者的事情。内藤乾吉等认为，此卷抄写年代应该在天平十七年之前，且书手为管理写经所事务之志斐麻吕，而《文选》一面的纸缝上所书写的押缝草字"志"，即当为志斐麻吕的署名[②]。根据《大日本古文书》续续修四四——一〇的录文本可知，其背面部分，在"天平十七年十二月写经所新参入经师小长谷真弓文忌悍寸"这一行文字之前，还写有"十七年十一月十日所请物"等五行文字。从其格式来看，似乎为请物账目的前半截。

由此段写卷的制作顺序来看，应该是先在粘合好的数枚纸上摘抄李善注《文选》，之后此写本发生残损，于是将保存较为完整的书写有《王命论》至《博弈论》内容的两纸用来记账或记录，再以此后记之天平十七年十二月内容为正面，又续缀粘贴于其他十七年十一月账目记录纸张之后，并分别在纸缝处签字署名，以此保存下来。

---

① 《天平十七年十二月写经所日记》为桥本进吉所命名，见佐佐木信纲、桥本进吉编《南京遗芳附卷》，东京：八木书店，1926年，第24页。实际上，《文选》正、背面两纸所为《天平十七年十二月写经所日记》，其文字前面尚缀有记载着"经师等调度充账"字样等数行字的余纸，所以《大日本古文书》中实际上是以《经师等调度充账》为标题的，参见《大日本古文书》编年之8，第578—581页。
② 内藤乾吉《正仓院文书の书道史の研究》，正仓院事务所编《正仓院の书迹》，东京：日本经济新闻社，1964年，第36页；佐佐木信纲、桥本进吉编《南京遗芳附卷》，第24—25页。

第三章　日本正仓院文书所见汉籍书写学习资料考述

结合两条纸缝，或可以判断，其背面的日记虽然作为个人日记来看的话，会令人感觉性质有点不同[①]，但若将其理解为一名长官对自己所负责事项进行的日常工作记录，似乎也不矛盾。对比全文，此李善注《文选》摘抄内容的选择标准，似给人以删繁就简、明白易懂的印象，也许这正是为了便于抄录学习[②]。

（8）正仓院文书续续修三五帙六《纸笔墨充账》背面也有《文选》李善注习字[③]：

《易》曰：圣人以顺动，则刑罚清。《左氏传》：先轸曰：取威定霸，于是乎在。宁远将 军长史江夏

抄本书写极其工整，从"《易》曰"到"于是乎在"为双行小注，"《易》曰"二字划掉。小注下当为正文，但大字从"军"字始，后发现有漏，以小字补"宁远将"于其上。"江夏"后未抄，有余白，表示发现此本抄写有误，于是放弃。这个残片所书内容，系《文选》李善注《头陀寺碑文》的部分，文字一致，让我们看到奈良时代所抄《文选》李善注的双行小注形式[④]。

另外，正仓院文书中还有一些《文选》杂写。

（9）正仓院文书续续修三十五帙三背面倒书[⑤]：

1　《文选》卷第一选选
2　文卷第一难难波国摄津国三嶋上郡
3　兴福寺检财帐一卷

此为《文选》习书。

（10）正仓院文书续续修三帙一背面《天平十一年（739）四月九日经师手实帐》有杂写[⑥]：

---

① 佐佐木信纲、桥本进吉编《南京遗芳附卷》，第24页。
② 近来，越来越多的年轻学者加入正仓院文书研究的行列，此篇《文选》最近也被发表，参高薇《日本正仓院藏〈文选〉李善注拔萃发覆——兼论〈文选〉在日本早期的抄写活动》，《中国典籍与文化》2023年第2期，第59—68、122页。
③ 未刊断片，图版见东野治之《奈良时代における〈文选〉の普及》，第207页，图20。
④ 东野治之《奈良时代における〈文选〉の普及》，第206—208页。
⑤ 《大日本古文书》编年之2，第259页。
⑥ 《大日本古文书》编年之7，1987年，第243页。《经师手实帐》录文未收这条杂写，此据东野治之《奈良时代における〈文选〉の普及》，第205页。

153

       1　《文选》卷第三

（11）正仓院文书续续修十九帙三背面①：

       1　《文选》卷第

此外，正仓院文书续修四八有《秦家主启》，提到有关抄写《注文选》而准备纸、食物、笔墨等的记录②，文书大概是胜宝末年、宝字初年所写，秦家主是天平十八年（746）以后造东大寺司写经所的经师③。

二、千字文

正仓院文书中共保存有 7 件《千字文》习书材料，东野治之辑出并略有解说④。笔者在这里略按内容排序。

（1）正仓院文书续修别集第四八卷有《千字文》⑤：

       1　千字文　敕员外散骑侍郎周兴嗣次韵
       2　天地玄黄，宇宙洪荒。日月盈但，辰宿列张。
       3　闻三论等可信

正楷抄写《千字文》开头部分两行，其中"日月盈但"的"但"为"昃"的误写。最后一行是其他文字。

（2）正仓院文书续续修第十六帙三《天平胜宝二年（750）三月三日造东大寺司牒案》背面有杂写文字⑥：

---

① 东野治之《奈良时代における〈文选〉の普及》，第 205 页。
② 《大日本古文书》编年之 25，1987 年，第 344 页。
③ 东野治之《奈良时代における〈文选〉の普及》，第 208—209 页。
④ 东野治之《〈论语〉〈千字文〉と藤原宫木简》，原载五味智英、小岛宪之编《万叶集研究》第 5 集，1976 年，此据东野治之《正仓院文书と木简の研究》，第 130—131 页。
⑤ 《正仓院古文书影印集成》十三，2000 年，第 267 页；《大日本古文书》未收录文。
⑥ 《大日本古文书》编年之 11，1987 年，第 177 页，并附插页图版。

1—2　（略，系笔墨经师充注文）

3　无道（下有口）人之短，无说己之长。施人慎勿念，受施慎勿

4　忘。世誉不足慕，唯仁为纪纲。

5　万里三春重岁华，访酒追琴入仙家。林间探影

6　逢明月，谷里寻香值落花。

7　万里三春秋秋秋长　千字文敕

8　　　]敕员外│散骑侍郎周兴次嗣韵

第3—4行为崔子玉座右铭的一部分，该座右铭收入《文选》卷五六、《艺文类聚》卷二三《人部·鉴戒》，第4行"世誉"的"世"，《艺文类聚》作"俗"，因此更像是来自《文选》[①]。第5—6行的诗歌，神田喜一郎推测是时间上大体相当于唐朝初年的一首俗诗[②]。第7行前4字上面的文字是诗文的习字，下面又抄《千字文》开头部分。据内藤乾吉的说法，这个书手是写经所的官人他田水主，后面的诗词和《千字文》习字也是他的手笔，后者所摹为智永《千字文》[③]。但第7行诗文习字后面4字不在诗文中，反复写"秋"，笔迹与上面不是同一人；《千字文》的书写者显然是个新手，所以第8行中"嗣""次"颠倒。或许7行以后是另外一个年轻书手照着他田水主抄写的诗文而习字的结果。

（3）正仓院文书续续修第十一帙背面《写疏所充纸帐案》[④]：

1　十月八日初充　　黄莲千字文　敕员外外散散摩

2　阿闭八日二枚　　　　音第一连连□（卷上半）卷卷天地玄

3　　　　　生性到还是月□□

4　　　　　散音　音第第卷卷

5　　　　　千字文敕员外散骑骑博（念外）弈论还

6　忍阪八日一卷

7　　　　　　　　　——感——谨白至□□（者）纳（倒书）

8　领垂幸进奉得随药之苦病然懒怠勿慎疗治力怒乞安不思痛赴觉书依

[①] 东野治之《奈良时代における〈文选〉の普及》，第204页。
[②] 神田喜一郎《正仓院の书迹の概观》，《正仓院の书迹》，东京：日本经济新闻社，1964年，第11页。
[③] 内藤乾吉《正仓院古文书の书道史的研究》，第39—40页。
[④] 《大日本古文书》编年之24，第230—231页。

长安内外：唐代京城书写文化的东西流行

　　　（倒书）
9　丈部八日十卷
10　　　　　　　　　　　风风风（无中间×）风风风风郎（倒书）
11　即即月日金心远连大世一银金贵年年千鳞明中眼盈月日间心地天大连（倒书）
12　春日八日六张　春天日阳阴孔典枚都（只写左上角）都
13　　　　　　　　　　　　　孔孔　典校　了　子（倒书）
14　春春春春　了了了了了了了了了了了

文中多为杂写，含有《千字文》习书。

（4）正仓院文书续续修第十八帙五《过去现在因果经奉请注文案》中间有杂写[1]：

　　（前略）
4　奉林留雨十诵律六十一卷　韵外散骑
5　奉请　右依凭因　十四柜柜着

"外散骑"应该是《千字文》撰者属衔。

（5）《正仓院古文书影印集成》续续修三五—五背[2]：

1　敕员外散
2　妙千字文

应该是《千字文》题名与撰者属衔。

（6）《正仓院古文书影印集成》续续修三四—一二背[3]：

1　天地黄

---

[1] 《大日本古文书》编年之25，第36页。
[2] 《大日本古文书》未收录文。
[3] 《大日本古文书》未收录文。

156

此为《千字文》开头。

（7）正仓院文书续修别集第四八卷有①：

1　知过不得足下行
2　敕寒来我之
3　王羲之顿首
4　之　也

这是临王羲之草书帖的习字中的前两行，内藤乾吉认为"知过"是《千字文》"知过必改"的"知过"，"敕"是千字文开头"敕员外散骑侍郎"的"敕"，"寒来"是"寒来暑往"的"寒来"，甚至认为书法也是摹自智永《真草千字文》。他还进一步指出，"足下行"见于王羲之的《十七帖》《行穰帖》中，因此习字当来自王羲之的帖文，而书写者可能就是正仓院文书中常见的人物上马养②。

三、古文尚书

正仓院文书续修别集有《古文尚书·周书·孔氏传》残文，今录文如下（黑体加粗者为古字，图版见图3-4）③：

1　古文尚书泰誓上第一　周书　孔氏传
2　惟十有一年武王伐殷 周自虞芮质厥成诸侯并付以为受
3　命之年。至九年而文王卒。武王三年服毕，观兵益津，以卜诸侯伐纣之心。诸侯伐纣之心金同，乃
4　退以示 一月戊午师度孟津。十三年正月廿八日
5　卅六

（余白）

---

① 《正仓院古文书影印集成》十三，第266页；《大日本古文书》未收录文。
② 内藤乾吉《正仓院古文书の书道史的研究》，第44—45页。
③ 《正仓院古文书影印集成》十三，第267页；《大日本古文书》未收录文。

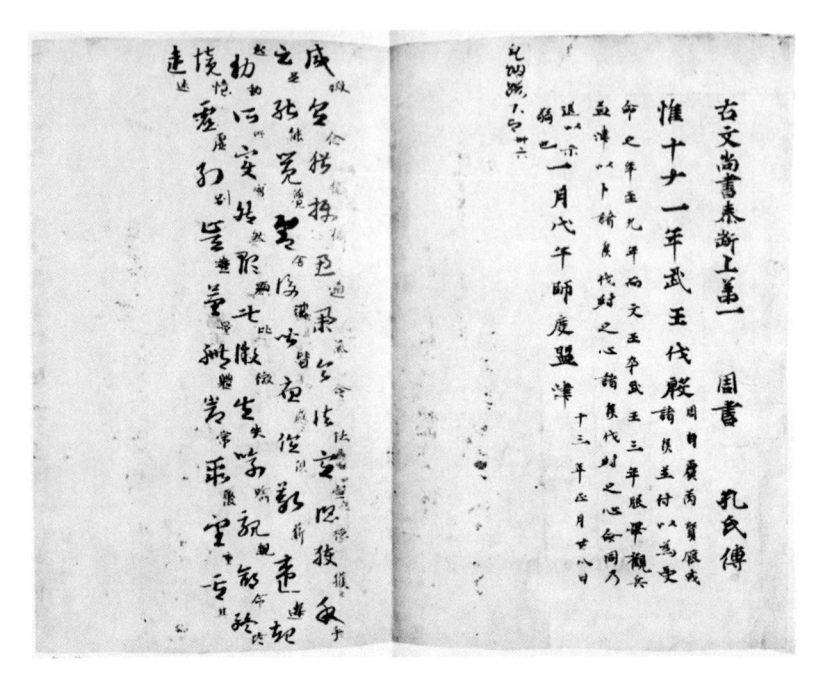

图 3-4　正仓院文书《古文尚书》

《古文尚书》在敦煌本及日本传世钞本中多有所见[1]，其中，当属敦煌本与本文所讨论内容的时代最为接近。查敦煌本《古文尚书·泰誓》，亦存有《古文尚书》，但均不见本文起首第一卷的开头部分，故暂时无从得知是否有可以对比为祖于同一写本者。本件写本为正楷抄写《古文尚书》大字正文，双行孔氏传文。大字中夹杂有三个隶定古字，"誓"做"𣃔"，"有"做"ナ"，"孟"做"盟"[2]。双行小注中无古字，文字最后一行从页边起写有行草"凡纳疏下即"。以下未抄，空4行，再写正字书，大字草体，下小字注正书，《南京遗芳》定此部分内容为"草字汇"[3]。

---

[1] 参张涌泉主编、审订《敦煌经部文献合集》第1册"群经类尚书之属"《古文尚书传》之《泰誓》部分，北京：中华书局，2008年。
[2] 顾颉刚、顾廷龙辑《尚书文字合编》（上海：上海古籍出版社，1996年）刊有内野等其他中日数家《古文尚书》残文本，虽不如此本之古，而古文字样颇有可与此本相近者，或可资参考。
[3] 顾颉刚、顾廷龙辑《尚书文字合编》影印内野本《泰誓上》，1996年，第1292页。

四、古文孝经[①]

1　古文孝经　孔安国
2　孝经者，何也？孝者，人之高行常经也。自有天
3　地人民以来，而孝道著矣。上有明王，则大化滂
4　流，充塞六合。若其无也，斯道灭息。当吾先君
（后缺）

正楷书写，存《古文孝经》标题及开头四行，孔安国传（见图3-5）。敦煌本未见《古文孝经》。关于《古文孝经》，阿部隆一有专文解说[②]。

图3-5　正仓院文书《古文孝经》

五、盛唐诗[③]

在正仓院文书续续修第三九帙二中的宝龟元年（770）《奉写一切经所食口帐》的背面，还抄如下的习书文字：

1　山静林泉丽，骨然独坐，被寻老子。
2　山山静泉丽骨然独坐
3　心为明时尽，君门尚不容。
4　男菌为时尽君闻
5　田菌迷经路，归去欲何从。
6　田菌迷经路归去欲何从容

这里的1、3、5三行抄录自某种诗文，2、4、6三行是前面一行的习字或摹写，水平不高，所以多有重复、错漏、误增之字。据考，"心为明时尽，君门尚不容。

---

① 国立历史民俗博物馆编《正仓院文书拾遗》，佐仓：国立历史民俗博物馆，1992年，第160页。
② 阿部隆一《天理图书馆藏奈良朝旧钞古文孝经零卷について》，《ビブリア・天理图书馆报》第24号，1963年；阿部隆一《古文孝经旧钞本の研究（资料篇）》，《斯道文库论集》第6号，1968年，第1—106页。
③ 《大日本古文书》编年之17，第486页，并附图版。

田菌迷经路，归去欲何从"是盛唐诗人刘幽求《书怀》诗句，小岛宪之认为可能是从《搜玉集》（724年左右编成）抄来的[①]。

此外，正历寺所藏《天平十九年（747）二月十一日大安寺伽蓝缘起并流记资财帐》记[②]：

合《典言》四卷　《书法》一卷。

《典言》，后魏人李魏叔等撰，已佚，今有辑佚本。此书《隋书·经籍志》、两《唐书》均有载，亦可见于《见在书目录》杂家类，是一种小型类书，分为正文和注释，内容方面是为裨益君道，吐鲁番曾出土《典言》残文，可见其东西流布之广[③]。

第三节　正仓院文书所见奈良朝中国传统文献的抄写和学习

正仓院文书是一个宝藏，不仅仅为日本奈良、平安时期的政治、经济、佛教、文化等方面的情况提供了丰富的材料，也为我们考察中国典籍传到日本后的抄写、习学提供了鲜活的例证。根据上面辑录的材料和初步的说明，我们可以归纳以下几点。

1. 持续抄写、练习，没有间断

从有纪年的材料看，对于中国典籍的抄写是持续不断的。以下是仅就可以找出年代的抄书和习字记录：

在天平元年八月到天平十三年三月，是光明皇后宫职的写经机构持续抄写佛典和外书。

天平二年七月四日供纸抄写了《白虎通》十五卷、《离骚》十六卷、《方言》五卷、《论语》二十卷、《三礼义宗》三十卷、《新仪》十卷，以及《汉书》、《晋书》若干卷。

天平二年八月一日到三年七月三十日，皇后宫职给纸抄写《晋书》十三帙一百三十卷。

---

① 丸山裕美子《正倉院文書の世界：よみがえる天平の時代》，第230—231页。
② 《大日本古文書》编年之2，第629页。
③ 唐长孺主编《吐鲁番出土文书》第5册，北京：文物出版社，1983年，第99页。

天平四、五年（732—733）间皇后宫职给纸抄写《文选》九卷、《文选音义》七卷、《汉书》五卷。

天平五年八月十一日皇后宫职给纸抄《实录》十卷、《汉书》六卷、《文选音义》三卷。

天平六年后，抄《七夕诗》两首。

从天平十三年三月开始，金光明寺、东大寺接续抄写内外典籍。

天平十六年十月八日，田边足万吕请人为自己抄写《文选》李善注本。

天平十七年之前，志斐连麻吕摘抄《文选》李善注《王命论》《典论论文》《六代论》《博弈论》。

天平十七年十月十一日至十八年七月前后，从光明皇后宫给纸抄《文选》九卷。

天平二十年六月十日，列《写章疏目录》，抄写《经典释文》等大量外典。

天平胜宝二年（750）三月三日后，抄写崔子玉座右铭、诗歌、《千字文》习字。

宝龟元年（770）后，抄写唐诗并习字。

2. 所抄内容涵盖经史子集四部

我们把上面材料中提到的经典名称按四部归类，就一目了然。

经部：《古文尚书·周书·孔氏传》《三礼义宗》《论语》《古文孝经》孔安国传、《白虎通》《方言》《经典释文》《文轨》《千字文》。

史部：《汉书》《晋书》《实录》（《太宗实录》）、《新仪》《职官要录》《帝历并史记目录》《帝纪》《君臣机要抄》《瑞表录》《庆瑞表》《让官表》《圣贤》《古今冠冕图》。

子部：《政论》《明皇论》《典言》《要览》《钧天之乐》《十二戒》《安国兵法》《军论□中记》《黄帝太一天目经》《天文要集》《天文要集·岁星占》《彗孛占》《天官目录中外官簿分》《内官上占》《石氏星官簿赞》《簿赞星经》《簿赞》《太一口决》《玉历》《上金海表》《新修本草》《治癰疽方》《石论》《冬林》《黄帝针经》《药方》。

集部：《太宗文皇帝集》《庾信集》《许敬宗集》《离骚》《文选》（白文）、《文选》李善注、《文选音义》《群英集》《帝德录》《七夕诗》、刘幽求《书怀》、崔子玉座右铭。

可见，四部均有。其中记录较多的是《汉书》《晋书》《文选》《千字文》。

3. 抄写过程和习字杂写

在这些记录中，有的是抄写某部或某些经典的记录，或为抄写而列出目录、准备纸张和笔墨的记录,有的则是习字和杂写,但都是奈良时代日本攫取中国典籍的涓涓细流中的一个个大小不一的浪花。其中有些是利用官私文书的天头地脚,甚至就在作废文书的页面上来习字,有的则是在背面书写,情况与我们在敦煌文书中所见的相当。

4. 多种文献混抄

有些习字文书往往把《千字文》、诗歌、座右铭写在一起,表明这些文献既是为了识字,也是为了学习诗文。笔者曾以敦煌写本《秦妇吟》的习书为例,来讨论敦煌地区诗歌教育的情形,正仓院文书中的一些诗歌习字,同样也是学习诗歌的结果,是"诗教"的遗存。

至于《写章疏目录》所罗列的长长的外典名录,为何要写这样一些文献,特别是其中有不少属于天文、五行占卜的书籍,这是值得琢磨的一个问题。限于篇幅,容后再议。

(原刊于《敦煌吐鲁番研究》第 19 卷,上海:上海古籍出版社,2020 年,第 233—253 页。收入本书略有修订。)

第四章　唐长安书写文化的日本流布
——以王羲之书迹为中心

近年来，丝绸之路与书籍之路的研究蒸蒸日上，两者在东向奈良的途中重叠。作为丝绸之路东端终点站的日本，其历经千年传存下来的古典籍、古钞本，也在越来越广的研究领域受到了更多学人的重视。一方面，这些国宝本身是肉眼可见的物质文化遗产，另一方面，它们所承载的非物质文化遗产的信息，也同样值得研究和关注。

根据史料可知，唐代的书籍传播主要还是依靠人工抄写。手写笔抄既是学习方法、记忆方式，也是传承途径、流布媒介。书写活动本身具有实用性、技艺性、艺术性等多重性质。汉字曾是整个古代东亚的通行文字[①]，在很长一段时间内，应用于丝绸之路沿线各地，尤其是到达奈良的东段丝路上，朝鲜半岛以及日本列岛的官方文字都长期是汉字[②]，可知这些地区的汉字书写活动十分繁盛，其对书写技艺的追求和对书法艺术的欣赏也非常普遍。拥有大量奈良时期古写卷的日本正仓院文献，不仅是以汉字写成，且大多书迹工整流畅，书法风格颇类唐风。

唐朝的书法历来为后世书家所称赞。唐朝是中国书法史上的一个高峰时期，而且有初唐爽健、盛唐肥厚、晚唐清劲的所谓唐书三变之说，这一说法是以唐代楷书名家作品为标志进行的总结和评价，反映了唐朝书风的基本变迁[③]。日本奈良时期是指710—794年之间日本定都平城京（今奈良）的时期。在此时期之前的现存书迹主

[①] 在东亚各国，汉字曾经在很长一段时间内成为通行文字，并且影响深远。西嶋定生曾说，中国、朝鲜、日本、越南等东亚世界拥有着与其他世界不同的四个共通指标，其中第一个就是汉字，儒教、律令、佛教均位在其后。参西嶋定生《西嶋定生东アジア史论集》第3卷，东京：岩波书店，2002年，第66—67页。

[②] 唐时期汉字在丝绸之路上流布的情况可以参考郑阿财《唐代汉字文化在丝绸之路的传播》，《浙江大学学报（人文社会科学版）》2016年第46卷第4期，第5—17页。

[③] 刘涛《唐朝书风三变说》，《读书》2017年第6期，第68页。

要有朱鸟元年（686）的《金刚场陀罗尼经》、同为朱鸟元年的长谷寺法华说相图铜版铭、庆云四年（707）的正仓院本《王勃集》等作品。从书风来看，奈良时期之前的书风普遍被认为是欧阳询风[1]，而奈良时期则以圣武天皇、光明子皇后夫妇为代表，主要学王羲之，这股朝野上下大范围崇王的风气，对平安时期形成以王羲之书风为基调的和样书风，也起到了很大的促进作用[2]。日本奈良时期这一书风改变的情况，无疑与唐朝本土的书风改变有很大的关系，同时也进一步反映了当时唐日之间在书写文化交流方面的快速、有效。

据《晋书·王羲之传》，唐太宗在论及各家书法时，唯尊右军："所以详察古今，研精篆素，尽善尽美，其惟王逸少乎！观其点曳之工，裁成之妙，烟霏露结，状若断而还连；凤翥龙蟠，势如斜而反直。玩之不觉为倦，览之莫识其端。心慕手追，此人而已。其余区区之类，何足论哉！"[3]而且他对王羲之书法的喜爱和推崇，不仅体现在言辞上，还体现在极力搜求右军书迹的行动上。据张彦远《法书要录》："文皇帝尽价购求，天下毕至，大王真书惟得五十纸，行书二百四十纸，草书二千纸，并以金宝装饰。"[4]唐太宗对搜求到的右军书迹，还令褚遂良编目[5]，令冯承素等人摹写，以赐臣下[6]。唐太宗的这些言行，极大地促成了长安城内外对右军书迹的临习之风，仅从后世李唐帝王来说，不论唐高宗《万年宫铭》《李勣碑》，还是唐玄宗《鹡鸰颂》，书迹均有浓厚的王书之风。崇尚王书的风气通过丝绸之路沿途蔓延，引起日本列岛的广泛仿效[7]。这一点，无论是从东大寺现存光明皇后临摹王右军书迹作品，奈良时期古遗址所发现的《乐毅论》学书木简，还是从正仓院文书和藤原行成日记等文献中所能看到的王羲之书迹借阅往返记录，均可见一斑。设想，位于奈良平城宫内外的居室之中，也如同长安一般有人正在学习右军书，或展卷把玩，倾心琢磨；或伏案挥毫，奋力临摹。这些审美取向、行为方式的具体表现，无疑比"心慕手追"四字更能够具体、生动地反映历史原貌。

---

[1] 日本学者东野治之曾有专文讨论前奈良时期的书风问题，认为当时应当主要是欧阳询风，而且这种推崇欧阳询书的风尚是受到了高句丽等朝鲜半岛传来文化的影响。见东野治之《白凤时代における欧阳询书风の受容》，氏著《日本古代木简の研究》，东京：塙书房，1983年，第300—307页。

[2] 东野治之《王羲之の手本》，氏著《正仓院文书と木简の研究》，东京：塙书房，1977年，第225页。

[3] 《晋书》卷八〇《王羲之传》，北京：中华书局，1974年，第2107页。

[4] 张彦远《法书要录》卷四张怀瓘《二王等书录》，北京：人民美术出版社，1984年，第149页。

[5] 张彦远《法书要录》卷三褚遂良《晋右军王羲之书目》，第88页。

[6] 张彦远《法书要录》卷三何延之《兰亭记》，第130页。

[7] 参中田勇次郎《奈良时代における晋唐书道》，氏著《中田勇次郎著作集》第5卷，东京：二玄社，1985年，第137页。

基于上述想法，笔者拟对奈良时期及平安初期日本朝野的王羲之书法临习书写情况进行梳理，以能体现书写过程的书写作品和记录为依据，以所谓的"书写"，即"手写笔抄"这一具体行为为切入点，联系中日传世史料记载和考古发现，对丝绸之路所承载着的文化影响模式进行剖析，间接观察和分析汉字书写行为这一活动所具备的历史文化和社会文化意义。

第一节　天下第一正书《乐毅论》——奈良朝野学右军书的个案

与长安向西的丝绸之路上的文化宝库——敦煌藏经洞文书相对应，奈良东大寺正仓院所藏的大量古文献就是长安向东的丝绸之路上的另一座宝库。正仓院文献大致可以分为两部分，一部分是类似于记录性质的古文书①，另一部分就是古书卷及古目录。这两种文献中都保存有一些与王羲之书迹相关的资料，光明皇后临王羲之《乐毅论》可以说是古书卷中最具代表性的一件作品②。

据文献记载，王羲之执笔的楷书《乐毅论》，于南朝梁时被广为传写临摹。隋朝时，智永评定其为楷书第一，其所撰《题右军〈乐毅论〉后》有言："《乐毅论》

---

① 这些古文书记录以奈良时期制作而成者为主。
② 关于正仓院写本《乐毅论》，学界也质疑这究竟是不是出自光明皇后亲笔，例如石田茂作认为正仓院写本《乐毅论》似为男性书风，而且写本正文和落款的纸张不同、书风不一，怀疑这不是光明子亲笔，之所以有《乐毅论》为"御书"记录，是因为这里的"御书"采用了"御藏书"的意思，见氏著《正仓院御物乐毅论に就いて》，《史迹と美术》第17卷第7期，1947年，第225—233页。三田清白也认为"御书"是"御藏书"之意，见氏著《御物乐毅论に就いて》，《史迹と美术》第17卷第5期，1947年，第180—183页。对于这些不同的声音，均有学者已经做出了驳斥，如田中塊堂认为石田所说的正文和落款处纸张不同有先入为主的嫌疑，而且按照性别来分别书风是很困难的，尤其是对于临本，原本就是临摹别人的字迹，而且正仓院中在"御书"之外，记录王羲之书法时也有"书法廿卷"这样的记载，可见藏书和亲笔还是有区别的，见氏著《御物乐毅论の新说について》，《史迹と美术》第17卷第2期，1947年，第60—63页。还有其他几位学者也通过驳斥"御书"为"御藏书"的方式，认可正仓院写本《乐毅论》当为光明子亲笔。详见毛利久《乐毅论と光明皇后》，《史迹と美术》第17卷第2期，1947年，第64页；毛利久《再び光明皇后御手乐毅论について》，《史迹と美术》第17卷第5期，1947年，第184—185页；神田喜一郎《光明皇后御笔乐毅论》，《正仓院の书迹》，第4—5页；汤泽聪的研究札记《正仓院所藏乐毅论について》，《书学书道史研究》2000年第10期，第81—91页，等等。尤其在经过神田喜一郎关于"御书"等于"御手迹"以及从笔势出发的细节解说之后，正仓院写本《乐毅论》为光明皇后手书的说法基本成为定论。笔者认同正仓院写本《乐毅论》为光明皇后手书的观点，并认为这也与唐朝一样，武则天书法也曾受到不似出自女性之手的评价，以性别区分书法，难度过大。

者，正书第一。梁世模出，天下珍之。自萧、阮之流，莫不临学。"[1]唐初褚遂良也定其为王羲之楷书榜首[2]。光明皇后所临王羲之书《乐毅论》，其母本恐非王羲之真迹，而是据其摹本进行再临摹而成的，应该是从唐朝辗转流传至日本的梁至唐之间的诸多王氏《乐毅论》临摹本之一[3]。考虑到书籍之路的发展情况，笔者以为，正由于唐太宗摹以外赐，王书声誉更隆、流布愈广，所以才进而流传到了日本。

　　日本奈良时期临摹王书最盛之时当属圣武天皇时期，相当于唐朝的开元、天宝年间。从正仓院现藏文书可以知道，圣武天皇（701—756）及其皇后藤原光明子（701—760）都学王书，且颇有功力，光明子皇后本人更有临王羲之第一正书《乐毅论》写卷存世。藤原光明子，姓藤原，名光明子，又名安宿媛、藤三娘，是日本律令贵族典型人物藤原不比等的第三女。她所临的这件《乐毅论》，是在圣武天皇去世后，光明子因敬献卢舍那大佛而入藏东大寺正仓院的，之后代代相传，保存至今。其敬献事，有天平胜宝八岁（756）六月二十一日《东大寺献物帐》（也称《国家珍宝账》）可证：

　　　　奉为　太上天皇舍国家珍宝等入东大寺愿文　皇太后御制
　　　（中略）
　　　　　　纳物
　　　　《杂集》一卷 白麻纸 紫檀轴 紫罗褾 绮带
　　　　　　右平城宫御宇　后太上天皇御书
　　　　《孝经》一卷 麻纸 玛瑙轴 天紫纸褾 绮带
　　　　　　右平城宫御宇　中太上天皇御书
　　　　《头陀寺碑文》并《杜家立成》一卷 麻纸 紫檀轴 紫罗缘 绮带
　　　　《乐毅论》一卷 白麻纸 玛瑙轴 紫纸褾 绮带
　　　　　　右二卷　皇太后御书
　　　　以前四卷，裹衣香二袋 一重六两二分 一重十一两二分，并纳白葛箱。
　　　（中略）
　　　　　　右件皆是

---

[1] 张彦远《法书要录》卷二，第77页。
[2] 褚遂良撰《晋右军王羲之书目》："正书，都五卷（共四十贴）。第一，《乐毅论》（四十四行，书付官奴）。"见张彦远《法书要录》卷三，第88页。
[3] 森野繁夫《王羲之と〈乐毅论〉》，《言语文化》2004年第2期，第99—108页。

先帝玩弄之珎，内司供拟之物，追感畴昔，触目崩摧，谨以奉献
卢舍那佛。复愿用此善因，奉资冥助，早游十圣，普济三途。然后鸣鸾
花藏之宫，住跸涅盘之岸。

天平胜宝八岁六月廿一日

从二位行大纳言兼紫微令中卫大将近江守藤原朝臣仲麻吕
从三位行左京大夫兼侍从大倭守藤原朝臣永手
从四位上行紫微少弼间中卫少将山背守巨万朝臣福信
紫微大忠正五位下兼行左兵卫率左右马监贺茂朝臣角足
从五位上行紫微少忠葛木连户主[①]

除上述所录正文之外，实际上原件还有后补之处。在"头陀寺碑文并杜家立成"一行字的右侧间隙，约略与"文并"二字齐高的位置，附有笺条小字"乐毅论"三字[②]，应是先写小字于裁成长方形的小纸条之上，再将纸条平整地贴于此处的，这应当是补充说明，表示填补漏字的意思。也就是说，这里遗漏了"乐毅论"三字，完整的记述应该是"《头陀寺碑文》并《乐毅论》《杜家立成》一卷"。但考虑到次行又单独列有"《乐毅论》一卷"，慎重起见，理清二者的关系十分必要。

对此，可以借鉴的是其他关于《乐毅论》的借阅、曝凉等相关记录，如天应元年（781）八月十八日的返纳（借出后，再返还纳入正仓院）文书，其中有以下记载：

《杂集》一卷 白麻纸紫檀轴 紫罗褾绮带 右平城官御字 后太上天皇御书
《孝经》一卷 麻纸玛瑙轴 天紫罗褾绮带 右平城官御字 中太上天皇御书
《头陀寺碑文》并《乐毅论》《杜家立成》一卷 麻纸紫檀轴 紫罗缘绮带
《乐毅论》一卷 白麻纸玛瑙轴 紫纸褾绮带 右二卷 皇太后御书
裹衣香二袋 一重六两二分 一重十一两一分
　　右并纳白葛箱。[③]

此外，延历十二年（793）的《曝凉目录》记载：

---

① 东京大学史料编纂所编《大日本古文书》编年之4，东京：东京大学出版会，1987年，第121—171页。此处录文格式参考米田雄介《正仓院宝物と东大寺献物帐》彩色图版2（东京：吉川弘文馆，2018年），略有调整。
② 对此，《大日本古文书》编年之4，第124页亦有标明。
③ 《大日本古文书》编年之4，第201—202页。

长安内外：唐代京城书写文化的东西流行

御书廿五卷《杂集》一卷 《孝经》一卷《头陀寺碑文》并
《乐毅论》《杜家》一卷《乐毅论》一卷
　　　　　　大小王书共半纸背面书①
　　　　　　一卷王羲之书法廿卷

弘仁二年（811）九月廿五日《东大寺使解》记载：

御书廿五卷《杂集》一卷　《孝经》一卷　《头陀寺碑文》并《乐毅论》《杜家》一卷
　　　　　　《乐毅论》一卷　大小王书共半　半
　　　　　　纸背面书一卷　王羲之书法廿卷②

齐衡三年（856）六月廿五日的《东大寺使解》：

《头陀寺碑文》并《乐毅论》《杜家立成》一卷^{麻纸　紫檀轴　紫罗缘　绮带}
《乐毅论》一卷^{白麻纸　玛瑙轴　紫纸褾　绮带}
　　右二卷皇太后　御书③

都清楚写明是"《头陀寺碑文》并《乐毅论》《杜家立成》一卷"。如果从装裱来看，也都是麻纸、紫檀轴、紫罗缘、绮带，再对比下一行的"《乐毅论》一卷"的装裱是"白麻纸、玛瑙轴、紫纸褾、绮带"，可以断定，前一行是《头陀寺碑文》和《乐毅论》《杜家立成》合裱为一轴的一卷本，后一行的"《乐毅论》一卷"则是单独装裱为一轴。对比前一条《东大寺献物帐》的书写格式，天应元年的返纳记录中写在"《乐毅论》一卷"之后的小字"右二卷 皇太后御书"，也应该是计算"《头陀寺碑文》并《乐毅论》《杜家立成》一卷"与"《乐毅论》一卷"相加的结果。也就是说，在当时的献纳宝物中，至少包含了两份《乐毅论》写卷，而且两份均为光明皇后所书，只是后来不知何故，前者三篇合装一轴的这一卷被拆分了开来。另外，如今在正仓院所藏的古写卷中，还保存有单独装裱的《杜家立成》一卷，虽不能确定是由此处的合裱本拆裱而来，但至少可以证明，光明皇后曾多次临习王羲之书法，仅《乐毅论》全本临摹后可存于正仓院以传于后世者，即有两份以上。

那么，今天正仓院所藏之《乐毅论》，是原本的单裱本，还是由合裱本拆裱而

---

① 《大日本古文书》编年之25附录《正仓院御物出纳文书（七）》"第一赤染绫㮨厨子收纳"条，第40页。
② 《大日本古文书》编年之25附录《正仓院御物出纳文书（一一）》"御书廿五卷"条双行小注，第80页。该解首尾内容见同书第71及85、86页。
③ 《大日本古文书》编年之25附录《正仓院御物出纳文书（一五）》，第101页。尾题见同书第114页。

168

第四章 唐长安书写文化的日本流布

来的呢？结合上述分析可知，8世纪光明皇后敬献至东大寺的单裱本《乐毅论》，其材质为白麻纸，配以玛瑙轴，紫纸裱，以及绮带。今日在正仓院展览中可见之《乐毅论》写卷，同为一卷单裱本，有紫纸裱，上贴墨书青色题笺"乐毅论紫微中台御书"，正文书于白麻纸之上，文末再以黄麻纸附玛瑙轴，此轴附纸上书有"天平十六年十月三日""藤三娘"两行字[1]。天平十六年是744年，"藤三娘"前文已解说过，即光明皇后，可知这两行字应当是光明皇后御笔署名，此《乐毅论》写卷确为光明皇后御书临摹本无疑[2]。而东大寺现存写卷的装裱基本与前文《东大寺献物帐》所载之装饰相合，且根据尾题可知此卷书于744年（天平十六年），献物帐做于756年（天平胜宝八岁），其事件发生的先后时间次序也相合，可知此卷即为光明皇后于8世纪所敬献之单裱本《乐毅论》原件（参图4-1）。

值得注意的是，光明皇后的御书并不是现存唯一的一件奈良朝人临习《乐毅论》的物证，在奈良时期的遗址中还发现了其他临习《乐毅论》的文献。位于今奈良市佐纪町的平城京左京一条三坊遗址，出土过书写于奈良时代初期的《乐毅论》木简，录文如下（参图4-2）：

    1 乐毅论夏
    2 乐毅论[3]

图4-1　写本《乐毅论》　　图4-2　木简《乐毅论》

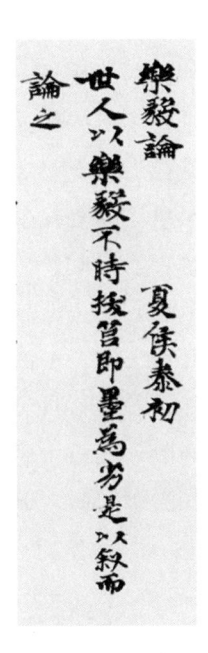

[1] 石田茂作《正仓院御物乐毅论に就いて》，《史迹と美术》第17卷第7期，1947年，第225—233页，图版见No.2。
[2] 田渊保夫《光明皇后乐毅论と王羲之の书》，《立正大学人文科学研究所年报》第29号，1991年，第55—64页；薮田嘉一郎《光明皇后の性格——乐毅论の署名と关连して》（上），《史迹と美术》第31卷第1期，1961年，第2—9页。
[3] 木简学会编《日本古代木简选》，东京：岩波书店，1990年，图版见第45页，No.246，录文见第136页上（东野治之解说）。

169

此木简原形状不明，下端、左端均缺损，第2行文字仅余右半边，且明显可以看到半个"毅"字和半个"论"字。两者相比，"毅"比"论"残留更少，可知书写者写第2纵行时上下没有对齐，书写时有向右侧歪斜的倾向，与右侧第1行"乐毅论"三个字的水平位置对比来看，第2行的第一个字应该也是"乐"字，只是因为纵书书写倾斜的原因，加上木简又发生了损坏，从而造成了现在仅余一点墨色、笔画无从得见的状况。此简简身现存长宽高尺寸分别为176mm、43mm、4mm。字迹为墨色，字体为楷书，从字面来看，应当是习书，其内容为《乐毅论》篇题。与前述光明皇后临摹本《乐毅论》写卷相比，显然书写字迹十分拙劣，宛如初学，甚至"毅"字笔画还有错讹，远不如光明皇后的笔迹沉稳敦厚、法度谨严、遒劲雄健[①]，但是两者的结构和笔画却有不少相似之处，如"乐"字正中间的长横和底部正中的竖勾，"毅"字起笔的横和右上类似"口"字的构型，以及"夏侯泰初"的"夏"字正中间"目"中第二笔折肩处的顿挫，均十分相似。两相比较，木简上的习书字迹更像是一个初学写字不久的人根据某一母本努力进行练习的作品。这枚木简表明一般的习字者都以王羲之的《乐毅论》为模板，可见在当时王羲之的书法在平城京的知识圈子里声誉卓著，心摹手追者众多，不仅上至皇后反复临摹，即使居住于一条三坊的汉文化水平尚且不高的人也勤奋加以临摹练习。因此，虽然从艺术性上来说，此简属于书法拙劣的习书，但是其体现出来的依猫画虎、反复实践练习的书写学习方式仍然值得我们关注。除此之外，如果再将其与王羲之书法联系起来探讨的话，无疑可以一窥奈良时代初期日本朝野接受唐文化，并进行自主消化吸收的社会情形，再进而思考当时王羲之书法在日本的普及和影响，这对于唐长安书写文化沿着东段丝绸之路迅速传播到奈良，并在日本宫廷内外得以传播，无疑是极有研究价值的。

第二节　王羲之书的摹拓本——奈良朝书写右军书法规模之一瞥

前文关于光明皇后临《乐毅论》相关情况的讨论可以说是临习王羲之书法的一个个案。实际上，正如前人也有过部分梳理的论述一样[②]，在正仓院所藏的古文书和

---

① 参看野本白云《光明皇后御书乐毅论》，《书之友》第7卷第3号，东京：雄山阁，1941，第2—4页。
② 黑川真道《王羲之の书迹奈良朝に流行せし状况》，前田健次郎编《好古杂志》第2编第9卷，第3—8页。

古记录中，还可以看到更多奈良时期有关王羲之书法的记录，或许光明皇后临写王羲之《乐毅论》时所参照的母本，极有可能就是出自那些数量可观的摹写本之中。

在前文所提及的《东大寺献物帐》中，直接罗列于天皇与皇后御笔书迹之后的，是足有二十卷之多的摹拓本王羲之法书。据文书记载，这些书法作品都是圣武天皇迎娶光明皇后之时所赠的聘礼[1]：

平城宫御宇　后太上天皇礼聘藤原皇后之日相赠信币之物一箱^封

书法廿卷

搨晋右将军王羲之草书卷第一^{廿五行 黄纸 紫檀轴 绀绫褾 绮带}

同羲之草书卷第二^{五十行 苏芳纸 紫檀轴 绀绫褾 绮带}

同羲之草书卷第三^{卅行 黄纸 紫檀轴 绀绫褾 绮带}

同羲之草书卷第四^{五十四行 黄纸 紫檀轴 绀绫褾 绮带}

同羲之草书卷第五^{卅行 黄纸 紫檀轴 绀绫褾 绮带}

同羲之草书卷第六^{卅一行 黄纸 紫檀轴 绀绫褾 绮带}

同羲之草书卷第七^{卅六行 白纸 紫檀轴 绀绫褾 绮带}

同羲之草书卷第八^{卅四行 黄纸 紫檀轴 绀绫褾 绮带}

同羲之草书卷第九^{卅五行 黄纸 紫檀轴 绀绫褾 绮带}

同羲之草书卷第十^{卅五行 黄纸 紫檀轴 绀绫褾 绮带}

同羲之草书卷第五十一^{真草《千字文》二百三行 浅黄纸 绀绫褾 绮带 紫檀轴}[2]

同羲之草书卷第五十二^{卅七行 黄纸 紫檀轴 绀绫褾 绮带}

同羲之草书卷第五十三^{廿一行 黄纸 紫檀轴 绀绫褾 绮带}

同羲之草书卷第五十四^{廿一行 黄纸 紫檀轴 绀绫褾 绮带}

同羲之草书卷第五十五^{廿五行 黄纸 紫檀轴 绀绫褾 绮带}

同羲之草书卷第五十六^{卅一行 黄纸 紫檀轴 绀绫褾 绮带}

同羲之草书卷第五十八^{卅五行 黄纸 紫檀轴 绀绫褾 绮带}

同羲之草书卷第五十九^{卅五行 黄纸 紫檀轴 绀绫褾 绮带}

同羲之草书卷第六十^{卅七行 黄纸 紫檀轴 绀绫褾 绮带}

---

[1] 光明子在灵龟二年（716）成为太子妃，当时圣武天皇尚且是皇太子身份。见上田正昭《藤原不比等》，东京：朝日新闻社，1986年，第231页。

[2] 此处"紫檀轴"三字是书写于附笺之上，再贴补于此处的。

同義之扇书一卷 廿行 黄纸 紫檀花轴 碧地锦褾 绮带

　　裹衣香三袋 一袋小一斤七两一分　一袋小一斤十三两
　　　　　　　一袋八两二分。

　　右，并纳银平脱箱，箱亦纳高丽锦袋。①

据上述目录可知，奈良时代初期的平城宫中，存在着编号连续的王羲之法书②，而且题名方式与史料所载唐代宫廷中收存右军书法藏品的标题如出一辙。徐浩《古迹记》：

　　明年（开元十九年，731）二月，以中书令萧嵩为大学士，令访二王书。乃于滑州司法路琦家得羲之正书扇书一卷，是贞观十五年五月五日扬州大都督、驸马都尉、安德郡开国公杨师道进，其褾是碧地织成，褾头一行阔一寸，黄色织成，云"晋右将军王羲之正书卷第四"，兼小王行书三纸，非常合作，亦既进奉。赐路琦绢三百匹，萧嵩二百匹，其书还出令集贤院拓赐太子以下。③

奈良平城宫所藏书法题名为"搨晋右将军王羲之草书卷第一"，徐浩记录唐内府本题名为"晋右将军王羲之正书卷第四"，可以看到，除性质上一为摹拓本一为真迹，书体上一为草书一为正书之外，其他官衔署名表述方式均相同。因此，平城宫所藏此二十卷拓王羲之草书的卷号编次应当是原样沿袭自唐内府御本。甚至我们可以大胆推测，上文徐浩《古迹记》所言"其书还出令集贤院拓赐太子以下"之时，为了与正本区别，太子以下等人所获得的摹拓本的标题，很有可能就是"拓晋右将军王羲之正书卷第四"。即：

　　晋右将军王羲之正书卷第四——唐内府正本题名（徐浩《古迹记》）
　　　　　　↓
　　拓晋右将军王羲之正书卷第四——唐内府拓本题名（据徐浩《古迹记》推测）

---

① 参《大日本古文书》编年之4《东大寺献物帐》，第121—175页。此处录文格式在参考米田雄介《正仓院宝物と东大寺献物帐》彩色图版2（东京：吉川弘文馆，2018年）的基础上，略有调整。
② 北京大学史睿老师告知，意大利学者毕罗认为，日本宫廷所藏二十卷摹拓右军草书可能是遣唐使入朝唐廷时所获得的外交赠礼。此外，史老师还提示笔者思考此处卷次编号来自唐廷摹本的可能性，谨此致谢。
③ 张彦远《法书要录》卷三，第122—123页。

第四章　唐长安书写文化的日本流布

↓
揭晋右将军王羲之草书卷第一——奈良平城宫藏本题名（正仓院文书《国家珍宝帐》）

"拓""揭"本通，可知，奈良平城宫所藏王羲之法书摹拓本，从题名到内容，包括卷次编号在内，都有很大可能是完全承袭自唐内府御本的[①]。

可以证实这一推测的另一个证据，是卷轴的装裱情况。

张彦远《法书要录》卷十记："褚河南（遂良）监装背，率多紫檀轴首，白檀身，紫罗褾织成带。"[②]《旧唐书·经籍志》记载："开元时，甲乙丙丁四部书各为一库，置知书官八人分掌之。凡四部库书，两京各一本，共一十二万五千九百六十卷，皆以益州麻纸写。其集贤院御书：经库皆钿白牙轴，黄缥带，红牙签；史库钿青牙轴，缥带，绿牙签；子库皆雕紫檀轴，紫带，碧牙签；集库皆绿牙轴，朱带，白牙签，以分别之。"[③]再结合《历代名画记》所载："贞观、开元中，内府图书一例用白檀身、紫檀首、紫罗褾织成带，以为官画之褾。"[④]可知，存在着承旨求"图书遗逸、贤才隐滞"任务的集贤殿书院[⑤]，在承袭贞观内府装书的基础上，曾在开元时将其所藏各类图书按照轴、带、帙、签的颜色进行过区分装裱，且这些一脉相承的装裱方式被认定为官样。《旧唐书》所言之"益州麻纸"，是以麻为原料精制而成，颜色分黄白两色，纸质既滑又密，是皇室贡品，被唐廷专门用来书写公文以及抄写宫廷收藏的四部书籍。《献物帐》所记拓王羲之书二十卷，装裱上大多一致（见表4-1）。

[①] 野津荣认为此处的二十卷王书可能是唐王朝赐给日本朝廷的礼物，而且当时可能日本获得的王书高达"六十卷"，见氏著《天平时代における"王羲之"》，《岛根大学教育学部纪要 人文·社会科学》1970年第3期，第18页；中田勇次郎将此处的王书编号视作日本皇宫内所藏王书的自主编号，认为从编号的数字之大以及数字的跳跃性来看，当时的日本皇宫应该藏有许多王书，只是后来已经不存于世，见中田勇次郎《奈良时代における晋唐书道》，氏著《中田勇次郎著作集》第5卷，东京：二玄社，1985年，第141页。虽然不能否定上述可能性，但是笔者更倾向于这些编号原本是迻录自唐廷内库所做王书编号的推测。
[②] 张彦远《法书要录》卷一〇《右军书记》，第317页。
[③] 《旧唐书》卷四七《经籍志下》，北京：中华书局，1975年，第2082页。
[④] 张彦远《历代名画记》卷三《论装背褾轴》，北京：人民美术出版社，1963年，第48页。唐中宗时安乐公主与驸马武延秀窃宫中法书为私藏之时，即有改裱书卷、以掩盖出自内府的记载。事见《法书要录》卷三武平一《徐氏法书记》，第115页。
[⑤] 《新唐书》卷四七《百官志二》，北京：中华书局，1975年，第1212页。

表 4-1　《献物帐》所记拓王羲之书二十卷装裱信息简表

题名	序号	卷次	行数	纸张	装裱		
搨晋右将军王羲之书廿卷	1	草书卷第一	廿五行	黄纸	紫檀轴	绀绫褾	绮带
	2	草书卷第二	五十行	苏芳纸	紫檀轴	绀绫褾	绮带
	3	草书卷第三	卌行	黄纸	紫檀轴	绀绫褾	绮带
	4	草书卷第四	五十四行	黄纸	紫檀轴	绀绫褾	绮带
	5	草书卷第五	卌行	黄纸	紫檀轴	绀绫褾	绮带
	6	草书卷第六	卌一行	黄纸	紫檀轴	绀绫褾	绮带
	7	草书卷第七	卌六行	白纸	紫檀轴	绀绫褾	绮带
	8	草书卷第八	卌四行	黄纸	紫檀轴	绀绫褾	绮带
	9	草书卷第九	卌五行	黄纸	紫檀轴	绀绫褾	绮带
	10	草书卷第十	廿五行	浅黄纸	紫檀轴	绀绫褾	绮带
	11	草书卷第五十一	二百三行	黄纸	紫檀轴	绀绫褾	绮带
	12	草书卷第五十二	卌七行	黄纸	紫檀轴	绀绫褾	绮带
	13	草书卷第五十三	廿一行	黄纸	紫檀轴	绀绫褾	绮带
	14	草书卷第五十四	廿一行	黄纸	紫檀轴	绀绫褾	绮带
	15	草书卷第五十五	廿五行	黄纸	紫檀轴	绀绫褾	绮带
	16	草书卷第五十六	卌一行	黄纸	紫檀轴	绀绫褾	绮带
	17	草书卷第五十八	卌五行	黄纸	紫檀轴	绀绫褾	绮带
	18	草书卷第五十九	廿五行	黄纸	紫檀轴	绀绫褾	绮带
	19	草书卷第六十	卌七行	黄纸	紫檀轴	绀绫褾	绮带
	20	扇书一卷	廿行	黄纸	紫檀花轴	碧地锦褾	绮带

除一卷扇书及卷二、七、五十一这三处用纸有所不用之外[①]，其余都是采用了黄纸、紫檀轴、绀绫褾、绮带，装裱方式与唐代官样装裱样式极为相近，结合前文所提及的编目题名的相似，或可以进一步推测，《献物帐》所涉及的这批拓王羲之书迹，

---

① 非黄纸的三卷，也有可能是配补本。

直接沿袭照搬了唐长安内府所出拓右军书形制,更加详细地反映出了中国史料中语焉不详的唐长安皇宫所藏右军书的状态。

至于平城宫这些摹拓本王书的来历,《献物帐》以及日本史料中均看不到相关记述。从它们能被天皇作为礼聘皇后的聘礼来看,应是极受皇室爱重的珍贵之物。尤其是统一使用黄纸、紫檀轴、绀绫褾、绮带的十余卷书迹,很可能不是摹写于日本国内,而是输入日本时之原装,而且应该是出自等级相当高的机构,结合其颇类唐朝官样的装裱方式进行推测,很有可能就是出自唐内府拓书人之手。而如果真的出自集贤殿,则非皇帝赏赐不能得。因此,其来源或有三种可能:

一是来自唐日交往过程中的唐廷外交赐赠。但有一个情况比较费解,就是献纳目录中既缺少草书第五十七,且卷二、七、五十一等也都与其他用纸不同,颇类补配。如果是来自唐廷的外交礼赠,不知是什么原因才出现了如此问题。

二是来自日本与朝鲜半岛交往过程中的外交礼赠。根据其收纳方式有"箱亦纳高丽锦袋"一句来看,这些书迹也有经过朝鲜半岛输入日本的可能。正仓院文书中多处可以见到朝鲜半岛致日本外交赠礼的记录,如《东大寺献物帐》中就有尺八、厨子等物为"百济国王义慈进于内太臣"[①]的记载。这些法书摹本被纳入高丽锦袋收藏的习惯,或许是因为他们得到此物时原本就是以高丽锦袋盛放的,因此推测这些书迹有可能来自高丽王室。日本的早期书法基本都是经过朝鲜半岛输入的,比如欧阳询书法的流播[②],因此王书存在这一传播途径实属自然,朝鲜列岛学习王羲之书法的风气也非常兴盛,有人甚至能够达到以假乱真的水平。例如生活于8世纪的新罗僧人金生,据传其行草书曾被北宋徽宗朝待诏杨球等人误以为是王羲之真迹[③],可见水平极高。不过前文已经说过,因为这批书法文献太过精美,所以相比于朝鲜半岛民间私下流入日本皇室的可能性来说,无疑外交礼赠的可能性更高一些。

三是由遣唐使、遣唐僧私人收集于民间,后进献给皇室。这一条也是比较容易理解的,从太宗到武周历朝都有摹拓王书外赐的相关记载,从而多有权贵之家得以收藏王书,无论是家富收藏时的有意赠予,还是因为家道中落时的无意流失,都有

---

① 《大日本古文书》编年之4,第130页。
② 东野治之《白凤时代における欧阳询书风の受容》,氏著《日本古代木简の研究》,第300—307页。
③ 金生习王羲之之事见任昌淳《韩国の书艺》,东京:近藤出版社,1981年,第29页,以及李奎报《东国诸贤书诀评论序》,氏著《东国相国后集》卷一一,首尔:景仁文化社,1999年,第3—4页。此处转引自衣若芬《兰亭流芳在朝鲜》,故宫博物院编《二零一一年兰亭国际学术研讨会论文集》,北京:故宫出版社,2014年,第40页。

可能出现令这些法书流入赴唐日人之手的机会。比如太宗朝李承乾叛乱，高宗朝庶族贵族的争斗，武周时期的酷吏严刑，当有大量权贵之家的收藏最终流散。赴唐日人能得到补配本的王书摹拓本，也是可以想见的事情。

总而言之，在被光明皇后献入东大寺之后，上文所罗列的这些珍贵书迹完成了一次由宫内到宫外的空间的转移，其得以观摩和临习的人群也发生了转换，这之后，一系列的借还记录也应运而生。天应元年（781）八月十二日出物账：

> 三纲
> 　　大都维那僧惠瑶
> 天应元年八月十二日出
> 大小王真迹书一卷（黄纸半张表里书两端粘青褐纸 纳白葛筥一合）
> 　　书法廿卷纳平脱箱一合（其装具及纸行数详于献入账）
> 　　又时时御制书四卷（其装具及纸行数详于献入账 纳白黑葛筥一合）
> 　　　　右进于内里
> 　检校使藤原朝臣家依
> 　　　健部朝臣人上
> 造寺司次官桑原公足床
> 大判官佐伯宿祢福都里
> 少判官林忌寸稻麻吕
> 少判官大伴宿祢水通
> 主典多朝臣鹰养[①]

可知，天应元年皇宫大内曾向东大寺借阅书法名品。从账目中可以看到，其中的内容共包括三类：一是大小王合书真迹一卷，二是书法廿卷，三是天皇夫妇御笔。大小王真迹应该就是正面大王书、背面小王书的合书卷，书法廿卷则是前文所述的拓大王书二十卷，至于天皇夫妇御笔四卷，应该指的就是圣武天皇、光明皇后御书各两卷，这一点联系后面的返纳账就可以推知。

上述书迹皆经过一系列的文书签署手续，才得以外借，其中最主要的借还人就是寺院方的大都维那僧惠瑶和官方的检校使藤原家依。可知，这些书迹在被施入东

[①] 《大日本古文书》编年之4，第199—200页。

大寺后保管状态良好，文书管理制度较为严密。在这些书法被施入东大寺后，天应元年（781）的记录是今日可以看到的初次再进宫记录，而且其中的一部分很快就经过同样程序的文书手续返还给东大寺。据同月十八日返纳账目记载（与上文相似的三纲签署和其他文字省略）：

> 书法一十二卷
> 　　搨晋右将军王羲之草书卷第一^{廿五行　黄纸　紫檀轴　绀绫褾　绮带}
> 　　同羲之草书卷第二^{五十行　苏芳纸　紫檀轴　绀绫褾　绮带}
> 　　同羲之草书卷第三^{卅行　黄纸　紫檀轴　绀绫褾　绮带}
> 　　同羲之草书卷第六^{卅一行　黄纸　紫檀轴　绀绫褾　绮带}
> 　　同羲之草书卷第九^{卅五行　黄纸　紫檀轴　绀绫褾　绮带}
> 　　同羲之草书卷第十^{□（廿）五行　黄纸　紫檀轴　绀绫褾　绮带}
> 　　同羲之草书卷第五十一^{真草千字文二百三行　浅黄纸　紫檀轴　绀绫褾　绮带。}
> 　　同羲之草书卷第五十二^{卅七行　黄纸　紫檀轴　绀绫褾　绮带}
> 　　同羲之草书卷第五十四^{廿一行　黄纸　紫檀轴　绀绫褾　绮带}
> 　　同羲之草书卷第五十五^{廿五行　黄纸　紫檀轴　绀绫褾　绮带}①
> 　　同羲之草书卷第六十^{卅七行　黄纸　紫檀轴　绀绫褾　绮带}
> 　　同羲之扇书一卷^{廿行黄纸　紫檀花轴　碧地锦褾　绮带}
> 　　裹衣香三袋^{一袋小一斤七两一分　一袋小十三两　一袋八两二分}
> 　　　右并纳银平脱箱，箱亦纳高丽锦袋。
> 　　　　使藤原朝臣家依
> 　　　健步朝臣人上
> 　　　　（以下造寺司次官桑原公足床等列名，略）②

对比八月十二日借出账和八月十八日返纳账可知，在惠瑶和藤原家依的经手之下，被从东大寺借走带入皇宫的法书，大部分在六天内即还入东大寺，但还有部分被留在了宫中，分别于天应二年二月廿二日和延历三年（784）三月廿九日才予以归还。

---

① 此行文字原文书在具体卷次处有缺损，此所补之"五""廿"两字，为笔者据《延历三年（784）三月廿九日返纳账》所推，见《大日本古文书》编年之4，第204—205页。
② 《大日本古文书》编年之4，第201—202页。

天应二年（782）二月二十二日返纳账记：

大小王真迹书一卷 _{黄半纸面有大王书 九行七十七字背有}

小王书十行九十九字，两端粘青褐纸

　　］水精轴

使藤原朝臣鹰取

健步朝臣人上

　　　　（以下造寺司次官吉备朝臣泉等列名，略）①

延历三年（784）三月二十九日返纳账记：

羲之书法八卷

一卷 五十四行 黄纸 紫檀轴 绀绫褾 绮带　（对应《献物帐》书法廿卷之搨羲之草书卷第四）

一卷 卅行 黄纸 紫檀轴 绀绫褾 绮带 ②　（对应《献物帐》书法廿卷之搨羲之草书卷第五）

一卷 卅六行 白纸 紫檀轴 绀绫褾 绮带　（对应《献物帐》书法廿卷之搨羲之草书卷第七）

一卷 卅四行 黄纸 紫檀轴 绀绫褾 绮带　（对应《献物帐》书法廿卷之搨羲之草书卷第八）

一卷 廿一行 黄纸 紫檀轴 绀绫褾 绮带　（对应《献物帐》书法廿卷之搨羲之草书卷第五十三）

一卷 廿五行 黄纸 紫檀轴 绀绫褾 绮带 ③　（对应《献物帐》书法廿卷之搨羲之草书卷第五十五）

一卷 卅行 黄纸 紫檀轴 绀绫褾 绮带　（对应《献物帐》书法廿卷之搨羲之草书卷第五十八）

一卷 廿五行 黄纸 紫檀轴 绀绫褾 绮带　（对应《献物帐》书法廿卷之搨羲之草书卷第五十九）

至此，天应元年八月十二日借出的法书到延历三年三月廿九日得以完全还入东大寺。从这里的还纳顺序我们可以看到，在被借出学习的法书中，临习者进行了多次主观选择，被留用时间最久的正是一部分所谓的拓王羲之书迹。这部分作品一方面书法艺术卓越，另一方面可供学习的技艺性表现得较好，品相应该也比正背书写的大小王书迹的卷子合用一些，所以才会被留存数年之久。天应是日本光仁天皇（770—782年在位）的年号，上述这一系列借还书迹的记录应当是某位宫中要人临

---

① 《大日本古文书》编年之4，第203—204页。
② 此行文字原文书在具体卷次处有缺损，此处"行""黄"二字，为笔者所推补。
③ 此行文字原文书在具体卷次处有缺损，此所补之"廿五行 黄纸 紫檀轴 绀绫褾 绮带"两行小注，为笔者据《延历三年三月廿九日返纳账》所推，见《大日本古文书》编年之4，第204—205页。

习王羲之书迹时留下的记录，借阅者或许为光仁天皇本人亦未可知。

借阅是王羲之书法得以流布的一种方式，但毕竟仅有身份足够高贵之人才能有此机会。实际上，部分得以目睹王羲之书迹者，或者还需要假借职务之便，例如进出库、曝凉、勘录检校等。正仓院文书中相关记录颇为丰富，例如延历十二年（793）的《曝凉目录》：

御书廿五卷 《杂集》一卷 《孝经》一卷 《头陀寺碑文》并《乐毅论》《杜家》一卷 《乐毅论》一卷 大小王书共半
纸背面书一卷 王羲之书法廿卷①

以及弘仁二年（811）九月廿五日的《东大寺使解》：

御书廿五卷 《杂集》一卷 《孝经》一卷 《头陀寺碑文》并《乐毅论》《杜家》一卷 《乐毅论》一卷 大小王书共半
纸背面书一卷 王羲之书法廿卷

右、被太政官今月七日符称，为检彼寺资财并官物，差件人等，充使发遣，寺国承知，听使处分者。今使等依去延历十二年曝凉使等检账，用并遣所官物，勘录申送如件，谨解。

弘仁二年九月廿五日

（以下属衔签名略）②

这些有署名的人自然是有机会接触学习王羲之书迹的人，同时一些未见姓名记录的搬运者、曝晒者、监察者等等一系列的实际操作人员，必然也是可以接触并时间长短不一地学习这些书迹的。除了这些关于或者借阅或者抄写或者公务等等的相关记录，甚至还有作为习字而抄写的片言只语。

《正仓院文书续修别集》第四八卷有：

1　知过不得足下行
2　敕寒来我之

---

① 《大日本古文书》编年之25附录，《正仓院御物出纳文书（七）》"第一赤染绫榲厨子收纳"条"御书廿五卷"下四小注之第一、二行，第40页。
② 《大日本古文书》编年之25附录，《正仓院御物出纳文书（一一）》"御书廿五卷"条双行小注，第80页。该解首尾内容见同书第71及第85、86页。

3　王羲之顿首
4　之　也①

这是在王羲之草书帖的习字中的前两行，"知过"可能是《千字文》"知过必改"的"知过"；"敕"是《千字文》开头"敕员外散骑侍郎"的"敕"；"寒来"是"寒来暑往"的"寒来"，甚至书法也有可能是摹自智永《真草千字文》。至于"足下行"，可见于王羲之的《十七帖》《行穰帖》中，因而此习字当来自王羲之的帖文，而书写者可能就是正仓院文书中常见的人物上马养②。上马养在正仓院文书中出现上百次之多，曾负责校纸、收纳等多项工作，其经手画押的文书在年代上历时数十年，是奈良时期正仓院对象的实际管理者之一。

通过以上分析可知，王羲之书法在日本的抄写流传，既有天皇、皇后的高水平临习，也有出土木简所展示的低水平照抄，从正仓院的出借文书，可知具有相当的广泛性。对于日本来说，其得自唐土的书法作品，不外乎三种管道，一是礼赠所得，可以称之为礼品，官方外交礼赠和私人赠予以及信众舍入，均可入此类；二是购买、交换所得，可以视之为商品，需要付出一定的代价；三是借抄临摹所得，属于自行复制品。书者们的临摹学习，不仅是自己内心喜爱王羲之书法的情感的释放，在有意无意之间，也会把自身对于书写的理解和感受传达给别人，而类似于圣武天皇夫妇这样有较大社会影响之人摹写王羲之书法，其书写行为又往往附带有宣传教化的功能，进一步促进了其他各阶层对书写活动的热衷，和对书法艺术的更多实践，这也就更加推广了唐长安书写文化的传播和流布。

第三节　试字与抄书——奈良朝书写群体及其空间

我们知道，唐代有字样类书籍，如颜元孙《干禄字书》、张参《五经文字》、唐元度《新加九经字样》等等，是隋唐时期兴起的厘正楷书形体笔画的正误而拟定标准用字的学问，因为当时的人认为"其旧字样，岁月将久，画点参差，传写相承，

---

① 宫内厅正仓院事务所编《正仓院古文书影印集成》十三，东京：八木书店，2000年，第266页；《大日本古文书》未收录文。
② 内藤乾吉《正仓院古文书の书道史的研究》，正仓院事务所编《正仓院の书迹》，东京：日本经济新闻社，1964年，第44—45页。

第四章　唐长安书写文化的日本流布

渐致乖误"[1]。对此，名书家多有书样，如欧阳修《集古录跋尾·唐干禄字书模本》中即有颜真卿书样的记载，"右干禄字样模本，颜真卿书"。可知，唐代在流行文字形体规范化的同时，也有名家书样以供学书者临摹书写。其书写行为有模板，有准则，有目标，不仅限于文字形体、字形笔画，还有结构样式、法式法度和气韵。应该说，唐朝依样学字的风气在日本也有流布，这从正仓院文书里常常可以看到经师试字的记载中即可见一斑，如下文的《石川宫衣试字》（见图 4-3）：

亲有能其益妙敬得道善现提
受无故宣万书诚而观求及四
念意净命之为相所刑身名天
姓后治急者通守乃知则必自
姓后治急者通字乃知知知则必自
念说诸　石川宫衣[2]

图 4-3　正仓院文书《石川宫衣试字》

这里的试字，是为了挑选书法优秀的书手抄写经书而进行的测试。此纸文字是应征写经生的石川宫衣所提交的书法样本，在署名"石川宫衣"及其紧邻的左右两侧字迹应该是别笔，尤其是从右至左的第 5 行字，应该是模仿第 4 行字的习字，而且在摹写中有错写"守"为"字"的情况，以及自觉"知"字写得不好，反复数次练习的情况。此外，文中字迹书法略有学习王字的风韵，如"之"字，横折写成两点的连笔之势，以及最后一捺顿挫起伏；还有"念"字，中间写成两横点；"命"字，一撇一捺都接近王书风格，但是与王书又略有不同。在进一步对比之后笔者推测，此书者很可能并非直接临习王羲之，而是有机会临习了王羲之七世孙智永的真草《千字文》，并且在学习中下过苦功，很多字迹已经颇具智永风格。这一点也容易理解，一来日本很早就有王羲之真草《千字文》书迹流传，这一点从前文所提及的正仓院

---

[1] 《唐会要》卷六六 "东都国子监开成二年八月" 条："（开成）二年八月，国子监奏：'得覆定石经字体官翰林待诏唐玄度状，伏准大和七年二月五日敕，覆《九经》字体者。今所详覆，多依司业张参《五经字》为准。其旧字样，岁月将久，画点参差，传写相承，渐致乖误。今并依字书，与较勘同商较是非，取其适中，纂录为《新加九经字样》一卷。请附于《五经样》之末，用证缪误。'敕旨依奏。"
[2] 《大日本古文书》编年之 19，1987 年，第 136 页。

文书有拓王羲之书迹"书法廿卷"的记载可以证实；其次，智永真草《千字文》确实是沿袭自王羲之书风，且有传入日本的记录；再次，《千字文》本身就是启蒙文，文笔隽永，适合用来认字学文，再辅之以智永亲笔书样，自然十分适合写经生们学习书写。因此，此处写经试字的石川宫衣也属于右军书一脉的学习者、实践者和传播者。

王羲之《寒霜帖》：

王羲之《乐毅论》：

王羲之《黄庭经》：

智永《真草千字文》：

实际上，这样关于试字的记录还有很多，例如天平胜宝元年（749）某月记录：

> 秦人成写经试字、刑部诸国写经试字……多治比真人诸国写经试字……六人部田人写经试字、中臣部人万吕写经试字……[①]

这些均为试字记录。写经所之所以招募如此之多的书手试字，主要就是为了写经抄书。虽然弘法方面的目的是书写佛经，并分发各处寺院，但实际上这是作为掌握知识的中央政府在向地方示恩的表现。遣唐使前往唐朝朝贡时，因为是使用一国之主天皇的名义前往，故而带回的经典也就大多经过当时日本进出境的大门——大宰府而直接送达京师，然后在京师经历书手们的复制、抄写，再分发各个地方。而这些负责抄写复制典籍的书手和写经生们，为了更好地抄写这些典籍，自然会辛勤刻苦地进行书写练习，所以今天可以从考古发现中看到，先后作为天皇皇宫所在地的平城京、平安京，出土了很多与典籍相关的习字木简，这些木简应该就是书手辛勤练习书法所遗留下来的。

习字类出土木简可以证明书写者们的勤奋努力，但如果仅有努力却不通个中道理，无疑依然会事倍功半。实际上，关于书写的技艺和技巧，有不少名家整理出了理论性的文字，书圣王羲之自然也是个中翘楚。

据《法书要录》记载，王羲之自述称：

---

① 《大日本古文书》编年之11，1987年，第107、108、109、110、111、112页。

第四章 唐长安书写文化的日本流布

羲之少学卫夫人书，将谓大能；及渡江北游名山，比见李斯、曹喜等书；又之许下，见钟繇、梁鹄书；又之洛下，见蔡邕《石经》三体书；又于从兄洽处见张昶《华岳碑》，始知学卫夫人书，徒费年月耳。羲之遂改本师，仍于众碑学习焉，遂成书尔。①

王羲之在跟从父亲王旷试笔，幼年得卫夫人启蒙之后，得叔父王廙教导（恐未正式拜师），得岳父郗鉴指点，最后广阔交游，学诸百家，终得自成一体。王羲之所习得书写技艺的理论依据应当至少有钟繇《笔法》、卫夫人《笔阵图》。在自行开创新体之后，王羲之又著有《自论书》（《法书要录》卷一）、《题卫夫人笔阵图后》（《法书要录》卷一）、《笔势图》（《墨薮》）、《用笔阵图法》（《墨薮》）、《用笔赋》（《墨池编》卷一）、《晋天台紫真笔法》（《墨池编》卷一）、《王羲之书论》四篇（《墨池编》卷一）、《尚想黄绮》帖（敦煌文书 S.3287）②、《笔势论》（敦煌文书 P.4936）等③。

据藤原佐世所编《日本国见在书目录》，小学家一类载有王羲之所撰《小学篇》一卷、《笔势论》一卷、《用笔阵图碑》一卷，由此可知王羲之的书法理论确实流传到了日本。《用笔阵图碑》或即为《墨薮》所载之《用笔阵图法》，《笔势论》应当与敦煌文书所见者为同一文本④。此外，《尚想黄绮》帖虽不见录于《日本国见在书目录》，但后世文书中可以看到。《权记》是平安中期权大纳言藤原行成（972—1028）所撰写的私人日记，其中正历二年（991）至宽弘八年（1011）的记事中，有藤原行成向内府借阅《尚想黄绮》帖的记录：

〔宽弘八年〕八日庚戌，参内，去宽弘五年四月十四日所借赐宜阳殿御本六卷 一张芝草《千字文》、一同草《香一天》、一王羲之真书《乐毅论》、一同真书《黄庭经》、一同真书《尚想》、一同真书《河图》 付头中将令返上，中将依仰纳之大床子御座御厨子云云。件厨可被渡云云，件御本定辅朝臣为藏人主殿助之日，依敕所

---

① 张彦远《法书要录》卷一《王右军题卫夫人笔阵图后》，第9页。
② 目前可见的《尚想黄绮》帖文字内容与《自书论》高度一致，大部分学者认为《尚想黄绮》帖即《自书论》，如王素《略谈〈兰亭集序〉书法的渊源与影响》，故宫博物院《二零一一年兰亭国际学术研讨会论文集》，北京：故宫出版社，2014年，第18页；但也有学者认为不然，参张天弓《张天弓先唐书学考辨文集》之《论王羲之〈尚想黄绮帖〉及其相关问题》，北京：荣宝斋出版社，2009年，第129—147页。
③ 参张天弓《张天弓先唐书学考辨文集》之《秦汉魏六朝书学文献一览表》，第401—405页。
④ 孙猛《日本国见在书目录详考》上，第383、427、432页。

183

借下也。①

御本指天皇内库本，宜阳殿是当时皇宫内收藏书法以及讲书等活动之地。延喜四年（904）八月廿一日条记载："前下野守藤原春海等于宜阳殿讲《日本纪》。"②延喜十七年四月二十二日条记载："御书所，返纳累代书法于宜阳殿。"③御厨子即天皇的收纳橱柜，今日法隆寺、正仓院均有厨子实物传世，如著名的玉虫厨子。这里可以看到的是，位高权重，且在日本书法史上颇有影响力的大贵族藤原行成，自皇宫借阅名家书法入私宅临习的情况。由此可知，不仅王羲之的书法艺术作品流传于日本奈良，其论及书学技艺的理论知识类作品也一并传入了日本。

实际上，在这样直接涉及王羲之书迹和王书理论的文章流传入日本的情况之外，还有不少后世学王、摹王的书家进一步研究和鉴藏所起到的推动作用。作为学王书的王羲之七世孙的智永自不待言，仅说唐中晚期对法书的鉴赏收藏，从武平一到东海徐峤之和徐浩（徐峤之第三子），再从徐浩到窦臮、窦蒙兄弟以及徐璹（徐浩之子），从徐浩、徐璹父子再到韩方明，韩方明又到日本僧人空海④，空海再到嵯峨天皇，等等，在他们的法书收藏鉴赏生涯中，技艺的传承有谱可依，因为这一法书鉴赏辨伪的传承谱系也涉及了很多王羲之法书的鉴赏和甄别收藏，所以若将之列入对王书技艺的传承学习序列中似也并无不可。

正因为有从实物到技艺理论的传入，再佐以自身的刻苦练习，日本才得以出现圣武天皇、光明皇后以及后世藤原行成、小野道风这样学书王字有成的书者。这也正是王书从理论到实践这一整个书写文化活动过程在古代日本流布的最好体现。

纵观日本奈良时期的书风及抄写格式，无论楷、草，基本上都是沿袭王羲之、欧阳询一脉书风，纸张、行款也往往一依唐样。但不论试字还是抄书，书手和写经生们的抄写，明显和前文所解说的那些王室成员临习王羲之书法的行为具有不同的含义，如果说以光明皇后为代表的统治者是为了自身修养、提高艺术气质而进行书法学习和练习的话，那么这些写经生们则是已经更多地将摹写王字转化为一种谋生的技能。正是这样出发点不同但做法一致的书写行为，让我们可以看到，在艺术之外，

---

① 东京大学史料编纂所编《大日本史料》第 2 编之 6，东京：东京大学出版社，1937 年，第 864 页。
② 原文为"前下野守藤原春海等をして、宜阳殿に于て、日本纪を讲ぜしむ"，见《大日本史料》第 1 编之 3，第 457 页。
③ 原文为"御书所、累代の书法を宜阳殿に返纳す"，见《大日本史料》第 1 编之 4，第 906 页。
④ 参史睿《唐代法书鉴赏家的谱系（增订稿）——从武平一到司空图》，《书法研究》2018 年第 4 期，第 5—32 页。

作为生活的那一部分书写者群体的存在，他们才是奈良朝更为主力的唐代书写文化的流布群体，代表着书写文化活动的更为广阔的空间。

这一文化现象也揭示出唐朝典籍在当时日本社会的影响和地位，正因为其具有神圣性、庄严性，可以成为品味、修养、身份的象征，所以在整个社会能有如此高的地位和影响。这也是唐朝书写文化传入日本所具有的重大意义的一个表现。

联系上述试字图片来推测，正仓院文书所能见到的短短数行的《古文孝经》，也有可能是试字的产物。

应该说，书写练习时不仅仅会使用大小王摹本等名家字帖来模仿，也不仅仅是无意义的单字反复，还有成段文字，甚至成篇文字的书写练习。其学书时写下的文字，不仅有实用性的官私文书内容，也有类似于《孝经》《尔雅》《乐毅论》《王勃集》《古文尚书》之类更为高级的存在。这体现出习字活动从习得文字到习得文章的由低级到高级的发展深化过程。实际上，不止是习得文章，从一些史书记载可知，即使停止派遣遣唐使之后，古代日本的一些有知识、有权力者还念念不忘唐朝的诗酒风流，一直保持着从唐土习得的风雅的生活方式和习惯，这从下面所列诗书竞宴相关记录的频繁出现可见一斑：

延喜元年（901）九月，于大学寮北堂举办《史记》的竞宴，读史、赋诗[①]。延喜三年七月二十八日，藏人头式部权大辅藤原菅根命文章生藤原诸阴，于八月三日至藏人所讲《汉书》，并自九月始，每旬试藏人[②]。延喜五年十二月，于大学寮北堂举办《汉书》竞宴。[③]

根据《贞信公记》可知，这种宴饮是知识分子的雅聚行事，要行典籍为令作诗、作不出就要受罚。这一宴饮方式在唐朝灭亡之后，也在日本继续传存，延喜十年十月二十九日《汉书》竞宴，延喜十一年十二月十八日大学寮《晋书》竞宴，延喜十三年十二月十五日大学寮《晋书》竞宴，延喜十四年十二月十四日东宫御读书竞宴，天庆二年（939）六月八日《御注孝经》竞宴等等[④]，类似记录源源不断，这就如同三月三上巳的曲水流觞一样成为雅聚之一。

---

① 黑板胜美、国史大系编修会编《日本纪略》，国史大系本，东京：吉川弘文馆，1965年，第780页。
② 近藤瓶城编《史籍集览编外》改定三版《西宫记》卷一二"临时二"之"藏人所讲书事"，东京：近藤出版部，1932年，第35页。
③ 《大日本史料》第1编之3，第687页。
④ 见藤原忠平著《贞信公记》第1卷，东京大学史料编纂所编《大日本古记录》第8，东京：岩波书店，1956年，第624、52、188页。

第四节 小　结

从反复书写单个文字的文字习得，到书写经典的知识习得，再到宴饮方式等社会生活方式的习得，唐朝典籍文化传入日本以后，充斥于当时知识分子阶层的知行之间，影响着他们的生活方式、思维方式，从而也对社会风气产生了很多有益的影响和作用。

实际上，唐代名家书法一直受到高丽、日本等各国追捧，如欧阳询书法："询初仿王羲之书，后险劲过之，因自名其体。尺牍所传，人以为法。高丽尝遣使求之。"[1] 又柳公权书法："外夷入贡者，皆别署货贝曰：'此购柳书。'"[2] 当时周边诸国纷纷来朝，各国遣唐使在学习中国文化的过程中自然也非常关注中国书法，因之，唐代书写文化自然而然地传入朝鲜半岛、日本列岛，影响着从宫廷到地方的各层级人员。而书圣之名尊崇，王羲之书迹又得太宗盛赞，故而唐都长安上行下效的文化影响模式也一样随着丝路交通传播至日本朝野，并广为流布。

本文以奈良时期日本朝野临习王羲之书迹的书写活动为中心，从个案《乐毅论》的抄写谈起，联系日本对王羲之书法理论的传播和实际践行的记载，讨论正仓院文书中所记录的一应王羲之书迹相关信息，探究古代日本知识分子对唐朝文化从书本知识到实际践行的系统学习，揭示其书写学习的阶层性，以及唐长安书写文化对日本社会发展的影响和意义。

（原刊于《文史》2020年第2辑，第173—196页。收入本书略有修订。）

---

[1]《新唐书》卷一九八《欧阳询传》，第5645页。
[2]《新唐书》卷一六三《柳公权传》，第5030页。

第五章　朝臣备：《李训墓志》所见遣唐使名字的书写问题

唐代丝绸之路上的文化传播流光溢彩，其中唐长安到日本奈良这段所谓的东段海上丝绸之路更有"书籍之路"的美誉。迄今来看，有关日唐之间社会经济文化交流的研究成果不胜枚举，日本正仓院更是传存了许多来自唐王朝的珍宝实物，但我国境内出于多种原因，由唐代传存至今的实物十分难得一见。虽然近年来国内的出土资料中有不少属于唐时期，但也鲜少能看到直接和日本相关的事物。是以在《井真成墓志》问世十余年之后，明确记为"日本国朝臣备"所书《大唐故李府君（训）墓志铭》（下文简称《李训墓志》，拓片见图5-1）的出现，再次引起了中日学界的瞩目和讨论。

第一节　《李训墓志》的发表及其反响

2019年12月25日，文物出版社和望野博物馆在北京共同主办了《日本国朝臣备书丹　褚思光撰文　鸿胪寺丞李训墓志考》新书发布会暨学术成果公告会，李训墓志借此正式公布于众[①]。该书登载了《李训墓志》志石照片、具体尺寸及录文，并将录文分为14条，和西安碑林博物馆藏李训之妻王氏墓志《唐故鸿胪寺丞李府君（训）夫人琅琊王氏墓志铭并序》[②]，以及河洛藏拓李训之姐《大唐前恒州司功参军萧君妻

---

① 据称，《李训墓志》原石出自洛阳，2014年初入藏望野博物馆，2019年正式公布于文物出版社出版的阎焰《日本国朝臣备书丹 褚思光撰文 鸿胪寺丞李训墓志考》。此前学界偶有相关消息，如毛阳光主编《洛阳流散唐代墓志汇编续集》（北京：国家图书馆出版社，2018年）前言中，明确记载了《唐鸿胪寺丞李训墓志》的存在，但一直未见公之于众。
② 刘莲芳《唐〈李训夫人王氏墓志〉考释》，《碑林集刊》第10辑，2004年，第123—125页。

图 5-1 《李训墓志》拓片

李氏墓志铭并序》①相联系，对《李训墓志》进行了逐句释读，涉及墓主李训的生平、家世、任职、社交等多方面的内容，并重新挖掘了一些唐高宗到唐玄宗期间的重大历史事件，也对书法史等唐日文化交流情况进行了一定的探索，最引人注目的一点就是，在经过与《唐徐州刺史杜嗣先墓志》②、《赠尚衣奉御井君（真成）墓志之铭》③、《大唐故右威卫将军上柱国祢公墓志铭》④等中国出土文献及其他存世文献，及《续日本纪》等日本存世中古史料进行对比之后，认为《李训墓志》结尾署名为"日本国朝臣备"的"朝臣备"，为日本奈良时代的高官吉备真备在唐朝留学期间所使用的名字。

《李训墓志》的公布吸引了大量学人的关注，并迅速引起一阵讨论热潮，多位学者第一时间发表了专文或短评⑤。当然对于这样的非正规考古出土材料，也有个别疑伪的说法，但主流的文章持肯定意见。与此同时，日本的唐代史研究会也第一时间专门召开了以《李训墓志》为中心的学术研讨会（2020年1月21日），与会报告者及报告题目如下⑥：

气贺泽保规（明治大学）：《新发见〈李训墓志〉の绍介とその历史的意味》

桥本荣一（东京学艺大学）：《中国书法史よりみた〈李训墓志〉の书》

河内春人（关东学院大学）：《李训墓志と吉备真备》

在《新发见〈李训墓志〉の绍介とその历史的意味》中，气贺泽保规从四个方面对《李训墓志》的相关情况作了详尽的介绍，即遇见新出《李训墓志》，《李训墓志》的公布过程，《李训墓志》的内容介绍及理解，对部分中国学者所谓"赝品说"的介绍和逐条评判。作为明治大学东亚石刻文物研究所所长，气贺泽保规曾特别前往深圳望野博物馆考察过原石，他的说法值得关注。

---

① 毛阳光、余扶危主编《洛阳流散唐代墓志汇编》，北京：国家图书馆出版社，2013年，第156页。
② 叶国良《唐岱墓志考释八则》，《台大中文学报》1995年第7期，第51—76页。
③ 贾麦明《新发现的唐日本人井真成墓志及初步研究》，《西北大学学报》2004年第6期，第12—14页。
④ 王连龙《百济人祢军墓志考论》，《社会科学战线》2011年第7期，第123—129页。
⑤ 《澎湃新闻（私家历史）》2019年12月29日第一篇为王小燕的报道：《中日关系史添新史料：遣唐使吉备真备真迹及其研究成果公布》，另外七篇为研究：王瑞来《〈李训墓志〉书写者"朝臣备"是不是吉备真备？》，2019年12月29日；王瑞来《"朝臣"解》，2020年1月2日；阎焰《我为什么认为〈李训墓志〉中的"朝臣备"就是吉备真备？》，2020年1月2日；梁晓弈《日本史古代假文物：从吉备真备之母"杨贵氏墓志"说起》，2020年1月4日；石晓军《也说〈李训墓志〉中的朝臣》，2020年1月8日；阎焰《就〈李训墓志〉中"朝臣备"之名的思索》，2020年1月13日；石晓军《略说隋唐史籍中的日本人姓名表记》，2020年1月23日。浙江大学历史系出土文献读书班连发了三期《〈李训墓志〉研读纪要》，进行了十分细致的分析，对李训家族成员等问题进行了考证。
⑥ 下文对三位报告人发言内容的介绍来自笔者会场旁听所得以及现场所获报告提纲。

不同于气贺泽保规在内容方面的梳理，桥本荣一《中国书法史よりみた〈李训墓志〉の书》从书法史的角度出发，以字形比较为中心，对《李训墓志》作了细致的探讨。他首先分别解释了字体、字形、书体的区别，解说了字形、字体、书体、书风之间的关联，在列举各种传世书法作品以为例证的同时，逐一对照并解说字体异同并不影响书体异同的问题，还列举出数例书体无法确定的字形字例以及多种书体混杂的文字字例等情况，再联系这一原则，将《李训墓志》和《雁塔圣教序》《孔子庙堂碑》的字形进行对比，说明它们字形上的相似性，并以"心"字为例，认为从用笔方面来说，《李训墓志》和褚遂良书《雁塔圣教序》存在风格相似之处，而唐代褚遂良的书法是非常盛行的。在完成了与外部书法作品的平行对比之后，桥本又从墓志本身出发，列举志文中反复出现的"鸿胪"二字左侧偏旁的书写所存在的字形不同的形象，认为《李训墓志》存在字形书写不稳定的特性，同时又列举了《李训墓志》和魏碑在字形方面的相似性，以及和颜真卿之书在字形上的相似性，最后认为此墓志书法综合前人各家之风，是书作上品，因此这是因为书法功力卓越而受邀书丹的墓志铭的可能性很大，可以说是从书法的角度肯定了《李训墓志》的价值。

河内春人《李训墓志と吉备真备》分三方面进行了论述，即"日本国朝臣备"的称呼与历次遣唐使姓名记载的比较，吉备真备及其父母家人在日本史料中所见之信息，唐开元二十二年（734）遣唐使的在唐情况。河内春人梳理了大宝、灵龟、天平、天平胜宝、天平宝字、宝龟第一次、宝龟第二次、延历、承和等年间共计九次遣唐使活动中有据可依的使者姓名情况，整理出以"朝臣"为姓的701年朝臣真人、朝臣大父，716年朝臣仲满，732年朝臣名代、朝臣广城等信息，认为以"朝臣"命名者多见于8世纪前半，而8世纪后则有以单字"朝"命名者，如775年小野朝臣石根，简称"朝楫宁"。河内还指出，藤原朝臣清河改名藤原河清、阿倍仲麻吕改名朝衡，都是玄宗时期的事情，推测这可能与玄宗即位前曾和日本僧人辩正以围棋论交的友好关系有关。根据以上梳理，河内认为从署名上来说，《李训墓志》完成于开元二十二年，与上述情况相符合，不过简称单字"备"，因为是孤证，还略有踌躇。在日本史料所见吉备真备信息部分，河内梳理了吉备真备父母的相关信息，并排出其有史可查的十余条经历年表，介绍了从下道朝臣真吉备到吉备朝臣真备的姓名变迁，梳理了其求学及取得的成就等情况。第三部分对唐朝当时形势的解说中，河内首先介绍了当时日本方面天平遣唐使经由苏州入朝唐廷的往返时间等具体情况，然后解说了井真成、朋古满等当时在唐日本人的动向，最后解说了吉备真备所随行的返日使团以及吉备真备本人在抵达日本后的活动等情况。

唐代史研究会举办的这次报告会出席者众多，以窪添庆文、石见清裕、丸山裕美子、森公章等中国史、日本史、中日关系史研究领域名家为首的数十名中日学者汇聚一堂，足见日本学界对此方墓志的重视和关注。

从日本方面的反响来看，除了这次专门学术研讨会的与会人员之外，还有不少其他相关专家的关注和诸多媒体的发声①。《朝日新闻》刊布《李训墓志》"日本国朝臣备书"七字截图，引用气贺泽保规的话称："这无疑可以看作是真备所书写的墓志，是中日关系史十分贵重的史料。"认为这是首次发现日本人为中国人书写墓志的例证，是体现着古代东亚关系实际情况的贵重史料②。《日本经济新闻》刊文称，《李训墓志》的发现不仅为今天提供了一窥吉备真备书法的机会，还体现着当时日本赴唐留学生的留学生活的一个侧面，是十分贵重的史料③。《产经新闻》以《或为遣唐使吉备真备笔迹——中国发现的墓志》为题刊发了报道，文中引用气贺泽保规的话称："《李训墓志》很可能是真品，从中可以了解吉备真备留学中所习得的教养。"又引用日本史专家、武田科学振兴财团杏雨书屋馆长东野治之的话，认为"有可能是在鸿胪寺求学的真备曾受到李训的关照，故此在接到他的讣告之后，与李训素有因缘的真备才会执笔书丹"，而且"虽然不清楚真备在唐朝所获得的实际成就的详细情况，但可以知道，唐人对其评价之高已经达到他可以受邀为人书写墓志的地步"④。此外，《夕刊 读卖新闻》《产经抄》等其他多家纸媒也都作了相关报道。

综上所述，《李训墓志》一时之间在中日学界均备受瞩目。大致来说，大家关注的问题主要有以下三点：（1）《李训墓志》中的"朝臣备"是否为日本奈良时期名臣吉备真备；（2）《李训墓志》所见"日本国"国号的形成与使用；（3）《李训墓志》所见书法相关问题。

第二节　吉备真备自名朝臣备的可能性及其时代背景

在对《李训墓志》的诸多讨论中，最为热烈的当属"朝臣备"是否为吉备朝臣

---

① 这一消息还在第一时间登上了日本每年一度的"讲书始"皇室课堂，详见日本宫内厅所刊布的东野治之 2020 年 1 月 14 日在皇宫为当今日本皇室授课的讲稿《遣唐使に见る日本の对外交流》。
② 《朝日新闻》2019 年 12 月 26 日第 14 版"社会"，第 27 页。
③ 《日本经济新闻》2019 年 12 月 27 日第 12 版"社会"，第 38 页。
④ 《产经新闻》2019 年 12 月 27 日第 13 版"社会"，第 20 页。

真备的问题。一种意见是大力肯定，认为朝臣备确为吉备真备；另一种意见则相对有所保留，认为此朝臣备未必就是彼吉备真备。持否定意见者大多是对吉备真备的"朝臣备"的署名方式存疑。对此笔者认为，河内春人关于遣唐使姓名在史籍中记载情况的梳理结果值得重视。河内认为，"朝臣"的使用情况集中于8世纪前半，可证734年所作《李训墓志》中使用"朝臣"的做法是顺理成章的，只是因为单字"备"是孤例，所以颇费踌躇。

日本遣唐使在唐期间所用姓名的取名规则虽然并不明显，但如果扩大时段，联系小野妹子、朝衡等日本使者在中国史籍中姓名记载的变化，亦可以一窥日本当时逐次提高、进阶式学习唐文化知识的发展经过，而这一姓名记载变化，也正好可以印证当时日本仰慕唐文化、学习唐文化、掌握唐文化以为己用的变化过程。

要观察遣唐使署名变化的情况，东野治之将日本遣唐使派遣分为三个时期的观点可以参考。东野认为，日本派遣遣唐使的第一个时期是到7世纪末，即当时的倭国与唐朝对立直到战败停止派遣使节；第二个时期是从大宝二年（702）重启遣使行动，持续到8世纪末期，这期间唐日双方建立了政府之间的良好关系，人与人之间的交流较多，日本通过遣唐使和留学生引进了大量的唐文化，直接促成了日本唐风文化的形成；第三个时期是紧随其后的9世纪前半期，唐朝社会政治动乱，日本派出的短期留学人员增加，使节派遣间隔拉长，政府之间的交流陷入断绝，而民间交流逐渐增加，日本逐渐从接受唐文化变成了输入唐朝物品，最终过渡到了更加重视日本自身特色的国风文化时期。

结合上述河内春人对遣唐使人名记载变化的考察和东野治之这一阶段划分的分析，也许我们可以得到一个更为宏观的日本人在唐朝用名变化情况的整体印象。纵观日本遣使到唐朝的史料，中日双方同时记载下来使者姓名的事例有限，只是隐约可以看到三个阶段的变化，即8世纪之前的音译型，到8世纪末为止的简化创新型，9世纪以来的本名化。

一、8世纪之前的音译型

这一时期，中国史籍对日本赴中原使者的姓名记载主要采取直接音译的形式，如：

1.《三国志》卷三〇《东夷传·倭人》魏景初二年（238）十二月魏帝诏书报倭女王："制诏亲魏倭王卑弥呼：带方太守刘夏遣使送汝大夫难升米、次使都市牛利奉汝所献男生口四人、女生口六人、班布二匹二丈,以到。"①

2.《三国志》卷三〇《东夷传·倭人》正始四年(243),倭女王卑弥呼又遣大夫伊声耆、掖邪狗等八人,上献生口、倭锦、绛青缣、绵衣、帛布、丹木、狖、短弓矢②。

3.《日本书纪》卷二二"推古天皇十五年(607,大业三年)七月"条:"大礼小野臣妹子遣于大唐。"同书次年四月条又记载了当时"唐国号妹子臣曰苏因高"③。

上述材料中涉及的日本派出的外交使者姓名,如"难升米""都市牛利""伊声耆""掖邪狗""苏因高",应该都是音译。例如"苏因高",饭田武乡早已指出这是"小妹子"即"小野臣妹子"的对音。其推测的依据是,日本姓名制度是"氏+姓+名"的组合,小野臣妹子的名字中,氏为"小野",姓为"臣",名为"妹子",其中"臣"被省略掉,取"小野"中的"小"为姓,与"妹子"相组合。"小"的日语发音为so,汉语对音可作"苏";"妹子"的日语发音为imoko,汉语对音可作"因高",所以"苏因高"就是"小妹子"的对音④。石晓军在此基础上认为,隋朝称呼小野妹子为"苏因高"有很大可能是来自小野妹子的自称⑤。这一推测有一定道理,不过笔者认为,作为小野臣妹子在隋期间使用的名字,很可能不是隋朝单方面或者小野妹子一己之力促成的,当是隋朝方面(可能是外交人员)与小野妹子合力确定的结果,毕竟小野妹子汉化程度尚且不高,而所以选择以氏的简化"小"再加上"妹子"而成为"苏因高"的做法,应该是双方沟通交流的结果。这样直接以对音来记录对方姓名的情况,充分体现了双方交流尚浅的特点。说明在交往伊始,双方的互相了解还比较少,日本方面只是照本宣科地告知己方有氏、姓、名的实际情况,而隋朝方面也同样给他们找个与日语发音近似的汉字组成名字了事。这一状况持续了整个隋代,炀帝时期也一样,仍然以对音的方式来记录日本人的名字,如《隋书》卷八一《倭国传》记:"大业三年(607),其王多利思比孤遣使朝贡。使者曰:闻海西菩萨天子重兴佛法,故遣朝拜,兼沙门数十人来学佛法。"⑥"多利思比孤"也是音译。

---

① 《三国志》卷三〇《东夷传·倭人》,北京:中华书局,1982年,第857页。
② 《三国志》卷三〇《东夷传·倭人》,第857页。
③ 《日本书纪》卷二二"推古天皇十五年七月"条及同书同卷"推古天皇十六年四月"条,成都:四川人民出版社,2019年,第306页。按,因《日本书纪》成书于720年,故书中也有将隋朝称之为"唐"或者"唐国"的现象。
④ 饭田武乡《日本书纪通释》卷五三,东京:明治书院,1927年,第2970、2974页。
⑤ 石晓军《略说隋唐史籍中的日本人姓名表记》,《澎湃新闻(私家历史)》2020年2月23日。
⑥ 《隋书》卷八一《倭国传》,北京:中华书局,1973年,第1827页。

应该说，这一时期大陆对日本列岛姓名的了解和处理，总体上还是处于对日本人的氏、姓、名三要素的组成情况不太清楚或者说不知如何处理的阶段。

二、8世纪末为止的简化创新型（唐风日隆期）

1.《旧唐书·日本国传》："长安三年（703），其大臣朝臣真人来贡方物。朝臣真人者，犹中国户部尚书。"①同一内容在《新唐书·日本传》中的表述为："长安元年，其王文武立，改元曰太宝，遣朝臣真人粟田贡方物。朝臣真人者，犹唐尚书也。"②

这里出现的"朝臣真人""朝臣真人粟田""粟田"，都是指粟田朝臣真人，他就是大宝二年（702）日本重启遣唐使派遣行动时的大使，在这之前，日本刚经历了7世纪后半期的内政改革，颁布了《大宝律令》，标志着至少其贵族阶层部分人的汉化水平已经入门。

2.《旧唐书·日本国传》："其偏使朝臣仲满，慕中国之风，因留不去。改姓名为朝衡，仕历左补阙、仪王友。"③《新唐书·日本传》："开元初，粟田复朝……其副朝臣仲满慕华不肯去，易姓名曰朝衡，历左补阙、仪王友。"④

这里的"朝臣仲满""朝衡"就是阿倍仲麻吕（晁衡），是跟随717年遣唐使一起来唐的。山本直治郎认为"朝"当来自"朝臣"，"衡"则来自于"仲"，进而推测或也可能是"朝臣阿衡"之略，即取自殷商名臣阿衡之意，反映了阿倍仲麻吕的慕华思想。总而言之，是阿倍仲麻吕到唐朝时自己改了名字⑤。如果按照此说，那么将其看作是当时在唐日本人的儒家文化水平又达到了一个新高度似乎也不为过，而且这样贴切地出于慕华思想自己改名的行为，也只能是在具有了一定的儒家文化知识基础之后才有能力进行。也有研究者认为是唐朝在给朝衡授官时赐的姓⑥。河内春人也认为阿倍仲麻吕当时在唐朝的地位还不够高，他自己随便改名的可能性极低，他改名很可能是在即将担任唐朝官职时，由唐朝给他"赐姓朝氏，名衡，字仲满"⑦；

---

① 《旧唐书》卷一九九上《东夷传·日本国》，北京：中华书局，1975年，第5340页。
② 《新唐书》卷二二〇《东夷传·日本》，北京：中华书局，1975年，第6208—6209页。
③ 《旧唐书》卷一九九上《东夷传·日本国》，第5341页。
④ 《新唐书》卷二二〇《东夷传·日本》，第6209页。
⑤ 山本直治郎《阿倍仲麻吕传研究——朝衡传考》手泽补丁本，东京：勉诚社，2006年，第183—184页。
⑥ 茂在寅男、西岛定生等编《遣唐使研究と史料》，东京：东海大学出版会，1987年，第279页；石晓军《略说隋唐史籍中的日本人姓名表记》。
⑦ 河内春人《东アジア交流史のなかの遣唐使》，东京：汲古书院，2013年，第167—168页。

石晓军还在此基础上联系唐朝给"蕃将"尤其是"入朝蕃将"赐姓赐名的背景肯定了这一推论。但如果确实如此的话，那么大宝二年（702）入唐的"许势朝臣祖父"改名"朝臣大父"①，保留了复姓"朝臣"，那么朝衡为什么不是仿效这样的先例，而是赐了单字"朝"姓呢？这里很可能也取舍了晁衡个人的主观倾向和意见。众所周知，"朝臣"在日本的人名中属于"姓"，可以世袭，代表的是朝廷所给与"氏"（日本古代一种氏族共同体）的首领"氏上"的一种政治地位，也许正因为这样，姓就比氏更受人重视，因此当这些日本使者在到达中国后，在简化姓名适应唐朝文化的过程中很多都保留了"姓＋名"的组合，如朝臣真人、朝臣大父、真人莫问、朝臣仲满、凶狠人广成、朝臣名代、朝臣广城等等。这一由日本人在唐朝用作姓氏的复姓，如诸葛简化为"葛"、贺拔简化为"贺"一般，后来再简化为单字"朝"，如朝衡，也就完成了其外来姓氏彻底华化的过程。

3. 天宝十一载（752）入唐的日本遣唐大使"藤原朝臣清河"，被唐朝授予"特进"并改名为"藤原河清"，事见《日本纪略》所载"唐改河清"，以及《续日本纪》引唐肃宗敕："内史宣敕曰，特进秘书监藤原河清。"②

这里藤原朝臣清河虽然被肃宗敕赐新名，但也是日本的"氏"再加"名"，同时取汉文美意，定为"藤原河清"。

4. 日本宝龟八年（777），日本再派使者小野朝臣石根、小野朝臣末足赴唐，《唐会要》《太平寰宇记》分别记载其名为"朝楫宁""和聪达"③。

从小野朝臣石根到朝楫宁，从小野朝臣末足到和聪达，所改名字十分有唐风意蕴，修改幅度之大，甚至可以说完全是创新重拟的行为。

总的来说，这一阶段唐日双方对对方的姓名组成应该已经有了很好的理解，尤其日本方面，遣唐使者们在努力调整其在唐所使用的姓名，先是以简化为主，后来一度开始重新另拟，应当是为了寻求更好地为唐人所接受。

三、9世纪初以来的本名化

1.《朝野群载》卷二〇所载《高阶真人远成告身》：

---

① 《元和姓纂》卷五，北京：中华书局，1994年，第559页。
② 《日本纪略》"延历二十二年三月丁巳"条；《续日本纪》"天平宝字五年八月甲子"条。
③ 《唐会要》卷九九《倭国》，北京：中华书局，1960年，第1770页；《太平寰宇记》卷一七四《四夷三·倭国》，北京：中华书局，2007年，第3330页。

日本国判官正五品上兼行镇西府大监高阶真人远成

　　右可中大夫试太子中允，余如故。

敕：日本国使判官正五品上兼行镇西府大监高阶真人远成等，奉其军长之命，移我会同之礼。越溟波而万里，献方物于三际。所宜颁奖，并赐班荣。可依前件。

　　元和元年（806）正月廿八日　　中书令

　　中书侍郎平章事臣郑纲宣　　中书舍人臣卢景亮奉行[①]

高阶真人远成作为日本遣唐使判官赴唐是在贞元二十年（804），在这份他于唐宪宗元和元年获得的告身中，明确记载了是授予"日本国使判官正五品上兼行镇西府大监高阶真人远成"唐朝官职"中大夫试太子中允"，其中完整包括了"氏"（高阶）、"姓"（真人）、"名"（远成）这三个组成部分在内。

2. 日本承和五年（838）派出、次年（唐开成四年，839）抵达唐廷的遣唐使团大使为藤原朝臣常嗣，《唐会要》记其名为"薛原朝常嗣"[②]。虽然不能肯定这是书写时的误漏，但至少可以说基本是参照使用了其日本原名。

从以上例子可以看到，在日本逐渐掌握唐文化的同时，唐政府也在频繁的对日交流中，逐渐能相对娴熟地处理日本人名字的称呼问题了。这一时期可以看到改名模式趋于固定，以日本原有姓名为基干，采取"氏+名"的方式作为在唐行用名字的日本使者有所增多。

上述名字变化的三个阶段与东野治之所论日本遣唐使的三阶段颇有相通之处，体现了日本在向外界表述自身姓名时对汉文化吸收、消化的不同做法。

由此可见，《李训墓志》的"朝臣备"题名或许没有那么突兀。王仲殊早就指出，吉备真备的日本姓名包括氏、姓、名三部分，全称原为"下道朝臣真备"，后因圣武天皇赐氏姓"吉备朝臣"，而称"吉备朝臣真备"，只说姓名，则是"朝臣真备"[③]。之所以称为"朝臣备"，笔者觉得有两种可能。一种可能是，朝臣真备自己以"朝臣"为姓，以"备"作名，符合唐人惯以三字为名的做法。唐人姚汝能《安禄山事迹》卷上记："安禄山，营州杂种胡也，小名轧荦山。母阿史德氏，为突厥巫，无子，祷轧荦山，神应而生焉……其母以为神，遂命名'轧荦山'焉……开元初……禄山

[①] 《朝野群载》卷二〇"异国赐本朝刀位记"条，近藤瓶城编：《史籍集览》卷一八，东京：近藤出版部，1902年，370页。
[②] 《唐会要》卷九九《倭国》，第1770页。
[③] 王仲殊《井真成与阿倍仲麻吕·吉备真备》，《考古》2006年第6期，第61页。

年十余岁，贞节与其兄孝节相携而至，遂与禄山及思顺并为兄弟，乃冒姓安氏，名'禄山'焉。"① 进入唐朝后，如果叫"安轧荦山"，就很不地道，所以改作"安禄山"，虽然"禄山"和"轧荦山"都是粟特语 roxšan 的音译，但三个字的名字，就很像普通的汉人名了。另一种可能是临时省略了"真"字，因为唐人将名字里的一个字省略掉，是常见的做法。如敦煌文书 P.3899v《唐开元十四年敦煌县征马社钱案卷》中有一道悬泉府发给敦煌县的牒，第 179 行有"敦煌县：得折冲都尉药思庄等牒称"，后面第 186 行的署名就只写"折冲都尉庄"②。这种在署名的地方用简称的形式，在文书中常见。《李训墓志》最后朝臣备题名的地方，虽然有足够的空间可以写下一个"真"字，但习惯性地省略名字里的一个字，是没有什么问题的。

　　正如同今天欧美汉学家中有人会费心取一个比较中国化的名字，千年前的吉备真备在自己留学的国度生活了十七年，而且大多时间是跟随唐朝最高学府国子监的老师学习四门学，可以推测他的朋友圈应当是以国子监同学、老师这样的文人雅士居多。这一点从他回国后在日本留下的记录中也可以推知。如《续日本纪》记载了吉备真备返回日本后，敬献天皇"《唐礼》一百卅卷，《太衍历经》一卷，《太衍历立成》十二卷，测影铁尺一枚，铜律管一部，铁如方响写律管声十二条，《乐书要录》十卷，弦缠漆角弓一张，马上饮水漆角弓一张，露面漆四节，角弓一张，射甲箭廿只，平射箭十只"③；《扶桑略记》同条也记录了此事："《唐礼》一百卅卷，《太衍历经》一卷，《太衍历立成》十二卷，测影铁尺一枚，《乐书要录》十卷，马上饮水漆角弓一张，并种种书迹、要物等，不能具载。"④ 虽然具体条目有所出入，但吉备真备"凡所传学，三史五经、名刑算术、阴阳历道、天文漏刻、汉音书道、秘术杂占一十三道，夫所受业，涉穷众艺"，其博学多识，显然无疑。因为他学习了汉音，所以在唐期间的沟通交流不用局限于笔谈，大大拓展了交流的自由度，也有利于交流的深入，他精通乐律、书道，有利于他与文士拥有共同语言，培养长期的良好关系，至于进献物品中还有弓、箭，意味着吉备真备很可能文武双全，应该说他很好地体现了唐朝鼎盛时期的气质和风韵，虽然无官无凭，但因为有才学而倍得开放包容的大唐士人的赏识，从而有机会师从多家、学艺精湛，在唐期间与精英阶

---

① 《安禄山事迹》卷上，上海：上海古籍出版社，1983 年，第 1 页。
② 卢向前《马社研究——伯三八九九号背面马社文书介绍》，《敦煌吐鲁番文献研究论集》第 2 辑，1983 年；后收入卢向前《敦煌吐鲁番文书论稿》，南昌：江西人民出版社，1992 年，第 47—96 页。
③ 《续日本纪》卷一二"天平七年四月辛亥"条，国史大系《日本后纪·扶桑略记》，第 197 页。
④ 《扶桑略记》卷六"天平七年四月二十六日"条，国史大系《日本后纪·扶桑略记》，第 558 页。

层接触较多，也保持了良好的关系。在临回国之际，以自己受到唐人赏识的书法技艺，为曾经关照自己的故友李训书丹墓志，也就是情理之中的事情了。

虽然没有更多的具体事迹可以佐证，但是我们可以推测，在长期的耳濡目染和勤奋刻苦之下，吉备真备的汉文化水准应该已经十分不俗，是以他能得到李训周围其他唐人的赏识，以一介无官无职的白身东夷之身，获得了为大唐鸿胪寺丞书丹墓志的机会，同时这也从一个侧面反映了吉备真备在唐期间当是和周围的文人雅士们长期结交。可以想象，交往的过程中行用一个更唐风的名字，有利于体现他学识渊博的一面，这也可以看作以吉备真备、朝衡为代表的日本留学生们留学唐朝、努力吸收唐朝文化知识，谋求在唐期间融入唐朝生活的一种方式。

第三节　吉备真备为《李训墓志》书丹的原因

回到墓志本身，为何《李训墓志》会由吉备真备书丹？吉备真备和李训的关系如何？王瑞来认为由善书的吉备真备来书写他长期学习所在地的鸿胪寺本处去世长官的墓志"也属至极当然"[1]，气贺泽保规也推测李训和吉备真备的关系或许是因为李训的职务在鸿胪寺[2]。笔者则认为，吉备真备很可能是以李训友人的身份书丹的。理由有三：

第一点是李训、褚思光、吉备真备的共性、交集点及相互关系。李训任职鸿胪寺，"观古能文，不以耀世，故士友重之"；褚思光任职秘书省，开元七年（719）曾文辞雅丽科及第[3]；吉备真备无职无衔，身份是学习成绩优秀的日本留学生，涉穷众艺，善书能文。可见，三人很容易以文会友。再联系墓志前后文，褚思光对李训"士友重之，而时人不测"和"以有道之时，当用人之代，骥足方骋，龙泉在割，岂不伟与"的这些表述，都隐约透露出一种以文会友般的赏识与期许。

第二点是李训的去世地点。学者早有研究，洛阳感德乡圣善寺是一个很特别的

---

[1]　王瑞来《〈李训墓志〉书写者"朝臣备"是不是吉备真备？》，《澎湃新闻（私家历史）》2019年12月29日。
[2]　见唐代史研究会2020年1月25日学术报告会气贺泽氏报告提纲。
[3]　《唐会要》卷七六《制科举》，第1388页。

地方，感德乡多胡人聚集[①]，圣善寺则在西安、洛阳各有一座，是中宗为武则天而设[②]，其中洛阳圣善寺的地理位置靠近胡人聚集地，又是文人墨客经常出入的胜场，利于文化传播，后来的白居易与圣善寺关系最为密切[③]。李训在这样一个地点去世，首先说明他生前应该是暂住此地，也就是说他跟随玄宗从西安到洛阳后的办公地点设在了圣善寺，这样地点上距离感德乡胡人较近，处理事务也方便；其次在此有更多与文人墨客们交往交流的机会，除秘书丞褚思光之外，也无形中促进了李训与吉备真备之间的私人情谊。

第三点是墓志文中后人亲族的缺席以及丧葬用时之短。考虑到墓志志文丝毫未曾提及李训亲属之哀伤、举丧等情况，也未曾提及他是否获得政府殓葬出资和帮助等身后的哀荣，故或许可以大胆推断，李训的丧葬事宜应该并非李训的家人所主持，这其中也包括邀请褚思光撰文和吉备真备书丹。李训去世之时时年52岁，按照其夫人墓志所载卒于天宝八载（749）、时年65岁来计算，李训去世之时其夫人当为50岁。古人早婚，正常来说，李训去世之时他夫人王氏墓志铭中所提及的三个儿子应该都已经成年。李训去世五天即匆匆下葬，且未提及家人，很可能与当时的粮荒等社会背景有关。李训所担任的鸿胪寺丞本身官位不高，仅为从六品上，也并未达到能让国家派专员来主持丧事的级别，再加上玄宗带百官从西安就食洛阳未久，粮荒尚未得解，六月的洛阳天气炎热，尸身难以长时间保存，而从洛阳往返西安通知李训家属来举办丧事也很可能遇到了麻烦，同时粮荒也意味着留守西安的李训的家人们未必有能力及时赶赴洛阳举丧。墓志文中也说了是"权殡"，所以时间上极为匆忙，五天即已经入土为安。

总之，结合墓志文中非常像出自"士友"之口的、对李训"士友重之，而时人不测"的评价，和墓志铭中侧重表述李训"观古能文""言而有章"的突出特点，以及李训去世的地点和埋葬的时间，笔者认为最终李训的殡殓事务由他因"观古能文"所结交到的"士友"代为操持的可能性更高。这也就能很好地解释为何是由善文辞的秘书丞褚思光撰文、善书的吉备真备书丹，因为他们平时志趣相投，拥有共同的交游朋友圈，所以在李训遇难之时，他们共同为自己的文友尽上了最后一份心力。

---

① 张乃翥《洛阳景教经幢与唐东都"感德乡"的胡人聚落》，《中原文物》2009年第2期，第98—106页；张乃翥《"感德乡"景教社团与隋唐东都人文地理之因缘——以新出土唐元琮、刘谈经墓志纪事为缘起》，《石河子大学学报（哲学社会科学版）》2017年第5期，第73—85页。
② 史红帅《唐两京圣善寺考辨》，《中国历史地理论丛》1999年第4期，第248页。
③ 焦尤杰《洛阳圣善寺对白居易的影响》，《天水师范学院学报》2016年第4期，第82—84页。

第四节 小 结

  总的来说，虽然日本遣唐使在唐期间所用姓名的取名规则并没有泾渭分明的一定之规，但从许多细节中还是可以一窥其逐步变化发展的状况。《李训墓志》"朝臣备"的出现，正对应日本遣唐使们习用唐文化的进阶阶段，符合历史上遣唐使行用唐名的发展规律和进展程度。最为明显的例证是朝衡的改名情况。阿倍朝臣仲麻吕和吉备朝臣真备是同期留学唐朝的留学生，他们的日本"姓"都是"朝臣"，他们在唐学习期间也都改了名字。阿倍仲麻吕改唐名经历了"朝臣仲满"到"朝臣衡"，再到"朝（晁）衡"的变化过程，循序渐进的更改方式逐步体现出日本入唐求学者们汉化程度日渐加深的实际情况和逐级进阶的唐文化习得过程。而与他同时入唐的吉备朝臣真备，在把日本名字"下道朝臣真吉备""下道朝臣真备"改成唐名"朝臣备"的过程中，或许也曾经使用过"朝臣真备"之类过渡性的唐名，只是今天已经没有史料可以证明。总之，即使相比朝衡来说，吉备真备的改名在发展阶段上有所跳跃（也许也不如朝衡彻底，比如再继续改成只有两个字的名字），但无疑《李训墓志》署名中的"朝臣备"也同样是日本赴唐求学者们唐风化过程中一个发展阶段的具体表现。吉备真备和李训不仅在公务上有隶属管理关系，也因喜文弄墨这一共同爱好而交往，所以在李训亡故之后，吉备真备为其墓志执笔书丹，让我们在日本国内已经不存他书迹的今天，有幸窥其一斑，了解他在唐朝求学期间的生活状况和交游轨迹。

  （原刊于《文献》2020年第3期，第138—150页。收入本书略有修订。）

第六章　法律文书书写的再发现
——旅顺博物馆藏唐户令残片考*

众所周知，20世纪初大谷探险队的部分资料被运往了当时的关东厅博物馆，即今日之旅顺博物馆（下文简称旅博），这批资料完好保存至今。2006年春，旅顺博物馆与大谷文书的另一重要收藏地龙谷大学，对这批文书进行了合作整理，双方联合主编出版了图录《旅顺博物馆藏新疆出土汉文佛经选粹》[①]，刊载图版一千四百余幅，不少内容为稀见资料。其中，旅博原编号为LM20-1453-13-04者，书中将其归之于不明佛典系列，未予定名[②]。自2015年开始，旅顺博物馆与北京大学、中国人民大学合作整理馆藏新疆出土汉文文献，对这批残片重新考订，发现此文书当为一件唐户令残文。笔者受整理小组之命做文书考释工作，现将初步成果阐述如下，请方家指正。

虽然隋唐时期已经有较为完备的律令格式法律文本，并且此体系也曾对朝鲜半岛、日本等东亚诸国家和地区形成了深远的影响，但奈何岁月久远，唐令文本与唐式、唐格一起，都早已不传于世（仅唐律赖《唐律疏议》得存至今）。虽有继承改用唐令之日本《养老令》《大宝令》等文本以及天一阁藏《天圣令》文本可窥唐令一斑，但终究都不是唐令原本的样子。近代以来，敦煌、吐鲁番地区得地利之厚，多有晋唐古文献出土面世，其中即有唐令写本，可惜数量不多，迄今所见者不过《永徽东

---

* 本文为旅顺博物馆、中国人民大学国学院、北京大学中国古代史研究中心合作的"旅顺博物馆藏新疆出土汉文文书的整理与研究"项目（即"教育部人文社会科学重点研究基地北京大学中国古代史研究中心重大项目"）成果之一。论文写作过程中获同项目诸位老师和学长的多方帮助，在此表示诚挚感谢。本文成稿之时，笔者正留学于东京大学日本史研究室，故亦曾得大津透老师、吉永匡史老师、神户航介博士生等多位专家诸多提点，在此一并致谢。

[①]　旅顺博物馆、龙谷大学主编《旅顺博物馆藏トルファン出土汉文佛典断片选影》，京都：法藏馆，2006年。
[②]　旅顺博物馆、龙谷大学主编《旅顺博物馆藏新疆出土汉文佛经选粹》，第131页。

宫诸府职员令》①、《开元公式令》②、《台省职员令》和《祠令》残卷抄本③等数篇残文而已。自20世纪初以来，以日本学者仁井田陞为代表的一代又一代学人致力于唐令的复原工作④，特别是随着《天圣令》的发现，在中日学者的共同努力下，取得了非常好的成果⑤。此次旅博藏唐户令残片的发现，不仅对于研究当时的户籍政策以及家族关系十分有益，还对唐令的复原研究，以及唐令和日本令的关系讨论等等，都具有极其重要的参考价值。下文即从令文复原及其年代考证等方面略作阐释。

第一节　残片录文及阙文推补

旅博藏 LM20-1453-13-04 唐户令残片（图6-1），可见部分天头，现存文字七行，原纸行款未知，现每行残留3—7字不等，字体正楷，有墨色界栏，线形齐整，其墨色略淡于文字，未见朱点句读等标识，亦无改字。为讨论方便，录文如下：

---

① 图版及录文见 T. Yamamoto, O. Ikeda, & Y. Okano, *Tun-huang and Turfan Documents concerning Social and Economic History*, I. Legal Texts. Tokyo: The Toyo Bunko, 1978-1980, (A), pp. 22-28, (B), pp. 40-50; T. Yamamoto et al., *Tun-huang and Turfan Documents concerning Social and Economic History*, supplement. Tokyo: The Toyo Bunko, 2001, (A), p. 3, (B), pp. 2-3; 刘俊文《敦煌吐鲁番唐代法制文书考释》，北京：中华书局，1989年，第180—197页。
② 图版及录文见 T. Yamamoto, O. Ikeda, & Y. Okano, *Tun-huang and Turfan Documents concerning Social and Economic History*, I. Legal Texts, (A), pp. 29-31, (B), pp. 55-60; 刘俊文《敦煌吐鲁番唐代法制文书考释》，第221—228页。
③ 荣新江、史睿《俄藏敦煌写本〈唐令〉残卷Дх.3558考释》，《敦煌学辑刊》1999年第1期，第3—13页。其后，李锦绣撰文认为，此非祠令残片，而是祠部的《格式律令事类》，参见氏著《俄藏 Дх.3558 唐〈格式律令事类·祠部〉残卷试考》，《文史杂志》2002年第3期，第150—165页。对此荣新江、史睿有撰文回应，详见荣新江、史睿《俄藏Дх.3558唐代令式残卷再研究》，《敦煌吐鲁番研究》第9卷，北京：中华书局，2006年，第143—168页。另外，关于《格式律令事类》的讨论，也可以参考日本学者土肥义和的解说，见氏著《唐考课令等写本断片 Дх 六五二一考——开元二十五年撰〈格式律令事类〉に関连して》，《国学院杂志》105（3），2004年，第1—12页。
④ 仁井田陞《唐令拾遗》，东京：东方文化学院东京研究所，1933年（中译本见仁井田陞、栗劲等译《唐令拾遗》，长春：长春出版社，1989年）；仁井田陞著，池田温编《唐令拾遗补》，东京：东京大学出版会，1997年。
⑤ 天一阁博物馆、中国社会科学院历史研究所天圣令整理课题组校证《天一阁藏明钞本天圣令校证·附唐令复原研究》，北京：中华书局，2006年。相关研究论著比较集中发表在《唐研究》第12卷，2006年，第14卷，2008年；大津透编《日唐律令比较研究の新阶段》，东京：山川出版社，2008年；台师大历史系、中国法制史学会、唐律研读会主编《新史料·新观点·新视角：天圣令论集》（上、下），台北：元照出版公司，2011年；黄正建主编《〈天圣令〉与唐宋制度研究》，北京：中国社会科学出版社，2011年。

第六章 法律文书书写的再发现

（前缺）
1 诸无□[
2 家近亲 尊[
3 诸以子孙继 绝[
4 七以下命继者[
5 析即所继处[
6 诸 户内欲析出 口[
7 □□□ 妻 妾亦不[
（后缺）

图 6-1 旅顺博物馆藏唐户令残片

结合天一阁藏《天圣令》尾所附唐令文本形式以及日本令文本形式，每条令文起首常见"诸"字，每一条令文的书写均不直接接续于前一条的行尾，而是单独另起一行、顶格起笔。据此书写格式，我们可以推定，此残片所存之七行文字当分属于三条令文，在唐令原本中为次第排列的顺序。

本文待讨论残文，大体上可以和《唐令拾遗》及《唐令拾遗补》所复原的《户令》第一四条至一六条的令文对应，鉴于残片文字与唐令高度对应，结合中原政权统治该地区的历史时期，可知此残片所载内容当为唐户令。以下列出上面两书的复原本（粗体为残卷所存文字）：

　　一四【开二五】**诸无**子者，听养同宗于昭穆相当者……申官附籍。（据《唐户婚律》卷十二、《文献通考》卷十一）。[①]

　　一五【开二五】**诸以子孙继绝**应析户者，非年十八已上，不得析，其年十**七以下命继者**，但于本生籍内注云年十八，然听。即**所继处**有母在者，虽小亦听析出。（据《通典·食货七·丁中》《文献通考·户口考一·历代户口丁中赋役》，及《白氏六帖事类集》卷二二、《白孔六帖》卷七六）[②]

　　一六【开二五】**诸户**欲**析出口**为户，及首附口为户者，非成丁，皆不合析，应分者，不用此令。（据前列《通典》《文献通考》）[③]

[①] 仁井田陞《唐令拾遗》卷九《户令》，第 233 页；池田温等《唐令拾遗补》卷九，第 528—529、1020 页。以下三条引文综合两本而成，个别标点有所不同。
[②] 仁井田陞《唐令拾遗》卷九《户令》，第 234 页；池田温等《唐令拾遗补》卷九，第 528、1020 页。
[③] 仁井田陞《唐令拾遗》卷九《户令》，第 235 页；池田温等《唐令拾遗补》卷九，第 1020—1021 页。

203

仁井田陞《唐令拾遗》复原案中，此处对应令文均被定为开元二十五年（737）令，鉴于旅博藏户令文本每一条均与《唐令拾遗》复原内容在文字上有所出入，所以在此首先针对每一条令文内容的复原补全问题加以探讨。

一、唐户令复原一四"听养"条

旅博本首行行首仅存"诸无子"三字，与《唐令拾遗》复原唐令令文的起首相合，但其次行行首出现的"家近亲 尊 "四字却不见于《唐令拾遗》复原。但因为《唐令拾遗》在复原时原本推断"听养同宗于昭穆相当者"与"申官附籍"之间尚有未知的内容，并且使用了省略号表示，所以此处当可能存在"家近亲尊"。查唐宋法典，在《名公书判清明集》中载有无子孙之时有关"家近亲尊"命继的规定。《名公书判清明集》卷八户婚门立继类"已立昭穆相当人而同宗妄诉（翁浩堂）"条云：

> 谨按令曰：诸无子孙，听养同宗昭穆相当者为子孙。又曰：其欲继绝，而得绝家近亲尊长命继者，听之。又曰：夫亡妻在，从其妻。[①]

《宋会要辑稿》礼三六之一六载相关事例：

> 绍圣元年（1094）十二月五日，尚书省言："元祐七年（1092）南郊赦书节文，今后户绝之家，近亲不为依条立继者，官为施行。今户绝家许近亲尊长命继，已有著令，即不当官为施行。"从之。[②]

由此可知，宋代在对无子孙者收养子孙作出条件限制的同时，还存在对"继绝"和"夫亡妻在"两种情况的补充规定，而且至少在绍圣元年，这一规定还明确行之于令。查《唐令拾遗》及《唐令拾遗补》复原解说可知，《唐令拾遗》对"无子"条的复原依据是《唐律·名例》"会赦改正征收"条疏议和《唐律·户婚》"养子舍去"条疏议所引唐令，并参考了《晋令》《宋天圣令》《宋令》《金泰和户令》

[①] 中国社会科学院历史研究所宋辽金元史研究室点校《名公书判清明集》卷八，北京：中华书局，1987年，第247页；高桥芳郎《译注〈名公书判清明集〉户婚门》，东京：创文社，2006年，第472—473页。
[②] 《宋会要辑稿》，上海：上海古籍出版社，2014年，第1548页。参看《宋史》卷一二五《礼志二八》，北京：中华书局，1985年，第2935页。

《明户令》①，这些材料确实均不见有"家近亲尊"字样，存在"家近亲尊"内容的《名公书判清明集》《宋会要辑稿》《宋史》并未被《唐令拾遗》所注意（后来《名公书判清明集》相关内容被补充到了《唐令拾遗补》中）。正如《名公书判清明集》卷八户婚门立继类"已立昭穆相当人而同宗妄诉（翁浩堂）"条所示，"其欲继绝，而得绝家近亲尊长命继者，听之"，与"诸无子孙，听养同宗昭穆相当者为子孙"一样，也应该是同属于户令的内容，并对无子听养的规定起到补充细化的作用。由此可以确定，残文此处的"家近亲尊"应当为"其欲继绝，而得绝家近亲尊长命继者，听之"。考虑到《名公书判清明集》在引用此条文字时是"谨按令曰……又曰……又曰……"的格式，所以此处或亦可追加复原"夫亡妻在，从其妻"这一规定。

至于此处起首"诸无子"后残存文字，《名公书判清明集》作"诸无子孙，听养同宗昭穆相当者为子孙"，而《唐律·名例》卷四"会赦改正征收"条疏议作"自无子者，听养同宗于昭穆合者"，《唐律·户婚》"养子舍去"条疏议所引唐令则作"无子者，听养同宗于昭穆相当者"，结合宋《天圣令》"诸无子者，听养同宗之子昭穆合者"，宋令"诸无子，听养同宗昭穆相当者为子孙"以及日本《养老令》户令一四条"凡无子者，听养四等以上亲于昭穆合者，即经本属除附"，考虑到日本令在继承唐令时，除删改不适用本国的规定及本身固定用语外，对唐令一般用语较为忠实遵循原本，故结合日本令与《唐令拾遗》复原文字，复原第14条户令内容如下：

14 诸无子〔者听养同宗于昭穆相当者其欲继绝而得绝〕
家近亲尊〔长命继者听之夫亡妻在从其妻〕申官附籍

按残片所见文字的横向对应来看，虽然纵向有界栏隔开，但横向字迹高低大小大多不能对齐，故而此处行款相近却不完全一致，应该说也影响不大。

二、唐户令复原一五"析户"条

《唐令拾遗》据《通典·食货七·丁中》《文献通考·户口考一·历代户口丁中赋役》及《白氏六帖事类集》卷二二和《白孔六帖》卷七六复原令文如前文所示。

---

① 仁井田陞《唐令拾遗》卷九《户令》，第233—234页。

按《通典》卷七《食货七·丁中》：

> 按开元二十五年（737）《户令》云："诸以子孙继绝应析户者，非年十八以上不得析，即所继处有母在，虽小亦听析出。"①

《文献通考》卷一〇《户口考一·历代户口丁中赋役》：

> 按开元二十五年《户令》云："诸以子孙继绝应析户者，非年十八以上不得析。即所继处有母在，虽小亦听析出。"②

《白氏六帖事类集》卷二二"析户令"条注：

> 《户令》：诸子孙继绝应以户者，非年十八已上不得析。其年十七已下命继者，但于本生籍内注云年十八，然听。即所继处有母在者，虽小亦听析出。③

据《白氏六帖事类集》，《通典》《文献通考》显然是把"其年十七已下命继者，但于本生籍内注云年十八，然听"一段省略掉了。好在《白氏六帖事类集》将全文保留下来，《唐令拾遗》即据《白氏六帖事类集》补全。

按仁井田氏唐令复原文本"注云年十八，然听。即所继处"的地方，旅博残文此处残存"析，即所继处"，多一"析"字。在"听"字后加一"析"字，语义更为完整。

其次，《通典》《文献通考》均为"有母在"，而《白氏六帖事类集》为"有母在者"，文意无碍，而文字有略，此处也取《白氏六帖事类集》，复原为"有母在者"为宜。

据以上资料可以推测，据旅博本改订的第 15 条令文内容应作：

15　诸子孙继绝〔应析户者非年十八以上不得析其年十〕
　　七已下命继者〔但于本生籍内注云年十八然听〕

---

① 《通典》卷七《食货七·丁中》，北京：中华书局，1988 年，第 155 页。
② 《文献通考》卷一〇《户口考一·历代户口丁中赋役》，北京：中华书局，2011 年，第 280 页。
③ 《白氏六帖事类集》卷二二，北京：文物出版社，1987 年影印傅增湘旧藏南宋绍兴刻本，帖册五，叶六十五背；参《白孔六帖》卷七六。

析即所继处〔有母在者虽小亦听析出〕

三、唐户令复原一六"为户"条

《唐令拾遗》复原此条令文的依据为《通典·食货七·丁中》和《文献通考·户口考一·历代户口丁中赋役》，并以《晋令》作为参考。《通典》称："诸户欲析出口为户及首附口为户者，非成丁皆不合析。应分者，不用此令。"① 《文献通考》同。旅博本此条首行行首为"诸户内欲析出口"，与《唐令拾遗》复原令文完全一致。但是第二行行首仅余残笔画，约第四字开始才清晰可见"妻妾亦不"四字，这四字却又不见于《唐令拾遗》所依据的各种史料中。而据《通典》可知，户令有明文规定："无夫者为寡妻妾。"② 可以推见，户令中当有涉及寡妻妾的规定，但《通典》的引文可能并不完全。

在日本保存的来源于唐令的文献材料中，可以看到有关"寡妻妾"的令文。《养老令》卷四（第12—13条）：

> 凡无子者，听养四等以上亲于昭穆合者，即经本属除附。
> 凡户内欲折（析）出口为户者，非成中男及寡妻妾者，并不合折（析）。应分者，不用此令。③

《令义解》卷二引户令文原文：

> 凡无子者，听养四等以上亲于昭穆合者，即经本属除附。
> 凡户内欲析出口为户者，非成中男及寡妻妾者，并不合析。应分者，不用此令。④

《令集解》卷九引户令文原文：

---

① 《通典》卷七《食货七·丁中》，第155页。
② 《通典》卷七《食货七·丁中》，第155页。
③ 井上光贞《律令》（日本思想大系3），东京：岩波书店，1976年，第228页。同书同页有载，《大宝令》此处"寡妻妾"做"寡妇"。
④ 《国史大系·令义解》卷二，东京：经济杂志社，1901年，第85页；《新订增补史大系·令义解》（普及版），东京：吉川弘文馆，1985年，第94—95页。

凡无子者，听养四等以上亲于昭穆合者，即经本属除附。
　　凡户内欲析出口为户者，非成中男及寡妻妾者，并不合析。应分者，不用此令。①

　　据此，为《通典》所载文字不见"无子听养"以及"寡妻妾析户"的内容，这有可能是后来的令文削除了这一规定，也可能是《通典》引用转载不完全。同样，日本令中也不见"首附口"的记载，且"非成丁"作"非成中男"，这也体现了日本方面因地制宜、修改唐令，而所谓的"非成中男及寡妻妾者，并不合析"，若联系《唐令拾遗》"非成丁皆不合析"，或可大胆推测，旅博藏本或当为日本令与《通典》等所引令文的母本，即，其原文很可能是两者内容的综合："非成丁皆不合析，寡妻妾亦不合析。"如此则意思不改，只不过是两句并为一句，增加了此规定所针对的对象而已。由此，我们推定复原户令第16条内容如下：

16　诸户内欲析出口〔为户及首附口为户者非成丁皆不〕
　　合〔析寡〕妻妾亦不〔合析应分者不用此令〕

　　总结以上讨论的结果材料，我们可以推补此旅博藏唐令残片内容及格式，并得出如下三条完整的唐令（行前编号对应《唐令拾遗》令文编号）：

14　诸无子者，听养同宗于昭穆相当者，其欲继绝而得绝……21字
　　家近亲尊长命继者，听之。夫亡妻在，从其妻。申官附籍。……21字
15　诸以子孙继绝应析户者，非年十八以上不得析，其年十……22字
　　七已下命继者，但于本生籍内注云年十八，然听……19字
　　析。即所继处有母在者，虽小亦听析出。……16字
16　诸户内欲析出口为户及首附口为户者，非成丁皆不……21字
　　合析，寡妻妾亦不合析。应分者，不用此令。……16字

　　根据以上分析可以确定，旅顺博物馆所藏这件残片应当是唐令残文，其满行行

---

① 《国史大系·令集解》前篇卷九，东京：吉川弘文馆，1966年，第272页；《新订增补国史大系·令集解》，东京：吉川弘文馆，1983年，第272—273页。

款在21字左右，其珍贵之处在于，所见三条令文的残文中，都有今人复原相对条目中没有的文字，我们根据宋代的《名公书判清明集》和日本令，基本上完整地复原出令文文字，所补文字与文书的行数相应。这样，我们竟然由此残片，获得了三条唐令的原文，并可据以补正从仁井田陞以来复原这三条唐令的不足，并可以从一定程度上看到唐代时间序列上后令对前令的继承与修改，以及日本令在参照唐令制定《养老令》时的取舍，因为律令的修改订正，往往是为了更适应当时的社会状况，这也就使今人有机会管窥当时更真实的社会历史信息。

第二节　旅博残令文的年代

关于有唐一代的法典，根据史料记载可知，唐朝从高祖武德七年（624）开始编纂法令，当时只是承继隋《开皇令》。到太宗贞观十一年（637），天下安定，正式形成唐朝自己的《贞观令》。以后高宗永徽元年（650），修订而成《永徽令》。以后经过麟德、仪凤、垂拱、神龙、太极年间的多次修订，到玄宗开元三年（715），再修订成《开元三年令》，开元七年，又修订成为《开元七年令》，即《唐六典》所引之令文。到开元二十五年，唐朝全面修订律令格式，形成《开元二十五年令》[①]。由令文记录下来的唐朝制度不是一成不变的，官名、时节、礼法常常有变动，朝廷不时以诏敕形式发布新的制度规定，并用"格"的形式过一段时间就编纂起来，然后再在较大规模修订令的时候增补改订进去。虽然史籍中有多次修订令的记载，朝廷的敕书中也常常有"著之于令"的说法，但令文是比较正规的法律文书，平常只是用"签贴"冲改旧条的方式来增订[②]，并没有全面推倒重来。唐令大的改订主要就是上述几次。《旧唐书》的《刑法志》和《经籍志》、《新唐书》的《艺文志》著录的令，只有《武德令》《贞观令》《永徽令》《开元七年令》《开元二十五年令》，而且都是三十卷，从中也可以看出这是几次大的修订，并形成专书，而从卷数来看，改动也不会很大。

[①] 参看池田温《唐令と日本令——〈唐令拾遗补〉编纂によせて》，《中国礼法と日本律令制》，东京：东方书店，1992年，第165—194页。中译本见霍存福、丁相顺译，王冰校《唐令与日本令——〈唐令拾遗补〉编纂集议》，《比较法研究》1994年第1期，第96页。
[②] 详见戴建国《唐宋变革时期的法律与社会》，上海：上海古籍出版社，2010年，第97—135页。参看氏撰《天一阁藏〈天圣令·赋役令〉初探》（下），《文史杂志》2001第1期，第176—181页。

开元以后，唐朝没有再做大的唐令修订工作，但仍有小的改订。从史料记载来看，德宗、宣宗时，都曾有所改订。但这些改订不会很大，所以没有形成并刊布"建中令""大中令"一类的专书。我们在宋代的目录书中，只见到《直斋书录解题》著录有《开元七年令》三十卷①，《宋史·艺文志》著录《开元令》［开元二十五年（737）令］三十卷②，前者是私家收藏的记录，后者是官方所藏，从道理上来说，《开元二十五年令》是开元以后具有官方法律效力的图籍。戴建国教授在天一阁发现的宋《天圣令》抄本所保存的唐令内容，基本上说是开元二十五年令③。有的学者认为其中可能有中晚唐的令文，甚至是建中令④，但总体来说，中晚唐对开元二十五年令有所修订是没问题的，但并没有取代《开元二十五年令》这部法典。

再回到前文的阐述，我们要讨论的残片文字，正与《唐令拾遗》所复原的《开元二十五年令》有着极高的对应关系。在这一基本认识的基础之上，我们再来看旅博所存三条唐令文字的年代问题。

一、唐户令复原一四"听养"条

户令第 14 条的文字，仁井田陞《唐令拾遗》及池田温等《唐令拾遗补》据《唐律疏议》等，只复原开元二十五年令的"诸无子者，听养同宗于昭穆相当者，申官附籍"。目前所见史料中能与旅博残文全部吻合的，就是《名公书判清明集》卷八户婚门立继类"已立昭穆相当人而同宗妄诉（翁浩堂）"条："谨按令曰：诸无子孙，听养同宗昭穆相当者为子孙。又曰：其欲继绝，而得绝家近亲尊长命继者，听之。

---

① 陈振孙《直斋书录解题》，上海：上海古籍出版社，1987年，第223页。
② 《宋史》卷二〇四《艺文志三》："李林甫《开元新格》十卷。又，《令》三十卷。"（北京：中华书局，1977年，第5137页）
③ 戴建国《天一阁藏明抄本〈官品令〉考》，《历史研究》1999年第3期，收入氏著《宋代法制初探》，哈尔滨：黑龙江人民出版社，2000年，第46—70页；戴建国《〈天圣令〉所附唐令为开元二十五年令考》，《唐研究》第14卷，2008年，第9—28页；坂上康俊《〈天圣令〉蓝本唐令的年代推定》，《唐研究》第14卷，第29—39页；又《再论〈天圣令〉蓝本唐令〈开元二十五年令〉说》，《新史料·新观点·新视角：天圣令论集》（上），第53—64页。
④ 黄正建《〈天圣令〉附〈唐令〉是开元二十五年令吗？》，《中国史研究》2007年第4期，第90页；又《〈天圣令〉附〈唐令〉是否为开元二十五年令》，黄正建主编《〈天圣令〉与唐宋制度研究》，北京：中国社会科学出版社，2011年，第48—52页；卢向前、熊伟《〈天圣令〉所附〈唐令〉是开元二十五年令吗？》，汤勤福主编《历史文献整理研究与史学研究方法论》，合肥：黄山书社，2008年，第82—106页；卢向前、熊伟《〈天圣令〉所附〈唐令〉为建中令辩》，袁行霈主编《国学研究》第22卷，北京：北京大学出版社，2008年，第1—28页。

又曰,夫亡妻在,从其妻。"[1]按,《名公书判清明集》有残宋本存于日本静嘉堂文库,只保存户婚门的文字,有南宋理宗景定辛酉岁(1261)序。此段文字,见于宋本《清明集》[2]。中国社会科学院历史研究所宋辽金元史研究室的先生们在北京图书馆(今中国国家图书馆)和上海图书馆找到明刻本,有张四维隆庆己巳(1569)序,于是以明本为底本,用宋本补充,于1987年整理出版标点本,上述引文即出自该标点本。陈智超先生曾仔细对照宋本、明本的存佚情况[3],上引判文,两本均在。

《清明集》保存的令文出自翁浩堂的书判。浩堂名甫,字景山,理宗宝庆二年(1226)进士,曾任知处州、浙西转运使,书判地点均在两浙东路[4]。从时间上推断,翁甫所据之令,当为宁宗时编定的《庆元令》。按宋令的编纂谱系前人已经做过梳理,大体来说,北宋时期,不论太宗时所编《淳化令》,还是仁宗天圣七年(1029)所颁《天圣令》,基本上都是依据唐开元二十五年(737)令而来,由于《天圣令》残本的发现,我们得知其中包括据唐令调整改订的宋令和宋代已不行用但仍附录的唐令原文,可以说基本上都是来源于开元二十五年令。但自神宗元丰七年(1084)制定《元丰令》后,篇目从30卷增至50卷,内容也有改变,形成与唐令不同的系统,这一编纂系统由以后的《元符令》《政和令》《绍兴令》《乾道令》《淳熙令》《庆元令》《淳祐令》继承下来。目前我们可以从《庆元条法事类》中看到相当一部分《庆元令》的文字,与《天圣令》有许多不同点[5]。从一般情形来说,翁甫所引宋令的文字,不能直接看作是开元二十五年令了。

但是,《宋会要辑稿》礼三六之一六载相关事例:"绍圣元年(1094)十二月五日,

---

[1] 《名公书判清明集》卷八,247页。
[2] 《宋本名公书判清明集》,《续古逸丛书》上海涵芬楼景印东京岩崎氏静嘉堂藏本37,上海:商务印书馆,1935年,第叶四右至叶五左;阙名辑《名公书判清明集》,东京:古典研究会影印本,1964年,第20页。
[3] 陈智超《宋史研究的珍贵史料——明刻本〈名公书判清明集〉介绍》,《名公书判清明集》附录七,第649页。
[4] 同上,第682页。
[5] 参看梅原郁《唐宋时代の法典编纂——律令格式と敕令格式》,《中国近世の法制と社会》,京都:京都大学人文科学研究所,1993年,第112—172页;滋贺秀三《法典编纂の历史》,《中国法制史论集——法典と刑罚》,东京:创文社,2003年,第103—152页;戴建国《唐宋变革时期的法律与社会》,第64—69、181—219页;川村康《宋令变容考》,关西学院大学法政学会编《法と政治》第62卷第1号(下),2011年,第459—573页;赵晶译《宋令演变考》(上),载徐世虹主编《中国古代法律文献研究》第5辑,北京:社会科学文献出版社,2012年,第222—250页;第6辑,2012年,第169—313页;赵晶《〈天圣令〉与唐宋法制论考》,上海:上海古籍出版社,2014年,第13—112页。

尚书省言：'元祐七年（1092）南郊赦书节文，今后户绝之家，近亲不为依条立继者，官为施行。今户绝家许近亲尊长命继，已有著令，即不当官为施行。'从之。"[①]说明至少在北宋哲宗绍圣元年时，"户绝家许近亲尊长命继，已有著令"。那么这个著令或当来自《元丰令》，可能是《元丰令》的新制。但是，旅博残片出自吐鲁番，因为唐末五代的战乱，以及宋初统治版图的萎缩，《元丰令》不可能通行于吐鲁番地区的高昌回鹘政权，而只能是唐代法令残片的遗存，因此可以推知，"户绝家许近亲尊长命继"这条令文，其祖本也应当是从《元丰令》到《天圣令》，并有可能进一步往前追溯到唐《开元二十五年（737）令》《唐开元七年令》《唐开元三年令》《永徽令》等。

二、唐户令复原一五"析户"条

第 15 条残文复原后的文字和白居易《白氏六帖事类集》所引文字，除个别文字《白氏六帖事类集》传抄有误外，几乎完全一样。从白居易（772—846）生活的时代来看，当时的令只能是开元二十五年令。这段文字，《通典》只是摘引，因为这里是说"诸子孙继绝应析户者，非年十八以上不得析"，后面提到在"其年十七已下命继者"的情况时，需要"于本生籍内注云年十八"，才能析户。换句话说，也是要在年十八的情形下才能析户。《通典》为了省文，所以略去了这种情况。《通典》前后两句都和《白氏六帖事类集》相同，而这些文字《通典》明确提示为开元二十五年令。因此，《白氏六帖事类集》的整条文字以及旅博残片，可以确定其可见于《开元二十五年令》户令的文中。

《通典》是具有权威性的政书，出自宰相杜佑之手，记载天宝之前的典章制度，成书于元和之前，其记载备受后人信赖。《白氏六帖事类集》是私家著述，主要为诗文创作提供方便。两相比较，前人更相信《通典》。过去学者见到《通典》引唐令特别标出开元二十五年令，就以为后面的文字应当就是唐令的原样。现在有了这个残片，加上《白氏六帖事类集》的印证，可以确认《通典》引唐令有时是部分摘引，我们不能因为《通典》没有抄录齐全，就认为开元二十五年令也没有相应的文字。

戴建国曾列举出《通典》所载唐令与宋《天圣令》所附唐开元二十五年令不尽相同之处，如：（1）《通典》卷六《赋役下》："诸课役，每年计帐至尚书省，度

[①] 《宋会要辑稿》，第1548页。参看《宋史》卷一二五《礼志二八》，第2935页。

支配来年事。"《天圣令·赋役令》附唐令第1条作:"诸课,每年计帐至,户部具录色目,牒度支支配来年事……"(2)《通典》卷二《田制下》所载开元二十五年(737)令没有《天圣令·田令》附唐令第5条所载职事官永业田规定的"六品、七品各二顷五十亩,八品、九品各二顷"这一段文字。(3)《通典》卷四〇《职官》所载官品无《天圣令·杂令》附唐令第8条的"漕史"。(4)《通典》把太史局历生列为"流外七品",而《天圣令·杂令》附唐令第8条列为"流外长上"[①]。他认为这或许是《天圣令》所本唐令可能在后唐行用时被局部修改过,也有可能是《通典》传抄刻写之误造成的[②]。其实,从我们讨论的《户令》第15条来看,《通典》在传抄唐令原文时,可能有故意的省略。试想当时令文俱在,杜佑不需要把所有令文都原原本本抄到《通典》里去。

综上可知,至少在《开元二十五年令》中,此户令"析户"条内容应该大致是如此模样。

三、唐户令复原一六"为户"条

上节已经指出,这一条仁井田氏是据《通典》卷七《食货七·丁中》复原的,原文其实是第15、16条连续抄录的:"按开元二十五年《户令》云:'……诸以子孙继绝应析户者,非年十八以上不得析,即所继处有母在,虽小亦听析出。诸户欲析出口为户及首附口为户者,非成丁皆不合析。应分者,不用此令。'"[③]上面讨论第15条时,我们已经据《白氏六帖事类集》保留的全文,指出《通典》引令文有省略现象。这里引第16条文字,恐怕也有省略。日本《养老令》《令义解》《令集解》保存的与唐令文字相应的地方,有"非成中男及寡妻妾者,并不合析",可见有"寡妻妾",只是与"非成丁"者一起,合称为"非成中男及寡妻妾者"。旅博残片为我们保留了令文原文形式。

《大宝令》是日本大宝元年(701)由藤原不比等根据唐《永徽令》编纂而成的十一卷本日本法典,其注释书有"古记",今整本已不传,仅可见部分引文。《养老令》根据《开元三年令》以及《大宝令》制定于养老二年(718)或养老五年,于天平胜

[①] 此为黄正建指出,见所撰《〈天圣令(附唐杂令)〉所涉唐前期诸色人杂考》,《唐研究》第12卷,北京:北京大学出版社,2006年,第215页。
[②] 戴建国《〈天圣令〉所附唐令为开元二十五年令考》,《唐研究》第14卷,2008年,第9—28页。
[③] 《通典》卷七《食货七·丁中》,第155页。

宝九岁（757）五月在藤原仲麻吕主导下确定并施行[①]。其注释书有"令释""迹记""穴记""义解"等，连同"古记"一起，可见于《令集解》。《令集解》是868年左右学者惟宗直本在综合参考以上众多资料的基础上撰写的私家注释书。由上可知，《令集解》所有令文均来自《养老令》，又一定程度上体现着《大宝令》。对于《大宝令》《养老令》的来源问题，日本学界基本认为它们分别祖本于《永徽令》和《开元三年（715）令》[②]。这样看来，保存在《养老令》中的第16条"寡妻妾"的内容，很可能也存在于《开元三年令》以及《开元二十五年令》之中。只不过由于《大宝令》中"寡妻妾"为"寡妇"，所以或许可以认为旅博藏残户令应该不属于《永徽令》。

关于《养老令》，也有日本学者认为，或许是在《大宝令》和《永徽令》的基础上进行再修订而成的，不能肯定地说它一定参照过《开元三年令》。原因在于，从最接近修订颁布《养老令》的一次日本遣唐使的返日时间来说，颇为紧凑，或者来不及参考修改，而且也无法从内容上得到确凿的证据和支持。至于"寡妇"与"寡妻妾"的区别，也有日本令先因袭唐令，后根据自身情况进行修订，又再次根据实际情况改回唐令原状的可能。对此，笔者在进一步搜集整理资料的基础上认为，此亦不失为一说。从《大宝令》的"寡妇"改为《养老令》的"寡妻妾"，应该有两种可能。一种是，《永徽令》本身作"寡妇"，《开元三年令》中变更为"寡妻妾"，而《大宝令》《养老令》也遵从了这一变更；另一种可能是，《永徽令》和《开元三年令》本身都是"寡妻妾"，而《大宝令》根据日本本身的情况更改为"寡妇"，之后，在修订《养老令》时，又因为社会情况发生了改变（或也是受唐朝影响），从而又从"寡妇"改回到了"寡妻妾"。

在本文所讨论的令文（户令第13条）之外，关于"寡妇""寡妻妾"的相关说法还在《养老令》的其他条文中有所发现，比如，同户令中的第6、23、27条，仪制令第25条，等等。

《养老令》卷四户令第6条注中的"寡妻妾"在《大宝令》中是"寡妇"。

[①] 井上光贞《日本律令の成立とその注释书》，《井上光贞著作集》第2卷，岩波书店，1986年；榎本淳一《养老律令试论》，笹山晴生先生还历记念会编《日本律令制论集》上卷，东京：吉川弘文馆，1993年。

[②] 坂上康俊《日本に舶载された唐令の年次比定について》，《法史学研究会会报》第13号，2008年，第1—24页，中文版《日本舶来唐令的年代推断》见韩昇主编《古代中国：社会转型与多元文化》，上海：上海人民出版社，2007年，第168—175页。服部一隆认为《养老令》与《开元二十五年令》很接近，见氏著《养老令と天圣令の概要比较》，明治大学古代学研究所编《古代学研究所纪要》第15号，2011年，第33—46页。

第六章　法律文书书写的再发现

　　凡男女，三岁以下为黄，十六以下为小，廿以下为中。其男廿一为丁，六十为老，六十六为耆。无夫者，为寡妻妾。①

《养老令》卷四户令第 23 条，在补注中写着：据《古记》，"《大宝令》中（此处的）'寡妻妾'一词很可能并没有'妾'字"。

　　……凡应分者，家人，奴婢……寡妻妾无男者，承夫分，女分同上。

《养老令》卷四户令第 27 条：

　　凡先奸，会娶为妻妾。虽会赦，犹离之。②

《养老令》卷四仪制令第 25 条：

　　凡五等亲者，父母，养父母，夫，子，为第一等。祖父母，嫡母，继母，伯叔父姑，兄弟，姊妹，夫之父母，妻，妾，侄，孙，子妇，为第二等……夫前妻妾子，为三等。兄弟妻妾，再从兄弟姊妹，外祖父母，舅姨，兄弟孙，从父兄弟子，外甥，曾孙，孙妇，妻妾前夫子，为四等。妻妾父母，姑子，舅子，姨子，玄孙，外孙，女女婿，为五等。③

　　实际上，日本律令虽然继承了唐王朝律令的妻妾制度，但是在现实中的妻妾区别并不明确。在这一基础上，《大宝令》和《养老令》中的令文用语情形，与中国古代律令中对"妻""妾"有严格尊卑规定的情况明显不同。因为妻妾制度在古代中国是家族制度的重要枝干，所以在唐初发生变化的可能性不太大，恐怕还是一以贯之地用"寡妻妾"这一说法比较合理。假如考虑《大宝令》和《养老令》的卷四户令第 27 条以及仪制令第 25 条都有关于"妾"的规定，为了前后文的统一，可以认为《养老令》是有必要将《大宝令》的"寡妇"改写为"寡妻妾"的。因此，"寡妇"

---

① 井上光贞《律令》，第 226 页。
② 井上光贞《律令》补注 27b，第 564 页。
③ 井上光贞《律令》补注，第 349—350 页。

215

和"寡妻妾"之间不变化,很可能源自日本方自身的往复变化,而非《永徽令》和《开元三年(715)令》之间的区别。再考虑到吐鲁番地区出土的唐代律令文书目前还是以永徽年间的居多,这一户令残片继续前推至《永徽令》的可能性也显著提高[①]。

综上所述,讨论中所涉及的旅博本最为重要的主干内容,大体上都见于《唐令拾遗》(及《拾遗补》)复原本和《养老令》本。在此列后两种文本内容如下(带灰色底色的文字可见于旅博残卷):

《唐令拾遗》及《唐令拾遗补》卷九《户令》复原:

一四【开二五】诸无子者,听养同宗于昭穆相当者……申官附籍。(据《唐户婚律》卷一二、《文献通考》卷一一)[②]

一五【开二五】诸以子孙继绝应析户者,非年十八已上,不得析,其年十七已下命继者,但于本生籍内注云年十八,然听。即所继处有母在者,虽小亦听析出。(据《通典·食货七·丁中》《文献通考·户口考一·历代户口丁中赋役》,及《白氏六帖事类集》卷二二、《白孔六帖》卷七六)[③]

一六【开二五】诸户欲析出口为户,及首附口为户者,非成丁,皆不合析,应分者,不用此令。(据前列《通典》《文献通考》)[④]

日本《养老令》户令:

12 凡无子者,听养四等以上亲于昭穆合者,即经本属除附。

13 凡户内欲析出口为户者,非成中男及寡妻妾并不合析。应分者,不用此令。[⑤]

仁井田陞《唐令拾遗》复原案中将此处三条对应令文均定为《开元二十五年令》,而旅博藏残文在与《拾遗》复原条文主旨相合、先后次序一致的同时,于第1

---

① 再次感谢冈野诚、大津透、黄正建等各位先生的指正和点拨。
② 仁井田陞《唐令拾遗》卷九《户令》,第233页;池田温等《唐令拾遗补》卷九,第528—529页。以下三条引文综合两本而成,个别标点有所不同。
③ 仁井田陞《唐令拾遗》卷九《户令》,第234页;池田温等《唐令拾遗补》卷九,第528页。
④ 仁井田陞《唐令拾遗》卷九《户令》,第235页。
⑤ 池田温等《唐令拾遗补》第三部分唐日两令对照一览,第1020页。

条和第 3 条令文又分别有所增衍,第 1 条因为有省略号,并不相悖,第 3 条多出来的"寡妻妾"虽不见于《拾遗》复原,却见于《养老令》户令的对应令文。

将旅博藏唐户令残文、仁井田陞复原《开元二十五年(737)令》、体现《开元三年令》的《养老令》这三种文本对比来看,旅博本的内容不仅囊括了后两者的内容,还多出了"家近亲尊"等内容规定(见图 6-2)。考虑到后两者本身都具有修改自前令的因袭性,可以推断,旅博本很可能是开元二十五年令及日本《养老令》的母本。再考虑到吐鲁番地区归属中原统治的时期,以及《养老令》的"寡妻妾"一词是在《大宝令》"寡妇"一词的基础上参照《开元三年令》修改而来,可知旅博残片有可能就是《开元三年令》户令残文,甚至有可能是《开元三年令》所因循之《永徽令》。

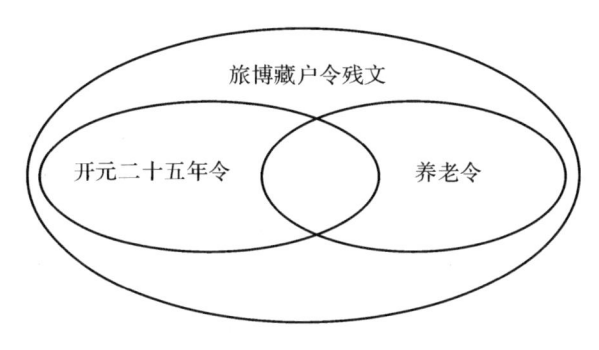

图 6-2 三种令文所属关系示意图

第三节 旅博唐令写本的性质

此前所见唐令原本,有敦煌发现的《永徽东宫诸府职员令残卷》(P.4634 + P.4634c-2 + P.4634c-1 + S.1880 + S.3375 + S.11446)、《开元公式令残卷》(P.2819)、《台省职员令》和《祠令》残卷抄本(Дх.3558),后两篇是类抄性质,而前两篇分属"职员令"和"公式令"。

《永徽东宫诸府职员令》背面纸缝处钤有"凉州都督府之印",结合卷尾的题记,我们知道是沙州吏人到凉州都督府抄写的文本[1],当时律令格式甚至开元道藏都是

---

[1] 图版及录文见 *Tun-huang and Turfan Documents concerning Social and Economic History*, I. Legal Texts, (A), pp. 22-28, (B), pp. 40-50; *Tun-huang and Turfan Documents concerning Social and Economic History*, Supplement, (A), p. 3, (B), pp. 2-3;刘俊文《敦煌吐鲁番唐代法制文书考释》,第 180—197 页。

经过十道首府转抄给各州的[1]。作为《职员令》，其书写格式有特殊性。首先单列一行顶格书写职员单位，然后另起一行顶格书写该单位下所属职员名称及其人数。所有职员名称及其人数均按照官位高低顺序书写，并在每一条的后面附加双行小注解说该职员的执掌，有所属单位不同，但是职员名称相同而且职责相同的，省略重复加注。

《开元公式令》纸缝背各钤有一方"凉州都督府之印"[2]，说明也是从凉州转抄而来，其形式是按照官文书的格式抄写，与一般以"诸"字开头的令文格式不同。

因此，旅顺博物馆藏唐户令残片以"诸"字，在每一条内容结束之后，另起一行顶格书写。这些从已有的格、式或其他官文书中也有所见，但旅博残片提供了令的写法。因为旅博户令残文存字不多，未见双行小注。据《东宫诸府职员令》，令文以卷为单位书写，每卷后可能有抄写题记。

从书法的角度来看，《东宫诸府职员令》和《开元公式令》的书法极为工整精美，一丝不苟，钤有官印，是正式的官府定本。旅博此卷的书法称不上有多么精美，格式也不见得有多么谨严，因此这件西州的写本，或许并非从凉州抄来的正本，而是再次转抄的地方文本。尽管如此，虽然其书法水平不够高，但笔画书写认真，字架结构规整，仍为官府书吏按照书法精美的唐令正本抄录而来，用于当地官府行政部门。无论如何，我们今天看到了唐代令文的原始面貌，这一点实际上是非常难得的。明抄本《天圣令》中虽然保存了不少唐代令文的文字，但格式毕竟已不是唐人写本的原样了。

第四节 小　结

作为律令的重要组成部分，户令与田令、赋役令一样是规定民政的大纲[3]，晋令以降，在唐宋令文中始终存在，且篇名一致，不曾有变。以律令格式为标志的律令体制是古代东亚共通的统治形式，历来受到研究者们的瞩目。自 2008 年戴建国发现天一阁藏《天圣令》文本以来，关于唐宋律令的研究更是进入了高峰时期。我

---

[1] 荣新江《唐代西州的道教》，季羡林等主编《敦煌吐鲁番研究》第 4 卷，北京：北京大学出版社，1999 年，第 139 页。
[2] *Tun-huang and Turfan Documents concerning Social and Economic History*, I. Legal Texts, (A), p. 29.
[3] 泷川政次郎《户令总说》，皇学馆大学人文学会编《皇学馆论丛》第 9 卷 5 号，1976 年，第 2 页。

们在旅博所藏大谷文书中发现了一片唐户令残片，在对文本的复原补全基础上，进一步对其年代进行了推定，在此过程中，对日本《大宝令》《养老令》，唐《开元二十五年（737）令》甚至宋代各法承袭接受《永徽令》《开元三年令》等早期令文的表现有了一定的发现，也进一步猜测到了一点当时社会状况以及发展的变迁。虽然 LM20-1453-13-04 残存文字较少，但在整理补全其文本内容的同时，这三条残文也对我们复原唐令、考察日令在取舍唐令时的思考，都提供了很好的材料；对于唐代的户口继承关系、户籍管理政策等研究，唐令复原研究，以及对日本令与唐令的关系研究，也都具有十分重要的参考价值。

（原刊于《中华文史论丛》2017年第3期，第193—214页。收入本书略有修订。）

附　录　唐长安、洛阳坊里辑补
——以大唐西市博物馆藏墓志为中心

近年来，各地墓志材料层出不穷，相关研究也热潮不断。笔者在参加胡戟、荣新江先生所主持的大唐西市博物馆藏墓志整理工作时，曾承袭《两京新记》以来对两京坊里宅邸的著录方式，按照现代学术研究标准，参考李健超《增订唐两京城坊考》形式，略有变通地采用荣新江《关于唐两京城坊建筑的著录问题》一文之意见与方式，对墓志中唐两京坊里宅第资料有所辑录考证，在此提交方家批评指正。

辑补凡例：

一、本文所引大唐西市博物馆藏墓志的录文详见《大唐西市博物馆藏墓志》[1]（下文简称《西市藏志》）。

二、关于本文宅第名称的标注采用了荣新江《关于唐两京城坊建筑的著录问题》[2]一文之意见与方式。

三、取材墓志方法大致如下：整理后之坊里建筑名称，墓志志题中的称呼、墓志志主之名、字、籍贯、年岁，卒、葬之时间、地点。个别与两京坊里直接相关的内容，则予保留。志文中所涉年号均不出注对应公元年。

四、为方便读者，特在坊名后括注别名，并加缀李健超《增订唐两京城坊考（修订版）》[3]一书对应之页码。同时在材料后括注该墓志在《西市藏志》书中之编号。

五、本文所用《城坊考》指徐松《唐两京城坊考》，《校补记》指张穆《唐两京城坊考校补记》[4]。

---

[1] 胡戟、荣新江主编《大唐西市博物馆藏墓志》，北京：北京大学出版社，2012年。
[2] 荣新江《关于唐两京城坊建筑的著录问题》，《徐苹芳先生纪念论文集》，上海：上海古籍出版社，2012年，第44—58页。
[3] 徐松撰，李健超增订《增订唐两京城坊考（修订版）》，西安：三秦出版社，2006年。
[4] 徐松撰，张穆校补《唐两京城坊考》，北京：中华书局，1985年。

长 安

兴道坊（瑶林，第 45 页）

孙师从及夫人怡氏宅。《孙师从墓志》：朝散大夫庆陵台令上柱国乐安孙师从（793—870），字大顺，乐安郡人，先代居于京兆。咸通十一年六月十二日终于兴道里之私第，享年七十八。同年十一月廿四日葬于长安县永寿乡里毕原。其夫人怡氏，育有一男六女。（《西市藏志》四六一）

开化坊（第 47 页）

韦循及夫人卢虔懿宅。《卢虔懿墓志》：夫人范阳卢虔懿（？—873），字子逢，京兆韦循（字审己）之妻。以壬辰（872）岁暮遘疾，至癸巳（873）春季之十一日卒于开化里第。以其年十一月十一日葬于万年县义善乡曹村，祔先舅茔之北二百步。（《西市藏志》四六五）据此志，夫人父名弘止，系检校刑部尚书、义宁军节度使，赠尚书左仆射。皇妣豳国太夫人陇西李氏。按，《旧唐书》卷四九、一六三、一九〇皆作"卢弘正"，《新唐书》卷五四、一九四、二三〇皆作"卢弘止"，《资治通鉴》卷二四八亦作"卢弘止"，据罗士琳《旧唐书校勘记》卷五四卢宏正条："宏正字子强，闻本、沈本提行，张氏宗泰云：'正'当依《新书》《通鉴》作'止'。"《城坊考》安邑坊有太子宾客卢贞白宅。徐松引《因话录》："卢贞白父曰老彭，有道术，兼号知人。元和初，宗人弘宣、简辞、弘正、简求俱候焉。留坐，目之甚久，命贞白亦序坐，又目之曰：'一行五节度使，可谓盛矣。'"（《城坊考》，第 77 页）此五节度之一"卢弘正"与本墓志之"卢弘止"当为一人，亦即卢虔懿之父，则卢氏即从安邑坊娘家嫁到开化坊韦家，相距不甚远也。

安仁坊（安民，第 49 页）

陆儒宅。《陆翘墓志》：处士陆翘（745—800），字子楚，以贞元十六年四月廿一日终于京兆府万年县安仁里再从弟奉先尉儒之私第，享年五十有六。以明年二月四日窆于河南府洛阳县清风乡马鹬店北原洺州长史曾祖邰卿之先茔。（《西市藏志》三三〇）

光福坊（第 50 页）

李桔及夫人裴氏宅。《李桔妻裴氏墓志》：陕府参军陇西李桔亡妻河东裴氏（766—786），年将廿一，因蓐病夭丧。贞元二年正月廿五日，终光福私第。其年是月廿九日权殡长安县高阳原。（《西市藏志》三〇六）按，此志由李桔之父太常卿汉中郡王瑀撰。

务本坊（玉楼，第 55 页）

崔岩宅。《崔广儿墓志》：博陵崔氏女，字广儿（839—851），户部尚书赠太子太傅肃公之孙，左补阙、内供奉崔岩长女。以大中四年十二月十五日夭于上都务本里第。凡更寒暑十三周。明年二月六日附瘗其母李夫人圹后稍右。（《西市藏志》四二二）按，户部尚书、赠太子太傅肃公即崔倰。据《旧唐书》卷一一九《崔倰传》，倰字德长，以苏州刺史奏课第一，迁湖南观察使。入为户部侍郎，判度支。出为凤翔节度使。逾年，徙河南尹。以户部尚书致仕，卒，赠太子少保，谥曰肃。另据元稹《元氏长庆集》卷五四《有唐赠太子少保崔公墓志铭》，倰"以长庆三年二月四日，薨于洛阳时邕里，寿至七十一年"。《旧唐书·崔倰传》称倰"子岩，登进士第，辟襄阳掌书记、监察御史，方雅有父风"。崔岩长女幼年夭亡，当卒于父宅，因补。而崔氏在两京均有宅第。

崇义坊（第 57 页）

王约及夫人韦氏宅。《王约墓志》：博州刺史王约（591—663），字处俭，琅耶临沂人。龙朔三年岁次癸亥五月癸丑朔廿二日甲戌终于崇义里第，春秋七十三。夫人临沂县君韦氏，京兆杜陵人也。以其年十月辛巳朔五日乙酉同窆于万年县高平乡之旧茔。（《西市藏志》六八）

柳子阳及夫人皇甫氏宅。《柳子阳妻皇甫氏墓志》：朝散大夫守姚州都督府长史轻车都尉寿陵县开国侯河东柳子阳妻皇甫氏（621—677），仪凤二年六月遘疾，八月八日卒于万年县崇义里之私第，时年五十七。粤三年五月十七日葬于雍州明堂县洪原乡少陵原。（《西市藏志》九六）按，其夫柳子阳（620—681）墓志亦已出土，记其永隆二年八月十五日薨于幽州蓟县之行舍，春秋六十二，时已自姚府长史转迁安东都护府长史。开耀二年正月十二日与夫人皇甫氏合葬于雍州明堂县少陵原。（《西市藏志》一一〇）。另，柳子阳同曾祖之族弟柳冲（637—687）及夫人长孙氏（637—682）宅在弘化里。（《西市藏志》九五、一一二）

陈子宜及夫人卢氏宅。《陈子宜夫人卢氏墓志》：齐州司户参军陈子宜夫人卢氏（718—743），范阳人。以天宝二年三月廿五日遘疾终于西京崇义里，春秋廿有六。即以其年四月三日迁窆于少陵原，礼也。（《西市藏志》二四四）按，本志主之曾祖为卢承业（601—671）。据卢承业墓志[1]，承业以咸亨二年龙集辛未八月廿四日薨于官舍，春秋七十有一。承业夫人李灌顶（620—683），以永淳二年八月廿四日，遘疾薨于神都德懋里之第，时年六十有四[2]。则卢氏或为原居洛阳德懋里，后嫁入长安崇义里。

窦訦宅。《窦氏墓志》：河中府士曹参军窦訦之女窦氏（？—772），以大历七年岁次壬子九月己卯朔九日丁亥卒于京兆崇义里。才沾三十，以十九日丁酉祔于万年县洪固乡凤栖原大茔。（《西市藏志》二八三）志题其为扶风郡夫人，或为追赠。按，窦氏志为其父谌撰、兄前盩厔县尉霸书，故当卒于其父宅第，因补窦訦宅。

朱泳及夫人倪氏宅。《朱泳墓志》：池州长史朱泳（756—812），字广川。元和七年七月二十八日终于京师崇义里之私第，享年五十七，以其年八月二十八日葬于京兆府万年县凤栖原。夫人北海倪氏，有二女一男。（《西市藏志》三五六）

长兴坊（第59页）

侯知一及夫人窦氏宅。《侯知一墓志》：太子詹事渔阳郡开国公上柱国侯知一（630—712），字惟一，上谷人。以太极元年三月二日遘疾卒于长兴之里第，春秋八十有三。前夫人京兆韦氏（638—686），以垂拱二年七月四日卒于洛都之里第，春秋卅九。后夫人清河郡夫人扶风窦氏（650—708），以景龙二年六月廿四日卒于长兴之里第，春秋五十九。以先天元年十月二日合葬于渭南广乡原。（《西市藏志》一六五）按，前夫人韦氏卒于洛阳，故此处仅取后夫人窦氏为宅第主人。又，杜牧《长兴里夏日寄南邻避暑诗》："侯家大道旁，蝉噪树苍苍。开锁洞门远，卷帘官舍凉。"今检长兴坊无其它侯姓人家，此侯家或即侯知一后人宅第。

郭雄及夫人李氏宅。《郭雄夫人李氏墓志》：守尚书比部郎中郭雄夫人李氏（750—782），顿丘人，建中三年八月十一日终于上都长兴里，春秋卅三。其年十一月六日窆于伊阙县归善乡西原，从姑也。（《西市藏志》三〇三）

郭仲文宅。新出《郭仲文墓志》：金吾将军、知街事郭仲文（796—842），字翊周。

---

[1] 《全唐文补遗》第5辑，西安：三秦出版社，1998年，第160页。
[2] 其墓志见《全唐文补遗》第3辑，1996年，第460页。

会昌二年九月一日终于长兴里之私第,享年卅七[1]。按,志主郭仲文为郭子仪曾孙、郭暖孙,郭钊长子。

郭仲恭及夫人金堂公主宅。新出《郭仲恭墓志》:驸马都尉、将作少监郭仲恭(815—844),字德卿。以会昌四年八月廿一日寝疾,薨于京师长兴里之私第,享年卅。《金堂长公主墓志》:金堂长公主,穆宗皇帝第四女也。以开成二年十二月降嫁将作少监、驸马都尉、赠工部尚书郭仲恭。乾符□年二月二十六日薨,享寿六十四[2]。按,志主郭仲恭,系郭子仪曾孙、郭暖孙、郭钊第五子。按《城坊考》卷二长兴坊下有汉阳大长公主宅:"顺宗长女,即德阳郡主也,降郭鏦。"(第43页)郭鏦即郭钊弟,郭仲文、郭仲恭之叔父也。

夏侯淑及夫人裴瑾宅。《裴瑾墓志》:将仕郎前守秘书省正字夏侯淑夫人河东裴瑾(?—880),字敬佩,或字圣川,以广明元年三月二十三日大病于长兴里之私第。以其年七月二十一日祔葬于河南府偃师县石桥村先茔。(《西市藏志》四七一)

永乐坊(平乐,第62页)

王中孚宅。《王中孚墓志》:武周宣德郎行左鹰扬卫兵曹归仁县开国男王中孚(667—699),字履信,其先琅琊临沂人。春秋卅有三,以圣历二年一月八日遘疾卒于永乐里之私第。夫人独孤氏,魏州刺史思庄之女。(《西市藏志》一四一)按:独孤思庄,天册万岁元年(695)至万岁通天元年(696)任魏州刺史[3]。其兄弟独孤思贞、独孤思敬及思敬原配夫人元氏、继室杨氏等人墓志均已出土[4]。思庄兄弟独孤思行(?—713)宅在群贤坊(《增订》,第251页),独孤思敬(642—697)宅在礼泉坊及丰安里(《增订》,第184、229页),从兄弟独孤思泰宅在永宁坊(《增订》,第102页)。

窦靖宅。《窦靖墓志》:朗州司马窦靖(740—807),字子恭,扶风人。以元和七年十月廿三日卒于长安永乐之里第,享年六十,权殡长安西门外。娶陈郡袁氏。袁氏卒,复娶河东□氏(?—804),夫人以贞元廿年二月廿五日终于夷陵官舍,以大和三年十月廿三日祔于今茔。(《西市藏志》三八七)

---

[1] 志文由西安市文物保护考古所杨军凯先生提供。
[2] 志文由杨军凯先生提供。
[3] 郁贤皓《唐刺史考全编》,合肥:安徽大学出版社,2000年,第1370页。
[4] 中国社会科学院考古研究所编著《唐长安郊区隋唐墓》,北京:文物出版社,1980年,第1370页。

靖安坊（静安，第 65 页）

窦思仁及夫人李挐宅。《窦思仁墓志》：银青光禄大夫使持节相州诸军事相州刺史上柱国扶风郡开国公窦思仁（654—723），字思仁，扶风平陵人。享年七十，开元十一年正月廿日薨于静安里第，以其年冬十月己酉葬于三原县之北原。（《西市藏志》一九二）按，窦思仁曾为长安县令，寻改河南令。其夫人李挐（656—726），开元十四年春正月薨于京兆靖安里之私第，春秋六十九。以其年十一月廿八日合葬于北原。（《西市藏志》一九九）按，坊名中的"靖"与"静"通用。

刘伯刍及夫人李氏宅。《刘伯刍墓志》：通议大夫尚书刑部侍郎赐紫金鱼袋刘伯刍（757—817），广平人。以元和十二年青龙丁酉四月十七日薨于靖安里之私第，春秋六十一。即以其年七月戊子朔十五日壬寅奉宁神座于长安县小姜村高阳原先茔之东北隅。夫人广平县君陇西李氏。（《西市藏志》三六八）按，夫人李氏，太宗文皇帝之裔孙，汝州别驾之萼之季女。宋敏求《长安志》靖安坊已著录"刑部侍郎刘伯刍宅"，新出墓志证之无误，且补其夫人名讳。又，《城坊考》安邑坊下，据《刘宾客嘉话录》载刑部侍郎从伯刍居安邑巷里口（当作"里巷口"）与鬻饼者万钱事，因补刘伯刍宅于此坊。据新出墓志，刘伯刍卒于靖安里，则安邑或其旧宅，亦或其别宅。（第 77 页）

冯韬宅。《冯履均墓志》：冯履均（838—868），父韬，皇任庐州刺史。家显科第，世继重名。咸通二岁夏四月，与陈魴成婚于靖安里。薨于咸通九年，享年三十一，明年二月二日归祔于万年县洪原乡曹赵村少陵原先茔。（《西市藏志》四五七）按，此志为志主冯履均之夫义成军节度副使检校尚书屯田郎中兼侍御史柱国陈魴撰。陈魴及夫人冯履均宅在延康坊。陈魴与冯履均成婚于靖安里，而宅在延康，按唐人有男子往女家成婚之俗[1]，则此处特别提示成婚地点在靖安坊，当为履均父冯韬宅，因补。

永昌坊（第 73 页）

陈守礼及夫人李氏宅。《陈守礼墓志》：宝应功臣奉天定难功臣开府仪同三司试太子宾客前左龙武军大将军知军事淮阳郡开国公陈守礼（730—786），本姓李氏，其先陇西狄道人。因寄养于颍川陈氏，遂为陈氏矣。其为德宗藩邸旧臣，故委北军之政，擢明威将军、守左龙武军将知军事，赐宅于永昌近北官第一区。以贞元二年

---

[1] 谭蝉雪《敦煌民俗——丝路明珠传风情》，兰州：甘肃教育出版社，2006 年，第 221 页。

七月三日疾，大渐，薨于上都永兴里私第。享年五十有七。夫人李氏（？—780），即今之御史中丞于昱之女弟也。本齐郡史氏也，元昆以功授氏焉。去建中元年十一月廿九日以疾薨，权葬茔之后，今则祔焉，贞元二年岁次景寅十二月景辰朔五日庚申，与夫人合葬于万年县龙首原。（《西市藏志》三〇八）永昌在永兴里北，则其在大明宫南有宅第两所。

永兴坊（第77页）

陈守礼及夫人李氏宅。《陈守礼墓志》：宝应功臣奉天定难功臣开府仪同三司试太子宾客前左龙武军大将军知军事淮阳郡开国公陈守礼（730—786），以贞元二年七月三日疾，大渐，薨于上都永兴里私第。享年五十有七。夫人李氏（？—780）。（《西市藏志》三〇八）按，陈守礼在大明宫南有宅第两所，其在永昌坊另有赐宅。

赵何一宅。《赵何一墓志》：秀才赵何一（724—752），名涣，望本天水，今则河东猗氏人。以天宝十载十二月十六日卒于永兴里之私第，春秋廿有八。以其月廿四日葬于延兴门东南三赵村之北凤栖原。（《西市藏志》二六六）

马朝阳宅。《马朝阳墓志》：梓州司马马朝阳（724—780），其先扶风人。以建中元年十月十八日终于万年县永兴里之私第，时七十七。十一月庚寅日权葬于长安县义阳乡南姜村南原。（《西市藏志》二九八）

翟勋及夫人斛律氏宅。《翟勋夫人斛律氏墓志》：兴元少尹翟勋夫人斛律氏（872—892），以景福元年岁次壬子三月廿三日捐馆于上都永兴坊之第，享年廿一。以其年四月乙亥朔廿六日庚子葬于万年县三赵村夫族之新茔。（《西市藏志》四七八）

崇仁坊（昌化，第82页）

高士廉→（高履行+东阳公主→高璇+韦氏→）高续宅。《高续墓志》：高续（666—684），字奉先，渤海蓨人，申国公（高士廉）第三子。甫年十九，以文明元年五月三日终于崇仁里之私第。其年权殡于白鹿原。以载初元年岁次庚寅壹月己卯朔廿八日景午迁窆于先茔少陵原。（《西市藏志》一二〇）按，志主高续曾祖士廉（575—647），祖履行。《旧唐书》卷六五《高士廉传》记载，士廉"（贞观）二十一年正月壬辰，薨于京师崇仁里私第，时年七十二"。据《长安志》"崇仁坊西南隅玄真观"条注："半以东，本尚书左仆射、申国公高士廉宅。"[1] 本志记高续宅在崇仁坊，或承袭自其曾祖士廉部分旧宅。另，由《旧唐书》同卷《高履行传》可知，士廉子履行"永徽元年拜户部尚书、检校太子詹事、太常卿"。显庆三年，"坐与长孙无忌亲累，左授洪州都督，转永州刺史，卒于官"。而其子高璇"坐堂弟岐左迁循州司马"，永隆二年受帝命征讨南海盗，至广州遇疾，"薨于南海之旅次"（陈子昂《陈伯玉集》卷六）。高履行、高璇虽卒于外，但均曾任京官，故推测高士廉宅并未全捐入道，其部分始终为高氏后人传承，故推补如题。

平康坊（第 86 页）

张直及夫人周氏宅。《张直墓志》：益州金堤府统军太仆寺监柱国西郡开国公张直（578—630），字大侯，安定人。以贞观五年十一月一日遘疾薨于京师平康里第，春秋五十有三。粤以显庆六年岁次辛酉二月景寅朔十九日甲申改厝于万年县少陵之原。夫人周氏（590—660），以显庆五年正月卅日，终于安兴里舍，春秋七十有一。（《西市藏志》六四）

苏涉及夫人吴氏宅。《苏涉墓志》：朔州马邑县丞苏涉（668—730），字遂珪，洛阳人也。因寝疾弥旷（纩），洎开元十八年九月三日奄然不救，终于万年县平康里私第，春秋六十有三，即以其月权窆于长乐原。夫人吴氏（679—739），开元廿七年四月廿三日终于府君之初第，春秋六十有一，以其年八月廿四日会葬于高平原。（《西市藏志》二三〇）

薛锐及夫人柳氏宅。《薛锐墓志》：朝请郎行蜀州晋原县尉薛锐（683—738），字利用，河东万泉人。春秋五十有六，龙集析木月旅于辜辜十六日奄终于平康私第。夫人本郡柳氏，以开元廿六年十二月廿八日合窆于少陵原。（《西市藏志》二二四）

裴公及夫人卢婉宅。《卢婉墓志》：宣义郎裴公夫人卢婉（715—739），其先范阳人也。以开元廿七年十月廿五日终于西京平康里第，春秋廿有五。以其年十二月十五日殡于京兆府万年县洪原乡张村之南。（《西市藏志》二三二）

旅舍。《俞仁玩墓志》：东阳郡司马俞仁玩（676—745），字崇简。公稽考绩而合升，赴天庭而议计。岂图不敷礼命，无妄疾兴。丸散亏征，仁明倏奄。春秋六十有九，以天宝三载十二月一日终于京兆府万年县平康里之逆旅也。夫人吴郡朱氏，不

---

[1] 宋敏求、李好文撰，辛德勇、郎洁点校《长安志·长安志图》，西安：三秦出版社，2013年，第276页。

胜丧而复没。即以天宝四载十月十三日合祔于河南府洛阳县清风乡樊村之原。(《西市藏志》二四九）

宣阳坊（第91页）

贺拔亮及夫人张氏宅。《贺拔亮墓志》：上开府大将军历旭宕岷武渭和六州刺史判岷州总管检校兰州都督贺拔亮（574—648），字景玄，河南洛阳人。贞观廿二年五月廿三日疾渐薨于京城宣阳里第，春秋七十有五。以廿三年十月二日葬于万年县之少陵原。（《西市藏志》四〇）按，大唐西市博物馆又藏《贺拔亮夫人张氏墓志》：张氏（591—651），清河人。以永徽二年五月一日终于京城南之里第，春秋六十有一。即以其年八月壬戌朔廿三日甲申，葬于少陵原贺拔君之旧茔。（《西市藏志》四六）此张氏之夫当即贺拔亮，理由有四：张氏志称其夫为"和州刺史、上护军"，贺拔亮志记其"十有三年，迁和州刺史"；贺拔亮卒于宣阳坊，在皇城南面由北向南第二街，当即张氏志所说"京城南之里第"；贺拔亮卒于648年，葬于少陵原，张氏卒于651年，葬于少陵原贺拔君之旧茔，时地均合；张氏志记其子名"谐"，贺拔亮志说嗣子名"诞"，皆为"言"字边。总此四端，《贺拔亮墓志》与《贺拔亮夫人张氏墓志》当为鸳鸯志，故此以张氏为此宅之女主人。又，贺拔亮之祖父贺拔颎，魏侍中，持节都督廊、豳、丹、北雍四州刺史，骠骑大将军，开府仪同三司，顿丘县开国公。隋使持节开府仪同三司洞城公是云偘夫人贺拔定妃（535—586），父颎，开府，顿丘县开国公。故知贺拔定妃与贺拔亮为姑侄关系。据贺拔定妃墓志载，定妃于开皇六年六月廿七日薨于待贤里之第，春秋五十有二。粤以八年岁次戊申三月庚午朔十五日与其夫是云偘合葬于旧茔。（《西市藏志》一一）

常无名及夫人崔氏宅。《常无名墓志》：尚书礼部员外郎常无名（720—775），河内温人。以天宝三年十二月廿日薨背于西京宣阳里之私第，享年五十有六。夫人博陵郡夫人崔氏（705—729），开元十七年终于京师，年廿五，窆于见子陵生冢。继夫人弘农县太君杨氏（？—774），大历九年三月乙卯弃背于所封之邑，其年七月己酉安厝于细柳原。以大历十年十月庚午迁祔于弘农大君之茔，博陵夫人同合焉。（《西市藏志》二九〇）按，《城坊考》据常衮《叔父无名墓志》："薨于西京宣阳里之私第。"（第60页）

郭暧及升平公主宅。新出《郭暧墓志》及《昭懿公主墓志》：金紫光禄大夫左散骑常侍驸马都尉上柱国袭代国公郭暧（752—800），郭子仪第六子，贞元庚辰岁九月七日寝疾薨于宣阳之里第，春秋卌有九。夫人代宗之女升平公主（754—

810），元和五年龙集庚寅十月七日薨于宣阳里之第，享年五十有七。诏赠虢国大长公主，谥曰昭懿[①]。

韦羽及夫人崔成简宅。《韦羽夫人崔成简墓志》：剑南西川南道运粮使检校尚书户部员外郎兼侍御史赐绯鱼袋京兆韦羽夫人崔成简（753—819），以元和十四年正月四日遘疾，殁于上都宣阳里之私第。享年六十七。其年五月七日，祔迁于万年县少陵原高平乡夏侯村先府君之茔，礼也。（《西市藏志》三七一）

亲仁坊（第96页）

郭幼明及夫人苏氏宅。《郭幼明墓志》：银青光禄大夫少府监郭幼明（719—773），字仲远。以大历八年五月十四日终于亲仁里第，享年五十五。以其年七月廿九日陪先茔之旧原。夫人扶风郡夫人武功苏氏（732—791），贞元七年三月廿一日寝疾终于河中府永定里，春秋六十。嗣子前太常寺主簿昫、宋州司户参军晅等五人。（《西市藏志》二八五、三一四）按，郭幼明为郭子仪母弟，子仪有豪宅亦在亲仁坊，宅地占一坊四分之一，幼明宅或亦在其中，因尚无实据，暂时单列。

郭子仪→郭曜及夫人王氏→郭锜及夫人卢士绚宅。《郭曜墓志》：银青光禄大夫守太子少保兼判詹事府事上柱国太原郭曜（723—783），建中四年三月一日薨于亲仁里第，春秋六十有一。夫人王氏（729—789），贞元己巳岁夏六月辛未七日戊寅遘疾殁于亲仁里第，春秋六十一。另，据《卢士绚墓志》：京兆府仓曹京兆郭锜夫人卢士绚（？—812），元和七年十月廿九日遘疾终于亲仁里之第。按，其夫郭锜（773—819），郭子仪孙、郭曜次子，据《郭锜墓志》记载，锜于元和十四年三月廿九日奄然而逝，享年卌有七[②]。

郭子仪→郭晞及夫人长孙瓘→郭钧及妹郭佩→郭承嘏宅。《郭佩墓志》：唐故崔氏夫人太原郭佩（760—800），字泠然，京兆人也。夫人及笄，归于博陵崔君。崔君官至膳部员外郎兼侍御史。贞元初，以所从陷辱，溢谢昌时。夫人华年未亡，昼哭得礼，归宗誓志，垂廿春。以贞元十七年十月十六日终于亲仁里第，享年卌一。（《西市藏志》三三二）按，志主郭佩，系检校工部尚书兼太子宾客郭晞之女，尚父、汾阳王郭子仪之孙。据《郭晞墓志》及《郭晞夫人长孙瓘墓志》，郭晞（733—794）于贞元十祀夏五月壬午薨于位，春秋六十有二，明年夏五月癸酉葬于万年县之凤栖原。

[①] 以上两志为杨军凯先生提供。

[②] 以上三志为杨军凯先生提供。

其夫人长孙瑾（735—793）以贞元九年夏四月庚戌寝疾，终于上都亲仁里之私第，春秋五十有九，以其年秋七月乙酉卜兆于万年县之凤栖原[1]。郭佩丧夫后返母家，且逝后墓志为其兄郭钧所撰（钧即晞之长子），时其父晞已故，故此处补其兄宅。《长安志》"亲仁坊尚父汾阳郡王郭子仪宅"条《城坊考》增补："刘禹锡有《酬令狐相公亲仁郭家花下即事见寄》诗。姚合有《题郭侍郎亲仁里幽居》诗。"（第61页）《校补记》补"侍郎郭承嘏宅"，并注："《尚书故实》：郭侍郎承嘏初应举，误纳试卷，一吏为换出，承嘏归亲仁坊，自以钱三万送兴道里酬之。校：承嘏宅即子仪宅。"（第197页）[2]郭承嘏父郭钧，祖郭晞，晞为子仪之第三子。据以上内容来看，当可确定郭钧、郭佩兄妹及郭钧子郭承嘏所居之宅亦当为子仪之部分旧第。

郭幼儒→郭暄宅。《郭暄墓志》：太子右谕德致仕郭暄（787—849），字方宥。以〔大中三年〕十二月廿八日薨于亲仁里第，享年六十三。明年二月廿二日壬寅归葬于万年县凤栖原。有子二人，长曰铉、次曰钵。（《西市藏志》四一九）按，郭暄父郭幼儒（712—773），据《郭幼儒墓志》（《西市藏志》二八四），曾任试光禄少卿，后改成都亚尹。大历八年春，奉诏归京师，中途疾起，四月十六日奄捐利州旅馆，享年六十二。是幼儒曾任京官，长安必有宅第，当即其子所居之亲仁坊宅。又，幼儒为郭子仪弟，郭幼明兄，则郭幼儒宅或亦可能在郭子仪豪宅范围内。

郭子仪→郭晞→郭鏶→郭从实→郭行修宅。《郭行修墓志》：绛州龙门卫尉郭行修（842—869），字彦冲，以咸通十一年五月三日终于亲仁里之私第，享年二十有八。（《珍稀墓志百品》九一）按，志主郭行修为郭子仪曾曾孙、郭晞曾孙、郭鏶孙、郭从实子[3]。

萧嵩及夫人贺睿宅。《贺睿墓志》：梁国夫人贺睿（682—737），字睿，会稽山阴人。年十九，归于兰陵萧嵩（？—749），即金紫光禄大夫、兵部尚书、中书令、右丞相、太子太师、修国史、上柱国、徐国公。夫人以开元廿五年七月十七日寝疾薨于亲仁里之私第，春秋五十有六。以其年冬十一月辛未十四日甲申葬于先茔之南神和原。（《西市藏志》二二二）按，《城坊考》据张说为萧嵩父所撰《赠吏部尚书萧灌碑》

---

[1] 赵力光、王庆卫《新见唐代郭晞夫妇墓志及其相关问题》，《唐研究》第16卷，2010年，第225—248页。

[2] 杨鸿年《隋唐两京坊里谱》亲仁坊条据《太平广记》卷三四五《郭承嘏》条录《尚书谈录》文，亦云承嘏第当仍是子仪宅。（上海：上海古籍出版社，1999年，第418—419页）

[3] 郭子仪家族世系参荣新江、李丹婕《郭子仪家族及其京城宅第——以新出墓志为中心》，《北京大学学报（哲学社会科学版）》2013年第4期，第17—26页。

有"夫人京兆韦氏,逝于京师布政里",而补萧嵩宅于布政坊(第105页),似有未谛。《校补记》据《长安志》补萧嵩宅于永乐坊(第194页),《增订》称其误。(第65页)

路谭宅。《路心儿墓志》:阳平路谭之女心儿(853—867),咸通八年秋七月中元之际,暴疾终于亲仁里,年十有五。用其年是月十八日权窆于万年县龙首乡东陈村。(《西市藏志》四五五)按,路心儿未出嫁而亡,故补其父宅。

永宁坊(第99页)

宇文琁宅。《宇文昌墓志》:二品曾孙宇文昌(662—674),小名果果,雍州武功人也。父琁,职方员外郎。昌时年一十有三,殁于永宁坊之第。以咸亨五年岁次甲戌七月戊申朔廿日丁卯葬于凤栖原。(《西市藏志》八五)据本志,宇文昌父琁,任职方员外郎。而昌未成年而卒,其居所当为其父之宅第。

郑贞宅及母范阳卢氏宅。《郑贞墓志》:左卫勋卫郑贞(650—676),字崇一,荥阳开封人也。春秋廿有七,以大唐上元三年岁次景子八月六日,终于京之永宁里第。即以其月廿六日辛酉,权迁于雍州明堂县义善乡凤栖原。母范阳卢氏。(《西市藏志》九一)

乙速孤直宅。《乙速孤直墓志》:右骁卫宝安府右果毅乙速孤直(675—716),字若诎。本姓王氏,太原人,至后魏赐姓焉。曾祖晟,随骠骑将军,袭和仁郡开国公。祖神庆,皇朝右虞候率兼右领军将军。父行均,岐阳府长上折冲,右羽林卫郎将。直粤开元四年春遘疾不起,以六月廿二日迁化于京永宁里第,春秋卌有二。以其月廿九日葬于凤栖原。(《西市藏志》一七一)其祖乙速孤神庆有碑传世,即载初元年弘文馆学士苗神客撰《乙速孤神庆碑》。碑云其先王氏,太原人。五代祖显,为后魏骠骑大将军,赐姓乙速孤氏,遂为京兆醴泉人。曾祖贵,隋河州刺史、和仁郡公。祖安,隋益州都督。父晟,唐骠骑将军。是知自其五代祖始,即为京兆人。惜碑文记卒地处残缺,不知居长安何坊(碑文见《金石萃编》卷六一)。神庆长子乙速孤行俨,行均之兄。徐松《城坊考》据开元十三年刘宪撰《乙速孤行俨碑》,于"大宁坊"条补"右武卫将军上柱国乙速孤行俨宅"(第72页)。碑文云景龙元年十二月十五日薨于雍州万年县大宁里第,景龙二年二月十六日与夫人贺若氏合葬礼泉县白鹿乡①。知行俨、行均兄弟分居大宁、永宁二坊,距离不远。又,《城坊考》"永

---

① 张沛编著《昭陵碑石》,西安:三秦出版社,1993年,第216—218页。

宁坊"条有独孤公宅，即"右豹[韬]卫大将军、赠益州大都督、汝阳公独孤公宅"。所据为张说《独孤公燕郡夫人李氏墓志铭》："永宁里，先人之旧庐也。有通渠转池，巨石嶔嶫，喷险淙潏，泂潭沉沉，殊声异状。"（第 63 页）由其赠官推之，此独孤公或亦独孤家族成员。

杨顗宅。《杨顗墓志》：扶风郡司功参军杨顗（716—750），以天宝九载二月甲戌寝疾怛化于永宁里之私第，春秋二百七十甲子。以丁巳辛未迁窆于咸宁县少陵原，从先茔。（《西市藏志》二六二）按，志称杨顗为工部侍郎开府郑公崇敬之曾孙，吏部员外太州刺史志诚之孙，兵部郎中昌宁伯之第五子。杨崇敬[《文苑英华》卷九二六《陇州司马杨公（志诚）神道碑》作宗敬，当误]即常州刺史工部侍郎鸿胪卿金紫光禄大夫散骑常侍太子少师赠仪同三司上柱国郑国懿公。据《神道碑》铭文载，杨志诚于景龙二年五月七日终于长安之延寿里，以先天元年十月二十五日与其夫人天水赵氏合葬于少陵原。由此知杨家或从延寿里迁居永宁里，或二宅并存。杨崇敬妹即吴王李恪正妃，墓葬已于 1979 年在湖北安陆王子山被发掘，惜仅出土带有九个篆文大字"大唐吴国妃杨氏之志"的青石墓志盖及凹凸不平、无一字之墓志，故无从考证其卒地。然据陪葬之丰及葬地来看，或为卒于其夫吴王封地安州。吴王恪终于有司之别馆，其墓志已出[①]。

永崇坊（第 103 页）

裴处弼及夫人韦韫中宅。《韦韫中墓志》：征事郎守国子监主簿裴处弼夫人韦韫中（807—834），京兆杜陵人，出韦氏逍遥公房。唐大和八年三月六日寝疾，终于上都永崇里之私第，春秋二十八。粤五月廿六日景子迁窆于京兆府万年县义善乡王斜村北原，遥祔其夫王父尚书茔。（《西市藏志》三九六）

韦辂及夫人薛氏宅。《韦辂夫人薛氏墓志》：前京兆参军事韦辂夫人薛氏（826—855），河东大族。以大中九年三月没于永崇里，享年三十。用其年四月二十五日葬于城南洪固乡平原上。（《西市藏志》四二八）

郭幼冲宅。《郭幼冲墓志》：银青光禄大夫守太子宾客上柱国太原郡开国公郭幼冲（734—788），贞元戊辰岁正月壬子，归全于上都永崇里私第，享龄五十有五。夫人琅琊郡君王氏，往年殁世。嗣子吏部常选昢、前右卫录事参军晦、左千牛备身晊、

---

① 见郑炳林、张全民、穆小军《唐李恪墓志铭考释与有关问题研究》，《敦煌学辑刊》2007 年第 3 期，第 5—22 页。

吏部常选睎、㬀、旸等一十三人，女八人。（《西市藏志》三一〇）按，郭幼冲有子郭睎（771—828）[1]。

杨府君及夫人宝应县主李氏宅。《杨府君夫人李氏（宝应县主）墓志铭》：太子洗马杨府君夫人宝应县主陇西夫人李氏（808—871），代宗皇帝之孙，守司空循王遹之第八女，王妃荥阳郑氏之出。享年六十四岁，咸通十二年五月十八日寝疾薨于永崇里。以其年十月十二日葬于万年县高平乡西焦村，祔洗马茔。（《西市藏志》四六四）

昭国坊（第106页）

庾叔颖及夫人韦氏宅。《庾二十九女墓志》：庾二十九女（826—855），大中九年十一月四日遇疾终昭国里，享年三十。以十年二月廿八日葬于京兆杜陵，附先茔。其曾祖庾光烈，大理少卿；曾妣陈国陈氏。祖庾何，澧州刺史，赠司徒；祖妣广平宋氏，晋国太夫人。皇考庾叔颖，秘书郎；皇妣京兆韦氏。（《西市藏志》四三二）按，庾二十九女为在室女，卒于父母膝下，故补其父母宅。按，庾叔颖之亲兄弟庾敬休亦宅于昭国坊。（《增订》，第107页）

庾慎思宅。《庾慎思母张氏墓志》：朝议郎前行秘书省秘书郎庾慎思母张氏（807—869），吴郡人，咸通十年己丑五月一日戊午寿终于上都昭国里第，享年六十三，以仲秋庚寅宅神于京兆府万年县洪源乡少陵原张屈村。（《西市藏志》四五九）志文表明张氏随子庾慎思住昭国坊，故补为慎思宅。

大宁坊（第113页）

刘思贤宅。《刘思贤玄堂记》：太中大夫行内侍省内常侍赐紫金鱼袋上柱国刘思贤（692—745），字顺，以天宝四载冬十月扈从温泉宫，至十一月五日遇疾，卒于宫之官舍。旋神于京兆大宁里之私第，享年五十有四。（《西市藏志》二五二）

宋公及夫人张氏宅。《宋公夫人张氏墓志》：淄青节度监军使元从朝散大夫行内侍省内给事员外置同正员上柱国赐紫金鱼袋广平郡宋公夫人张氏（756—811），封清河县君夫人，号威德山，唐故清河郡元从朝散大夫行内侍省内常侍身死王事赠云麾将军守右骁卫大将军员外置同正员赐紫金鱼袋上柱国张令晖长女。母故陇西郡

---

[1] 参荣新江、李丹婕《郭子仪家族及其京城宅第——以新出墓志为中心》所整理世系表，《北京大学学报（哲学社会科学版）》2013年第4期，第26页。

李氏，今家即蓝田县人。以元和六年正月十六日终于大宁里私第，春秋五十六。以其年七月十七日，归葬于新店原。（《西市藏志》三五二）

安兴坊（广化、昌化，第118页）

张直夫人周氏宅。《张直墓志》：张直（578—630）以贞观五年十一月一日遘疾薨于京师平康里第，春秋五十有三。夫人周氏（590—660），奄以显庆五年正月卅日，终于安兴里舍，春秋七十有一。（《西市藏志》六四）或许张直卒后，周氏移居安兴坊清静之地。

元武寿宅。《元武寿墓志》：壮武将军守右骁卫将军上柱国河南元武寿（598—670），河南人也，后魏景穆皇帝之后。因官西殖，今为州蒲城县之人焉。以咸亨元年九月三日构疾，薨于西京安兴里之私第，春秋七十三。即以大唐咸亨元年岁次庚午十月庚午朔四月癸酉葬于雍州万年县义丰乡之原。（《西市藏志》七八）

韩处章宅。《韩处章墓志》：银青光禄大夫左羽林大将军知军事兼御史中丞上柱国赠右散骑常侍韩处章（832—876），字守规，颍川人也。以乾符三年八月二十六日薨于上都广化里之私第，享年四十有五。以其年十月十一日葬于京兆府万年县浐川乡上傅里，附于先茔。（《西市藏志》四六六）

胜业坊（宜仁，第123页）

钱府君及夫人柳氏宅。《钱府君妻柳氏墓志》：正议大夫守汉州刺史吴兴钱府君妻河东郡君柳氏（647—721），河东解人也。春秋七十有五，开元九年十月三日遘疾薨于万年县胜业里第。以其年十二月，权殡于三原县旧茔之侧。粤十二年岁次甲子十一月丁巳朔廿六日壬午，迁祔于先府君之圹。（《西市藏志》一九七）

徐府君及继室夫人侯莫陈氏宅。《徐府君夫人侯莫陈氏墓志》：银青光禄大夫吏部侍郎彭王傅赠太子少师会稽郡公徐府君夫人侯莫陈氏（743—791），本姓刘氏，沛国绥兴人。洎晋乱，依于库斛真为侯莫陈斛真，为侯莫陈焉。年才初笄，归于吏部之门，为继室也。夫人遘疾于胜业里。欲脱迹尘累，栖身道门，徙寓于咸宜观，以贞元七年六月十日寝疾，竟终于净宇，享年卅九。以其年八月廿六日权厝于万年县栖凤原。（《西市藏志》三一五）

安邑坊（第130页）

王君及夫人康氏宅。《王君夫人康氏墓志》：上骑都尉王君夫人康氏（602—

附　录　唐长安、洛阳坊里辑补

677），京兆万年人。王君以贞观十七年，早从迁化。夫人顶谒大慈恩寺灵楷法师，幸沐法流。春秋七十有六，以仪凤二年岁次丁丑六月壬辰朔廿八日己未终于安邑里之私第也。即以其年十月庚寅朔廿日己酉向葬乎万年县龙首乡凤栖原之阴。（《西市藏志》九四）

升平坊（第137页）
裴昴宅。《裴昴墓志》：太中大夫太子左庶子绛郡开国公上柱国裴昴（？—771），河东闻喜人。澧州刺史怀感之曾孙。滑州司马陟孙。赠司空纪之仲子。相国尚书左仆射冕之介弟。大历六载春，积天伦之恸，遭阴堂之梦。泊（洎）秋七月旬有廿九日终于升平里第。冬十月十八日葬于先茔之次。（《西市藏志》二八二）按，裴昴伯父裴遵庆，代宗时宰相（见《旧唐书》卷一一三），在升平坊亦有宅。见《长安志》："尚书右仆射裴遵庆宅。"《城坊考》："杨绾《裴遵庆碑》：薨于万年县升平里之私第。"（第79页）新出《裴遵庆墓志》：大历十年十月二十九日，薨于万年县升平里之私第，以明年二月二十日祔于东都万安山之旧茔[①]，可以互证。

韩皋及夫人李温宅。《李温墓志》：尚书左仆射赠太子太保颍川韩贞公韩皋夫人陇西郡夫人李温（784—829），字端，淮安王神通之六代孙。夫人即婺州录事参军李蒙之女，河东柳氏之出，实太保贞公之从母弟。继韦氏、郑氏之后，为韩公第三任夫人。长庆四年春，太保以左仆射薨。夫人于大和三年六月廿有八日遘疾终于升平里第，享年卅六。以其年十月癸酉迁窆于万年县少陵原，东距太保茔二十步，让元妃而从吉卜也。（《西市藏志》三八八）

兴宁坊（第142页）
别馆。《高婕妤墓志》：高婕妤（694—793），渤海人也。时春秋卌有六，以开元廿七年岁在己卯六月壬戌朔十日辛未，终于西京别宫，移殡于兴宁里。越七月辛卯朔卅日庚申，诏葬于新丰步昌原。（《西市墓志》二二七）按，《大唐庆国故细人孙氏墓志铭并序》："细人，古或谓之孺人，次妃之列也……春秋三十有七，以天宝五载闰十月二十二日，夭化于万年兴宁里之公馆。"《荣王第八女墓志》云："今上（玄宗）幼孙，荣王（玄宗第六子，即靖恭太子李琬）第八女，天宝□载九月□□终于大明宫兴宁里之别馆。"（均见《增订》，第145页）兴宁坊距宫城很近，

[①] 李献奇、郭引强编著《洛阳新获墓志》，北京：文物出版社，1996年，第83页。

公馆或别馆似为皇室女子或宫官弥留之际的临时处所。

道政坊（第 148 页）

元君及夫人郭淑宅。《郭淑墓志》：亳州长史元君夫人郭淑（606—681），字淑，太原人。以开耀元年十一月廿日终于京师之道政里私第，春秋七十有六。大周圣历二年十月廿日终归祔于少陵之旧茔。（《西市藏志》一四二）

史旻及夫人董媛宅。《董媛墓志》：礼部尚书左龙武军统军史旻夫人董媛（783—839），字子美，滑台人也。从夫之爵为陇西郡君。开成四年七月七日卒于京师道政里，春秋五十有七。越十一月十八日葬于万年县义丰乡孙村。（《西市藏志》四〇七）

常乐坊（第 150 页）

刘师及夫人房氏宅。《刘师及妻房氏墓志》：陪戎副尉刘师（608—698），字德玮，彭城人。以圣历元年岁次戊戌漆月己未朔贰拾捌日景戌平旦寅奄然卒于雍州万年县常乐里，春秋玖拾有壹。夫人房氏（613—673）宅在安定里。（《西市藏志》一三七）

于君及夫人卢舍卫宅。《卢舍卫墓志》：秘书郎魏州贵乡县令东海县开国子于君夫人卢舍卫（639—680），字净观，范阳涿人。以调露二年五月十八日终于京师常乐里第，春秋卌二。即以永隆二年岁次辛巳五月己巳朔五日癸酉迁窆于雍州三原县万寿乡长坳之原。（《西市藏志》一〇七）

靖恭坊（静恭，第 154 页）

告成府君及妻裴氏宅。《裴氏墓志》：告成府君妻河东裴氏（752—808），河东冠族。以元和三年夏六月十八日遘疾奄弃于静恭里之私第，享年五十七。即以其年十月廿五日合祔于告成府君之茔。（《西市藏志》三四八）

张瑜宅。《张瑜墓志》：昭武校尉守左威卫河南府郑鄏府折冲都尉上柱国赐紫金鱼袋左金吾卫宿卫张瑜，字瑜，至（元和七年）五月二日卒于长安靖恭里之私第。春秋四十有一。有子二人，长曰诩，次曰明莟。以八月十六日葬于长安县龙首乡渭水南小严村卧龙之原。（《西市藏志》三五五）

崔璞及夫人李氏宅。《崔璞夫人李氏墓志》：征事郎左补阙内供奉云骑尉崔璞夫人李氏（823—856），以会昌四年春归于时任京兆蓝田尉之崔璞。以大中十年八月二十五日终于上都靖恭里之私第，享年三十四。以其年十月二十七日窆于万年县宁安乡三赵村。(《西市藏志》四三六)按，墓志为崔璞所撰，其中称其先府君自相位镇西蜀，则其父或即崔郸，时自同中书门下平章事专任剑南西川节度使，则崔璞之宅或即其父崔郸之宅第。

新昌坊（第159页）

张延晖及夫人令狐氏宅。《张延晖墓志》：进马南阳张延晖（684—713），字延，南阳人也。以开元元年正月七日终于新昌私第，春秋卅。夫人令狐氏，先公而终。以大历十年十月廿五日，合祔于杜陵之原。（《西市藏志》二九一）

赵惠满宅。《赵惠满墓志》：处士赵惠满（674—743），字阿四，天水人也。天宝元年五月三日，寝疾于西京新昌里之私第，春秋年七十。即以天宝二年二月十四日，卜兆于万年县少陵原之礼也。（《西市藏志》二四三）

李粹及夫人杨氏宅。《李粹墓志》：银青光禄大夫行宗正少卿上柱国李粹（704—767），以大历二年二月遘疾，四月甲辰终于新昌里之私第，享年六十有四。以其年六月景申安厝于长安县之高阳原，祔先茔。夫人弘农杨氏，天宝中，先公而逝。窆于东周，卜迁不从，今未之合。（《西市藏志》二七九）

崔文龟儦第。《崔文龟墓志》：崔文龟（859—833），字昌九，博陵人。大中十二年冬被疾，明年三月□极，四日谓墓志述者河南元璐曰："予之疾不可为也。前十一月时，赋咏题诗云：'惆怅春烟暮，流波亦暗随。'"是日瞉血，盖有征焉。又曰："予平生为文匪一笥矣，没后为我编缉之，用此为记。"后三日，启足于长安新昌里儦第，年二十七。以其年四月十一日，葬于京兆府万年县洪原乡曹村少陵原。（《西市藏志》四四一）

陈氏夫人宅。《陈氏墓志》：颍川郡陈氏夫人（770—838），以开成三年戊午岁六月四日染疾，终于京兆府万年县新昌坊之私第，享年六十有九。即以其年十一月七日葬于河南府河阳县太平乡北虢村东之平原。（《西市藏志》四〇六）。

旅舍。《路说墓志》：乡贡进士路说（831—866），咸通七年，年三十六，五月十七日遇疾，终于新昌里之旅舍，其月二十九日寄殡于长安城南之宁安乡青明里三赵村。（《西市藏志》四五三）

善和坊（第166页）

崔秀及夫人李氏宅。《崔秀夫人李氏墓志》：卫尉卿京留守崔秀夫人李氏（？—775），陇西成纪人。以大历十年十一月五日寝疾终于长安善和里之私第，春秋

六十九。以其年十二月廿五日权厝于万年县凤栖之原。(《西市藏志》二九二)

刘斌宅。《刘斌墓志》：湖州乌城县尉彭城刘斌（736—800），京兆长安人。公以贞元十六年九月廿二日寝疾终于善和里之私第，春秋六十有五，以所终之年十一月廿七日归窆于积德乡先茔。(《西市藏志》三二八)

李公及夫人韦氏宅。《李公夫人韦氏墓志》：雅王府参军李公夫人韦氏（843—858），其先本姓廉，武宗即位，册夫人之姑为皇太后，夫人父即国之舅也。会昌初，武宗下诏，赐姓曰韦，今为京兆韦氏。以大中十二年闰二月十日寝疾终于长安善和里之私第，享年十六。以其月廿八日葬于万年县朱赵村。(《西市藏志》四三九)

通化坊（第167页）

冯承素及夫人朱氏宅。《冯承素墓志》：中书主书冯承素（607—672），字万寿，长安信都人。以咸亨三年十月五日遘疾，终于京城通化里第，春秋五十有六。夫人朱氏，咸亨二年四月廿一日卒，寓殡于长安原，粤以今年十一月十五日迁措合葬于雍州乾封县高阳原。(《西市藏志》八〇)

苏澄宅。苏澄撰《崔时用墓志》：金紫光禄大夫雅王傅崔时用（750—789），博陵人。以贞元五年正月十六日，遘疾卒于长安县通化坊余之第，遂寓殓焉，时年卌。粤二月廿三日，将厝于义阳乡平原里。夫人即余之姊。(《西市藏志》三一二)按，作者苏澄为崔时用姐夫，时用因故卒于妻弟苏澄宅。

裴郾及夫人颜氏宅。《裴郾墓志》：衢州刺史裴郾（740—793），字颖叔，河东闻喜人。以功转衢州刺史。以贞元九年八月十三日终于官舍，享年五十四。以十年十一月十一日卜葬万年县凤栖原之茔。夫人金乡县君琅耶颜氏（744—803），国子司业允南之女。以贞元十九年八月一日终于长安通化里，春秋六十。明年二月廿七日合祔于先子之茔。(《西市藏志》三三四)按，颜氏之父颜允南（694—762），字春卿，与颜真卿为兄弟，宝应元年卒。据颜允南碑记载（颜真卿《颜鲁公文集》卷二三），允南曾任殿中膳部司封郎中司业金乡县男。

崔时用及夫人苏氏宅。《崔时用夫人苏氏墓志》：贞元十一年岁在癸亥正月廿五日故雅王傅博陵崔时用夫人武功苏氏（763—795），以疾夭终于长安通化里第，年卅三。越三月十六日，具帷裳绋引，归祔高阳原先夫之穴。(《西市藏志》三一七)

韦少华及夫人李氏宅。《韦少华墓志》：银青光禄大夫检校工部尚书兼太府卿上柱国□城县开国男食邑三百户韦少华（729—796），字维翰，京兆万年人也。曾历任万年县主簿、京兆府仓曹掾、长安令、京兆少尹等职。以贞元十二年十月十九日薨于通化里私第，享年六十八。以薨年月旬有五日迁厝于万年县洪固乡之毕原，从先茔。夫人天水郡夫人陇西李氏。(《西市藏志》三二二)按，《吕衡州文集》卷六《唐故银青光禄大夫京兆尹兼御史大夫上柱国赠吏部尚书京兆韦公（武）神道碑铭并序》：韦武遇暴疾，薨于长安通化里之私第。《增订》据此补韦武宅于通化坊。(《城坊考》因不明通化坊所在，故补在敦化坊，误)据《新唐书·宰相世系表》及《隋书》相关列传，知韦武为逍遥公韦夐之第七子韦世冲后裔，而本墓志志主韦少华为逍遥公之第六子韦世文后裔。两人均居通化坊，且韦武宪宗时为京兆尹，而韦少华曾任京兆少尹，似非偶然。

安业坊（第169页）

独孤士衡宅。《独孤保生墓志》：京兆府长安县尉独孤士衡女独孤保生（787—801），幼字客师，改名保生，河南人。曾祖丕，皇蒲州参军。祖镇，皇京兆府参军。父士衡，前京兆府长安县尉。贞元十七年六月一日终于长安县安业里之私第，春秋一十有五。其年七月卅日陪葬于万年县山北乡辰和原之先茔。(《西市藏志》三三一)墓志为其父士衡撰并书，保生卒时年十五，为在室女无疑，故补其父宅第。

太平坊（第173页）

段懿全宅。《段懿全墓志》：宣义郎试左监门卫兵曹参军张公故爱宠段懿全（？—851），籍饶州浮梁县，袭而居焉。其来京国，私有因矣。慕玄微至道之源，舍缘情恩爱之累，是以懿君免仪而自寓。因感清河公重而仰□□，配若偶也。时享年三十有□，洎大中辛未岁三月十九日卒京兆太平里第。以其年四月七日卜地创茔于雍城之南凤栖原之北。(《西市藏志》四二三)

韦泛及夫人李氏宅。《李宗闵妻韦氏墓志》：右补阙陇西李宗闵夫人京兆韦氏（791—815），父泛，江州刺史，娶陇西李氏。元和十年十月戊戌，省太夫人太平里第，遇疾而终。是日反殡于李氏。其年十一月景申，葬于万年县少陵原，从先姑之兆，享年廿五。(《西市藏志》三六五)按，韦氏卒于其娘家，故补其父母之宅第。而李宗闵宅在靖安坊。(《增订》，第66页)

通义坊（第177页）

韦倬及夫人杨氏宅。《韦倬夫人杨氏墓志》：坊州参军韦倬夫人弘农杨氏（？—

741），春秋□□六，开元廿九年四月七日终于通义里之私□。以其年闰四月五日迁葬于高阳原。（《西市藏志》二三四）

兴化坊（第178页）
李炯宅。《李炯墓志》：朝请大夫行雍州蓝田县令上柱国始安郡开国公李炯（655—712），字光远，陇西狄道人。享年卌八，以太极元年四月廿七日寝疾终于兴化里第。粤以其年五月廿九日迁窆于高阳原。（《西市藏志》一六三）

李公及夫人弓凤儿宅。《弓凤儿墓志》：蓝田县令李府君夫人弓凤儿（670—730），太原晋阳人。以开元十八年四月四日遘疾终于京兆府长安县兴化里之私第，春秋六十有一。以其年六月十日合祔于京兆府长安县福阳乡高阳原。（《西市藏志》二〇八）

萧儹及夫人郑氏宅。《萧儹墓志》：光禄卿萧儹（781—856），字思本，兰陵中都人。曾任京兆少尹、太常少卿、左庶子，转光禄卿。以大中十年七月五日，薨于长安兴化里之私[第]，享年七十有六。夫人荥阳县君郑氏（？—836），库部郎中、衢州刺史群之次女，先公二十年而殁。（《西市藏志》四三四）曾祖萧嵩，玄宗时任中书令，宅在亲仁坊。

怀贞坊（怀真、怀贤，第182页）
薛涣及夫人郑琮宅。《郑琮墓志》：薛涣夫人郑琮（798—833），其先荥阳人也。以大和七年二月八日奄然□逝于长安县怀真里之私第。享年卌六。以其年四月廿八日归葬于京兆府万年县少陵原先茔之东北。（《西市藏志》三九三）

辅兴坊（第188页）
田夫人宅。《田夫人墓志》：正议大夫行夔州长史兼侍御史某公夫人田氏（780—844），先泾阳人。以会昌四年三月廿二日终于京兆府长安县辅兴里之第，春秋六十有五。以其年四月十七日葬于府君阙之右。（《西市藏志》四一四）

颁政坊（第191页）
王俨宅。《王俨墓志》：太原郡祁县人王俨（628—693），字文成，太原祁县人。春秋六十有六，以长寿二年五月十七日卒于颁政里之私第。即以其年六月十四日葬于承平之原。（《西市藏志》一二四）

王彦真及夫人韦氏宅。《王彦真墓志》：染坊使中大夫行内侍省宫闱令上柱国赐紫金鱼袋王彦真（835—865），字道符，太原祁人。以咸通六年正月七日薨于颁政里之私第，享年三十有一。以其年七月廿三日葬于万年县细柳乡故郡村，祔先茔。夫人韦氏。（《西市藏志》四四七）

延寿坊（第 199 页）

方藏宅。《方藏墓志》：上柱国方藏（621—686），字法本，本渤海人。以垂拱二年八月四日终于长安延寿里第，春秋六十有六。粤以其年十月十八日葬于终南山之梗梓谷，遵先志也。（《西市藏志》一一六）

龙公及夫人吴淑宅。《吴淑墓志》：都苑总监龙府君夫人吴淑（706—737），字赢金，华阴人。夫人春秋卅有二，开元廿五年岁在丁丑夏五月甲戌朔四日丁丑终于延寿里之私第。不易其年，月旬有一日，陪葬于高阳之原。（《西市藏志》二一九）

延康坊（第 207 页）

冯镈宅。《冯镈墓志》：秘书省秘书郎冯镈（807—869），字子真，长乐信都人。以疾终于京师延康里舍，享年六十有三，时唐咸通十年岁在己丑五月一日。以其年七月廿八日甲申卜宅于京兆长安县之尹村神和原，祔于先茔。（《西市藏志》四五八）

陈鲂及夫人冯履均宅。《陈鲂墓志》：河东节度副使朝散大夫检校尚书屯田郎中兼侍御史柱国赐紫金鱼袋陈鲂（816—871），字中远，其先颍川郡人也。终于上都延康里私第，享年五十六。其年十一月廿五日葬于京兆府万年县洪原乡曹赵村，祔先公之兆次。夫人长乐冯氏（839—869），字履均，其先长乐人也。先公三年而终。（《西市藏志》四六〇）按，夫人冯氏，字履均，号通相，即卢江公之季女，赠太尉、剑南东川节度使懿公之孙。（《冯履均墓志》，《西市藏志》四五七）懿公或即冯宿。冯宿有碑传世，《金石萃编》录有碑文，题《大唐故银青光禄大夫捡校礼部尚书使持节梓州诸军事兼梓州刺史御史大夫充剑南东川节度副大使知节度事管内观察处置静戎军等使上柱国长乐县开国公食邑一千五百户赠吏部尚书冯公神道碑铭并序》，职事官及谥号均同，唯赠官不同，或不同时间所写之故。冯宿，两《唐书》有传。按，冯宿宅在亲仁坊。（《增订》，第 97 页）

崇贤坊（第213页）

卢崇嗣及夫人段氏宅。《卢崇嗣妻段夫人墓志》：绵州司士参军事卢崇嗣妻段夫人（？—707），涿郡雁门人。以景龙元年九月廿日归真于长安县崇贤里之私第。即以景龙三年十一月廿日，迁窆于咸阳县洪渎川。（《西市藏志》一六〇）

赵若丘宅。《赵若丘墓志》：简州金水县令上柱国赵若丘（663—729），天水人。和思皇后即公之归妹。春秋六十有七，以开元十七年四月廿三日终于京兆崇贤里之私第。夫人杜陵史氏，春秋卅有二。以久视元年十月九日卒于河南尚善里之私第，窆于鼎门之隅。公之继室河南元氏，春秋卌三，卒于金水之官舍。越以今年岁次己巳十一月廿日，合祔于长安永寿里。（《西市藏志》二〇六）

金日晟及夫人张氏宅。《金日晟墓志》：银青光禄大夫光禄卿金日晟（713—774），字日用，新罗王之从兄。归奉中朝，率先万国。以大历九年夏四月廿八日薨于长安崇贤里之私第，春秋六十有二。以其年甲寅秋八月戊辰朔粤五日壬申诏葬于长安永寿之古原。夫人张氏，天宝末先君云亡。今祔迁厝，哀事官给。（《西市藏志》二八七）

何邕及夫人李氏宅。《何邕夫人李氏墓志》：刑部郎中剑南东川租庸使庐江何邕妻陇西李氏（746—797），以贞元十三年五月十二日寝疾捐馆舍于京兆府长安县崇贤里之私第，春秋五十二。越八月十九日，归葬于福阳乡高阳原，从夫也。夫人本姓鲜于，渔阳人也。以烈考蓟襄公德于王，故赐姓李氏。（《西市藏志》三二四）按，夫人烈考讳淑明，当即两《唐书》有传之"李叔明"。其兄即京兆尹、剑南三川节度使兼御史中丞鲜于仲通。因仲通兄弟皆曾官京兆尹，故推其京师皆当有宅。何邕之女适郭氏，即殿中侍御史内供奉太原郭曙之妻，曙为尚父汾阳王郭子仪之子，宅于亲仁坊。另，杜甫《杜工部集》卷一一有《赠别何邕》、卷九有《奉赠鲜于京兆（仲通）二十韵》。

柳瀍宅。《柳寔墓志》：杭州盐官县丞河东柳寔（797—817），以元和十二年丁酉十二月景辰朔四日己未归全于京兆府长安县崇贤里之私第，享龄廿有一，以其月十七日壬申槁葬于高阳原，从瀍博之义。（《西市藏志》三六九）此志为志主父亲秘书省秘书郎柳瀍撰，其子二十一岁卒，未有婚娶，且任官杭州，当卒于其父宅第，故补作柳瀍宅。

延福坊（第215页）

孙知节及夫人刘氏宅。《孙知节墓志》：郑州中牟县令孙知节（636—702），字忠孝，本太原中都人也。神功元年八月廿九日，终洛阳延福里第，春秋六十有七。夫人彭城刘氏。长安二年十一月十九日合葬于雍州高陵县乐安乡平原。（《西市藏志》一四八）

武承嗣及夫人弓昭宅。《弓昭墓志》：太子太保上柱国魏王武承嗣夫人弓昭（656—708），字淑婉，太原阳曲人。以景龙二年闰九月十三日薨于京延福里之私第，春秋五十三。即以景龙三年龙集浧滩正月十五日归葬于咸阳洪渎川。（《西市藏志》一五六）按，武承嗣为则天大圣皇后之元侄，其墓志亦已出土，称其"圣历元年七月，内迁太子太保，于时年惊辰已疹积膏肓……其年八月十日薨于神都行修里之私第，春秋五十……粤以圣历三年壹月十一日陪葬顺陵"[1]。故可知武承嗣于东都行修里亦有宅。

安定坊（第218页）

刘师及夫人房氏宅。《刘师及妻房氏墓志》：陪戎副尉刘师（608—698）夫人房氏（613—673），法名净乐。去咸亨四年七月二日卒于长安县安定里，春秋六十有一。权殡于阿城乡。今属吉辰，以圣历元年岁次戊戌捌月戊子朔拾伍日壬寅合葬于雍州明堂县义善乡凤栖原。其夫刘师，卒于常乐里。（《西市藏志》一三七）

金城坊（第224页）

刘昭及夫人郭氏宅。《刘昭墓志》：唐故右神策军散兵马使押牙兼折（浙）东三将判官银青光禄大夫检校国子祭酒常州别驾上柱国刘昭（？—880），字德明，其先彭城人也。以乾符六年六月二十三日终于上都金城里之私第，以其年十二月二十四日葬于长安县，祔于先茔。夫人太原郭氏，即唐朝西平郡王孙，封太原县君。以其年十二月二十四日葬于长安县祔于先茔。（《西市藏志》四七〇）

醴泉坊（承明，第227页）

田涛宅。《田涛墓志》：乡长田涛（592—670），字菩提。临淄郡东郊县人。以咸亨二年七月十八日遘疾卒于醴泉坊之私第，时年八十。即以三年十二月廿五日迁厝于高阳原。（《西市藏志》八一）

---

[1] 曹建强《唐魏王武承嗣墓志考略》，《中国国家博物馆馆刊》2012年第6期，第58—66页。

怀远坊（第 234 页）

吕金纲宅。《吕金纲墓志》：吕金纲（509—660），字铁头，东海营丘人也。春秋六十有二，以显庆五年庚申四月辛未朔廿一日辛卯，卒于怀远里第。以其年五月辛丑朔廿日庚辰窆于长安县细柳□。（《西市藏志》六三）

长寿坊（广恩，第 237 页）

郑君及夫人王妃子宅。《王妃子墓志》：云骑尉郑君妻王妃子（605—659），字至德，本太原人。以显庆四年岁次己未十月廿六日终于长寿之第，春秋五十有五。即以其年十一月癸卯朔十九日辛酉葬于高阳之原。（《西市藏志》六一）

郑师及夫人王氏宅。《郑师墓志》：处士郑师（602—675），字铁仗，同州蒲城人。婚乎太原王氏。殁于长寿之第。春秋七十有一。即以上元二年十一月廿六日与王氏合葬于高阳原。（《西市藏志》八八）

吕翁归及夫人杨氏宅。《吕翁归墓志》：京兆府法曹参军吕翁归（784—845），字弘美，东平人。会昌五年十月十一日终于长安长寿里，享年六十有二。其年十一月卅日归葬于京兆万年县义丰乡更始里。夫人弘农杨氏华年早世，比殡于汾州西河之地，其孤是年启护归祔焉。（《西市藏志》四一五）

敬煦宅。《吕翁归墓志》：吕翁归墓志的书写及篆额者、朝议郎行尚书虞部员外郎敬煦在墓志文中自言："煦与府君居尝里人，情有交分，买石志行，请于诸孤。"因吕翁归卒于长寿坊，故于长寿坊补敬煦宅。（《西市藏志》四一五）

嘉会坊（第 238 页）

窦宣礼宅。《窦宣礼墓志》：左清道率谯国公窦宣礼，其先扶风人。祖琮，特进，封谯国公，食实封八百户。父孝谦，兴、丹、泾、贝、恒、洺六州刺史，袭谯国公。春秋八十七，遘疾终于嘉会里之私第。属时艰多故，凶事难周，敛柩于斯，攒魂旧室，傂俛星岁，俄然一纪。今卜其宅兆，改葬于京兆府万年县杜陵原。（《西市藏志》四八三）按，《增订》补窦希寂宅："窦希寂，字澄远，扶风人。祖琮，即穆皇太后之再从弟。考孝克，工于篆、隶，雅妙篇章，行泾州司马。希寂即孝克之中子，永隆□（元）年十二月二十四日，□于嘉会里之私第。夫人韩氏，咸亨元年十一月九日□□倾逝。辛巳正月十五日，窆于龙首之原。"（第 307 页）据此，窦宣礼与希寂为同祖兄弟，宅第同在嘉会坊。

怀德坊（第251页）

胡演宅。《胡演墓志》：银青光禄大夫汴州刺史胡演（566—646），字子忠，安定人。奄以贞观廿年岁次景午七月辛卯朔一日辛卯遘疾薨于怀德里第，春秋八十有一。即以其年十一月己丑朔十四日壬寅葬乎雍州长安县同乐乡仁智里之细柳原。（《西市藏志》三六）

李悌及夫人来氏宅。《李悌墓志》：沂阳郡华亭县令李悌（659—746），字茂林，陇西人。春秋八十七，以天宝四载十二月十七日寝疾终于长安怀德里之私第。夫人南阳来氏，先君而逝。即以天宝七载正月廿五日合祔于夫人先茔。（《西市藏志》二五六）

崇化坊（弘化，第253页）

李敳宅。《李敳墓志》：利州总管府司马李敳（576—623），陇西狄道人。春秋卌八，以武德六年四月十七日卒于京师之弘化里舍。粤以贞观二年正月十九日葬于雍州长安县之高阳原。（《西市藏志》三一）按，李敳与李端（字药王，《西市藏志》三二）、李靖（字药师）为兄弟行，李靖宅在平康坊，后为李林甫宅（《长安志》卷八）；李药王隋大业九年正月十九日卒于东都尚善里舍，春秋卌有七。

柳冲及夫人长孙氏宅。《柳冲墓志》：均州司户参军柳冲（628—678），河东解人。曾任开州司法。粤以仪凤三年四月廿六日终于长安县弘化里之私第，春秋五十一。以其年五月十七日厝于干封县福阳乡高阳原。（《西市藏志》九五）夫人长孙氏，以上元元年岁次甲戌十一月景午朔十二日丁巳终于开州之廨舍，春秋卌有六。永淳元年岁次壬午十一月庚寅朔十三日壬寅，合葬于高阳原。（《柳冲夫人长孙氏墓志铭》，《西市藏志》一一二）柳冲与柳子阳为族兄弟。柳子阳及夫人妻皇甫氏宅在崇义里。

杨承恩宅。《杨承恩墓志》：左威卫京兆府临泉府左果毅都尉杨承恩（696—740），虢州弘农人也。曾任京兆府甘泉府别将。寻转左威卫，京兆府临泉府左果毅都尉，未之任。粤开元廿八年二月八日仓卒殡于京师崇化里私第，春秋卌五。其年二月廿七日迁于京师城南，遵宅兆也。（《西市藏志》二三三）

待贤坊（第255页）

韦君及夫人李氏宅。《韦府君夫人李氏墓志》：兴元府户曹参军韦府君夫人李氏（740—815），元和十年五月廿二日遘疾终于京师待贤里第，享年七十六。其月卅日欧阳氏九女以士之丧礼归葬于长安县神禾原，次户曹府君之茔。(《西市藏志》三六三) 按，夫人即殿中监同凤阁鸾台平章事道广之曾孙。道广，其先滑州人，世居京兆之万年。本姓丙氏。其事迹《通鉴》、两《唐书》均有载。

洛 阳

明教坊（第289页）

崔岐及夫人郑氏宅。《崔岐妻郑氏墓志》：常州江阴县主簿清河崔岐亡妻荥阳郑氏（810—837），唐开成二年夏五月二十有四日，构疾终于河南府河南县明教里之私第，即以其年秋八月二十三日，附于河南府颖阳县颖原乡高董村之西原先茔之右。夫人少失严训，季父鞠育，及笄而出。大和四年仲冬月十有一日，崔氏陈六礼而亲迎，邀九族而成会。自归崔氏家，属崔岐官罢。居贫京洛，常歉衣食。夫人藜藿充腹，不形于颜。庚寅岁生，丁巳载殁，在世之数，三九余一。此墓志铭为其夫崔岐撰并书。(《西市藏志》四〇三)

宜人坊（宜民，第290页）

柳府君及夫人长孙氏宅。《柳府君夫人长孙氏墓志》：左豹韬卫兵曹参军柳府君夫人长孙氏（667—732），河南洛阳人。隋太中大夫曜之玄孙，唐囗州刺史峤之次女。夫人守葛屦之贫，闭门孀居，方丈禅诵。以开元廿二年七月廿四日，厝于洛阳县宜仁里第，春秋六十有七。以廿二年囗月廿日葬焉。(《西市藏志》二一五)

安业坊（第291页）

元子长及夫人李真宅。《李真墓志》：河中府户曹元府君夫人李真（746—810），讳真，号圆虚。陇西成纪人。享年六十五，元和五年十二月八日，终于东都安业里之私第。以明年十月十二日合祔于先人之茔。(《西市藏志》三五三) 按，据墓志文记载，夫人"既笄归于元公。公承后魏帝王之裔，珪组相袭。祖怀景，尚书右丞。父彦冲，河南道采访使。公早以门荫入仕，尉王畿，宰百里，所至有闻，终河中府户曹"。李真之夫元公当为终于东都敦行里之私第的河中府户曹参军元子长（735—786），其墓志见《西市藏志》三〇七之《元子长墓志》，元子长"讳子长，字衍，后魏昭成皇帝十三代孙。曾祖讳仁惠，唐梁州大都督府长史，武陵公。祖怀景，唐尚书右丞，赠幽府都督。父彦冲，唐银青光禄大夫，陈留郡太守，河南道采访使。府君释褐以门子授虢州弘农县尉。……后改河中府户曹。……贞元二年三月廿六日，终于东都敦行里之私第。……夫人陇西李氏"。自以上墓志文可知，两合墓志之志主彼此夫妇姓氏相合、官职及世系相合，且年代相当，故可断定两者为鸳鸯志。

尚善坊（第292页）

李药王宅。《李药王墓志》：李药王（567—613），陇西狄道人。曾祖欢，魏河陕二州刺史，永康县公。大父义，周岐州刺史，抚军将军，袭爵永康公。考诠，隋赵郡太守，上开府仪同三司，袭爵永康公。药王以隋大业九年正月十九日终于东都之尚善里舍，春秋卌有七。公第三弟刑部尚书，检校中书令，永康公药师，申哀荣于宅兆，以其月十九日迁厝于雍州长安县之高阳原。（《西市藏志》三二）按，公第三弟药师即李靖。李药王另有兄弟一人，即利州总管府司马李敳，据进士郑岳为其所撰墓志记载，李敳为陇西狄道人，"曾祖欢，魏河陕二州刺史，永康县公。英才雅望，冠绝当时。祖义，周和岐二州刺史，抚军将军，袭爵永康公。考诠，隋赵郡太守，上开府仪同三司，袭爵永康公……春秋卌八，以（大唐武德）六年四月十七日，卒于京师之弘化里舍。粤以贞观二年正月十九日，葬于雍州长安县之高阳原"。（《李凯墓志》，《西市藏志》三一）李靖于长安平康坊有宅，据宋敏求《长安志》卷八平康坊条："东南隅，右相李林甫宅。本尚书左仆射卫国公李靖宅。景龙中，韦庶人妹夫陆颂所居。韦氏败，靖侄孙散骑常侍令问居之，后为林甫宅。"[1]

赵若丘及夫人史氏宅。《赵若丘墓志》：简州金水县令上柱国天水赵若丘夫人史氏（669—700），唐侍中务滋之孙，汝州郏城县令寿之子。春秋卅有二。以久视元年十月九日，卒于河南尚善里之私第。（《西市藏志》二〇六）另据志文可知，此志系其"从侄京兆府武功县尉冬旰撰"。其夫赵若丘："春秋六十有七，以今年四月廿三日，终于京兆崇贤里之私第。"（见同墓志）

行修坊（修行，第296页）

李府君及妻崔娇娇宅。《崔娇娇墓志》：陇西李氏之亡妻清河崔娇娇（711—732），唐国子司业赠卫州刺史清河文公融之孙，给事中翘之女。未庙见于李氏，奄

---

[1] 宋敏求、李好文撰，辛德勇、郎洁点校《长安志·长安志图》，第278页。

忽长逝。大唐开元廿年岁在壬申秋七月既望越翌日景辰，卒于河南行修里。八月辛未廿日庚寅，葬于伊阙山，春秋廿有二。（《西市藏志》二一四）按，据墓志文载，娇娇为崔融之孙，崔翘之女，未庙见于李氏而逝。庙见，指新妇首次拜谒祖庙。据《唐律疏议·名例》十恶之第四"恶逆"条记载："'夫'者，依礼，有三月庙见，有未庙见，或就婚等三种之夫，并同夫法。"① 按，崔融在明教坊有宅。韦述《两京新记》"明教坊"条："南门之东，国子司业崔融宅。"② 《太平御览》称融为则天哀册，用思精苦，下直，马过其门不觉，文就而卒。崔翘，位终礼部尚书东都留守。其墓志已出，言崔翘享年肆佰有八甲子，"唐天宝九载冬十二月三日薨于洛师明教里之私第"，详见《唐礼部尚书崔翘墓志铭》③。因此，崔娇娇或为自明教坊嫁入行修里后不久去世。

卢正言及夫人李氏→卢朓及夫人崔氏→卢瀜→卢士琼及夫人郑氏宅。《卢朓墓志》：大唐故朝请大夫饶阳郡司马上柱国卢朓夫人清河县君崔氏（687—732），隰州刺史思贞之女。享年卅有六，开元廿载，寝疾终于东周行修里之私第。以天宝十载龙集辛卯十月建亥朔廿四日癸酉，陪光侯茔，合祔于河南县伊汭乡万安山之原。其夫卢朓，字月旦，范阳人，魏七兵尚书右仆射司空公道虔之四代孙，曾以考判超等补河南尉，拜开封令，于开元廿一载寝疾，终于饶阳官舍。有文集十卷，行于代。（《西市藏志》二六五）按，卢朓家世可参《新唐书·宰相世系表》④。卢朓父卢正言于开元八年薨于西京道政里之第，卢正言夫人陇西李氏于开元十八年卒于东周行修里之第⑤；卢正言兄弟卢正道、卢正权、卢正容、卢有邻等四兄弟夫妇以及卢正勤夫人均卒于河南行修里第⑥，可知此系卢氏家族或当于行修里有聚居宅邸。另外，卢朓之孙士琼（父瀜）、士玫（父瀜）、仲权（父清）以及重孙从度（父仲权）、从约（祖瀜，父士瑛）等墓志亦已出土。其中，长房孙卢士琼妻郑氏卒于行修里⑦，其他人均卒于他处。但据卢仲权为其夫人王普功德所书墓志记载："仲权曾祖讳正言，

---

① 《唐律疏议》，北京：中华书局，1983年，第9页。
② 韦述撰，辛德勇辑校《两京新纪辑校》，西安：三秦出版社，2006年，第81页。
③ 书法丛刊编辑部《拿云美术博物馆藏碑志选》，《书法丛刊》2006年第2期。志石现藏山东淄博拿云美术博物馆。
④ 《新唐书》卷七三上《宰相世系三上》，北京：中华书局，1975年，第2902—2912页。
⑤ 吴钢主编《全唐文补遗·千唐志斋新藏专辑》，西安：三秦出版社，2006年，第158页。
⑥ 卢正道墓志铭见乔栋、李献奇、史家珍《洛阳新获墓志续编》，北京：科学出版社，2008年，第115页；卢正权墓志铭见《全唐文补遗·千唐志斋新藏专辑》，第129页；卢正容墓志铭见吴钢主编《全唐文补遗》第8辑，第25页。卢正容子卢均芳墓志亦已出土，见《全唐文补遗·千唐志斋新藏专辑》，第208页；卢正勤夫人墓志铭见《洛阳新获墓志续编》，第78页。
⑦ 吴钢主编《全唐文补遗·千唐志斋新藏专辑》，第315页。

唐右监门将军。祖讳朓，唐深州司马。父讳清，唐魏郡莘县主簿。……（王氏）享年卅有五，贞元十七年辛巳正月甲午十六日己酉，终于润州之官舍。……以其年闰正月甲子廿一日甲申，安厝于润州丹徒县宅心乡康湾黄鹤山之南原……仲权殃衅所钟，明神降罚，去贞元十二年九月廿三日丁先太夫人忧，其年未利归洛，权厝于丹杨（阳）县大泊村之西北原。敬遵礼文，将俟通便，自获陪祔，迁于故乡。"（《西市藏志》三二九）可知，至卢朓之孙辈时，以长房为首的卢氏一族仍保有洛阳之宅第家业，且长房之外的他支也深以洛阳为故里[①]。

尚贤坊（第299页）

明琰及夫人刘氏宅。《明琰及夫人刘氏墓志》：朝散大夫行申州义阳县令上护军平原明琰夫人刘氏（668—723），临淮人，以开元十一年二月十七日，终于都尚贤里第，享年五十六。以开元廿七年岁次己卯八月辛酉朔十二日，合葬于缑氏县景山原。（《西市藏志》二二八）其夫明琰（659—694），讳琰，字琰，平原人。以长寿三年三月廿二日，构疾终于都道化里第，享年卅六。按，明琰曾任河南府济源县丞。其显考为崇嗣，崇嗣有兄弟曰崇俨，《旧唐书》有传。另据墓志文载，夫人曾祖隋鄀阳王咨议讳兴宗（即刘祎之祖父，见《新唐书·刘祎之传》）；大父唐朝散大夫著作郎弘文馆学士修国史讳子翼，名在《皇朝实录》及《词林文人传》；显考唐朝散大夫给事中太子中允讳懿之，名在《唐姓氏录》。

李夷吾及夫人王氏及继室郑氏宅。《李夷吾墓志》：故中散大夫庆王府司马李夷吾（735—786），越天宝岁在赤奋若月旅林钟己酉旁死魄，安平李府君薨于河南府尚贤里私第，春秋六十有三。越庚申，假葬于鼎城西南龙门乡之原。公之高祖，隋内史令府君讳德林。曾祖，唐宗正卿同中书门下平章事府君讳百药。祖，唐黄门侍郎平章事府君讳安期。考，唐虢州司兵参军府君讳宗墨。夫人太原王氏，故相州刺史琼之女。继室荥阳郑氏，故信王府司马博古之女。（《西市藏志》二六〇）

敦行坊（第300页）

元子长及夫人李真宅。《元子长墓志》：河中府户曹参军河南元子长（735—786），字衍，后魏昭成皇帝十三代孙。曾祖讳仁惠，唐梁州大都督府长史，武陵公。

[①] 郑雅如《"中央化"之后——唐代范阳卢氏大房宝素系的居住形态与迁移》，《早期中国史研究》第2卷第2期，2010年，第1—65页。

祖怀景，尚书右丞，赠幽府都督。父彦冲，银青光禄大夫，陈留郡太守，河南道采访使。府君释褐以门子授虢州弘农县尉。时属戎犯郊畿，王巡虢略。以功迁陕州安邑尉，以驾在，视近畿也。秩满，选授河南府伊阙尉。时尹张公延赏奏换永宁尉，始居要；移摄河南尉，终就剧。无何，知已既去，罢秩亦归。授宣州宁国令。后改河中府户曹。旧疾斯笃，贞元二年三月廿六日，终于东都敦行里之私第，享年五十有二。以六月三迁窆于河南龙门乡。夫人陇西李氏。（《西市藏志》三〇七）按，元子长夫人李氏终于东都安业里之私第，见《李真墓志》。（《西市藏志》三五三）

崇政坊（第 301 页）

任蕤及夫人平氏宅。《任蕤墓志》：左卫泾州泾阳府折冲都尉员外置同正员骑都尉任蕤（772—831），字延芳，其先西河人。忽染疮疾，终于河南县崇政里之私第，享年六十，当太和五年秋八月三日也。以其年十一月二日，合祔夫人燕郡平氏旧坟，窆于大茔之北。（《西市藏志》三八九）

恭安坊（第 304 页）

索道疥及夫人刘氏宅。《索道疥墓志》：尚书省比部主事敦煌索道疥（？—777），少以文墨入仕，解褐河南府录事，转比部主事。官荫未高，构疾不瘳，以大历十二年三月十三日，终于恭安里之私第。建中二年三月十四日，自龙门山之阳，改葬龙门山之阴，克协蓍龟也。夫人彭城刘氏，以其年正月八日，终于公之旧寝。赴新茔合祔。（《西市藏志》二九九）

劝善坊（第 305 页）

李承范宅。《李承范墓志》：游骑将军守庆王府左帐内副典军上护军李承范（661—727），字演，陇西成纪人。乃李陵之后。曾祖粲，应国公。祖宽，陇西郡开国公。父孝廉，周王府掾。承范曾任东受降城副使。开元十五年正月十日，终河南县劝善里之私第，春秋六十有七。其年二月十七日，权葬于河南县龙门乡之原。（《西市藏志》二〇〇）

康俗坊（第 308 页）

窦知节及夫人元氏宅。《窦知节墓志》：婺州永康县令乐平县开国男窦知节（631—702），扶风平陵人。祖彦，隋西平郡太守，巨鹿郡开国公，赠礼部尚书。

父德远，自成童尚道，隐廿余载。尝著《大乘论》十余篇，传于族兄德玄，任左仆射。有制再征不就。上高之，特封乐平县开国男。公则乐平男之第三子。弱冠，以弘文生擢第，授华州参军，转蓝田县丞，迁司农主簿，出宰陇州汧源县令。丁外忧，毁瘠过礼，阕授婺州永康县令，袭封乐平县男。以长安二年终于河南府康俗里第，时年七十二。夫人河南元氏，以载初中年终于永康官第，以开元十一年岁次癸亥十一月癸亥朔十日壬申，合葬于京兆府万年县凤栖原之阳。（《西市藏志》一九四）

石解及夫人郑氏宅。《石解墓志》：衡王府长史致仕石解（？—808），由进士及第，授中牟尉。贞元七年夏，鸿胪卿庾倰充册回鹘公主使，奏公为副，授监察御史里行，加章服。九年七月使回，守本官入台。十二年六月，转殿中侍御史。十七年七月，除侍御史，留东都台。寻授国子博士，治第于东都康俗西隅。始依竺乾教，从法言禅师学冥机复性术。改衡王府长史，致仕。元和三年六月六日殁世。公与郑氏，世为婚姻。夫人秘监镜思之孙，梁县尉、三老次女。生二子，皆娶郑氏。长子宗攸，先公一岁卒。次子恭次，自许州鄢陵县启夫人先殡，十一月廿四日，合葬于河南府偃师县毫邑乡武林里石桥东二里。（《西市藏志》三四九）

崔蒇及夫人李氏宅。《崔府君及夫人李氏墓志》：陆浑县令博陵崔府君夫人李氏（793—833），曾祖讳则政，大父讳华，赠礼部尚书。烈考讳元素，自给事中历右丞义成军节度等使，征拜御史大夫，复出镇浙江西道节度等使，又迁户部尚书度支使。有爱女一人，出于崔氏，即夫人。夫人以大和癸丑岁十一月甲子十一日癸亥，奄终于东都康俗里，享年四十有一。以大和甲寅岁二月丁卯三日甲申，归葬于陆浑县崔氏先茔，启陆浑府君之玄堂而祔焉。（《西市藏志》三九五）按，墓志云李氏之夫崔府君为宣越观察等使兼御史大夫右散骑常侍邺国肃公崔昭之第三子，而据尚书都官郎中吴丹撰崔蒇墓志《唐故朝议郎河南府陆浑县令上柱国博陵崔府君墓志铭并序》记载，崔蒇为"金紫光禄大夫京河尹左右常侍宣歙浙东观察使邺国公"崔昭之第三子，并"娶赵郡李氏故户部尚书常山公元素之长女"，可知此墓志所言李氏之夫崔府君当为崔蒇。崔蒇于唐元和十四年岁直己亥四月戊申二日己酉终于县之正寝，享年五十一[①]。元稹曾作《崔蒇检校都官员外郎兼侍御史制》。

敦化坊（隆化，第310页）

陆府君及夫人赵玉子宅。《赵玉子墓志》：陆氏妻赵玉子（723—755），字玉

[①] 赵君平、赵文成著《秦晋豫新出土墓志蒐佚》第3册，北京：国家图书馆出版社，2011年，第899页。

子，邺郡安阳人也。天宝十四载三月十日，寝疾卒于东京敦化私第，享年卅三。(《西市藏志》二七一）

道化坊（遵化，第312页）

明琰及夫人刘氏宅。《明琰及夫人刘氏墓志》：朝散大夫行申州义阳县令上护军平原明琰（649—694），以长寿三年三月廿二日，构疾终于都道化里第，享年卌六。（《西市藏志》二二八）按，明琰，明崇嗣之子，明崇俨之侄。据同墓志文载，志文系"宣义郎前行郑州荥阳县尉刘安期撰"，夫人刘氏"以开元十一年二月十七日，终于都尚贤里第，享年五十六"。（见尚贤坊条）

孙行宅。《孙行墓志》：武周太子中允孙行（641—700），字符一，太原中都人也。祖孝冰，父思邈。孙行曾任右拾遗、凤阁舍人内供奉、左台御史大夫、司礼卿等职。以久视元年十一月七日，构疾终于道化里之私第，春秋六十。即以其年腊月十六日迁窆于合宫县之北邙山。子淑等龚承遗诫，谨择不毛，棺周于身，殓以时服，《杨经》十卷。（《西市藏志》一四七）按，据墓志文载，孙行父即药王孙思邈。此墓志由鸾台给事中徐彦伯篡文。

李华宅。《李华墓志》：宣城县主李华（650—715），陇西狄道人也。粤以开元三年三月廿六日构疾，遂奄于道化之宅，春秋六十有六，即以四月十日，迁窆于龙门之源。（《西市藏志》一七〇）按，李华，唐太宗之孙，吴王李恪之第五女。

温柔坊（第314页）

王硕度及夫人曹氏宅。《王硕度墓志》：豫州郾城县令王硕度（575—662），字符节，琅耶临沂人。曾祖景贤，梁征北将军，江州刺史。祖昙选，梁散骑常侍，太子左卫率，轻车将军，吴宁县子，陈车骑将军，扬州刺史，建安郡公，食邑二千户，加鼓吹、班剑。父修陁，陈长沙王国侍郎，给事中，羽林监，隋左武侯大将军，鄱阳郡公。开皇中，硕度解褐为永州湘源令。大业中，转廓州河津令。又检校廓州司马。贞观中，调豫州郾城令。春秋八十有八，以龙朔二年十月一日，终于东都温柔里之第。粤十一月廿三日，迁窆于河南龙们乡之原。夫人谯国曹氏（581—678），陈广州刺史皮之孙，隋新安太守仲礼之女，春秋九十八，以仪凤三年七月七日，终于东都之温柔里第。粤以调露元年十月廿三日，合葬于先茔。（《西市藏志》一〇六）按，王硕度之伯父即茅山高士远知。

正俗坊（第 318 页）

段廉宅。《段廉墓志》：段廉（671—737），京兆渭川人也。曾祖感，隋太常寺太卜署丞。祖怀信，唐太卜令。父文思，左武卫温泉府长史，并世袭艺能，官联寺署。府君春秋六十七，终于河南县正俗里之私第。即以开元廿五年九月一日壬子，归葬于平乐原。（《西市藏志》二二一）

永丰坊（第 319 页）

李元雄及夫人元氏宅。《李元雄墓志》：忠王府录事参军李元雄（677—727），渤海蓚人也。高祖纲，隋左丞。武德初拜为相国府司录，迁礼部尚书，太子少师，赠开府仪同三司，袭新昌郡开国公，谥曰贞。曾祖少植，隋举贤良，武阳郡司功书佐。祖安仁，唐给事中，吏部侍郎，恒州刺史，袭新昌郡公。父勤道，扬府兵曹参军。君明经擢才，解褐拜郯王府参军，转左武卫兵曹参军，桥陵丞，忠王府录事参军。以开元十五年，寝疾终于都永丰里之私第，春秋五十一。夫人河南元氏（693—723），唐醴泉尉元好古女，先君而终。以开元十八年岁次庚午十月癸未朔廿八日丁未，合祔于少陵原之先茔。（《西市藏志》二〇九）夫人元氏为雍州醴泉尉元好古之女，"享年不永，卅有一而终于桥陵官舍。粤开元十一年二月十三日，迁窆少陵原"，见《李元雄夫人元氏墓志》。（《西市藏志》一八八）

薛府君及夫人周严顺宅。《周严顺墓志》：宣议郎行邵州司法参军薛府君夫人周严顺（665—728），字内则，汝南人。曾祖崇敏，以才包武库，隋为大将军。大父履直，以艺总文房，唐为宁州刺史。父德亮，以才高位下，授泾州参军，早亡。夫人年十有九，而归薛氏。府君即隋吏部尚书之孙，唐冀州司马之息。年未弱冠，懿德太子挽郎出身，解褐屈资授璧州司法。未经考，丁家艰酷。服阕，授邵州司法参军。秩满倾殒。夫人以开元十六年二月二日夜，终于河南府永丰里也，享年六十有四。以开元十六年岁次戊辰二月戊辰朔十五日壬申，葬于河南府河南县龙门乡平原。将欲双祔，限时月而有妨；今卜别茔，俟吉年而迁合。（《西市藏志》二〇三）

李综及夫人卢氏宅。《李综及夫人卢氏墓志》：登仕郎河南府福昌县尉云骑尉李综（739—793），陇西成纪人。以贞元九年七月十五日，构疾不起，享年五十有五。夫人范阳卢氏，号富仁寿，年十四，归于公。以长庆元年夏五月二日，终于洛阳永丰里之私第，享年七十。秋八月廿一日，敏仲等泣血会吉，始启先人之坟于福昌之别业。其月二十七日，合祔于河南府河南县伊汭乡尹樊村万安山之南原，用鲁礼也。（《西市藏志》三七二）据墓志载，卢氏曾祖为右监门卫将军正言，祖深州司马眺

（朓），父魏州元城县尉况。前考卢正言、卢朓宅在洛阳行修里，故卢氏有可能是从行修里祖宅嫁入永丰里李家。

杨公甫及夫人姚氏、祁氏、郑氏宅。《杨公甫墓志》：弘农处士杨公甫（779—853），字宫余，其先命氏，虢州弘农人也。自大历年生于绛州垣县，萍寄洛都七十五年矣。大中七年癸酉岁季冬十二日，终于河南县永丰坊里之私第，以明年建卯月廿九日，权窆于是县龙门乡南王村之原，从周公礼也。有夫人姚氏、祁氏、郑氏。（《西市藏志》四二六）

修善坊（第 322 页）

陈太丘及夫人李氏宅。《陈府君夫人李氏墓志》：颍川陈太丘，无禄早□。夫人江夏李氏（707—767），大历二年十一月十九日，殒逝于修善里之私第，春秋六十一。明年□月廿六日，权厝于洛阳县清风乡东袁村之原。（《西市藏志》二八〇）

福善坊（第 327 页）

郭善积及夫人袁氏宅。《郭善积墓志》：郭大夫郭善积（599—665），字宝，太原人。唐朝始建，公即授朝散大夫。麟德二年十月一日，卒于私第，春秋六十有七。夫人汝南袁氏（618—648），以贞观廿二年十二月廿一日，卒于福善里，春秋卅有一。以乾封元年岁次景寅二月戊戌朔廿三日庚申，合葬于洛州洛阳县清风乡之原。（《西市藏志》七二）

安众坊（第 332 页）

夏侯济及夫人刘氏宅。《夏侯济墓志》：给事郎试詹事府丞上护军充东都留守衙前判官夏侯济（752—823），字济。父胜，唐左武卫兵曹参军，府君则兵曹之第二子。以长庆三年八月十九日寝疾终于河南县安众里之私宅，春秋七十有二。即以长庆四年甲辰岁二月十日庚寅，卜兆于洛阳县平阴乡成村之原。夫人彭城刘氏。（《西市藏志》三七七）

兴敬坊（兴教，第 833 页）

李府君及夫人郑氏宅。《李夫人郑氏墓志》：左卫率府兵曹参军李府君妻荥阳郑氏（727—755），故银青光禄大夫荥阳郡开国子少府监之次女，宪部尚书嗣燕国公张均之甥也。维天宝十三载闰十一月廿八日，寝疾卒于东京兴敬里之私第，春秋廿有八。以明载二月六日，葬于河南府偃师县首阳乡北原，祔李氏之先茔。（《西市藏志》二七〇）

陶化坊（第336页）

高元及夫人张氏宅。《高元墓志》：戎州郁鄢县尉高元（627—693），字德道，渤海蓨县人。粤以长寿二年六月十日，终于河南陶化里之私第，春秋六十有七。夫人清河张氏。以其年八月廿七日，合葬于定鼎门外五桥之南平原。（《西市藏志》一二五）

某意宅。《唐某意墓志》：某岸之女、某积之妹某意（773—796），字意。享年廿有四，奈何妊娠，拟获千金，忽奄泉台。贞元十二年四月廿八日，终于陶化里之私第。其年五月十二日，殡于邙山。（《西市藏志》三二〇）

李顗及夫人张氏宅。《李顗夫人张氏墓志》：李顗夫人张氏（843—877），祖讳义，考讳著，不仕。曾祖乃居于东周陶化里。夫人外祖郑氏，荥阳之后也。乾符二年冬十一月，适陇西李氏。李公寄迹辕门，职居藩府，先门角上，萍寄东周。夫人享年三十有五，丁酉岁三月九日，卒于陶化里。（《西市藏志》四六七）

嘉善坊（第338页）

杨铤及夫人张婧宅。《张婧墓志》：弘农郡授昭武校尉前守怀王府典军职寄邠宁节度押衙银青光禄大夫检校太子宾客兼监察御史上柱国杨铤夫人南阳张婧（825—866），字德清，长安万年人。自壬申之岁，朱夏之初，西别上京，徙居东洛。染疾，以咸通七年八月廿八日身亡，享龄卌二。以咸通八年岁次丁亥二月癸卯廿日庚寅，从嘉善坊发引，葬于河南县伊润乡中梁村。（《西市藏志》四五四）

南市（丰都市，第342页）

王琮及夫人何氏宅。《王琮及夫人何氏墓志》：河中安保府折冲琅琊王琮（736—804），亡于贞元廿年三月八日，岁寿六十有九。夫人何氏，至元和二年九月十六日，终于洛阳南市西店里之私第，享年六十有五。即以其年十一月十九日合祔于感德乡伊川村侧。（《西市藏志》三四五）

尊贤坊（第349页）

张府君及夫人苏礼文宅。《张夫人苏礼文墓志》：东都留守都押衙左厢都虞候正议大夫检校太子詹事兼殿中侍御史上柱国赐紫金鱼袋张公夫人苏礼文（785—835），武功人也。大和九年八月一日寝疾，终于尊贤私第，享年五十一。以其年十月廿二日，将葬于河南府河南县龙门山□□古原。（《西市藏志》三九九）按，此墓志由其夫张□撰。

卢克义及夫人裴氏宅。《卢克义墓志》：试著作佐郎卢克义（738—797），范阳人，元魏仪曹尚书阳乌九代孙。唐贞元十有三祀十月景子，构疾终于东都尊贤之里第，享年六十，以其年十二月庚申窆于洛阳之清风乡平乐园，迩先茔，礼也。夫人河东裴氏，礼部尚书宽之孙，河南尹谞之女，先公七岁而逝，今合祔焉。墓志文由朝议郎守洛阳县令云骑尉赐绯鱼袋崔溉撰。（《西市藏志》三二五）

永泰坊（第356页）

赵盈及夫人杨氏宅。《赵盈墓志》：试太常寺奉礼郎右金吾卫郎将同押衙赵公（778—828），系望天水郡，别业河中府，至今河东之人称为甲族。妻弘农杨氏，先公而殁。维大和二年三月廿日，赵公殁于河南府洛阳县永泰里之私第，春秋五十一。以其年十一月二日，合葬于三川乡杨魏村之墅。（《西市藏志》三八二）

张府君及夫人邓氏宅。《邓夫人墓志》：南阳邓氏夫人（828—865），族本南阳，因先之任，遂为河南人。适配君子，嗣于张公。殁于咸通六年八月五日，终于洛阳永泰里之第宅，享年卅八。卜其年乙酉之纪十月建丁亥之旬七日乙卯，葬于洛阳三川乡杨魏村平原，祔先茔之隅。（《西市藏志》四四九）

临阛坊（第357页）

梁府君及夫人吴翟氏宅。《梁夫人翟氏墓志》：渭州司马安定梁府君夫人寻（浔）阳郡寻（浔）阳县太君仓（郡）吴翟氏（？—774），成州长史楷之女，嘉号寻阳太君，大历九年七月廿八日，终于洛阳之临阛里第，年七十一。以十年春二月九日，葬于平阴乡积闰之原。（《西市藏志》二八九）

富教坊（第359页）

徐迪及夫人杨氏宅。《徐迪墓志》：上柱国长上校尉徐迪（？—644），字符道，高平人。春秋卅有五，以贞观十八年七月□日，终于私第。夫人杨氏（？—675），弘农之望族。春秋六十有三，以上元二年十一月九日，迁神于富教之里。曰以上元三年十一月八日，合葬于河南县龙门山之阴。（《西市藏志》九三）

会节坊（第366页）

崔周辅及夫人何氏宅。《崔周辅夫人何氏墓志》：博陵崔周辅妻何氏（大和初），庐江灊人。五代祖彦□，仕于高祖（高祖当为高宗之误）天后之朝，历鸾台凤阁舍人，天官地官侍郎，代州刺□。高祖凤，官至越府都督。曾□□构，终江都尉，赠秘书监。祖士幹，由谏议大夫出为御史中丞鄂州□□使，再转大夫，累赠太子太保。皇考授，官□□□殿中、京兆府法曹参军。夫人即法曹府君之长女。年九岁，丁法曹府君忧。既孤，育于继亲博陵崔氏膝下。大和初，始适博陵崔君，未及庙见，以其年十二月十一日卒于会节里之私第，享年二十□□□□偕老之恧，追叹胤嗣之无托，而哭之甚恸。以其月二十七日权厝于□□□□原。（《西市藏志》四〇〇）

王逢及夫人薛氏宅。《王逢墓志》：朝议郎守恭陵台令王逢（798—854），字大略，世为琅琊人。大中八年二月一日，寝疾终于东都会节里之私第，享年五十七。龟筮协从，以其年八月二十日归葬于万年义善乡少陵原先府君所封东南。夫人河东薛氏。（《西市藏志》四二七）.

绥福坊（第368页）

崔府君及夫人裴氏宅。《崔府君夫人裴氏墓志》：朝请郎行杭州紫溪县令博陵崔府君夫人河东裴氏（682—741），隋银青光禄大夫兵部□□□民之曾孙，唐光禄大夫洛州长史绩之孙，朝请大夫密州司马中庸之子。□年六十，以开元廿九年十二月廿八日，寝疾终于洛阳绥福之里私第。以天宝元年正月廿六日，□宅于府君之坟侧。（《西市藏志》二三七）

刘元亨及夫人田氏宅。《刘元亨墓志》：彭城郡刘元亨（687—744），字符亨。天宝三载八月十一日，寝疾终于东京绥福里之私第，春秋五十八。以其载十一月十三日，合祔于洛阳县平阴乡积润北原。夫人雁门田氏，早殒。（《西市藏志》二四七）

李郁及夫人赵氏宅。《李郁墓志》：夏州衙前兵马使银青光禄大夫检校太子宾客上柱国兼监察御史李郁（824—857），字子宣，其先陇西人。大父恒，高道不仕。烈考讳慇，公即仲子。大中十一年丁丑岁二月十六日，奄终于东都绥福里之私第，春秋卅三。即以其年四月十七日，葬于洛阳县三川乡杨魏村，祔先人之茔侧。（《西

市藏志》四三七）

从善坊（第 369 页）

赵潅宅。《赵潅墓志》：检校黄池郡司户参军赵潅，其先河南府温县，望天水。公以六月廿三日薨于洛阳县界从善坊之私第，以八月四日葬于河南府洛阳县平阴乡王赵村之原。（《西市藏志》四八一）

宋斌及夫人李氏宅。《宋斌墓志》：广平宋斌（745—797），京兆人，以贞元十三年岁次丁丑春仲月中旬之一日，即代于洛阳从善里之私第，春秋五十三。即以其年四月十八日，窆于河南县龙门乡南王村之平原。夫人陇西李氏。（《西市藏志》三二三）

里仁坊（第 373 页）

许肃之宅。《许肃之墓志》：河间郡录事参军许肃之（693—748），高阳人也。曾祖圉师，金紫光禄大夫，左相兼户部尚书，同中书门下三品，上柱国，平恩县开国公。祖自然，尚辇直长常州司仓。考止栖，朝议郎襄阳郡赡养县令。公以天宝七载三月二日，构疾终于河南府洛阳县里仁里之私第，春秋五十有六。粤以其月廿日庚寅，归葬于伊阙县大慈乡北原之先茔。（《西市藏志》二五七）

归仁坊（第 374 页）

王素宅。《王素墓志》：书吏王素（788—815），洪州人也。年二十八，元和十年正月廿日，卒于东都归仁里。翌日，窆于城东七里伊川乡阳魏村。（《西市藏志》三六二）

宁人坊（宁民、宁仁，第 379 页）

唐府君及夫人薛氏宅。《薛氏墓志》：邺郡临漳县令唐府君夫人薛氏（725—754），天宝十二载构疾。十三载，终于宁仁里，凡寿卅甲子。其岁春季，卜兆于河南府洛阳县界平阴乡之源。（《西市藏志》二六八）

宽政坊（第 379 页）

柳庭诰及夫人薛氏宅。《柳庭诰及夫人薛氏墓志》：朝议郎行国子监主簿上柱国柳庭诰（663—718），字茂庄，河东解人。开元六年九月十日，终河南宽政里之

258

私第，春秋五十有六。夫人同郡薛氏（685—742），以大唐天宝元年四月卅日，终于陈留郡尉氏县之馆舍，春秋五十有八。即以其年十一月八日，合葬于河南县龙门乡北原。（《西市藏志》二四〇）

观德坊（第 381 页）

王滕及夫人第五悰宅。《第五悰墓志》：第五悰（816—835），唐丞相第五琦之孙，故蜀州刺史申之次女，既笄矣，大和八年嫔于湖州参军王滕之室。以大和九年三月十日，终于河南府河南县观德里之私第，享年二十。开成元年二月廿日，权窆于河南县龙门乡王村。（《西市藏志》四〇二）

道政坊（元吉，第 399 页）

王美畅宅。《王美畅墓志》：正议大夫使持节润州诸军事守润州刺史上柱国王美畅（644—697），以圣历元年正月八日，构疾薨于洛阳道政坊之里第，春秋五十有五。即以圣历二年岁次己亥壹月丁巳朔廿八日甲申，归葬于雍州明堂县界高平乡，永窆少陵原之旧茔。（《西市藏志》一三九）

履顺坊（第 405 页）

程旭及夫人沈氏宅。《程旭墓志》：广平程旭（806—853），字昭晋，广平人。大中七年九月廿日，殁于履顺里之私第，享年卅有八。以年月未良，不得归葬于华州舍人之先茔。十年正月廿九日，权葬于河南府河南县平乐乡杜翟村新茔。夫人吴兴沈氏。（《西市藏志》四三一）

景行坊（第 407 页）

刘辟恶及夫人达奚氏宅。《刘辟恶墓志》：戎州都督银青光禄大夫上柱国常平县开国男刘辟恶（583—657），字文备，其先彭城人。取父荫授左亲卫，后从秦府经略东都，又从秦府于介州破刘武周贼，又破窦德、王充。显庆二年蒙授银青光禄大夫，同致仕之例，朝参禄赐，咸等京官。春秋七十有五，以显庆二年十二月廿一日，薨于河南县之景行里第。夫人达奚氏，先之长夜。即以显庆三年七月廿九日，合葬于万年县细柳乡之原。（《西市藏志》五七）

敦厚坊（第 411 页）

许怀敬及夫人郜氏宅。《许怀敬及夫人郜氏墓志》：泸州都督府泸川县丞许怀敬（634—687），字知礼，颍川高阳人。以垂拱三年八月廿三日，卒于洛阳敦厚里，享年五十四。夫人济阴郜氏，以开元九年五月廿三日，寿年八十有二。十一年正月卅日，合葬于伊阙县西南高原。（《西市藏志》一八六）

立行坊（第 420 页）

杨雩本宅。《杨雩本墓志》：太仆丞杨雩本（？—774），以大历九年二月三日，不禄于洛阳立行里，以八月五日旋窆于万安山之茔。（《西市藏志》二八六）

丰财坊（第 425 页）

张府君及夫人杨芷宅。《杨芷墓志》：庐州司马南阳公张君夫人杨芷（642—678），字孟芳，弘农华阴人。以仪凤三年二月八日，终于洛阳丰财里第，春秋卅有七。以调露元年十月十四日，迁窆于明堂县洪原乡丰仁里之茔。（《西市藏志》一〇三）

毓材坊（毓财，第 427 页）

陈法子宅。《陈法子墓志》：明威将军守右卫龙亭府折冲都尉陈法子（615—690），字士平，熊津西部人，后因任官，上从所好，隶此神州，今为洛阳人也。唐载初元年二月十三日，终于洛阳县毓财里之私第，春秋七十有六。大周天授二年岁次辛卯三月壬申朔廿六日丁酉，卜宅于邙山之原。（《西市藏志》一二二）

萧重蕚宅。《萧重蕚墓志》：豫州郾城县尉萧重蕚（？—731），字符亨，兰陵中都人。以开元十九年六月辛丑，构疾终于洛阳县毓财里之私第。厥秋七月景寅，葬于河南县万安山之北原。（《西市藏志》二一一）

毓德坊（第 432 页）

窦府君及夫人王内则宅。《王内则墓志》：司空窦公夫人邠国夫人王内则（578—630），字内则。其先太原郡人。祖大礼，唐驸马都尉，尚遂安长公主，金紫光禄大夫，修武县开国公，上柱国，使持节绥、歙二州刺史。父玄纪，太中大夫，定州鼓城县令。夫人年甫及笄，归于元舅司空公之室，得封邠国夫人。司空公以开元五年十月奄捐馆舍。夫人以开元十五年岁次丁卯二月廿三日景寅，构疾奄终于东都毓德里之私第，春秋四十有九。以其年三月廿九日壬寅，仙殡京兆。至九月三日壬申，合葬于咸阳县洪渎川亡夫司空府君之旧茔。（《西市藏志》二〇二）按，王大礼，遂安公主驸马，"以总章二年二月廿六日卒于歙州之官第，春秋五十有七"，陪葬昭陵[①]。

审教坊（第435页）

柴朗及夫人杨氏宅。《柴朗及夫人杨氏墓志》：柴朗（611—672），字昭彻，平阳临汾人。越咸亨三年正月十七日疾革，殁焉。春秋六十有二。执友等考行易名，谥曰真隐先生。从古也。夫人弘农杨氏（621—705），春秋八十有五，神龙元年四月廿六日，卒于洛阳审教里第。二年岁在敦牂四月壬午，合迁于偃师之北原。（《西市藏志》一五三）

积德坊（游艺，第437页）

朱府君及夫人柳氏宅。《朱夫人柳氏墓志》：仓部郎中朱府君夫人柳氏（618—669），河东解人。春秋五十二，以总章二年七月八日，终于洛阳积德坊之第。以天授二年八月廿二日，合葬于缑氏原旧茔。（《西市藏志》一二三）

兴艺坊（第440页）

王令珣及夫人朱元幹宅。《朱元幹墓志》：秦州上邽县令琅邪王令珣夫人朱元幹（675—741），其先吴郡人。春秋六十七，以开元廿九年七月十八日，寝疾终于洛阳兴艺里。即于其年十一月十三日，窆于北邙之原。（《西市藏志》二三五）

待考坊里：

旗亭里[②]**（第448页）**

安府君及夫人康敦宅。《康敦墓志》：处士安公夫人康敦（？—686），其先康居国人。晋太始年中奉表献真珠、宝物，因留，子孙遂为河南洛阳人。其夫安公（？—678）以仪凤三年八月廿五日，卒于旗亭里，权殡于河南县平乐乡之原。夫人以垂拱二年六月五日，寝疾卒于旗亭里第。即以三年岁次丁亥二月乙未朔十五日己酉，合

---

① 周晓薇、王其祎《唐高宗朝两方〈王大礼墓志〉合考》，《唐史论丛》第7辑，1998年，第318—327页。
② 毛阳光认为此旗亭里位于洛阳南市，根据是收藏于千唐志斋的《陈泰墓志》记载了其夫人房氏神龙间"终于南市旗亭里第"，见毛阳光《新见四方唐代洛阳粟特人墓志考》，《中原文物》2009年第6期，第74—80页。

葬于北邙山之平原。(《西市藏志》一一八)

遵教里(第450页)

马师宅。《马师墓志》：陈州司马马师(653—712)，字符礼，关辅右扶风，家世扶风人。春秋六十，构疾终于洛阳遵教里之私第。延和元年七月十五日迁窆于河南北山之东岗。(《西市藏志》一六四)

("长安"一节原刊于《碑林集刊》第18集，西安：三秦出版社，2012年，第108—129页。收入本书略有修订。"洛阳"一节原刊于《碑林集刊》第21、22集，西安：三秦出版社，2015、2016年，第90—97、143—150页。收入本书略有修订。)

参考文献

史 料

一、中文史料、敦煌文书

《白居易文集校注》,白居易著,谢思炜校注,北京:中华书局,2011年。

《北梦琐言》,孙光宪撰,贾二强校点,北京:中华书局,2002年。

《旧唐书》,刘昫等撰,北京:中华书局,1975年。

《入唐求法巡礼行记校注》,白化文、李鼎霞、许德楠校注,石家庄:花山文艺出版社,2007年。

《十国春秋》,吴任臣,北京:中华书局,1983年。

《唐才子传校笺》,傅璇琮主编,北京:中华书局,2002年。

《唐才子传笺证》,辛文房著,周绍良笺证,北京:中华书局,2010年。

《韦庄集》,韦庄著,向迪琮校订,北京:人民文学出版社,1958年。

《韦庄集笺注》,韦庄著,聂安福笺注,上海:上海古籍出版社,2002年。

《新唐书》,欧阳修等撰,北京:中华书局,1975年。

《敦煌宝藏》第1—140册,黄永武主编,台北:新文丰出版公司,1981—1986年。

《俄藏敦煌文献》第1—17册,俄罗斯科学院东方研究所圣彼得堡分所、俄罗斯科学出版社东方文学部、上海古籍出版社编,上海:上海古籍出版社、圣彼得堡:俄罗斯科学出版社东方文学部,1992—2001年。

《法藏敦煌西域文献》第1—34册,上海古籍出版社、法国国家图书馆编,上海:上海古籍出版社,1995—2005年。

《法国国家图书馆藏敦煌文献》第1—110册,荣新江主编,上海:上海古籍出版社,

2023—2025 年。

《甘肃藏敦煌文献》第 1—6 卷，段文杰主编，兰州：甘肃人民出版社，1999 年。

《国家图书馆藏敦煌遗书》第 1—146 册，中国国家图书馆编、任继愈主编，北京：北京图书馆出版社，2005—2012 年。

《上海博物馆藏敦煌吐鲁番文献》第 1—2 册，上海古籍出版社、上海博物馆编，上海：上海古籍出版社，1993 年。

《上海图书馆藏敦煌吐鲁番文献》第 1—4 册，上海古籍出版社、上海图书馆编，上海：上海古籍出版社，1999 年。

《首都博物馆藏敦煌文献》第 1—10 册，荣新江、首都博物馆主编，北京：北京燕山出版社，2019 年。

《天津艺术博物馆藏敦煌文献》第 1—2 册，上海古籍出版社、天津市艺术博物馆编，上海：上海古籍出版社，1996 年。

《杏雨书屋藏敦煌秘笈》影片册 1—9 册，吉川忠夫编，大阪：武田科学振兴财团，2009—2013 年。

《英藏敦煌文献（汉文佛经以外部分）》第 1—14 册，中国社会科学院历史研究所、中国敦煌吐鲁番学会敦煌古文献编辑委员会、英国国家图书馆、伦敦大学亚非学院编，成都：四川人民出版社，1990—1995 年。

《英国国家图书馆藏敦煌遗书》第 1—50 册，方广锠、吴芳思主编，桂林：广西师范大学出版社，2011—2017 年。

《"中央研究院"历史语言研究所傅斯年图书馆藏敦煌遗书》，方广锠主编，台北："中央研究院"历史语言研究所，2013 年。

二、日文史料

《大日本古文书》编年 1—25，东京大学史料编纂所编，东京：东京大学出版会，1982—1987 年。

《扶桑略记·帝王编年记》（新订增补国史大系第 12 卷），国史大系编修会编，东京：吉川弘文馆，1965 年。

《古事记》，山口佳纪、神野志隆光校注·译，东京：小学馆，2001 年。

《古事记·先代旧事本纪·神道五部书》（新订增补国史大系第 7 卷），国史大系编修会编，东京：吉川弘文馆，1966 年。

《交替式·弘仁式·延喜式》(新订增补国史大系第26卷),国史大系编修会编,东京:吉川弘文馆,1965年。

《类聚国史后篇》(新订增补国史大系第6卷),国史大系编修会编,东京:吉川弘文馆,1965年。

《类聚国史前篇》(新订增补国史大系第5卷),国史大系编修会编,东京:吉川弘文馆,1965年。

《类聚三代格·弘仁格抄》(新订增补国史大系第25卷),国史大系编修会编,东京:吉川弘文馆,1965年。

《令集解后篇》(新订增补国史大系第24卷),国史大系编修会编,东京:吉川弘文馆,1966年。

《令集解前篇》(新订增补国史大系第23卷),国史大系编修会编,东京:吉川弘文馆,1966年。

《律·令义解》(新订增补国史大系第22卷),国史大系编修会编,东京:吉川弘文馆,1966年。

《日本高僧传要文抄·元亨释书》(新订增补国史大系第31卷),国史大系编修会编,东京:吉川弘文馆,1965年。

《日本后纪·续日本后纪·日本文德天皇实录》(新订增补国史大系第3卷),国史大系编修会编,东京:吉川弘文馆,1966年。

《日本纪略后篇·百炼抄》(新订增补国史大系第11卷),国史大系编修会编,东京:吉川弘文馆,1965年。

《日本纪略前篇》(新订增补国史大系第10卷),国史大系编修会编,东京:吉川弘文馆,1965年。

《日本三代实录》(新订增补国史大系第4卷),国史大系编修会编,东京:吉川弘文馆,1966年。

《日本书纪》(新编日本古典文学全集2),小岛宪之、直木孝次郎、西宫一民译注,东京:小学馆,1994年。

《日本书纪后篇》(新订增补国史大系第1卷下),国史大系编修会编,东京:吉川弘文馆,1967年。

《日本书纪前篇》(新订增补国史大系第1卷上),国史大系编修会编,东京:吉川弘文馆,1966年。

《新抄格敕符抄·法曹类林·类聚符宣抄·续左丞抄·别聚符宣抄》(新订增补

国史大系第 27 卷），国史大系编修会编，东京：吉川弘文馆，1965 年。
《续日本纪》（新订增补国史大系第 2 卷），国史大系编修会编，东京：吉川弘文馆，1966 年。
《正仓院古文书影印集成》1—17，宫内厅正仓院事务所编，东京：八木书店，1988—2007 年。
《正仓院文书拾遗》，国立历史民俗博物馆编，佐仓：国立历史民俗博物馆，1992 年。
《政事要略》（新订增补国史大系第 28 卷），国史大系编修会编，东京：吉川弘文馆，1965 年。

论　著

一、中　文

阿部隆一著，王晓平译《日本现存汉籍古写本类所在略目录》，《国际中国文学研究丛刊》第 4 集，2016 年。
拜根兴《七世纪中叶唐与新罗关系研究》，北京：中国社会科学出版社，2003 年。
拜根兴《唐朝与新罗关系史论》，北京：中国社会科学出版社，2009 年。
北京市中日文化交流史研究会编《中日文化交流史论文集》，北京：人民出版社，1982 年。
曹丽芳《韦庄研究》，南京师范大学博士论文，2003 年。
曹丽芳《也谈韦庄广明元年底至中和三年春的行迹》，《古典文学知识》2009 年第 4 期。
柴剑虹《读敦煌学士郎张宗之诗抄札记》，《敦煌吐鲁番学论稿》，杭州：浙江教育出版社，2000 年。
柴剑虹《王国维对敦煌写本的早期研究》，《敦煌研究》2006 年第 6 期。
蔡渊迪《敦煌经典书法及相关习字研究》，浙江大学硕士学位论文，2010 年。
茋岚《7—14 世纪中日文化交流的考古学研究》，北京：中国社会科学出版社，2001 年。
常苾心《从敦煌写本看〈千字文〉在唐五代时期的使用》，金滢坤主编《童蒙文化研究》第 3 卷，北京：人民出版社，2018 年。
陈登原《唐及五代之典籍聚散》，《古今典籍聚散考》，上海：上海书店，1983 年。
陈捷《人物往来与书籍流转》，北京：中华书局，2012 年。

陈静《书仪的名与实》,《中国典籍与文化》2000年第1期。

陈逸平《唐宋时期敦煌大众的历史知识》,《敦煌研究》2006年第2期。

陈寅恪《唐代政治史述论稿》,北京：商务印书馆,1943年。

陈玉龙等《汉文化论纲——兼述中朝中日中越文化交流》,北京：北京大学出版社,1993年。

陈子钦《日本敦煌秘笈〈千字文〉之新搜》,《云汉学刊》第31号,2015年。

大庭修著,徐世虹译《木简在世界各国的使用与中国木简向纸的变化》,《出土文献研究》第4辑,1998年。

丁志军《从习字训蒙到大众娱乐——论蒙书〈上大人〉功能的历史演变》,《湖北民族学院学报（哲学社会科学版）》2012年第2期。

段真子《汉籍抄本在于阗——以中国人民大学藏西域汉文文书为中心》,《中国人民大学学报》2022年第1期。

樊锦诗、杨富学主编《敦煌与中外关系研究》,兰州：甘肃文化出版社,2021年。

冯培红《敦煌吐鲁番文献所见中古时代西北与东南的交往》,《魏晋南北朝隋唐史资料——唐长孺先生百年诞辰纪念专辑》第27辑,2011年。

傅刚《〈文选〉版本研究》,北京：北京大学出版社,2000年。

傅芸子《正仓院考古记》,上海：上海书画出版社,2014年。

高明士《唐代东亚教育圈的形成》,台北：中华丛书编审委员会,1984年。

高明士《唐代敦煌的教育》,《汉学研究》第4卷第2期,1986年。

高明士《东亚教育圈形成史论》,上海：上海古籍出版社,2003年。

高明士《东亚古代的政治与教育》,台北：喜玛拉雅研究发展基金会,2003年。

高明士《中国中古的教育与学礼》,台北：台大出版中心,2005年。

高明士编《东亚教育史研究的回顾与展望》,台北：台大出版中心,2005年。

高明士编《东亚文化圈的形成与发展：儒家思想篇》,上海：华东师范大学出版社,2008年。

高田时雄《敦煌的识字水平与藏文的使用》,刘进宝、高田时雄编《转型期的敦煌学》,上海：上海古籍出版社,2007年。

葛继勇《中日"书籍之路"国际学术研讨会综述》,《中日关系史研究》2000年第4期。

郭丽《比较学视域下的唐代教育研究：以唐中原与敦煌地区童蒙教育为考察对象》,《求索》2011年第3期。

国家图书馆主编、刘毅超编《汉文敦煌遗书题名索引》,北京：学苑出版社,2021年。

韩昇《南北朝隋唐士族向城市的迁徙与社会变迁》，《历史研究》2003年第4期。

韩昇《正仓院》，上海：上海人民出版社，2007年。

郝春文《唐后期五代宋初敦煌僧尼的社会生活》，北京：中国社会科学出版社，1998年。

郝春文《郝春文敦煌学论集》，上海：上海古籍出版社，2010年。

郝春文主编《敦煌学概论》，北京：高等教育出版社，2010年。

郝春文等编《英藏敦煌社会历史文献释录》第1—20卷，北京：社会科学文献出版社，2001—2024年。

郝春文、宋雪春、武绍卫《当代中国敦煌学研究：1949—2019》，北京：中国社会科学出版社，2020年。

黑晓佛《教育价值取向的大众化及其思想流变：对敦煌蒙书中道德规范与思想的考察》，《敦煌研究》2011年第4期。

侯甬坚、江村治树编《中日文化交流的历史记忆及其展望》，西安：陕西师范大学出版社，2008年。

湖北省博物馆编《湖北省博物馆藏日本卷子本经籍文书》，上海：上海辞书出版社，2006年。

户川芳郎先生古稀纪念论文集编辑委员会编《中日文化交流史论集——户川芳郎先生古稀纪念》，北京：中华书局，2002年。

黄华珍《日藏汉籍研究——以宋元版为中心》，北京：中华书局，2013年。

黄金东《唐五代时期敦煌地区童蒙教育研究》，中央民族大学硕士论文，2006年。

黄金东《唐五代敦煌地区童蒙教育体制刍议》，《吉林师范大学学报（人文社会科学版）》2010年第5期。

黄永年《古文献学讲义》，上海：中西书局，2014年。

黄征《敦煌语言文字学研究》，兰州：甘肃教育出版社，2002年。

黄正建《蒙书与童蒙书——敦煌写本蒙书研究刍议》，《敦煌研究》2020年第1期。

季羡林主编《敦煌学大辞典》，上海：上海辞书出版社，1998年。

姜伯勤《敦煌社会文书导论》，台北：新文丰出版公司，1992年。

姜伯勤《敦煌吐鲁番文书与丝绸之路》，北京：文物出版社，1994年。

姜伯勤《敦煌艺术宗教与礼乐文明》，北京：中国社会科学出版社，1996年。

姜亮夫《瓜沙曹氏年表补正》，《杭州大学学报（哲学社会科学版）》1979年第1期。

蒋纯焦《中国私塾史》，太原：山西教育出版社，2017年。

金程宇《域外汉籍丛考》，北京：中华书局，2007年。

金滢坤《唐五代科举制度对童蒙教育的影响》,《浙江师范大学学报(社会科学版)》2012年第1期。

金滢坤《敦煌本"策府"与唐初社会——国图藏敦煌本"策府"研究》,《文献》2013年第1期。

金滢坤《唐代明书科与书学教育》,《辽宁大学学报(哲学社会科学版)》2016年第2期。

金滢坤《唐五代明算科与算学教育》,《中国考试》2016年第6期。

金滢坤《中国童蒙文化研究的思路、方法与创新》,《首都师范大学学报(社会科学版)》2018年第1期。

金滢坤《论古代家训与中国人品格的养成》,《厦门大学学报(哲学社会科学版)》2018年第2期。

金滢坤《唐代家训、家法、家风与童蒙教育考察》,《浙江师范大学学报(社会科学版)》2020年第1期。

金滢坤《唐代问答体蒙书编撰考察——以〈武王家教〉为中心》,《厦门大学学报(哲学社会科学版)》2020年第4期。

金滢坤主编《童蒙文化研究》第1—6卷,北京:人民出版社,2016—2021年。

静永健《从古抄卷来看平安文人对汉籍的阅读方式》,静永健、陈翀《汉籍东渐及日藏古文献论考稿》,北京:中华书局,2011年。

孔令情《隋前"临"的史实与概念生成》,《书法赏评》2016年第6期。

雷侨云《敦煌儿童文学研究》,台北:学生书局,1985年。

雷实《"上大人"描红本的历史探寻》,《基础教育课程》2015年第11期。

雷闻《唐代的"三史"与三史科》,《史学史研究》2001年第1期。

李冬梅《唐五代敦煌学校部分教学档案简介》,《敦煌学辑刊》1995年第2期。

李虹霖《敦煌〈篆书千字文〉篆书楷化现象研究》,《书法赏评》2018年第6期。

李锦绣《关于唐代教育史中的几个问题》,《文史》第44辑,1998年。

李锦绣《敦煌吐鲁番文书与唐史研究》,福州:福建人民出版社,2006年。

李军《晚唐政府对河西东部地区的经营》,《历史研究》2007年第4期。

李明辉编《中国经典诠释传统(二):儒学篇》,上海:华东师范大学出版社,2007年。

李铭敬《日本及敦煌文献中所见〈文场秀句〉一书的考察》,《文学遗产》2003年第2期。

李巧玲《唐代儿童若干问题研究》,安徽大学硕士论文,2011年。

李庆《日本汉学史(一)——起源和确立》,上海:上海外语教育出版社,2002年。

李庆《日本汉学史(二)——成熟和迷途》,上海:上海外语教育出版社,2004年。

李庆《海外典籍与日本汉学论丛》，北京：中华书局，2011年。

李肖、朱玉麒《新出吐鲁番文献中的古诗习字残片》，《文物》2007年第2期。

李正宇《唐宋时代的敦煌学校》，《敦煌研究》1986年第1期；收入《敦煌史地新论》，台北：新文丰出版公司，1996年。

李正宇《一件唐代学童的习字作业》，《文物天地》1986年第6期。

李正宇《敦煌学郎题记辑注》，《敦煌学辑刊》1987年第1期。

李正宇《敦煌遗书中的标点符号》，《文史知识》1988年第8期。

李正宇《敦煌遗书硬笔书法研究》，台北：新文丰出版公司，2005年。

梁容若《中日文化交流史论》，北京：商务印书馆，1985年。

林春梅《宋代家礼家训的研究》，新北：花木兰文化出版社，2010年。

林静潇《敦煌写本中的习字教育研究》，《中国书画》，2015年第11期。

林珊《德藏吐鲁番文献中的宋诗习字残片》，《文献》2009年第4期。

林世田《敦煌遗书研究论集》，北京：中国藏学出版社，2010年。

凌瑜《古写本〈杜家立成杂书要略〉正讹一则》，《中华文史论丛》2013年3期。

刘波《普林斯顿大学藏吐鲁番文书唐写本经义策残卷之整理与研究》，《文献》2011年第3期。

刘长东《论中国古代的习字蒙书——以敦煌写本〈上大夫〉等蒙书为中心》，《社会科学研究》2007年第2期。

刘俊文《敦煌写本永徽东宫诸府职员令残卷校笺——唐令格式写本残卷研究之二》，《敦煌吐鲁番文献研究论集》第3辑，1986年。

刘全波《类书研究通论》，兰州：甘肃文化出版社，2018年。

刘全波《论唐代类书与蒙书的交叉融合》，《浙江师范大学学报（社会科学版）》2020年第4期。

刘涛《中国书法史·魏晋南北朝卷》，南京：江苏教育出版社，2002年。

刘欣《宋代家训与社会整合研究》，昆明：云南大学出版社，2015年。

陆坚、王勇主编《中国典籍在日本的流传与影响》，杭州：杭州大学出版社，1990年。

罗常培《唐五代西北方音》，北京：科学出版社，1961年。

罗振玉《莫高石室秘录》，《东方杂志》第6卷第11期，1909年。

毛秋瑾《敦煌吐鲁番文献与名家书法》，济南：山东画报出版社，2014年。

蒙天霞《从敦煌习字蒙书看唐代敦煌童蒙书法教育》，《大学书法》2020年第6期。

明德运、余得意《中国民间彩词》，北京：西苑出版社，2004年。

濮仲远《唐五代庶民的启蒙教育——以敦煌出土的"杂字"为中心》,《语文知识》
　　2012年第2期。
祁晓庆《晚唐五代敦煌三界寺寺学教育与佛教传播》,《青海社会科学》2009年第2期。
祁小春《迈世之风:有关王羲之资料与人物的综合研究》,台北:石头出版社,2007年。
齐涛《韦庄生平新考》,《文学遗产》1996年3期。
钱存训《书于竹帛》,上海:上海书店出版社,2004年。
钱存训《纸和印刷》,李约瑟主编《中国科学技术史》第5卷"化学及相关技术"
　　第1分册,北京:科学出版社、上海:上海古籍出版社,2018年。
钱婉约《从汉学到中国学——近代日本的中国研究》,北京:中华书局,2007年。
邱紫华《中国儒学对日本文化思想的影响》,《黄冈师专学报》第18卷第3期,1998年。
瞿莎蔚、邓亚婷、王冰菁《古代以来〈论语〉在日本的接受、传播与研究史述》,
　　《燕山大学学报(哲学社会科学版)》第16卷第2期,2015年。
屈直敏《从〈励忠节钞〉看归义军政权道德秩序的重建》,《敦煌学辑刊》2005年第3期。
任小平《论王羲之书法对西域的影响》,《中国书法》2017年第16期。
任占鹏《唐五代习字法"顺朱"的具体形式——以敦煌写本〈千字文〉为中心》,
　　《中国俗文化研究》第20辑,2021年。
任占鹏《从"顺朱"到"描朱"看学童习字方法的演进——以习字蒙书〈上大人〉为
　　中心》,《首都师范大学学报(哲学社会科学版)》2022年第1期。
任占鹏《敦煌蒙书校释与研究算术卷》,北京:文物出版社,2023年。
荣新江《敦煌学十八讲》,北京:北京大学出版社,2001年。
荣新江《〈兰亭序〉在西域》,《国学学刊》2011年第1期。
荣新江《归义军史研究——唐宋时代敦煌历史考索》,上海:上海古籍出版社,
　　2015年。
荣新江《丝绸之路与东西文化交流》,北京:北京大学出版社,2015年。
荣新江《满世界寻找敦煌》,北京:中华书局,2024年。
山本孝子《应之〈五杉练若新学备用〉卷中所收书仪文献初探——以其与敦煌写本
　　书仪比较为中心》,《敦煌学辑刊》2012年4期。
沈乐平《敦煌书法综论》,杭州:浙江古籍出版社,2009年。
史睿《圆仁求法目录所记五台山石刻考》,《文献》2005年第4期。
史睿《唐代法书鉴藏家的谱系——从武平一到司空图》,《高田时雄教授退休纪念
　　东方学研究论集》(中文分册),京都:临川书店,2014年。

史睿《唐代两京的书画鉴藏与士人交游——以张彦远家族为核心》,《唐研究》第 21 卷,2015 年。

史睿《隋唐法书屏风考——从莫高窟 220 窟维摩诘经变谈起》,《唐研究》第 23 卷,2017 年。

史卫《唐诗传播初探》,《唐都学刊》,2004 年第 6 期。

石塚晴通著,唐炜译《从纸材看敦煌文献的特征》,《敦煌研究》2014 年第 3 期。

孙猛《日本国见在书目录详考》(上、中、下),上海:上海古籍出版社,2015 年。

邰惠莉主编《俄藏敦煌文献叙录》,兰州:甘肃教育出版社,2019 年。

滕军《中日茶文化交流史》,北京:人民出版社,2004 年。

藤枝晃著,翟德芳、孙晓林译《汉字的文化史》,北京:知识出版社,2005 年。

童岭《公元九世纪前汉籍东传丛考》,《日本学研究》第 19 辑,2009 年。

童岭《旧钞本古类书〈秘府略〉残卷中所见〈东观汉记〉佚文辑考》,《古典文献研究》第 13 辑,2010 年。

童岭《草创期的日藏汉籍旧钞本研究——以狩野直喜、罗振玉等五人为例》,《南国人文学刊》2011 年第 1 期。

童岭《"钞""写"有别论——六朝书籍文化史识小录一种》,台湾汉学研究中心编《汉学研究》第 29 卷第 1 期,2011 年。

童岭《扶桑留珍:日藏六朝隋唐汉籍旧钞本佚存初考》,《国际汉学研究通讯》第 2 期,北京:中华书局,2011 年。

童岭《唐钞本〈翰苑〉残卷考正》,《国际汉学研究通讯》第 5 期,北京:北京大学出版社,2012 年。

童岭《京都毗沙门堂藏萧子良〈篆隶文体〉旧钞本考——兼论南齐建康皇室学问的构成》,《域外汉籍研究集刊》第 13 辑,2016 年。

万军杰《试析唐代的乡里村学》,《史学月刊》2003 年第 5 期。

汪泛舟《敦煌古代儿童课本》,兰州:甘肃人民出版社,2000 年。

汪习波《隋唐文选学研究》,上海:上海古籍出版社,2005 年。

汪向荣《中日关系史文献论考》,长沙:岳麓书社,1985 年。

王丹《中国民间游戏总汇·语言文字卷》,长沙:湖南文艺出版社,2016 年。

王国维《敦煌发见唐朝之通俗诗及通俗小说》,《东方杂志》第 17 卷第 8 期,1920 年。

王金娥《敦煌训蒙文献研究述论》,《敦煌学辑刊》2012 年第 2 期。

王楠、史睿《洛阳九朝刻石文字博物馆藏唐志书家丛考》,《书法丛刊》2017 年第 2 期。

王启龙《法国国家图书馆藏敦煌藏文文献目录解题全编》，桂林：广西师范大学出版社，2021年。

王三庆《敦煌类书》，高雄：丽文公司，1993年。

王素《敦煌吐鲁番文献》，北京：文物出版社，2002年。

王玮《日藏观智院抄本〈文选〉叙录》，《古籍整理研究学刊》2015年第5期。

王晓平《敦煌书仪与〈万叶集〉书状的比较研究》，《敦煌研究》2004年第6期。

王晓平《唐土的种粒：日本传衍的敦煌故事》，银川：宁夏人民出版社，2005年。

王晓平《远传的衣钵：日本传衍的敦煌佛教文学》，银川：宁夏人民出版社，2005年。

王晓平《京都市藏唐抄本〈毛诗正义秦风残卷〉研究》，《天津师范大学学报（社会科学版）》2005年第5期。

王晓平《敦煌〈诗经〉残卷与日本〈诗经〉古抄本互校举隅》，《敦煌研究》2008年第1期。

王晓平《从〈东大寺讽诵文稿〉看日本愿文的仁孝礼佛说》，《艺术百家》2009年第4期。

王晓平《日藏汉籍与敦煌文献互读的实践——〈镜中释灵实集研究〉琐论》，《艺术百家》，2010年第4期。

王晓平《日本诗经学文献考释》，北京：中华书局，2012年。

王晓平《大念佛寺抄本〈毛诗二南残卷〉释录》，《国际中国文学研究丛刊》第2集，2013年。

王晓平《中日文学经典的传播与翻译》，北京：中华书局，2014年。

王晓平《日藏〈孝子传〉古写本两种校录》，《国际中国文学研究丛刊》第4集，2016年。

王晓平《〈古今杂剧〉里的写本遗痕——写本例话之四》，《古典文学知识》2016年第4期。

王晓平《日本汉学家对〈诗经〉的接受与享受》，《国际汉学》2017年3期。

王晓平《汉文古写本与中华文明的早期域外传播——以〈文馆词林〉为中心》，《北京论坛（2017）文明的和谐与共同繁荣——变化中的价值与秩序：中华文明的国际传播论文与摘要集》，2017年。

王勇《唐人赠空海送别诗》，《文献》2009年第4期。

王勇主编《中日汉籍交流史论》，杭州：杭州大学出版社，1992年。

王勇主编《中日关系史料与研究》第1辑，北京：北京图书馆出版社，2002年。

王勇等《中日"书籍之路"研究》，北京：北京图书馆出版社，2003年。

王勇、大庭修主编《中日文化交流史大系·典籍卷》，杭州：浙江人民出版社，1996年。
王勇、中西进主编《中日文化交流史大系·人物卷》，杭州：浙江人民出版社，1996年。
王元军《古代朝鲜半岛对中国唐代书法的接受》，《中国书法》2011年第12期。
王贞平《汉唐中日关系论》，台北：文津出版社，1997年。
王振芬、孟宪实、荣新江主编《旅顺博物馆藏新疆出土汉文文献》，北京：北京古逸英华文化传播有限公司，2021年。
王重民《敦煌古籍叙录》，北京：中华书局，1979年。
吴枫《中国古典文献在日本的流传》，《社会科学战线》1980年4期。
吴格言《敦煌归义军文学研究》，中国社会科学院研究生院硕士论文，2000年。
吴丽娱《唐礼摭遗·中古书仪研究》，北京：商务印书馆，2002年。
吴乔《从敦煌"上大夫"看唐代民间书写》，《大众文艺》2013年第10期。
吴淑玲《唐代驿传与唐诗发展之关系》，《文学遗产》2008年第6期。
吴淑玲《唐诗传播与唐诗发展之关系》，北京：中华书局，2013年。
项楚《敦煌文学丛考》，上海：上海古籍出版社，1991年。
项楚《敦煌诗歌导论》，成都：巴蜀书社，2001年。
向达《唐代长安与西域文明》，北京：生活·读书·新知三联书店，1957年。
谢慧暹《敦煌汉文文书题记中之学郎诗研究》，《光武学报》第25期，2002年。
兴膳宏著，李寅生译《中国古典文化景致》，北京：中华书局，2005年。
徐建新《出土文字资料与东亚古代史研究——以中日韩三国古代木简为例》，《古代文明》2011年第2期。
徐俊《敦煌学郎诗作者问题考略》，《文献》1994年第2期。
徐俊《唐五代长沙窑瓷器题诗校证——以敦煌吐鲁番写本诗歌参校》，《唐研究》第4卷，1998年。
徐俊编《敦煌诗集残卷辑考》，北京：中华书局，2000年。
徐俊《敦煌写本诗歌续考》，《敦煌研究》2002年第5期。
徐梓《传统蒙学与蒙书研究》，北京：中国社会科学出版社，2017年。
许建平《敦煌文献丛考》，北京：中华书局，2005年。
许建平《敦煌经籍叙录》，北京：中华书局，2006年。
许云和《汉魏六朝文学考论》，上海：上海古籍出版社，2006年。
严耕望《唐代交通图考》，台北："中央研究院"历史语言研究所，1985年。
严耕望《唐人习业山林寺院之风尚》，氏著《严耕望史学论文集》，上海：上海古籍出版社，2009 年。

严绍璗《日本的中国学家》，北京：中国社会科学出版社，1980 年。

严绍璗《日本中国学史》，南昌：江西人民出版社，1991 年。

严绍璗《汉籍在日本的流布研究》，南京：江苏古籍出版社，1992 年。

严绍璗《日本藏宋人文集善本钩沉》，杭州：杭州大学出版社，1996 年。

严绍璗《日本藏汉籍珍本追踪纪实——严绍璗海外访书志》，上海：上海古籍出版社，2005 年。

严绍璗《日本中国学史稿》，北京：学苑出版社，2009 年。

严绍璗编《日藏汉籍善本书录》（上、中、下），北京：中华书局，2007 年。

颜廷亮《敦煌文学概说》，台北：新文丰出版公司，1995 年。

颜廷亮《关于敦煌文化中的教育》，《兰州教育学院学报》1999 年 1 期。

颜廷亮、赵以武辑《〈秦妇吟〉研究汇录》，上海：上海古籍出版社，1990 年。

杨宝玉《晚唐文士张球及其兴学课徒活动》，金滢坤主编《童蒙文化研究》第 2 卷，2017 年。

杨秀发《唐代内府法书的传播形式和途径》，《书法评赏》2011 年第 3 期。

杨秀清《浅谈唐、宋时期敦煌地区的学生生活——以学郎诗和学郎题记为中心》，《敦煌研究》1999 年第 4 期。

姚崇新《唐代西州的官学——唐代西州的教育（之一）》，《新疆师范大学学报（哲学社会科学版）》2004 年第 1 期。

姚崇新《唐代西州的私学与教材——唐代西州的教育之二》，《西域研究》2005 年第 1 期。

叶国良、郑吉雄、徐福昌编《出土文献研究方法论文集初集》，台北：台大出版中心，2005 年。

伊藤美重子《唐宋时期敦煌的学校和学生》，金滢坤主编《童蒙文化研究》第 3 卷，2018 年。

俞丰《小楷经典名作选注——王羲之〈乐毅论〉、虞世南〈破邪论序〉详解》，《书法》2017 年第 7 期。

俞和《楷书临乐毅论卷、行书临定武禊帖卷》，《中国书法》2016 年第 5 期。

喻兰《唐代法帖钩沉》，《书法世界》2003 年第 8 期。

余欣《中古异相：写本时代的学术、信仰与社会》，上海：上海古籍出版社，2011 年。

余欣《博望鸣沙：中古写本研究与现代中国学术史之会通》，上海：上海古籍出版社，

2012年。

余又荪《隋唐五代中日关系史》，台北：台湾商务印书馆，1974年。

詹福瑞《从传播角度研究唐代诗歌——读〈唐诗传播与唐诗发展之关系〉》，《河北日报》2014年5月9日。

曾荣汾《敦煌写卷书写符号用例试析》，《木铎》第8辑，1979年。

张波《唐五代敦煌地区的家庭教育》，兰州大学硕士论文，2011年。

张伯伟《作为方法的汉文化圈》，北京：中华书局，2011年。

张弓主编《敦煌典籍与唐五代历史文化》（上、下），北京：中国社会科学出版社，2006年。

张光宾《中华书法史》，台北：台湾商务印书馆，1984年。

张广达《文本、图像与文化流传》，桂林：广西师范大学出版社，2008年。

张广达《文书、典籍与西域史地》，桂林：广西师范大学出版社，2008年。

张玲《五代入蜀贰臣诗人大量出现的原因探析——以王仁裕、韦庄、卢延让等10位诗人为例》，《湖北职业技术学院学报》第15卷第4期，2012年。

张天弓《张天弓先唐书学考辨文集》，北京：荣宝斋出版社，2009年。

张新朋《敦煌诗赋残片拾遗》，《敦煌研究》2011年第5期。

张新朋《东亚视域下的童蒙读物比较研究——以〈千字文〉与〈开蒙要训〉之比较为例》，《浙江社会科学》2015年第11期。

张新朋《敦煌文献王羲之〈尚想黄绮帖〉拾遗》，《敦煌研究》2018年第6期。

张涌泉《敦煌写本〈秦妇吟〉汇校》，《中国典籍与文化论丛》第4辑，北京：中华书局，1997年；收入《张涌泉敦煌文献论丛》，上海：上海古籍出版社，2011年。

张涌泉主编《敦煌经部文献合集》，北京：中华书局，2008年。

张哲俊主编《严绍璗学术研究：严绍璗先生七十华诞纪念集》，北京：北京大学出版社，2010年。

赵跟喜《敦煌唐宋时期的女子教育初探》，《敦煌研究》2006年第2期。

赵和平《敦煌写本书仪研究》，台北：新文丰出版公司，1993年。

赵和平《敦煌本〈朋友书仪〉与正仓院〈杜家立成杂书要略〉的比较研究》，《百年敦煌文献整理研究国际学术讨论会论文集》（上），2010年；收入《赵和平敦煌书仪研究》，上海：上海古籍出版社，2011年。

赵楠《从敦煌遗书看唐代庶民教育》，《社会科学评论》2008年第4期。

赵庶洋《日本藏唐钞本〈世说新书〉残卷二种新研》，《域外汉籍研究集刊》第12辑，

2015 年。

赵贞《归义军史事考论》，北京：北京师范大学出版社，2010 年。

赵贞《敦煌文献与唐代社会文化研究》，北京：北京师范大学出版社，2017 年。

郑阿财《敦煌写本中有趣的学童打油诗》，《嘉义青年》1998 年第 11 期。

郑阿财、朱凤玉《敦煌蒙书研究》，兰州：甘肃教育出版社，2002 年。

郑阿财、朱凤玉《开蒙养正——敦煌的学校教育》，兰州：甘肃教育出版社，2007 年。

郑炳林主编《敦煌归义军史专题研究三编》，兰州：甘肃文化出版社，2005 年。

郑梁生《中日关系史研究论集》（1—13），台北：文史哲出版社，1990—2004 年。

周谷平《敦煌出土文书与唐代教育的研究》，《华东师范大学学报（教育科学版）》，1995 年第 4 期。

周容良《〈秦妇吟〉的起落及再认识》，《青海民族学院学报》1996 年第 3 期。

周一良《敦煌写本书仪考（之一）》，《敦煌吐鲁番文献研究论集》，北京：中华书局，1982 年。

周一良《唐代的书仪与中日文化关系》，《历史研究》1984 年第 1 期；收入赵和平主编《周一良全集》，北京：高等教育出版社，2015 年。

周一良、赵和平《唐五代书仪研究》，北京：中国社会科学出版社，1995 年。

朱凤玉《朱凤玉敦煌俗文学与俗文化研究》，上海：上海古籍出版社，2011 年。

朱关田《中国书法史：隋唐五代卷》，南京：江苏教育出版社，1999 年。

朱玉麒《中古时期吐鲁番地区汉文文学的传播与接受：以吐鲁番出土文书为中心》，《中国社会科学》2010 年第 6 期。

朱玉麒《吐鲁番文书中的玄宗诗》，《西域文史》第 7 辑，2012 年。

二、日　文

阿部隆一《本邦中世における大学中庸の讲诵伝流について——学庸の古钞本并に邦人撰述注释书より见たる》，《斯道文库论集》第 1 号，1962 年。

阿部隆一《天理图书馆藏奈良朝旧钞古文孝经零卷について》，《ビブリア・天理图书馆报》第 24 号，1963 年。

阿部隆一《室町以前邦人选述四书孝经注释书考》（上、下），《斯道文库论集》第 2 号、第 3 号，1963、1964 年。

阿部隆一《古文孝经旧钞本の研究（资料篇）》，《斯道文库论集》第 6 号，1968 年。

阿部勇三郎《一切经写司解の背景——奈良朝における劳动运动》，《官公劳动》8—4，1954年。

安井小太郎《日本儒学史》，东京：富山房，1939年。

安藤更生《正仓院小史》，大阪：明和书院，1947年初版；东京：国书刊行会，1972年再版。

安藤更生《唐の人物画家季凑と鉴真和上の关系》，早稻田大学文学部综合世界文艺研究会编《综合世界文艺》通号3，1951年。

安藤更生《日唐交通と江浙の港浦・海岛》，《史观》通号37，1952年。

安藤更生《鉴真》，东京：美术出版社，1958年初版；东京：吉川弘文馆，1989年再版。

安藤更生《正仓院を初めて开く》，《艺术新潮》9—11，1958年。

安藤更生《鉴真和上》，东京：吉川弘文馆，1967年。

安藤更生《鉴真大和上传之研究》，东京：平凡社，1994年。

安藤信广《圣武天皇宸翰〈杂杂集〉〈赵王集〉研究》，东京：汲古书院，2018年。

安田龙太郎、深泽芳树《飞鸟地域の发掘调查》，奈良国立文化财研究所编《奈良国立文化财研究所年报》，1991年。

安田龙太郎、深泽芳树《藤原宫迹・藤原京迹の发掘调查》，奈良国立文化财研究所编《奈良国立文化财研究所年报》，1991年。

安田龙太郎、深泽芳树《飞鸟池遗迹の调查　第87次・第93次》，奈良国立文化财研究所编《奈良国立文化财研究所年报》，1999年。

安田龙太郎、狩野久、加藤优《藤原宫迹の调查》，奈良国立文化财研究所编《奈良国立文化财研究所年报》，1983年。

岸本直文、森公章《平城宫迹・京迹の调查》，奈良国立文化财研究所编《奈良国立文化财研究所年报》，1993年。

奥田俊博《古代日本の墨书资料における字体・书体の研究》，北九州：九州女子大学，2006年。

坂元义种《古代东アジアの日本と朝鲜》，东京：吉川弘文馆，1978年。

本村豪章、铃木充《昭和38年度平城宫发掘调查概报》，奈良国立文化财研究所编《奈良国立文化财研究所年报》，1964年。

滨道孝尚《写经所における〈私书〉の书写：奈良朝官人社会に关する小论》，正仓院文书研究会编《正仓院文书研究》13，东京：吉川弘文馆，2013年。

浜松市生涯学习课（文化财担当）、奈良国立文化财研究所编《伊场遗迹总括编（文字资料·时代别总括）》，伊场遗迹发掘调查报告书第 12 册，浜松：浜松市教育委员会出版，2008 年。

滨田宽《最后の遣唐使と圆仁〈入唐求法巡礼行记〉》，勉诚出版编《アジア游学》27，2001 年。

兵库县教育委员会埋藏文化财调查事务所编《出石郡出石町袴狭遗迹（本文编）》，兵库县文化财调查报告书第 197 册，神户：兵库县教育委员会出版，2000 年。

长野县埋藏文化财センター《上信越自动车道埋藏文化财发掘调查报告书（木简）》，（财）长野县埋藏文化财センター发掘调查报告书 21，东京：日本道路公团东京第二建设局，1996 年。

长野县埋藏文化财センター《更埴条里遗迹·屋代遗迹群：含む大境遗迹·窪河原遗迹（总论编）》，上信越自动车道埋藏文化财发掘调查报告书 28，长野：长野县埋藏文化财センター，2000 年。

池田昌广《中国典籍よりみた古代日中文化交涉の研究》，自印本，2009 年。

池田昌广《日本侧史料から见た〈白氏文集〉の北宋刊本》，白居易研究会编《白居易研究年报》11，2010 年。

池田昌广《唐代における〈汉书〉颜师古本の普及について：〈史记索隐〉〈史记正义〉を例にして》，《京都产业大学论集》46，2013 年。

池田昌广《吉备真备の〈汉书〉将来をめぐって》，京都产业大学日本文化研究所编《京都产业大学日本文化研究所纪要》19，2013 年。

池田昌广《"古记"所引〈汉书〉颜师古注について》，《京都产业大学论集》47，2014 年。

池田温《东アジアの文化交流史》，东京：吉川弘文馆，2002 年。

池田温《敦煌文书の世界》，东京：名著刊行会，2003 年。

池田温编《中国古代写本识语集录》，东京：东京大学东洋文化研究所，1990 年。

池田温编《讲座敦煌 5：敦煌汉文文献》，东京：大东出版社，1992 年。

池田温编《唐と日本：古代を考える》，东京：吉川弘文馆，1992 年。

池田温编《中国礼法と日本律令制》，东京：东方书店，1992 年。

池田温编《日中律令制の诸相》，东京：东方书店，2002 年。

池田温编《日本古代史を学ぶための汉文入门》，东京：吉川弘文馆，2006 年。

池田证寿《汉字字体史の资料と方法：初唐の宫廷写经と日本の古辞书》，北海道大学文学研究科编《北海道大学文学研究科纪要》150 号，2016 年。

赤尾荣庆《奈良朝写经の字すがた》，学灯灯社编《国文学：解释と教材の研究》
　　　52—10，2007 年。
川口久雄《西域の虎：平安朝比较文学论集》，东京：吉川弘文馆，1974 年。
川崎市市民ミュージアム编《古代东国と木简》，东京：雄山阁，1993 年。
川越俊一、岩本正二《飞鸟·藤原宫迹の发掘调查》，奈良国立文化财研究所编
　　　《奈良国立文化财研究所年报》，1977 年。
川越俊一《なら平城京展'98》，奈良国立文化财研究所编《奈良国立文化财研究所
　　　年报》，1999 年。
船田想《旧钞本（含唐钞本）汉籍影印本目录稿》，勉诚出版编《アジア游学》
　　　140，2011 年。
次山淳、岛田敏男《藤原宫迹·藤原京迹の发掘调查》，奈良国立文化财研究所编
　　　《奈良国立文化财研究所年报》，1994 年。
村田健一、小野健吉等《平城宫迹·藤原宫迹等の整备》，奈良国立文化财研究所编
　　　《奈良国立文化财研究所年报》，1997 年。
大阪市立美术馆编《唐钞本》，京都：同朋舍出版，1981 年。
大津透《东野治之著〈长屋王家木简の研究〉读后》，岩波书店编《文学》9—2，
　　　1998 年。
大津透《吐鲁番文书と日本律令制——古代东アジア世界と汉字文化》，高田时雄编
　　　《汉字文化三千年》，京都：临川书店，2009 年。
大津透编《日唐律令比较研究の新段阶》，东京：山川出版社，2008 年。
大井重二郎《奈良朝末期写经师の实态——宝龟の文书を中心として》，园田学园
　　　女子大学论文集编集委员会编《园田学园女子大学论文集》通号 17，1982 年。
大平聪《正仓院文书研究试论》，《日本史研究》通号 318，1989 年。
大平聪《天平胜宝六年の遣唐使と五月一日经》，笹山晴生先生还历记念会编《日本
　　　律令制论集》上卷，东京：吉川弘文馆，1993 年。
大日方克己《古代国家と年中行事》，东京：讲谈社，2008 年。
大山清二《日本の古典籍を修补する——オックスフォード大学ボドリアン图书馆
　　　にて》，《国立国会图书馆月报》通号 386，1993 年。
大胁洁《飞鸟地域の发掘调查》，奈良国立文化财研究所编《奈良国立文化财研究
　　　所年报》，1992 年。
大胁洁、岩本圭辅《飞鸟·藤原宫迹の调查》，奈良国立文化财研究所编《奈良国

立文化财研究所年报》，1982年。

大渊贵之《光明皇后笔〈乐毅论〉に见える重文符号》，国立历史民俗博物馆编《国立历史民俗博物馆研究报告》198号，2015年。

大原正义《第十一次遣唐使の特殊性をめぐる一、二の问题问题点について》，箕面学园园福祉保育专门学校研究纪要编集委员会编《箕面学园园福祉保育专门学校研究纪要》4，2013年。

大泽显浩编《东アジア书志学への招待》第1卷，东京：东方书店，2011年。

道坂昭广《〈王勃集〉と王勃文学研究》，东京：研文出版，2018年。

稻田孝司、石丸洋《平城宫迹・飞鸟藤原宫迹发掘调查》，奈良国立文化财研究所编《奈良国立文化财研究所年报》，1971年。

德岛县埋藏文化财センター编《观音寺木简：观音寺遗迹出土木简概报》，《德岛县埋藏文化财センター调查概报》第2集，德岛：德岛县埋藏文化财センター出版，1999年。

德岛县埋藏文化财センター编《观音寺遗迹1：观音寺遗迹木简篇》，《德岛县埋藏文化财センター调查报告书》第40集，德岛：德岛县埋藏文化财センター出版，2002年。

德岛县埋藏文化财センター编《观音寺遗迹4》第3分册《木简编》，《德岛县埋藏文化财センター调查报告书》第71集，德岛：德岛县教育委员会出版，2008年。

东京大学教养学部国文・汉文学部会编《古典日本语の世界：汉字がつくる日本》，东京：东京大学出版会，2007年。

东京大学史料编纂所编《古文书时代鉴》，东京：东京大学出版会，1977年。

东京国立博物馆、朝日新闻社编《书の至宝：日本と中国》，东京：朝日新闻社，2006年。

东京女子大学古代史研究会编《〈释灵实集〉研究——圣武天皇宸翰〈杂第〉》，东京：汲古书院，2010年。

东野治之《平城宫出土木简所见の文选李善注》，万叶学会编辑委员会编《万叶》通号76，1971年。

东野治之《奈良平安时代の文献に现われた木简》，奈良国立文化财研究所编《奈良国立文化财研究所研究论集》，1974年。

东野治之《正仓院藏鸟兜残欠より发见された奈良时代の文书と墨画》，东京国立博物馆编《Museum》通号278，1974年。

东野治之《王勃集と平城宫木简》，万叶学会编《万叶》通号 88，1975 年。

东野治之《奈良时代における〈文选〉の普及》，大阪历史学会编《古代国家の形成と展开》，东京：吉川弘文馆，1976 年。

东野治之《〈论语〉〈千字文〉と藤原宫木简》，五味智英、小岛宪之编《万叶集研究》第 5 集，东京：塙书房，1976 年。

东野治之《令集解〈古记〉にみえる〈魏徵时务策〉考——大宰府出土木简をめぐって》，万叶学会编《万叶》通号 92，1976 年。

东野治之《正仓院传世木简の笔者》，东京国立博物馆编《Museum》通号 304，1976 年。

东野治之《藤原宫木简の书风について》，东京国立博物馆编《Museum》通号 314，1977 年。

东野治之《正仓院文书と木简の研究》，东京：塙书房，1977 年。

东野治之《美努冈万墓志の述作——〈古文孝经〉と〈论语〉の利用をめぐって》，万叶学会编《万叶》通号 99，1978 年。

东野治之《平城京出土资料よりみた难波津の歌》，万叶学会编《万叶》通号 98，1978 年。

东野治之《奈良时代遣唐使の文化的役割》，佛教艺术学会编《佛教艺术》通号 122，1979 年。

东野治之《〈续日本纪〉所载の汉文作品——汉籍の利用を中心に》，东京大学国语国文学会编《国语と国文学》56—11，1979 年。

东野治之《〈古律书残篇〉试训》，《南都佛教》通号 46，1981 年。

东野治之《虎尾俊哉〈古代典籍文书论考〉》，历史学研究会编《历史学研究》通号 518，1983 年。

东野治之《木简が语る日本の古代》，东京：岩波书店，1983 年。

东野治之《日本古代木简の研究》，东京：塙书房，1983 年。

东野治之《〈庾信集〉と威奈大村墓志》，万叶学会编《万叶》通号 115，1983 年。

东野治之《日唐间における渤海の中继贸易》，日本历史学会编《日本历史》通号 438，1984 年。

东野治之《〈典言〉の成立と日本古代におけるその受容——附，本邦古文献所引〈典言〉佚文》，大阪大学教养部编《大阪大学教养部研究集录》通号 34，1986 年。

东野治之《河内金刚寺新出の镰仓时代书写〈医心方〉卷第十三について》，日本医史学会编《日本医史学杂志》32—3，1986年。

东野治之《正仓院の鸟毛书屏风と〈唐太宗屏风书〉》，大阪大学教养部编《大阪大学教养部研究集录》通号35，1986年。

东野治之《古文书・古写经・木简》，《水茎》7，1989年。

东野治之《遣唐使の诸问题》，《南都佛教》通号64，1990年。

东野治之《长屋王家木简の文书と家政机关》，大阪大学教养部编《大阪大学教养部研究集人文・社会科学》通号40，1991年。

东野治之《遣唐使と正仓院》，东京：岩波书店，1992年。

东野治之《书の古代史》，东京：岩波书店，1994年。

东野治之《长屋王家木简の研究》，东京：塙书房，1996年。

东野治之《〈万叶集〉と木简》，万叶学会编《万叶》通号158，1996年。

东野治之《出土资料からみた汉文の受容——汉文学展开の背景》，学灯社编《国文学：解释と教材の研究》44—11，1999年。

东野治之《遣唐使船：东アジアのなかで》，东京：朝日新闻社，1999年。

东野治之《日本古代の〈春秋〉受容》，岩波书店编《文学》1—4，2000年。

东野治之《近年出土の飞鸟京と韩国の木简——上代语上代文学との关わりから》，《古事记年报》通号45，2002年。

东野治之《古代金石文と〈耳比磨利帖〉》，奈良大学文学部文化财学科编《文化财学报》22，2004年。

东野治之《日本古代史料学》，东京：岩波书店，2005年。

东野治之《空海の入唐资格と末期の遣唐使》，奈良大学文学部文化财学科编《文化财学报》23、24，2006年。

东野治之《基调报告文学と史学の间——平安时代像の再构筑》，《中古文学》79，2007年。

东野治之《遣唐使》，东京：岩波书店，2007年。

东野治之《法隆寺金堂天盖の文字に关する新知见》，奈良国立博物馆编《鹿园杂集：奈良国立博物馆研究纪要》11，2009年。

东野治之《鉴真》，东京：岩波书店，2009年。

东野治之《鉴真と唐招提寺》，戒律文化研究会编《戒律文化》8，2011年。

东野治之《称德天皇による法王・法臣の任命と鉴真の请来佛典》，奈良大学文学部

文化财学科编《文化财学报》33，2015年。
东野治之《恭仁山庄善本と佐伯定胤》，武田科学振兴财团杏雨书屋编《杏雨》18，2015年。
东野治之《木简から見た日本古代史》，《日本学士院纪要》69—3，2015年。
东野治之《史料学探访》，东京：岩波书店，2015年。
东野治之编《金刚寺本游仙窟》，东京：墒书房，2000年。
渡边晃宏《写经所における二次利用よりみた正税帐の复原》，《史学杂志》95—3，1986年。
渡边晃宏《金光明寺写经所の研究——写经机构の变迁を中心に》，《史学杂志》96—8，1987年。
渡边晃宏《二条大路木简》，奈良国立文化财研究所编《奈良国立文化财研究所年报》，1990年。
渡边晃宏《1993年度平城宫迹·平城京迹出土木简》，奈良国立文化财研究所编《奈良国立文化财研究所年报》，1994年。
渡边晃宏《平城京と木简の世纪》，东京：讲谈社，2001年。
渡边晃宏《日本古代の习书木简と下级官人の汉字教育》，高田时雄编《汉字文化三千年》，京都：临川书店，2009年。
渡边晃宏、井上和人《左京二条二坊十一坪の调查　第279次》，奈良国立文化财研究所编《奈良国立文化财研究所年报》，1997年。
渡边守邦《表纸里の书志学》，东京：笠间书院，2013年。
渡边素舟《平安时代国民工艺の研究》，东京：东京堂，1943年。
多贺秋五郎《唐代教育史の研究：日本学校教育の源流》，东京：不昧堂书店，1953年。
多贺秋五郎《中国教育史》，东京：岩崎书店，1955年。
多贺秋五郎《学校の历史》，东京：中央大学生活协同组合出版局，1974年。
多贺秋五郎《古代アジア教育史研究》，东京：日本学术振兴会，1977年。
多贺秋五郎博士喜寿记念论文集刊行会《アジアの教育と文化：多贺秋五郎博士喜寿记念论文集》，东京：岩南堂书店，1989年。
反町茂雄《定本天理图书馆の善本稀书》，东京：八木书店，1982年。
反町茂雄《日本の古典籍：その面白さその尊さ》，东京：八木书店，1984年。
反町茂雄《日本の古典籍の世界的地位》1，《国立国会图书馆月报》通号311，1987年。

芳贺幸四郎《中世禅林の学问および文学に関する研究》,东京:日本学术振兴会,1956年。

榧本龟治郎、冈田茂弘《平城宫迹第6·7次发掘调查概要》,奈良国立文化财研究所编《奈良国立文化财研究所年报》,1962年。

福井晃一《奈良朝における工匠について》,千叶大学工学部编《千叶大学工学部研究报告》4—6,1953年。

福井康顺《正仓院御物〈杜家立成〉考》,《东方学》通号17,1958年。

福田襄之介《中国字书史の研究》,东京:明治书院,1979年。

富永一登《〈文选〉李善注の传承——唐钞本から尤本へ》,日本中国学会编《日本中国学会报》59,2007年。

冈井慎吾《日本汉字学史》,东京:明治书院,1934年。

冈田英男《平城宫迹发掘调查20年の进展》,奈良国立文化财研究所编《奈良国立文化财研究所年报》,1980年。

冈田正之《近江奈良朝の汉文学》,天理:养德社,1946年。

冈野他家夫《日本出版文化史》,东京:原书房,1981年。

高岛忠平《昭和43年度平城宫发掘调查概报》,奈良国立文化财研究所编《奈良国立文化财研究所年报》,1969年。

髙井龙《敦煌讲唱体文献研究:写本时代の文学と佛教》,京都:朋友书店,2022年。

高濑要一、内田和伸《东院园池地区の调查 第271次·第276次》,奈良国立文化财研究所编《奈良国立文化财研究所年报》,1997年。

高妻洋成《东一坊坊间路西侧沟の调查 第282-14次》,奈良国立文化财研究所编《奈良国立文化财研究所年报》,1998年。

高桥智《书志学のすすめ:中国の爱书文化に学ぶ》,东京:东方书店,2010年。

高田时雄《敦煌の社会と言语——写本にみる学校と教材など》,《月刊しにか》第100号,1998年。

高田时雄编《汉字文化三千年》,京都:临川书店,2009年。

高田宗平《〈令集解〉所引〈论语义疏〉の性格に関する诸问题——〈五常〉の条をめぐって》,总研大文化科学研究科编集委员会编《总研大文化科学研究》3,2007年。

高田宗平《〈政事要略〉所引〈论语义疏〉の性格について》,国立历史民俗博物馆编《国立历史民俗博物馆研究报告》145,2008年。

宫本长二郎、高濑要一《平城宫迹と平城京迹の発掘调查》，奈良国立文化财研究所编《奈良国立文化财研究所年报》，1975 年。

宫城县多贺城迹调查研究所编《多贺城迹：宫城县多贺城迹调查研究所年报》，多贺城：宫城县多贺城迹调查研究所出版，1984 年。

古都飞鸟保存财团《明日香风》17 号，明日香村：古都飞鸟保存财团，1986 年。

古田惠三、关本东三《平城宫迹とその周边の发掘调查》，奈良国立文化财研究所编《奈良国立文化财研究所年报》，1973 年。

古尾谷知浩《1995 年度平城宫迹・平城京迹出土木简》，奈良国立文化财研究所编《奈良国立文化财研究所年报》，1996 年。

古尾谷知浩《平城宫迹・平城京迹出土漆纸文书》，奈良国立文化财研究所编《奈良国立文化财研究所年报》，1996 年。

古尾谷知浩《平城京东市周边ほか出土の漆纸文书》，奈良国立文化财研究所编《奈良国立文化财研究所年报》，1997 年。

古尾谷知浩《平城京左京八条一坊六坪ほか出土の漆纸文书》，奈良国立文化财研究所编《奈良国立文化财研究所年报》，1998 年。

古尾谷知浩、加藤真二等《左京二条二坊十一坪の调查　第 289 次・第 282–16 次・第 282–10 次》，奈良国立文化财研究所编《奈良国立文化财研究所年报》，1998 年。

古尾谷知浩、金田明大《第二次朝堂院南面筑地の调查　第 267 次》，奈良国立文化财研究所编《奈良国立文化财研究所年报》，1997 年。

馆野和己《平城宫迹・平城京迹出土の木简》，奈良国立文化财研究所编《奈良国立文化财研究所年报》，1987 年。

馆野和己《平城宫迹・京迹出土の木简》，奈良国立文化财研究所编《奈良国立文化财研究所年报》，1993 年。

馆野和己《1994 年度平城宫迹・平城京迹出土木简》，奈良国立文化财研究所编《奈良国立文化财研究所年报》，1995 年。

馆野和己、吉尾谷知浩《平城京左京三条一坊十六坪出土の漆纸文书》，奈良国立文化财研究所编《奈良国立文化财研究所年报》，2000 年。

馆野和己、井上和人、千田刚道《平城宫迹・平城京迹の发掘调查》，奈良国立文化财研究所编《奈良国立文化财研究所年报》，1986 年。

广濑智《唐代战乱诗考——杜甫・韦庄の战乱诗》，奈良教育大学国文学会编《奈良教育大学国文：研究と教育》第 20 号，1997 年。

鬼头清明《昭和 41 年度平城宫出土の木简》，奈良国立文化财研究所编《奈良国立文化财研究所年报》，1963 年。

鬼头清明《1975 年度发见の藤原宫木简》，奈良国立文化财研究所编《奈良国立文化财研究所年报》，1976 年。

国立历史民俗博物馆编《古代日本文字のある风景：金印から正仓院文书まで》，东京：朝日新闻社，2002 年。

国立文化财机构奈良文化财研究所飞鸟资料馆《木简黎明—飞鸟に集ういにしえの文字たち：飞鸟资料馆秋期特别展示》，飞鸟资料馆图录第 53 册，奈良：国立文化财机构奈良文化财研究所飞鸟资料馆出版，2010 年。

国文学研究资料馆编《真福寺古目录集》2，真福寺善本丛刊第 2 期 1，京都：临川书店，2005 年。

海野洋平《敦煌童蒙教材"牛羊千口"史料辑览》，《一关工业高等专门学校研究纪要》46，2011 年。

海野洋平《童蒙教材〈上大人〉の顺朱をめぐって——敦煌写本 P.4900(2)・P.3369v に见る〈上大人〉黎明期の诸问题》，《历史》2011 年第 10 号。

海野洋平《敦煌童蒙教材"牛羊千口"再论：传本〈上大人〉・敦煌本〈上大夫〉の迳庭をめぐる》，《集刊东洋学》第 123 号，2020 年。

黑崎直《藤原宫迹・藤原京迹の发掘调查》，奈良国立文化财研究所编《奈良国立文化财研究所年报》，1990 年。

横山浩一、工乐善通《昭和 39 年度平城宫发掘调查概要》，奈良国立文化财研究所编《奈良国立文化财研究所年报》，1965 年。

横田拓实《昭和 40 年度平城宫出土の木简》，奈良国立文化财研究所编《奈良国立文化财研究所年报》，1966 年。

横田拓实《1969 年度发见の平城宫木简》，奈良国立文化财研究所编《奈良国立文化财研究所年报》，1970 年。

花谷浩、川越俊一《藤原宫迹・藤原京迹の发掘调查》，奈良国立文化财研究所编《奈良国立文化财研究所年报》，1989 年。

花谷浩、西口寿生《飞鸟池遗迹の调查　第 98 次・第 99–6 次・第 106 次》，奈良国立文化财研究所编《奈良国立文化财研究所年报》，2000 年。

荒川正晴《唐の西北军事支配と敦煌社会》，《唐代史研究》第 14 号，2011 年。

黄少博《日中両国の古代における都市造営に現れた風水思想の比較：隋唐の長安城と日本の平城京・平安京を中心に》，神奈川大学大学院歴史民俗資料学研究科編《歴史民俗資料学研究》19，2014 年。

矶边武雄《アジアの教育と社会：多賀秋五郎博士古稀記念論文集》，东京：不昧堂出版，1983 年。

吉川忠夫《三余续录》，京都：法藏馆，2021 年。

吉野秋二《図版解説 平安京跡左京九条三坊十町（施薬院御倉跡）出土の木簡》，《古代文化》67（2），2015 年。

加藤常賢先生論文集刊行会編《中国古代文化の研究》，东京：二松学舎大学出版部，1980 年。

加藤好郎、木島史雄、山本昭編《書物の文化史——メディアの変遷と知の枠組み》，东京：丸善出版，2018 年。

加藤优《1976 年度发见の平城宫木简》，奈良国立文化财研究所编《奈良国立文化财研究所年报》，1977 年。

加藤优《飞鸟地域の発掘调查》，奈良国立文化财研究所编《奈良国立文化财研究所年报》，1987 年。

加藤真二、长尾充《平城宫迹・平城京迹の発掘调查》，奈良国立文化财研究所编《奈良国立文化财研究所年报》，1996 年。

甲斐忠彦、上野邦一《飞鸟藤原宫迹の発掘调查》，奈良国立文化财研究所编《奈良国立文化财研究所年报》，1974 年。

甲贺市教育委员会编《紫香乐宫迹关连遗迹发掘调查概报》，《甲贺市文化财报告书》10，甲贺：甲贺市教育委员会，2008 年。

菅原正明、毛利光俊彦、龟井伸雄《平城宫迹と平城京迹の调查》，奈良国立文化财研究所编《奈良国立文化财研究所年报》，1980 年。

菅原正明、山中敏史《飞鸟藤原宫迹の発掘调查》，奈良国立文化财研究所编《奈良国立文化财研究所年报》，1973 年。

菅原正子《日本中世の学问と教育》，东京：同成社，2014 年。

今泉隆雄《1972 年度发见の平城宫木简》，奈良国立文化财研究所编《奈良国立文化财研究所年报》，1973 年。

今泉隆雄《平城宫および宫迹出土の木简》，奈良国立文化财研究所编《奈良国立文化财研究所年报》，1978 年。

今泉隆雄《平城宮迹・京迹出土の木简》，奈良国立文化财研究所编《奈良国立文化财研究所年报》，1982 年。

金田明大、古尾谷知浩等《二条条间路の调查　第281次》，奈良国立文化财研究所编《奈良国立文化财研究所年报》，1998 年。

金子修一《隋唐の国际秩序と东アジア》，东京：名著刊行会，2001 年。

金子裕之《二条大路から出土した〈翳〉》，奈良国立文化财研究所编《奈良国立文化财研究所年报》，1990 年。

金子裕之《平城京出土の筹木》，奈良国立文化财研究所编《奈良国立文化财研究所年报》，1992 年。

金子裕之《木简は语る》（历史发掘 12），东京：讲谈社，1996 年。

金子裕之、肥塚隆保《长冈京发见の琴形》，奈良国立文化财研究所编《奈良国立文化财研究所年报》，1995 年。

金子裕之、千田刚道《飞鸟・藤原宫迹の发掘调查》，奈良国立文化财研究所编《奈良国立文化财研究所年报》，1976 年。

角谷常子编《东アジア木简学のために》，东京：汲古书院，2014 年。

皆川完一《正仓院文书の整理とその写本——穗井田忠友と正集》，坂本太郎博士古稀记念会编《续日本古代史论集》，东京：吉川弘文馆，1972 年。

皆川完一《正仓院文书と古代中世史料の研究》，东京：吉川弘文馆，2012 年。

京都大学人文科学研究所《敦煌写本研究年报》第 1—18 号，京都：京都大学人文科学研究所西陲发现中国中世写本研究班，2007—2024 年。

井后尚久《〈乐毅论〉についての一考察》，澄怀堂美术馆编《澄怀堂美术馆研究纪要》，2002 年第 3 期。

井上和人、松本修自《飞鸟资料馆の特别展示》，奈良国立文化财研究所编《奈良国立文化财研究所年报》，1985 年。

井上和人、岩本正二《飞鸟・藤原宫迹の调查》，奈良国立文化财研究所编《奈良国立文化财研究所年报》，1981 年。

井上幸《古代の"明"字形をめぐって——正仓院文书の例を中心に》，《武库川国文》64，2004 年。

井上正一《奈良朝における知识について》，《史泉》通号 29，1964 年。

静永健《汉籍传来：白乐天の诗歌と日本》，东京：勉诚社，2010 年。

臼杵勋《平城宫迹・平城京迹の发掘调查》，奈良国立文化财研究所编《奈良国立文化财研究所年报》，1994 年。
九州历史资料馆《大宰府史迹出土木简概报》1，福冈：九州历史资料馆，1976 年。
九州历史资料馆《大宰府史迹：昭和 58 年度发掘调查概报》，福冈：九州历史资料馆，1984 年。
九州历史资料馆《大宰府史迹出土木简概报》2，福冈：九州历史资料馆，1985 年。
菊池英夫《日本における中央アジア发见汉文古文书・古写本およびをれと关联める中国古文书の研究》，北海道大学东洋史谈话会编《史朋》1，1974 年。
菊池英夫《中国古文书、古写本学と日本——东アジア文化圈の交流の痕迹》，唐代史研究会编《东アジア古文书の史的研究》，东京：刀水书房，1990 年。
李家正文《古代东アジアに溯る》，东京：泰流社，1987 年。
李孝善《日中韩三国の〈续千字文〉比较研究》，京都大学博士（人间・环境学）学位论文，2016 年。
砺波护《隋唐佛教文物史论考》，京都：法藏馆，2016 年。
立木修《飞鸟地域の发掘调查》，奈良国立文化财研究所编《奈良国立文化财研究所年报》，1990 年。
立木修、村上切一《藤原宫迹・京迹の调查》，奈良国立文化财研究所编《奈良国立文化财研究所年报》，1984 年。
栗原治夫《奈良朝写经の制作手顺》，坂本太郎博士古稀记念会编《续日本古代史论集》，东京：吉川弘文馆，1972 年。
绫村宏《1973・74 年度发见の平城木简》，奈良国立文化财研究所编《奈良国立文化财研究所年报》，1975 年。
绫村宏《平城宫迹・平城京迹出土の木简》，奈良国立文化财研究所编《奈良国立文化财研究所年报》，1988。
绫村宏、中村雅治等《平城宫迹と平城京迹の发掘调查》，奈良国立文化财研究所编《奈良国立文化财研究所年报》，1976 年。
铃木靖民《古代对外关系史の研究》，东京：吉川弘文馆，2013 年。
铃木靖民编《圆仁とその时代》，东京：高志书院，2009 年。
铃木靖民、荒井秀规编《古代东アジアの道路と交通》，东京：勉诚社，2011 年。
落合博志《佛书から见る日本の古典籍》，《调查研究报告》34，2013 年。
落合俊典《平安时代における入藏录と章疏目录について》，《中国・日本经典章疏目录》，东京：大东出版社，1998 年。

毛利光俊彦等《飞鸟池遗迹の调查　第84次·87次》，奈良国立文化财研究所编《奈良国立文化财研究所年报》，1998年。

米田雄介著《正仓院宝物と东大寺献物帐》，东京：吉川弘文馆，2018年。

木宫泰彦《日华文化交流史》，东京：富山房，1987年。

木简学会编《木简研究》1—46，奈良：木简学会，1979—2024年。

木简学会编《日本古代木简选》，东京：岩波书店，1990年。

木下正史《飞鸟·藤原の都を掘る》，东京：吉川弘文馆，1993年。

木下正史、佐藤信编《飞鸟から藤原京へ》，东京：吉川弘文馆，2010年。

牧野和夫《〈杂字〉系类书と〈小儿论〉テキスト——〈杂字〉系类书の一传本：内阁文库藏明刊〈〔新锦增补/类纂摘要〕鳌头杂字〉所收〈小儿论〉绍介》，实践国文学会编《实践国文学》68，2005年。

那波利贞《唐钞本杂抄考》，《唐代社会文化史研究》，东京：创文社，1974年。

奈良国立博物馆编《奈良朝写经》，东京：东京美术，1983年。

奈良国立文化财研究所编《平城宫木简一》，奈良国立文化财研究所史料第5册，奈良：奈良国立文化财研究所，1966年。

奈良国立文化财研究所编《平城宫发掘调查出土木简概报》4，奈良：奈良国立文化财研究所，1967年。

奈良国立文化财研究所编《雕刻·绘画の调查》，奈良国立文化财研究所编《奈良国立文化财研究所年报》，1973年。

奈良国立文化财研究所编《平城宫木简二》（本编），奈良国立文化财研究所史料第8册，奈良：奈良国立文化财研究所，1974年。

奈良国立文化财研究所编《平城宫木简二》（解说），奈良国立文化财研究所史料第8册，奈良：奈良国立文化财研究所，1975年。

奈良国立文化财研究所编《1975年度木简研究集会》，奈良国立文化财研究所编《奈良文化财研究所年报》，1976年。

奈良国立文化财研究所编《藤原宫木简一》，奈良国立文化财研究所史料第12册，奈良：奈良国立文化财研究所，1978年。

奈良国立文化财研究所编《平城宫木简三》，奈良国立文化财研究所史料第17册，奈良：奈良国立文化财研究所，1980—1981年。

奈良国立文化财研究所编《藤原宫木简二》，奈良国立文化财研究所史料第18册，奈良：奈良国立文化财研究所，1980—1981年。

奈良国立文化财研究所编《平城宫木简四》，奈良国立文化财研究所史料第 28 册，奈良：奈良国立文化财研究所，1986 年。

奈良国立文化财研究所编《平城京长屋王邸宅と木简》，东京：吉川弘文馆，1991 年。

奈良国立文化财研究所编《平城京木简一——长屋王家木简》，奈良国立文化财研究所史料第 41 册，奈良：奈良国立文化财研究所，1995 年。

奈良国立文化财研究所编《平城宫木简五》，奈良国立文化财研究所史料第 42 册，奈良：奈良国立文化财研究所，1996 年。

奈良国立文化财研究所编《调查研究报告》，奈良国立文化财研究所编《奈良国立文化财研究所年报》，1997 年。

奈良国立文化财研究所《平城京左京七条一坊十五·十六坪发掘调查报告》，奈良国立文化财研究所学报第 56 册，奈良：奈良国立文化财研究所，1997 年。

奈良国立文化财研究所编《平城宫内里北外郭出土の绘马资料》，奈良国立文化财研究所编《奈良国立文化财研究所年报》，2000 年。

奈良国立文化财研究所编《平城京木简二——长屋王家木简二》，奈良国立文化财研究所史料第 53 册，奈良：奈良国立文化财研究所，2001 年。

奈良国立文化财研究所编《平城宫木简六》，奈良国立文化财研究所史料第 63 册，奈良：奈良国立文化财研究所，2004 年。

奈良国立文化财研究所编《平城京木简三——二条大路木简一》，奈良国立文化财研究所史料第 75 册，奈良：奈良国立文化财研究所，2006 年。

奈良文化财研究所编《飞鸟藤原京木简——飞鸟池·山田寺木简》，奈良：奈良国立文化财研究所，2007 年。

奈良文化财研究所编《飞鸟藤原京木简二——藤原京木简一》，奈良：奈良国立文化财研究所，2009 年。

奈良国立文化财研究所编《平城宫木简七》，奈良国立文化财研究所史料第 85 册，奈良：奈良国立文化财研究所，2010 年。

奈良国立文化财研究所编《藤原宫木简三》，奈良国立文化财研究所史料第 88 册，奈良：奈良国立文化财研究所，2012 年。

奈良县教育委员会编《藤原宫——国道 165 号线バイパスに伴う宫域调查》，奈良县史迹名胜天然记念物调查报告第 25 册，奈良：奈良县教育委员会，1969 年。

奈良县教育委员会编《东大寺防灾施设工事·发掘调查报告书》发掘调查篇，奈良：东大寺，2000 年。

奈良县立橿原考古学研究所编《飞鸟京迹2》，奈良县史迹名胜天然记念物调查报告第40册，奈良：奈良县教育委员会，1980年。

内藤虎次郎《富冈氏藏唐钞王勃集残卷》，《研几小录》，东京：弘文堂书房，1928年。

内田和伸《平城宫迹・平城京迹の発掘调查》，奈良国立文化财研究所编《奈良国立文化财研究所年报》，1995年。

内田和伸、莲沼麻衣子《东院庭园地区およびその邻接地の调查　第280次・第284次・第284次补足・第283次》，奈良国立文化财研究所编《奈良国立文化财研究所年报》，1998年。

平城京左京二条二坊十二坪水道局厅舍建设予定地发掘调查会编《平城京左京二条二坊十二坪奈良市水道局厅舍建设地发掘调查概要报告》，奈良：奈良市教育委员会，1984年。

平川南编《古代日本文字の来た道：古代中国・朝鲜から列岛へ》，历博フォーラム，东京：大修馆书店，2005年。

平泽毅、金田明大、渡边晃宏《式部省东方官衙の调查　第273次》，奈良国立文化财研究所编《奈良国立文化财研究所年报》，1997年。

坪井清足《平城宫の发掘调查の现况と课题》，奈良国立文化财研究所编《奈良国立文化财研究所年报》，1968年。

气贺泽保规编《遣隋使がみた风景：东アジアからの新视点》，东京：八木书店，2012年。

桥本不美男《原典をめざして》，笠间选书9，东京：笠间书院，1974年。

桥本繁《韩国古代木简の研究》，东京：吉川弘文馆，2014年。

桥本义彦《藤原赖长》，人物丛书，东京：吉川弘文馆，1964年。

桥本义则《平城宫迹・京迹出土の木简》，奈良国立文化财研究所编《奈良国立文化财研究所年报》，1984年。

桥本义则《藤原宫迹・藤原京迹の发掘调查》，奈良国立文化财研究所编《奈良国立文化财研究所年报》，1988年。

桥本义则《藤原宫迹出土の木简》，奈良国立文化财研究所编《奈良国立文化财研究所年报》，1990年。

桥本义则《山田寺出土の木简》，奈良国立文化财研究所编《奈良国立文化财研究所年报》，1991年。

桥本义则《飞鸟池遗迹出土の木简》，奈良国立文化财研究所编《奈良国立文化财研究所年报》，1992 年。

千田刚道《飞鸟藤原京の发掘调查》，奈良国立文化财研究所编《奈良国立文化财研究所年报》，1997 年。

千田刚道、西口寿生《西方官衙南地区の调查　第 82 次》，奈良国立文化财研究所编《奈良国立文化财研究所年报》，1997 年。

千田刚道、中村友博、加藤允彦《平城宫迹と平城京迹の调查》，奈良国立文化财研究所编《奈良国立文化财研究所年报》，1981 年。

清水真一《山田寺东回廊の调查》，奈良国立文化财研究所编《奈良国立文化财研究所年报》，1983 年。

清田善树《平城宫・平城京出土の木简》，奈良国立文化财研究所编《奈良国立文化财研究所年报》，1981 年。

清雅堂编《乐毅论三种》，东京：清雅堂，1941 年。

清野孝之、井上和人等《法华寺阿弥陀净土院の调查　第 312 次》，奈良国立文化财研究所编《奈良国立文化财研究所年报》，2000 年。

清野孝之、山下信一郎《左京三条一坊十四坪の调查　第 282-3 次》，奈良国立文化财研究所编《奈良国立文化财研究所年报》，1998 年。

秋田市教育委员会秋田城迹调查事务所编《秋田城出土文字资料集》2，秋田城迹调查事务所研究纪要 2，秋田：秋田市教育委员会秋田城迹调查事务所，1992 年。

犬饲隆《木简による日本语书记史》，东京：笠间书院，2005 年。

日中文化交流史研究会著《杜家立成杂书要略：注释と研究》，东京：翰林书房，1994 年。

荣西述《入唐取经愿文》，铃木学术财团编《大日本佛教全书》，东京：讲谈社，1972 年。

荣原永远男《日本古代の远距离交易について——八世纪を中心として》，大阪历史学会编《古代国家の形成と展开》，东京：吉川弘文馆，1976 年。

入口敦志《台北における日本の古典籍》，勉诚出版编《アジア游学》69，2004 年。

三轮嘉六、石井则孝《昭和 40 年度平城宫发掘调查概报》，奈良国立文化财研究所编《奈良国立文化财研究所年报》，1966 年。

三品泰子《习书木简にみる文字の缘——万叶集の缘字・对策文の作句との关连から》，《古代文学》45 号，2005 年。

三上喜孝《习书木简からみた文字文化受容の问题》，历史科学协议会编《历史评论》

680，2006 年。

森本晋、浅川滋男《平城宫迹·平城京迹の発掘调查》，奈良国立文化财研究所编《奈良国立文化财研究所年报》，1990 年。

森公章《古代日中关系の展开》，东京：敬文舍，2018 年。

森野繁夫《王羲之と〈乐毅论〉》，研究纪要言语文化编集委员会编《言语文化》，德岛：四国大学附属言语文化研究所，2004 年第 2 期。

山岸常人《平城宫大极殿后殿·若犬养门の调查》，奈良国立文化财研究所编《奈良国立文化财研究所年报》，1982 年。

山岸常人《藤原宫迹·藤原京迹の発掘调查》，奈良国立文化财研究所编《奈良国立文化财研究所年报》，1987 年。

山本信吉《古典籍が语る书物の文化史》，东京：八木书店，2004 年。

山本忠尚《藤原宫迹·藤原京迹の発掘调查》，奈良国立文化财研究所编《奈良国立文化财研究所年报》，1992 年。

山口英男《帐簿と木简——正仓院文书の帐簿·继文と木简》，《木简研究》22，2000 年。

山口英男《正仓院文书の机能情报解析：口头传达と书面》，国立历史民俗博物馆编《国立历史民俗博物馆研究报告》194，2015 年。

山口英男《正仓院文书の〈书类学〉》，日本史研究会编《日本史研究》643，2016 年。

山崎信二、花谷浩、桥本义则《平城宫迹·平城京迹の発掘调查》，奈良国立文化财研究所编《奈良国立文化财研究所年报》，1985 年。

山崎信二、松本修自《飞鸟·藤原宫迹の発掘调查》，奈良国立文化财研究所编《奈良国立文化财研究所年报》，1978 年。

山下有美《正仓院文书の性格とその特质》，国立历史民俗博物馆编《国立历史民俗博物馆研究报告》192，2014 年。

杉村邦彦《书学丛考》，东京：研文出版，2009 年。

杉山洋、清田善树《平城宫迹·平城京迹の调查》，奈良国立文化财研究所编《奈良国立文化财研究所年报》，1982 年。

上原真人、藤田盟儿《飞鸟地域の発掘调查》，奈良国立文化财研究所编《奈良国立文化财研究所年报》，1995 年。

深泽芳树、西口寿生《山田道の调查 第 104 次》，奈良国立文化财研究所编《奈良国立文化财研究所年报》，2000 年。

深泽芳树、佐藤信、内田昭人《平城宫迹・平城京迹の调查》，奈良国立文化财研究所编《奈良国立文化财研究所年报》，1983年。

神郡晚秋《平安朝时代の写经》，《书之友》第7卷第3号，东京：雄山阁，1941年。

神田喜一郎《乐毅论》，小川晴旸编《正仓院の研究》上，大阪：明和书院，1946年。

神鹰德治《敦煌本と旧钞本——唐钞本の复元を巡って》，勉诚出版编《アジア游学》100，2007年。

神鹰德治《序论——旧钞本と唐钞本》，勉诚出版编《アジア游学》140，2011年。

石桥茂登、岩永省三、馆野和己《东院の调查 第301次・第302次》，奈良国立文化财研究所编《奈良国立文化财研究所年报》，2000年。

石田茂作《正仓院御物乐毅论に就いて》，《史迹と美术》第17卷第7期，1947年。

石田茂作《写经より见たる奈良朝佛教の研究》，东京：东洋文库，1966年。

石冢晴通编《汉字字体史研究》，东京：勉诚社，2012年。

史清晨《近世初期における千字文の受容と展开：和刻本诸体千字文を中心に》，大东文化大学博士（书道学）学位论文，2022年。

矢越叶子《日本古代の文书行政：正仓院文书の形成と复原》，东京：八木书店，2020年。

狩野久《第13次平城宫迹发掘调查出土の木简》，奈良国立文化财研究所编《奈良国立文化财研究所年报》，1961年。

狩野久《在外研修成果报告——S・ヘディン、A・スタイン收集の木简调查》，奈良国立文化财研究所编《奈良国立文化财研究所年报》，1977年。

狩野久《飞鸟・藤原地域发掘调查10年の步み》，奈良国立文化财研究所编《奈良国立文化财研究所年报》，1980年。

寺崎保广《平城宫迹出土の木简》，奈良国立文化财研究所编《奈良国立文化财研究所年报》，1985年。

寺崎保广《长屋王家木简》，奈良国立文化财研究所编《奈良国立文化财研究所年报》，1989年。

寺崎保广《藤原宫出土"大赞"木简补遗》，奈良国立文化财研究所编《奈良国立文化财研究所年报》，1997年。

寺崎保广《藤原宫出土"尾张国知多评"木简补订》，奈良国立文化财研究所编《奈良国立文化财研究所年报》，1999年。

松村惠司、西弘海《平城宫迹・京迹の调查》，奈良国立文化财研究所编《奈良国立文化财研究所年报》，1984 年。

松下正司、伊藤兴治、猪熊兼胜《1969 年度平城宫迹・藤原宫迹发掘调查》，奈良国立文化财研究所编《奈良国立文化财研究所年报》，1970 年。

松尾良树《敦煌文书・トルファン文书・正仓院文书の比较写本学研究》，文部科学省科学研究费补助金研究成果报告书，2004 年。

薮田嘉一郎《乐毅论の"御书"の语について》，《史迹と美术》第 17 卷第 5 期，1947 年。

薮田嘉一郎《光明皇后の性格——乐毅论の署名と关连して》（上），《史迹と美术》第 31 卷第 1 期，1961 年。

孙士超《敦煌文献在日本汉诗文整理研究中的价值：以〈经国集〉对策文的整理研究为例》，广岛大学中国古典文学プロジェクト研究センター编《中国古典文学研究：广岛大学中国古典文学プロジェクト研究センター年报》第 18 号，东京：白帝社，2022 年。

太田次男、小林芳规《神田本白氏文集の研究》，东京：勉诚社，1983 年。

太田晶二郎《太田晶二郎著作集》1—5，东京：吉川弘文馆，1991—1993 年。

泰田利荣子《周兴嗣および〈千字文〉に关する研究》，お茶の水女子大学博士（人文科学）学位论文，2023 年。

汤浅邦弘《教养としての中国古典》，京都：ミネルヴァ书房，2018 年。

藤本孝一《墨书土器と习书：特集号を读んで》，日本史研究会编《日本史研究》第 649 期，2016 年。

藤善真澄编《东と西の文化交流：关西大学东西学术研究所创立 50 周年记念国际シンポジウム'01 报告书》，吹田：关西大学东西学术研究所，2004 年。

田渊保夫《光明皇后乐毅论と王羲之の书》，《立正大学人文科学研究所年报》第 29 号，1991 年。

田中塊堂《御物乐毅论の新说について》，《史迹と美术》第 17 卷第 2 期，1947 年。

田中琢《昭和 39 年度平城宫出土の木简》，奈良国立文化财研究所编《奈良国立文化财研究所年报》，1965 年。

田中琢、坪井清足、工藤圭章《昭和 35 年度平城宫迹第 3・4・5 次发掘调查概要》，奈良国立文化财研究所编《奈良国立文化财研究所年报》，1961 年。

町田章《出云国厅迹の发掘》，奈良国立文化财研究所编《奈良国立文化财研究所年报》，1970 年。

土肥孝、安田龙太郎《平城宫迹と平城京迹の调查》,奈良国立文化财研究所编《奈良国立文化财研究所年报》,1978年。

土肥义和编《敦煌・吐鲁番出土汉文文书の新研究》修订版,东京:东洋文库,2013年。

土肥义和编《八世纪末期~十一世纪初期敦煌氏族人名集成氏族人名篇人名篇》,东京:汲古书院,2015年。

土肥义和编《八世纪末期~十一世纪初期敦煌氏族人名集成索引篇》,东京:汲古书院,2016年。

土田直镇《千部法华经料纸笔墨充帐の形态——正仓院文书における纸背利用の一例》,坂本太郎博士古稀记念会编《续日本古代史论集》,东京:吉川弘文馆,1972年。

土屋聪《唐钞本〈世说新书〉について》,勉诚出版编《アジア游学》140,2011年。

丸山二郎《日本の古典籍と古代史》,东京:吉川弘文馆,1984年。

丸山裕美子《正仓院文书の世界:よみがえる天平の时代》,东京:中央公论新社,2010年。

王晓平《〈杜家立成杂书要略——注释と研究〉商补》,《人间文化学部研究年报》5,2003年。

王勇《空海に赠られた唐人の送别诗》,勉诚出版编《アジア游学》27,2001年。

王勇《唐诗に咏まれた空海像(特集:弘法大师空海——今も生き续ける密教不灭の灯)》,《国文学:解释与鉴赏》66(5),东京:至文堂,2001年。

王勇《书物の中日交流史》,东京:国际文化工房,2005年。

王勇、久保木秀夫编《奈良・平安期の日中文化交流:ブックロードの视点から》,东京:农山渔村文化协会,2001年。

尾形裕康《我国における千字文の教育史的研究》,东京:校仓书房,1966年。

武井和人《中世古典学の书志学的研究》,东京:勉诚社,2000年。

西口寿生《藤原宫迹・京迹の调查》,奈良国立文化财研究所编《奈良国立文化财研究所年报》,1993年。

西口寿生、花谷浩、长尾充《飞鸟池东方遗迹の调查 第92次・第91-6次》,奈良国立文化财研究所编《奈良国立文化财研究所年报》,1999年。

西口寿生、佐川正敏《飞鸟诸宫の调查》,奈良国立文化财研究所编《奈良国立文化财研究所年报》,1993年。

参考文献

西山和宏、川越俊一《平城京左京三条一坊十坪の調查　第304次》，奈良国立文化财研究所编《奈良国立文化财研究所年报》，2000年。

西山和宏、臼杵勋等《右京三条一坊三・四坪の調查　第288次・第290次》，奈良国立文化财研究所编《奈良国立文化财研究所年报》，1998年。

西洋子、石上英一编《正仓院文书论集》，东京：青史出版，2005年。

西野贞治《福井康顺博士正仓院御物〈杜家立成〉考》，《人文研究：大阪市立大学大学院文学研究科纪要》10（1），1959年。

西原一幸《字样の研究：唐代楷书字体规范の成立と展开》，东京：勉诚社，2015年。

西原一幸《"字样"が発见されるまで》，东京：勉诚社，2024年。

细见启三、冈田英男《平城宫迹发见の殿堂雏形部材》，奈良国立文化财研究所编《奈良国立文化财研究所年报》，1976年。

细见启三、町田章《平城宫迹第3收藏库の建设》，奈良国立文化财研究所编《奈良国立文化财研究所年报》，1976年。

夏应元《遣唐使初期の重要人物——道昭について》，勉诚出版编《アジア游学》27，2001。

箱崎和久、次山淳、玉田芳英、千田刚道《药师寺旧境内の調查　第293-8次》，奈良国立文化财研究所编《奈良国立文化财研究所年报》，1999年。

小仓慈司《〈正仓院文书拾遗〉后の库外正仓院文书》，国立历史民俗博物馆编《国立历史民俗博物馆研究报告》192，2014年。

小池伸彦、本中真《平城宫迹・平城京迹の发掘調查》，奈良国立文化财研究所编《奈良国立文化财研究所年报》，1991年。

小岛宪之《上代歌谣をめぐる中国文学と交涉》，东京：墑书房，1962年。

小岛宪之《海东と西域——启蒙期としてみた日本上代文学一斑》，《文学》第51卷第12号，1983年。

小高裕次《东アジア汉字文化圈における识字教育の一例——〈千字文〉〈百家姓〉と〈新集金碎掌置文〉》，《东アジア言语研究》第6号，2003年。

小林谦一《平城宫迹・平城京迹の发掘調查》，奈良国立文化财研究所编《奈良国立文化财研究所年报》，1987年。

小林谦一、松村惠司《飞鸟・藤原宫迹の調查》，奈良国立文化财研究所编《奈良国立文化财研究所年报》，1979年。

小野健吉、岛田敏男《平城宫迹・平城京迹の发掘調查》，奈良国立文化财研究所编

《奈良国立文化财研究所年报》，1989 年。

小泽毅《平城宫小子门の再检讨》，奈良国立文化财研究所编《奈良国立文化财研究所年报》，1994 年。

小泽毅、渡边淳子等《内里地区の调查　第 100 次》，奈良国立文化财研究所编《奈良国立文化财研究所年报》，2000 年。

小泽毅、渡边晃宏、小野健吉《平城宫迹・平城京迹の发掘调查》，奈良国立文化财研究所编《奈良国立文化财研究所年报》，1992 年。

小曾户洋《中国医学古典と日本书房》，东京：笠间书院，1996 年。

须藤隆、清水真一《平城宫迹と平城京迹の调查》，奈良国立文化财研究所编《奈良国立文化财研究所年报》，1977 年。

巽淳一郎《飞鸟藤原京の调查》，奈良国立文化财研究所编《奈良国立文化财研究所年报》，1998 年。

巽淳一郎、清水真一、井上和人《平城宫迹と平城京迹の调查》，奈良国立文化财研究所编《奈良国立文化财研究所年报》，1979 年。

巽淳一郎、寺崎保广《平城宫・京出土文字刻书土器数据》，奈良国立文化财研究所编《奈良国立文化财研究所年报》，1994 年。

巽淳一郎、寺崎保广《藤原宫迹・藤原京迹の发掘调查》，奈良国立文化财研究所编《奈良国立文化财研究所年报》，1996 年。

岩本笃志《敦煌文献の形と色——英佛藏文献に关する近年の图录本から附：敦煌汉文文献精细图版索引（稿）》，《资料学研究》5，2008 年。

野本白云《光明皇后御书乐毅论》，《书之友》第 7 卷第 3 号，东京：雄山阁，1941 年。

野尻忠《正仓院〈丹裹文书〉の成立と传来》，正仓院文书研究会编《正仓院文书研究》通号 8，2002 年。

野尻忠《续修正仓院古文书第五卷の习书——写经所文书の表里关系》，奈良国立博物馆编《鹿园杂集：奈良国立博物馆研究纪要》第 11 期，2009 年。

伊藤敬太郎《内里南边地区の调查　第 83-7 次・第 83-12 次》，奈良国立文化财研究所编《奈良文化财研究所年报》，1998 年。

伊藤美重子《敦煌写本〈太公家教〉と学校》，《お茶の水女子大学中国文学会报》20，2001 年。

伊藤美重子《敦煌の通俗诗"学郎诗"について》，《お茶の水女子大学中国文学会报》

26，2007 年。

伊藤美重子《敦煌文书にみる学校教育》，东京：汲古书院，2008 年。

伊藤美重子《敦煌の学郎题记にみる学校と学生》，《唐代史研究》第 14 号，2011 年。

伊藤美重子《敦煌の规范教育——童蒙教训书の世界》，东京：汲古书院，2018 年。

伊藤美重子《敦煌文书にみる民间文艺》，东京：汲古书院，2022 年。

玉田芳英、古尾谷知浩、臼杵勋《左京三条一坊七坪・东一坊坊间路の调查第 269–5 次》，奈良国立文化财研究所编《奈良国立文化财研究所年报》，1997 年。

玉田芳英、松本修自《平城宫迹・平城京迹の发掘调查》，奈良国立文化财研究所编《奈良国立文化财研究所年报》，1988 年。

俞玉姬《韩国で日本の古典を教えながら》，勉诚出版编《アジア游学》184，2015 年。

远藤昌弘《光明皇后の御临〈乐毅论〉について（道元禅师生诞八百年记念号）》，驹泽女子大学日本文化研究所编《日本文化研究》通号 2，2000 年。

远藤庆太、河内春人、关根淳、细井浩志编《日本书纪の诞生、编纂と受容の历史》，东京：八木书店，2018 年。

杂喉润《天を仰ぎ面を掩い哭すること一声——韦庄〈秦妇吟〉》，《月刊しにか》14（6），2003 年。

泽田正昭《遗迹・遗物の保存》，奈良国立文化财研究所编《奈良国立文化财研究所年报》，1971 年。

泽田正昭《遗迹・遗物の保存科学》，奈良国立文化财研究所编《奈良国立文化财研究所年报》，1975 年。

斋藤圆真《最后の遣唐使船の入唐僧に对する误解》，勉诚出版编《アジア游学》27，2001 年。

张娜丽《西域出土文书の基础的研究：中国古代における小学书・童蒙书の诸相》，东京：汲古书院，2006 年。

中钵雅量《中国古典丛林散策——中钵雅量遗稿集》，东京：汲古书院，2018 年。

中村顺昭《奈良朝写经と写经生》，文化厅文化财部监修《月刊文化财》通号 257，1985 年。

中田勇次郎编集《书道艺术》第 11 卷，东京：中央公论新社，1982 年。

中尾健一郎《唐末动乱期の洛阳と韦庄》，《日本文学研究》第 46 期，2011 年。

柿筒节男《宫内厅书陵部书库涉猎：书写と装订》，东京：おうふう，2006 年。

猪熊兼胜《飞鸟资料馆の特别展示》，奈良国立文化财研究所编《奈良文化财研究所年报》，1988 年。

猪熊兼胜、森郁夫《昭和 41 年度平城宫发掘调查概报》，奈良国立文化财研究所编《奈良国立文化财研究所年报》，1967 年。

住吉朋彦《资料绍介　伏见宫旧藏〈杂抄〉卷十四》，宫内厅书陵部编《书陵部纪要》第 51 号，1999 年。

椎川龟五郎《日韩上古史ノ里面》，东京：东京偕行社，1910 年。

紫香乐宫迹调查委员会编《町遗迹出土木简概报》1，甲贺：信乐町教育委员会出版，1999 年。

佐藤道生《平安后期日本汉文学の研究》，东京：笠间书院，2003 年。

佐藤文子《笔迹のテツ：正仓院宝物〈乐毅论〉の真の笔者は谁か》，镰仓：冬花社，2015 年。

佐佐木丞平等编《天平写经とその周边》，京都：佛教美术研究上野记念财团助成研究会，2006 年。

佐佐木信纲、桥本进吉编《南京遗文》，东京：八木书店，1921 年。

佐佐木信纲、桥本进吉编《南京遗文附卷》，东京：八木书店，1921 年。

佐佐木信纲、桥本进吉编《南京遗芳》，东京：八木书店，1926 年。

佐佐木信纲、桥本进吉编《南京遗芳附卷》，东京：八木书店，1926 年。

いわき市教育文化事业团编《根岸遗迹：磐城郡衙迹の调查》，いわき市埋藏文化财调查报告第 72 册，磐城：いわき市教育委员会出版，2000 年。

ヴィーブケデーネーケ《〈国风〉の味わい：嵯峨朝の文学を唐の诗集から照らす》，勉诚出版编《アジア游学》188，2015 年。

图版目录

上　编　从长安到敦煌——韦庄《秦妇吟》的传播与书写

第一章　物质性：《秦妇吟》敦煌写本的概观与分析

图 1-1　P.3381 写本尾题（IDP 图）

图 1-2　P.3381 写本背面习书（IDP 图）

图 1-3　羽 57r+S.692 缀合示意图（《张涌泉敦煌文献论丛》，第 186 页）

图 1-4　P.2700（局部）+S.5834 缀合图（《张涌泉敦煌文献论丛》，第 187 页）

图 1-5　P.2700+S.5834 背面杂写（作者据 IDP 图释读）

图 1-6　P.3780 尾题（IDP 图）

图 1-7　P.3910 首页（IDP 图）

图 1-8　P.3910 尾页（IDP 图）

图 1-9　S.5477 页首"斜开鸾镜懒梳头"（IDP 图）

图 1-10　P.3910 页末"正闭金笼教鹦鹉"（IDP 图）

图 1-11　《秦妇吟》缀合图（《敦煌诗赋残片拾遗》，第 78 页）

第二章　文本性：《秦妇吟》中原传播的本事及兴衰

图 2-1　秦妇经行路线示意简图（根据严耕望《唐代交通图考》第一卷京都关内区之"唐代长安洛阳道驿程图"绘制而成）

第三章　社会性：《秦妇吟》西游流动之中原到敦煌

图 3-1　《秦妇吟》问世及主要传播情形时间简轴（作者绘制）

下　编　长安及其文化两翼敦煌、奈良的书写个案

第一章　寺额书写与名实对照——唐长安开元寺考

图 1-1　S.3728v《大唐玄宗皇帝问胜光法师而造开元寺》文首（IDP 图）

图 1-2　S.3728v《大唐玄宗皇帝问胜光法师而造开元寺》文末（IDP 图）

图 1-3　西安城历代城池位置关系之开元寺图（地图参史念海《西安历史地图集》，第 131 页）

第二章　敦煌写本北宋《重修开元寺行廊功德碑并序》习书考

图 2-1 正　Дх.925+…+Дх.5174+…+Дх.10740-2+…+Дх.5565《晏子赋》缀合图（《敦煌诗赋残片拾遗》，第 79 页）

图 2-1 背　Дх.5565v+…+Дх.10740-2v+…+Дх.5174v+…+Дх.925v《重修开元寺行廊功德碑》缀合图（作者缀合）

图 2-2 正　(Дх.4758+…+Дх.10740-9+Дх.10740-8+Дх.10740-11+Дх.10740-7+Дх.10740-10+Дх.10740-6+Дх.11240)《秦妇吟》+…+Дх.10740-12《秦将赋》缀合图（作者缀合）

图 2-2 背　Дх.10740-12v+…+Дх.11240v+Дх.10740-6v+Дх.10740-7v+Дх.10740-10v+Дх.10740-8v+Дх.10740-11v+Дх.10740-9v+…+Дх.4758v《重修开元寺行廊功德碑并序》习书（作者缀合）

图 2-3 正　Дх.2487+…+Дх.10740-3+…+Дх.8852+…+Дх.10740-5…+Дх.10740-4《大乘百法明门论开宗义决》缀合图（作者缀合）

图 2-3 背　Дх.10740-4v+…+Дх.10740-5v+…+Дх.8852v+…+Дх.10740-3v+…+Дх.2487v《重修开元寺行廊功德碑》缀合图（作者缀合）

图 2-4 正　Дх.10740-14《王梵志诗》+…+ (Дх.10740-1+…+Дх.10740-13)《开蒙要训》缀合图（作者缀合）

图 2-4 背　Дх.10740-13v+…+Дх.10740-1v+…+Дх.10740-14v《重修开元寺行廊功德碑并序》缀合图（作者缀合）

图 2-5　《重修开元寺行廊功德碑并序》拓本（《西安碑林全集》第 3 函第 25 卷，第 2530 页）

第三章　日本正仓院文书所见汉籍书写学习资料考述

图 3-1　正仓院文书《文选》之一（《南京遗芳》图版二九）

图 3-2　正仓院文书《文选》之二（《南京遗芳》图版二九）

图 3-3　正仓院文书《文选》之三（《南京遗芳》图版二九）

图 3-4　正仓院文书《古文尚书》（《南京遗芳》图版六）

图 3-5　正仓院文书《古文孝经》（《正仓院文书拾遗》，第 160 页）

第四章　唐长安书写文化的日本流布——以王羲之书迹为中心

图 4-1　写本《乐毅论》（第 47 回《正仓院展》图录，展品 9，第 28—29 页）

图 4-2　木简《乐毅论》（《木简研究》第 16 号，第 189 页，No.1；《平城宫发掘调查出土木简概报》第 7 号，第 5 页上段，No.25；《日本古代木简选》，第 45 页，No.246）

图 4-3　正仓院文书《石川宫衣试字》(《大日本古文书》编年之 19，第 136 页）

第五章　朝臣备：《李训墓志》所见遣唐使名字的书写问题

图 5-1　《李训墓志》拓片（望野博物馆阎馆长赠图）

第六章　法律文书书写的再发现——旅顺博物馆藏唐户令残片考

图 6-1　旅顺博物馆藏唐户令残片（旅顺博物馆提供）

图 6-2　三种令文所属关系示意图（作者绘制）

305